民商事司法解释精释精解丛书

最高人民法院
担保法司法解释
精释精解

孙　鹏◎主编

Understanding and Application
of Judicial Interpretations

— 增订本 —

中国法制出版社
CHINA LEGAL PUBLISHING HOUSE

撰稿人（按照章节顺序）：

张　伟：西南政法大学博士研究生，撰写第一部分、第三部分

陈龙吟：西南政法大学博士研究生，撰写第一部分、第四部分、第五部分

王瑞玲：西南政法大学博士研究生，撰写第二部分

王　坤：重庆市第一中级人民法院法官，撰写第三部分

黄　晨：重庆市第一中级人民法院法官，撰写第三部分

邓达江：西南政法大学硕士研究生，撰写第六部分

总　序

在现代社会为数众多的社会调整机制中，法律属于较为精致、有效的一种。但法律是一个抽象化、概念化的行为规则体系。任何法律皆有漏洞，系今日判例学说共认之事实。[①] 德国历史法学派创始人萨维尼（F.K.V. Savigny）指出，法律自制定公布之时起，即逐渐与时代脱节。[②] 因此，在制定法律的时候，无论如何审慎周详，字斟句酌，也难免在文义和语境上产生疑义；无论如何总结社会矛盾的方方面面，在复杂多样的现实生活面前，也难免出现疏漏不周，挂一漏万；无论如何精雕细凿，科学圆满，也无法克服法律的稳定性和适用性的冲突倾向。因此，自法律诞生之日起，即诞生了与之形影相随的法律解释。

按照我国法律解释的基本框架，可将法律解释的内容区分为“法律条文本身”和“法律具体运用”两大类，前者由全国人大常委会解释（称为立法解释），后者由有关司法和行政机关分工解释。显然，最高人民法院的司法解释当属于后者。尽管司法解释的效力低于立法解释，但由于法律过于原则和抽象以及法律漏洞的存在，不仅给法官适用法律造成了困难，而且为法官

---

① 王泽鉴:《民法学说与判例研究》（第一册），中国政法大学出版社 1998 年版，第 286 页。

② 转引自梁慧星:《民法解释学》，中国政法大学出版社 2003 年版，第 247 页。

留下了极大的自由裁量空间。因此，在法律存在着漏洞的情况下，司法解释具有填补漏洞的作用。实际上，由于法律规则是对复杂的社会现象进行归纳、总结而作出的一般的、抽象的规定，因此人们对规则的含义常常从不同的角度进行理解。而每一个法官在将抽象的规则运用于具体案件的时候，都要对法律规则的内涵及适用的范围根据自身的理解作出判断，而此种判断实际上就是一种对法律的解释。更何况成文法本身不是完美无缺的，而总是存在着这样或那样的漏洞，因此，法律解释对任何法律的适用都是必不可少的。尤其是在司法过程中，更需要对法律规范作出明确的解释，从而正确地适用法律和公正地裁判案件。

在我国的法律制度中，司法解释颇具中国特色，不仅实行判例法的英美法系没有，即使是实行成文法的大陆法系也没有。在大多数西方国家，一般没有“司法解释”一词，“法律解释”就是“司法解释”的代名词，二者含义一样。大多数西方国家的“司法”就是指法院的审判活动，司法机关就是法院，司法解释（即“法律解释”）指的就是法院或法官对法律的解释。尤其是在普通法系国家，法官制作的判例不仅可以对成文法进行解释，还可以创制法律规则，对于法律的解释也只有法官才有这样的权力。在大陆法系国家，尽管曾经一度否认过法官对法律的解释，但二战后德国最高法院复审制度的确立，最终使法官的司法解释权得到了巩固。而我国建立的司法解释体制是“二元一级”的完全不同于西方国家的司法解释体制，在此体制之下，司法解释被分为审判解释和检察解释，前者主要是指最高人民法院对审判工作中具体应用法律问题所作的解释，后者则指最高人民检察院对检察工作中具体应用法律问题所作的解释。因此，司法解释是人民法院在审判案件时可以引用作为裁判依据的规范文件，也是保障我国法律正确适用的重要手段，在我国解释体系中占据着十分重要的地位。

最高人民法院历来非常重视司法解释工作，早在 1997 年就制定发布了《最高人民法院关于司法解释工作的若干规定》，2007 年 3 月制定了《最高人民法院关于司法解释工作的规定》，废止了以前的规定。依据该规定，司法解释立项、审核、协调等工作由最高人民法院研究室统一负责。人民法院在审判工作中具体应用法律的问题，由最高人民法院作出司法解释。最高人民法院发布的司法解释，具有法律效力。司法解释的形式分为“解释”“规定”“批复”和“决定”四种。对在审判工作中如何具体应用某一法律或者对某一类案件、某一类问题如何应用法律制定的司法解释，采用“解释”的形式；根据立法精神对审判工作中需要制定的规范、意见等司法解释，采用“规定”的形式；对高级人民法院、解放军军事法院就审判工作中具体应用法律问题的请示制定的司法解释，采用“批复”的形式；修改或者废止司法解释，采用“决定”的形式。这些司法解释特别是前两类司法解释的主要目的不是解决某一个具体案件中的法律适用问题，而是通过系统地、全面地解释一类法律而为审判实践提供更多可供适用的规则，或者完全不是针对某一法律进行解释，而是创设对某一类案件的裁判所应当适用的规则，使各级法院尽可能做到有章可循，这就使我国司法解释具有十分突出的抽象性和一般性的特点。①

近年来，最高人民法院陆续发布的系列司法解释均通过传统媒体和新媒体发布征求意见稿，倾听民声，广泛纳谏，确保了司法解释保障人民法院严格执法、公正裁判、实现法律公平正义的价值功能。为了使司法实务界和广大普通读者正确理解和适用司法解释，努力让人民群众在每一个司法案件中感受到公平正义，由中国法制出版社策划，由丛书总主编组织编写了《民商事司法解释精释精解丛书》，该套丛书具有如下显著特点：

第一，体例独特。每本书原则上以某一（类别）司法解释为主线，全面阐述该司法解释的内容和实务中适用法律解决问题的依据及应当注意的问题。每一专题均分为五个部分：

核心提示——简明扼要，突出重点，重在阐释司法解释条文的主旨；

实务争点——归纳审判实践中的不同观点，总结理解适用司法解释解决审判实务的难题；

理解适用——以制定司法解释具体条款的目的为视角，站位于丰富的审判实践之上作精深解读，以便全面、正确理解适用司法解释；

案例指导——选取最高人民法院发布的公报案例、指导案例、典型案例

---

① 王利明：《司法改革研究》（修订本），法律出版社 2001 年版，第 253 页。

及最高人民法院所裁判的案例等，突出案例指导的权威性；

规范指引——链接相关法律、法规、司法解释，确保适用法律的正确性。

第二，内容丰富。丛书包含了民商法主要的司法解释，对司法解释进行了全方位的解读，形成了一个完整的理论体系，易于读者准确理解和适用。丛书以单行法的司法解释为主，本次修订设置了合同法、担保法、婚姻法、公司法、商品房买卖合同、道路交通事故、建设工程施工合同共7个分册。

第三，案例权威。这套丛书案例的选取，原则上选用具有典型性、代表性、真实性的案例，均注明了来源，取其精华部分，避免了案例资料的大量堆砌。案例的权威性，为社会大众的遵法和人民法院的司法提供了很好的参考和参照价值。把抽象的规则和具体的案例结合起来学习民商法的方法就是"案例研习法"，即依据法律论断具体案件当事人间的权利和义务关系。为发现可适用于案例事实的法律，一方面须本诸案例事实去探寻法律规范，另一方面须将法律规范具体化于案例事实。[①] 正所谓，法律来源于现实生活，高于现实生活；案例则是法律适用的结果，是"看得见的法典，摸得着的规则"。

第四，解读权威。由于我国司法解释具有抽象性、规范性、普遍适用性的特点，因而常常与立法相类似。因此，即使在最高人民法院作出司法解释，对个案的审理提供了一定的指引之后，法官在裁判案件时也需要对较为抽象的司法解释进行再解释，以具体适用到个案之中。[②] 为了使广大读者全面正确理解适用司法解释，丛书由全国著名法学教授、博士生导师以及全国首批审判业务专家和诸多资深法官组成的作者团队，在借鉴最高人民法院对司法解释的理解与适用的基础上，广泛吸收民商法研究领域的最新成果，博采众长，并结合审判实践对司法解释进行解读，以期突出权威性和指导性。

美国大法官霍姆斯说过："法律的生命不在于逻辑，而在于经验。"党的十八届四中全会决定指出：公正是法治的生命线。司法公正对社会公正具有重要引领作用，司法不公对社会公正具有致命破坏作用。法律的权威源自人

---

① 王泽鉴：《法律思维与民法实例》，中国政法大学出版社2001年版，作者自序。

② 王利明：《法律解释学导论——以民法为视角》，法律出版社2009年版，第190页。

民的内心拥护和真诚信仰。人民权益要靠法律保障，法律权威要靠人民维护。本套丛书的作者既为法律之人，又为经验之人；既具有高深的理论水平和丰硕的研究成果，又具有丰富的司法实践经验。因此，该套丛书既具有很高的理论水平，又有很强的实用价值；既能为法学理论研究提供重要参考，又能为司法实践裁判提供参考依据。

首届全国审判业务专家　何志

2019 年 6 月

总目
CATALOGUE

第四部分　质　押 / 353

第五部分　留置权 / 457

第六部分　定　金 / 491

目录
CONTENTS

导致定金罚则的适用。与此不同的是，损害赔偿责任着眼于对实际损害的填补，有违约行为但无实际损害，就不能适用损害赔偿责任。因此，定金罚则与损害赔偿责任属于不同的责任形式，在定金数额低于因违约造成的损失额时，二者可以并用，《担保法解释》第一百二十条即暗含了此种解释路径。在并用时，应先适用定金罚则，再适用损害赔偿责任，并且定金与损失赔偿的数额总和不应高于因违约方的违约行为给守约方造成的损失。

第一部分
总　论

1992 年党的十四大明确提出我国经济体制改革的目标是建立社会主义市场经济体制。基于促进资金融通和商品流通，保障债权的实现，发展社会主义市场经济的立法目的，1995 年 6 月 30 日第八届全国人民代表大会常务委员会第十四次会议通过了《中华人民共和国担保法》(以下简称《担保法》)。《担保法》第二条明确了该法的适用范围即借贷、买卖、货物运输、加工承揽等经济活动，并规定了保证、抵押、质押、留置和定金五种担保方式（在本书的第二至第六部分，我们将结合我国现行相关民事法律、司法解释及司法实践对此五种担保方式分别进行理论阐述与逻辑展开）。然而，随着社会主义市场经济的发展，商品交易的日趋频繁，新的担保法律问题（如人事保证合同是否为担保法所调整；以公益为目的的事业单位、社会团体提供担保的，担保合同是否有效；董事、高级管理人员越权对外担保是否有效；担保期间的约定是否随主合同无效而无效等）逐步涌现，并挑衅着《担保法》的条文体系与规制范围。时至今日，面对纷繁复杂的担保法律纠纷，《担保法》已疲于应付甚至无暇顾及。解决新的担保法律问题的唯一路径乃是运用解释论的方法并结合相关民事立法、司法解释和司法实务，对相关问题展开系统的解析。本部分将沿着前述问题解决路径对几个典型的担保法律问题展开分析，以期对司法实践有所裨益。

专题一：人事保证合同是否受担保法调整

【核心提示】当事人对由民事关系产生的债权，在不违反法律、法规强制性规定的情况下，以担保法规定的方式设定担保的，担保合同应有效，人事保证合同在一定条件下符合担保法的规定，能够为担保法所调整，因此可以认定为有效。

实务争点

在现实生活和审判实践中，契约之债、侵权之债、不当得利之债、无因管理之债、缔约过失之债均可以设定担保，并依据《担保法》及其司法解释的有关规定处理，并无疑问。问题的关键是，第三人常为劳动合同中的劳动者一方设定担保，那么，劳动者在提供劳务过程中违反劳动合同义务或者违反法律规定造成用人单位损害的，用人单位能否依据担保法的规定，要求担保人承担担保责任？对此，有不同观点：第一种观点认为，担保合同是担保人的真实意思表示，且其担保的对象亦为债权，符合担保法之规定，担保人应当按照合同的约定承担担保责任；第二种观点认为，人事保证合同的对象具有不确定性，人事担保本身是一种人格担保，人格具有极强的不确定性，难以作为担保法调整的对象，且担保的适用范围亦不包括侵权行为、无因管理、不当得利产生的债权，因此人事保证无效。对此问题，《最高人民法院关于〈中华人民共和国担保法〉若干问题的解释》（法释〔2000〕44号，以下简称《担保法解释》）第一条规定："当事人对由民事关系产生的债权，在不违反法律、法规强制性规定的情况下，以担保法规定的方式设定担保的，可以认定为有效。"

理解适用

对《担保法解释》第一条的理解与适用

（一）担保与人事保证的概念

1. 担保的内涵与外延

担保是市场经济活动中保障债权实现的一项重要法律制度。所谓担保，又称债权担保、债务担保、债的担保，是指促使债务人履行债务，保障债权人的债权得以实现的法律措施。

《民法总则》第一百一十八条规定："民事主体依法享有债权。债权是因合同、侵权行为、无因管理、不当得利以及法律的其他规定，权利人请求特定义务人为或者不为一定行为的权利。"债因为一定的法律事实而发生。能够引起债的发生的法律事实，为债的发生原因。实际上，债的发生原因亦为债权的发生原因。立法例一般规定，债因为契约、侵权行为、不当得利、无因管理而发生。我国民法规定债的发生原因有如下五类：（1）合同之债。又称为契约之债，即依据有效合同所产生的债。（2）侵权行为之债。一般认为，因侵权行为受到损害的人有请求加害人赔偿损害的权利，加害人有赔偿的义务，这种因侵权行为而产生的权利义务关系即为侵权行为之债。（3）不当得利之债。即因债务人的不当得利而引起的债权债务关系。（4）无因管理之债。即因没有法律规定或约定的义务而为他人管理事务的行为所支出的必要费用而引起的债权债务关系。（5）缔约过失所生之债。即当事人缔结合同过程中具有过失，从而导致相对人遭受损害而产生的债权债务关系。

债权担保，既为保证债权人实现债权，又为促使债务人履行债务。根据民商法理论，债权担保分为一般担保和特别担保。[①] 所谓一般担保，是指按

---

① 《担保法》所规定的保证、抵押、质押、留置、定金称为特别担保，又称典型担保。与之相对应的有非典型担保，即《担保法》之外的担保形式。非典型担保分为有物的担保内容的非典型担保（包括按揭、所有权保留、附让与担保内容的证券回购、进口押汇、账户质押和其他）和无物的担保内容的合同型非典型担保（包括有追索权的应收账款转让、附买回条款的买卖、收费权担保）。参见曹士兵：《对非典型担保的司法态度》，载《人民法院报》2005 年 8 月 31 日。

照债的法律效力，债务人以其信用和全部财产担保债务履行。一般担保的财产限于债务人的财产，债务人的全部财产为债权人的责任财产。一般担保的标的为所有的债权而非特定债权，为了保障特定债权优先于普通债权清偿，便产生了债权的特别担保，即债务人或者第三人以特定财产（包括第三人的信誉）担保债的履行，保障债权实现的法律制度。根据《担保法》第二条第二款的规定，担保的方式为保证、抵押、质押、留置、定金。

担保法律关系有广义和狭义之分。广义的担保法律关系涉及三方当事人、三个合同和三个法律关系。三方当事人是债权人、债务人和担保人，债权人是主合同的权利人和担保合同的受益人，债务人是担保合同的委托人并对主合同承担责任，担保人对担保合同承担责任。三个合同是主合同、担保合同、委托合同，涉及三个法律关系，即债权人与债务人之间的债权债务法律关系，债务人与担保人之间的委托关系，担保人与债权人之间的担保法律关系。《担保法》只调整主合同和担保合同的法律关系，不调整委托合同的法律关系。狭义的担保法律关系仅指担保合同法律关系的债权人与担保人两方当事人，是《担保法》调整的重点。担保法律关系既然是一种民事法律关系，同样由主体、内容和客体三部分构成。

担保法律关系的主体，为在担保法律关系中享有担保权利，承担担保义务的人，包括债权人、债务人和担保人。《担保法》对担保人的主体资格作了限制性规定，担保人应当符合《民法总则》和《担保法》规定的条件。担保法律关系的内容，为担保法律关系主体所享有的权利或承担的义务，即担保合同的主要条款，此为确定担保合同当事人享受民事权利、承担民事义务和民事责任的依据。《担保法》第十五条、第三十九条、第六十五条等对担保合同的内容作了明确规定。担保法律关系的客体，为担保权利和担保义务所共同指向的对象。保证法律关系的客体为保证行为；抵押法律关系的客体为担保物权的标的物，只要不为法律所禁止的财产均可为抵押物；质押法律关系的客体为动产和权利；留置法律关系的客体为动产；定金法律关系的客体为货币。

2. 人事保证的内涵与外延

人事保证在我国法律上并无明确规定，因此其内涵与外延需明晰。理论上和实践中对人事保证的认识不一，大致可分为三种基本类型：“有谓在劳动者就职工作期间，有可归责其事由导致用人单位损害，担保人对此承担连带责任；有谓对劳动者提供信息真实、能力胜任应聘岗位等方面的保证；还有要求保证人监督、教育劳动者的保证。”① 人事保证与一般保证是一对容易混淆的概念，二者区别主要在于：其一，担保对象不同。人事保证的担保对象主要是劳动者因其执行职务对用人单位产生的损害（具有不确定性），一般保证的担保对象为债务人对债权人业已确定的债务。其二，担保基础不同。人事保证中的担保人之动机主要出于与劳动者的情谊，而一般保证的担保人则与债务人在利害关系上更为紧密。其三，担保人能否行使追偿权不同。人事保证中担保人通常对劳动者不具有追偿权，而一般保证中，担保人承担责任后对债务人享有法定的追偿权。由此可见，对劳动者不履行或不完全履行劳动合同义务提供担保的合同，符合一般保证的条件，因此不属于人事保证，而属于有效合同。

（二）实务中应当注意的问题

1. 人事保证合同的效力探析

认为人事保证合同无效的学者提出的理由主要包括：（1）人事保证违反劳动合同法之规定，《劳动合同法》第九条规定，“用人单位招用劳动者，不得扣押劳动者的居民身份证和其他证件，不得要求劳动者提供担保或者以其他名义向劳动者收取财物”，人事保证因违反该条文而无效。（2）人事保证合同的担保对象不属于担保法的调整范围，有观点认为担保适用的范围不包括因侵权行为、无因管理、不当得利等产生的债，而人事保证中因职务行为造成用人单位损失则属于侵权之债；此外，担保的债权应具有确定性，而人事担保作为一种人格担保，其债权具有不确定性，故不能够作为担保的对象。（3）人事保证有悖于民法意思自治、自己责任原则。有学者认为劳动力市场供过于求，如果允许人事保证存在，那么用人单位就可以利用其优势地位强行要求与劳动者及其担保人订立人事保证合同，转嫁用

① 潘俊、张娇东：《人事保证合同之效力研究》，载《法律适用》2014 年第 12 期。

工风险，一方面逃避了自己的责任，另一方面可能侵害劳动者一方的意思自由。

对人事保证合同效力持肯定态度的学者则认为：(1)《劳动合同法》第九条主要是从用人单位的角度要求用人单位不能主动要求劳动者提供担保，而人事保证合同作为双方法律行为，亦可由劳动者一方主动提出，到底哪一方先提出，在实践中通常难以查明，仅以该条规定为由否定全部人事保证合同之效力，失之偏颇。(2)仅以用人单位处于优势地位而认定人事保证合同违反意思自治原则，理由不够充分。(3)《担保法解释》第一条只要求担保对象是债权，并不仅限于金钱债务，对合同履行、职务行为及其损害赔偿债务也可设定担保[①]。债权的确定性亦非担保对象的必要条件，如最高额抵押中的债权亦具有不确定性，何况在损害发生后，债权能够通过技术的手段获得确定，因此人事保证亦应受担保法的调整。

我们赞同后一种观点，并在肯定人事保证合同效力的同时，注意到人事保证制度有如下优点：第一，分散用工风险，勉励用人单位释放就业岗位。随着人口老龄化，企业用工成本和用工风险日益提高，通过人事保证制度可以分散用人单位的用工风险，促使用人单位更敢于用人。第二，降低谈判和交易成本。这一点在国际劳务输出方面体现得尤为突出。人事保证能够减少劳务输出方和劳务输入方因市场信息不对称产生的谈判成本和交易成本，具有经济合理性。第三，回应社会诚信危机。现代社会人与人之间、用人单位与劳动者之间越发缺乏诚信，用人单位难以信任劳动者的品格和能力，劳动者对用人单位能否合法、合理用工也心存怀疑，人事保证制度的出现消减了用人单位对劳动者的信任危机，同时基于用工成本和风险的降低，劳动者的待遇将更有保障。

2. 劳务输出合同的担保受《担保法》的调整

20 世纪 90 年代以来，在浙江、江苏、福建等劳务输出频繁的地方，当事人之间就人事保证合同不时发生纠纷并诉诸法院。北京、上海、江苏等地的法院突破《最高人民法院关于劳务输出合同的担保纠纷人民法院应否受理

---

① 潘俊、张娇东：《人事保证合同之效力研究》，载《法律适用》2014 年第 12 期。

问题的复函》和《最高人民法院关于金龙万、金龙哲与黑龙江省国际经济技术合作公司出现劳务合同纠纷是否适用最高人民法院“法（经）函〔1990〕73号”复函答复》的规定，受理了不少劳务输出人事保证合同纠纷案件，并趋向于确认此类人事保证合同的效力，判决认定如被保证人违约，人事保证人须承担保证责任，这类案件的判决亦不时见诸报端。最高人民法院对劳务关系的人事保证之态度也发生了转变，具体体现在黑龙江省高级人民法院就金龙万、金龙哲与黑龙江省国际经济技术合作公司出国劳务合同纠纷案是否适用最高人民法院法（经）函〔1990〕73号复函中。最高人民法院认为：“金龙万和金龙哲与黑龙江省国际经济技术合作公司之间形成的劳务关系及担保关系是平等主体之间基于合同而建立的民事法律关系，属民法调整的范围，人民法院应予受理。我院法（经）函〔1990〕73号复函不适用于本案。”

3. 人事保证中担保的违约金数额之限制

依据《劳动合同法》第二十二条的规定，用人单位为劳动者提供专项培训费用，对其进行专业技术培训的，可以与该劳动者订立协议，约定服务期。劳动者违反服务期约定的，应当按照约定向用人单位支付违约金。违约金的数额不得超过用人单位提供的培训费用。用人单位要求劳动者支付的违约金不得超过服务期尚未履行部分应分摊的培训费用。①

案例指导

中国工商银行哈尔滨市和平支行诉高某民担保合同纠纷案②

1993年11月1日，原告中国工商银行哈尔滨市和平支行（以下简称和平支行）和平支行与被告高某民之子高某岩签订聘用合同，聘用高某岩为该

① 2007年12月27日，东航机长郑某宏辞职遭遇天价索赔案一审公开判决，云南省官渡法院认定郑某宏违约成立，判决一次性赔偿中国东方航空股份有限公司、中国东方航空股份有限公司云南分公司违约金130万元；一次性返还东航云南分公司于2007年6月18日后发放给郑某宏的工资29561.96元、防暑降温费592元、电话费840元、车贴36250元、医疗包干费4200元、由公司承担的住房公积金1562元，共计73005.96元。

② 案例来源：《最高人民法院公报》2001年第5期（总第72期）。

行的合同制干部。合同约定：被招收的合同制干部必须按照《合同制干部管理办法》和《合同制干部担保办法》的有关规定，为自己确定经济担保人。1993年12月，高某民在作为聘用合同附件的《合同制干部担保办法》上盖章，同意做高某岩合同期内的经济担保人。《合同制干部担保办法》第六条规定：担保人有责任教育被担保人严格履行合同，如发生贪污、盗窃、严重违纪等方面问题，担保人应负连带责任。被担保人高某岩在合同期内将储户存款23万元取出后去向不明，经哈尔滨动力区反贪局立案侦查，高某岩系重大犯罪嫌疑人，并携款潜逃。

哈尔滨市动力区人民法院认为：被告高某民在庭审中承认，加盖在《合同制干部担保办法》上的私人名章是自己的，因此高某民为其子高某岩做经济担保人的意思表示是明确的，原告和平支行与高某民之间签订的担保合同成立，合法有效。高某民在《合同制干部担保办法》上盖章，表示自愿遵守该办法的规定。至于高某民现在否认其为高某岩的经济担保人，因不能举证，故不予支持。《民法通则》第五十七条规定："民事法律行为从成立时起具有法律约束力。行为人非依法律规定或者取得对方同意，不得擅自变更或者解除。"高某民应当按照合同的约定，承担担保人的连带民事责任。据此，哈尔滨市动力区人民法院于2001年1月9日判决：一、被告高某民赔偿原告和平支行经济损失23万元，于本判决生效之日起10日内付清；二、被告高某民给付原告和平支行利息28043.90元，与上款同时付清。

被告高某民不服一审判决，向哈尔滨市中级人民法院提起上诉。理由是：本案的"担保"不是一般合同的担保，不应当适用民法的规定。况且犯罪嫌疑人高某岩现在下落不明，他是单独犯罪还是共同犯罪的罪责也不清楚，"担保人"如何承担连带责任？请求撤销原判，改判驳回被上诉人的起诉。

哈尔滨市中级人民法院认为：《民法通则》第八十四条规定："债是按照合同的约定或者依照法律的规定，在当事人之间产生的特定的权利和义务关系。……"第八十五条规定："合同是当事人之间设立、变更、终止民事关系的协议。依法成立的合同，受法律保护。"《担保法》第二条第一款规定："在借贷、买卖、货物运输、加工承揽等经济活动中，债权人需要以担保方式保障其债权实现的，可以依照本法规定设定担保。"以上规定明确指出，债是按照合同的约定在当事人之间产生的特定权利和义务。担保合同作为从合同，只是对因借贷、买卖、货物运输、加工承揽等主合同发生的债进行担保。这些主合同约定的当然是民事关系。只有依法成立的合同，才受法律保护。《合同制干部担保办法》第六条规定：担保人有责任教育被担保人严格履行合同，如发生贪污、盗窃、严重违纪等方面问题，担保人应负连带责任。根据这一条规定，本案“担保合同”要求上诉人高某民“担保”的，是高某岩在被上诉人和平支行工作期间的行为。而和平支行与高某岩在此期间存在的是单位与职工的内部职务从属关系，不是平等民事主体之间形成的民事关系。高某岩在此期间实施的贪污、盗窃或者严重违纪等与职责有关的行为，不是应当由民法调整的民事行为。对这些行为，和平支行应当按照刑事法律或者行业纪律的规定去寻求解决。如果把这些应当由刑事法律或者行业纪律解决的问题纳入民法调整，和平支行就会因自己受损的利益已经转嫁到担保人身上，而怠于追究本单位职工的违法违纪责任，也不再主动查找本单位存在的制度、纪律方面的问题。综上所述，本案“担保合同”所指向的“主合同”，约定的不是平等主体之间的债权债务，而是企业内部的管理工作。“担保”的内容不是要实现债权人的债权，而是要保证“被担保人”的违法违纪行为不损害企业利益。因此，本案的“担保合同”不符合《民法通则》和《担保法》的规定，由此引发的纠纷不应当由民法调整，本案不属于人民法院受理的民事诉讼范围。据此，哈尔滨市中级人民法院于 2001 年 5 月 29 日裁定：一、撤销一审民事判决；二、驳回被上诉人和平支行的起诉。一、二审案件受理费 11920 元，保全费 2300 元，鉴定费 2300 元，由被上诉人和平支行负担。

规范指引

《中华人民共和国民法通则》

第八十四条 债是按照合同的约定或者依照法律的规定，在当事人之间产生的特定的权利和义务关系。享有权利的人是债权人，负有义务的人是债务人。

债权人有权要求债务人按照合同的约定或者依照法律的规定履行义务。

第八十五条 合同是当事人之间设立、变更、终止民事关系的协议。依法成立的合同，受法律保护。

《中华人民共和国合同法》

第二条 本法所称合同是平等主体的自然人、法人、其他组织之间设立、变更、终止民事权利义务关系的协议。

婚姻、收养、监护等有关身份关系的协议，适用其他法律的规定。

《中华人民共和国担保法》

第二条 在借贷、买卖、货物运输、加工承揽等经济活动中，债权人需要以担保方式保障其债权实现的，可以依照本法规定设定担保。

本法规定的担保方式为保证、抵押、质押、留置和定金。

第三条 担保活动应当遵循平等、自愿、公平、诚实信用的原则。

第六条 本法所称保证，是指保证人和债权人约定，当债务人不履行债务时，保证人按照约定履行债务或者承担责任的行为。

《中华人民共和国劳动合同法》

第九条 用人单位招用劳动者，不得扣押劳动者的居民身份证和其他证件，不得要求劳动者提供担保或者以其他名义向劳动者收取财物。

《最高人民法院关于适用〈中华人民共和国担保法〉若干问题的解释》

第一条 当事人对由民事关系产生的债权，在不违反法律、法规强制性规定的情况下，以担保法规定的方式设定担保的，可以认定为有效。

专题二：以公益为目的的事业单位、社会团体提供担保的，担保合同是否有效

【核心提示】国家机关和以公益为目的的事业单位、社会团体违反法律规定提供担保的，担保合同无效。因此给债权人造成的损失，应当根据债务人、债权人、担保人的过错各自承担相应的民事责任。

实务争点

国家机关和以公益为目的的事业单位、社会团体，违反法律对外提供担

保的，担保合同无效。对于如何认定违反法律对外提供担保，实践中存在两种不同的观点：一种观点认为，所谓违反法律对外提供担保，是指违反法律明文的禁止性规定，法律没有禁止国家机关和以公益为目的的事业单位、社会团体对外提供担保则该担保合同仍为有效。另一种观点认为，法律、法规未授权的均属于违反法律规定，国家机关和以公益为目的的事业单位、社会团体对外提供担保，合同一律无效，除非法律另有使其有效的特殊规定。对此问题，《担保法解释》第三条规定："国家机关和以公益为目的的事业单位、社会团体违反法律规定提供担保的，担保合同无效。因此给债权人造成损失的，应当根据担保法第五条第二款的规定处理。"

理解适用

对《担保法解释》第三条的理解与适用

《担保法解释》第三条对国家机关和以公益为目的的事业单位、社会团体对外提供担保的合同的效力进行了定性，但对这一规定仍存在理解和适用上的分歧，我们应当重点把握好以下几个方面的内容。

（一）《担保法解释》第三条的立法宗旨

以公益为目的的事业单位、社会团体，其设立的目的乃公益，因此国家机关和以公益为目的的事业单位、社会团体不得从事公益事业以外的活动。为他人的债务提供担保属于纯粹经济活动的范畴，与公益事业无直接关系，不在这类组织设立的目的范围之内，公益组织担任担保人与其设立宗旨不相符。[①] 以公益为目的的事业单位、社会团体的财产来源于国家的财政拨款或捐助人，如果允许这类组织作为担保人为他人的债务提供担保，在债务人到期不能偿还债务时，必将削弱该组织的财力，不仅会造成国有资产的流失，也会使设立此类组织的公益目的难以实现甚至落空。故法律不允许这类组织提供担保，这类组织违反法律的规定提供担保的，担保合同无效，法律另有规定的除外。

---

① 高圣平：《担保法新问题与判解研究》，人民法院出版社 2001 年版，第 358~359 页。

（二）事业单位、社会团体提供的担保，担保合同有效的特殊情况

1. 从事经营活动的事业单位、社会团体为保证人的。《担保法解释》第十六条规定：“从事经营活动的事业单位、社会团体为保证人的，如无其他导致保证合同无效的情况，其签订的保证合同应当认定为有效。”

在司法实践中存在争议的是对“公益组织”的认识。第一种观点认为，《担保法解释》第十六条已经提供了认定“公益”与“非公益”的标准，即是否从事经营活动。考察事业单位或社会团体是否属于公益单位，主要以其是否从事经营活动为准。从事经营活动的事业单位和社会团体，根据该条的解释可以做保证人，而不论其所有权性质、从事的行业。[①] 第二种观点认为，要把事业单位和社会团体以公益为目的的活动与适当的经营活动区别开来，以公益为目的的事业单位和社会团体不是不能进行任何经营活动，这些单位利用本单位拥有的技术和知识，向社会提供服务，取得一定的报酬，从事适当的经营活动以更好地实现公益目的并不违反法律的规定；不能作为保证人的以公益为目的的事业单位和社会团体不仅仅限于全民所有制单位，其他所有制形式的事业单位和社会团体，只要符合以公益为目的这个条件，就不能作为担保人，像私立学校、幼儿园、中外合资医院。[②] 我国《担保法》对“公立”与“私立”未作区分，只要是公益法人，一律禁止充当保证人。[③] 我们认为，上述第三种观点值得肯定。“以公益为目的”和“从事经营活动”并非完全对立的关系，应当以是否“以公益为目的”考查，从而确定该组织所订立的保证合同是否有效。

2. 公益事业单位、社会团体以其社会公益设施以外的其他财产为其自身债务提供抵押。从《担保法》第三十七条第（三）项规定来看，学校、幼儿园、医院等以公益为目的的事业单位、社会团体的教育设施、医疗卫生设施和其他社会公益设施不得用于抵押，即不论公益事业单位、

---

① 贺小电、唐吉凯：《担保合同案例评析》，知识产权出版社 2004 年版，第 156 页。

② 罗高举：《担保合同实务指南》，知识产权出版社 2003 年版，第 14 页。

③ 高圣平：《动产抵押登记制度研究》，中国工商出版社 2007 年版，第 350 页。

社会团体是为他人债务还是为自身债务提供担保，均不得以其社会公益设施提供抵押担保。不过，公益事业单位、社会团体如果以其社会公益设施以外的其他财产为自身债务提供担保，则根据《担保法解释》第五十三条的规定，可以认定抵押有效。从立法目的考查，该特殊规定意在解决社会公益事业单位、社会团体的发展问题，使其可以通过设定抵押获得新贷资金的支持等。

3. 留置公益事业单位、社会团体的财产。根据《担保法》的规定，担保的方式包括保证、抵押、质押、留置和定金五种方式。从《担保法》及《担保法解释》的立法宗旨看，不允许公益事业单位和社会团体提供保证、抵押、质押是正确的。但是留置是法定的担保方式，无所谓提供问题，因此不属于《担保法解释》第三条的适用范围。

（三）《担保法解释》第三条与针对事业单位、社会团体提供担保的特殊规定之间的关系

1.《担保法解释》第三条与针对事业单位、社会团体提供担保的担保合同有效的特殊规定之间的关系。根据《担保法解释》第十六条和第五十三条的规定，从事经营活动的事业单位、社会团体为保证人的，可以认定保证合同有效。公益事业单位、社会团体以其社会公益设施以外的其他财产为自身债务提供抵押，可以认定抵押合同有效。那么，这两个针对保证和抵押的特殊规定，能否类推适用于其他类型的担保？即是否可以认为根据《担保法解释》第十六条和第五十三条的规定，从事经营活动的事业单位、社会团体提供的抵押、质押，抵押和质押合同有效，同样，公益事业单位、社会团体以其社会公益设施以外的其他财产为自身债务提供质押的，也可以认定质押合同有效？有观点认为，保证、抵押、质押三种担保方式中，保证只能为他人债务提供担保，而抵押、质押既可以为自己的债务提供担保，也可以为他人的债务提供担保，也就是说，相较抵押、质押而言，保证的风险较前两者更大。《担保法解释》第十六条允许从事经营活动的事业单位、社会团体提供保证，举重以明轻，也应当允许从事经营活动的事业单位、社会团体提供抵押或者质押。同样，《担保法解释》第

五十三条允许以非社会公益设施提供抵押，也应当允许以非社会公益设施提供质押。

我们认为，《担保法解释》第三条已经明确规定了国家机关和以公益为目的的事业单位、社会团体违反法律规定提供担保的，担保合同无效。此为针对担保合同中的主体资格的总的禁止性规定，凡是国家机关和以公益为目的的事业单位、社会团体所提供的担保，担保合同一律无效。所以，除非法律存在着使其有效的明确的特殊规定，否则，就应当适用《担保法解释》第三条的规定，担保合同无效。

2.《担保法解释》第三条与针对事业单位、社会团体提供担保的担保合同无效的特殊规定之间的关系。《担保法》中出现了两个针对公益单位和社会团体订立的担保合同的无效的特殊规定:《担保法》第九条规定，学校、幼儿园、医院等以公益为目的的事业单位、社会团体不得为保证人;《担保法》第三十七条第（三）项规定，学校、幼儿园、医院等以公益为目的的事业单位、社会团体的教育设施、医疗卫生设施和其他社会公共设施，不得抵押。同样，这两个规定是否类推适用于其他类型的担保也存在争议。一种观点认为，应当将该禁止性规定类推适用于其他担保类型。学校、幼儿园和医院等以公益为目的的事业单位、社会团体的教育设施、医疗卫生设施和其他社会公共设施，不得质押。另一种观点认为，法律仅仅明文禁止这两种情况，不能扩张解释这两个条款，在民事领域应当遵循法无明文禁止即可为的原则，应当认为公益事业单位、社会团体不可以成为保证人，但可以提供抵押和质押，学校、幼儿园、医院等以公益为目的的事业单位、社会团体的教育设施、医疗卫生设施和其他社会公共设施，不能抵押，但可以质押。

应该认为，在《担保法解释》没有出台之前，确实可以存在上述两种不同的理解。但《担保法解释》颁布后，第三条明确规定了公益事业单位、社会团体的担保行为的效力，其中的“违反法律规定”，应当理解为法律、法规未授权的即为违法，除了法律规定其有效的特殊情况，其他情况都应当是无效的，当然也包括了《担保法》明文禁止的这两种情况。因此，可以认为，《担保法解释》第三条使《担保法》第九条与《担保法》

第三十七条第（三）项失去了意义。

案例指导

重庆市交通设备融资租赁有限公司与重庆坤源船务有限公司、重庆市港航管理局船舶融资租赁合同纠纷申请再审案[①]

2011年4月2日，重庆市交通设备融资租赁有限公司（甲方，以下简称融资公司）作为出租人、重庆坤源船务有限公司（乙方，以下简称坤源公司）作为承租人、重庆市涪陵区大为船舶制造有限公司（丙方，以下简称大为公司）作为建造人，三方签订了《融资租赁合同》。

合同第1条约定：甲方根据乙方对建造方及租赁物的自主选择，将两艘载箱量为350TEU、载货量为6000吨集散货船租赁给乙方，该租赁物没有依赖甲方的技能以及没有受到甲方的干预，由乙方自主确定租赁物的名称、型号等全部内容，租赁物在租赁过程中出现任何问题包括造成经济损失，均由乙方自负，且乙方仍应向甲方支付租金及应付款项。

第3条约定：租赁物总价款（包干价）31042744元，其中甲方向丙方支付3000万元（银行转账2550万元、承兑汇票450万元），乙方向丙方支付1042744元，超出部分由乙方自行承担；工程完工办理船舶检验证书后，10个工作日内完成工程项目及金额审核，形成三方确认结算单，甲方在办理完并取得船舶证书后，5个工作日内按约定向丙方支付除质量保证金外的全部余款。

……

2011年4月2日，根据《融资租赁合同》的约定，融资公司（甲方）、坤源公司（乙方）、重庆市交通融资担保有限公司（丙方）（以下简称融资担保公司，后变更为重庆渝超高新技术担保有限公司，以下简称渝超公司）另签订了《保证合同》。《保证合同》约定，保证方式为连带保证责任，如甲方依据主合同约定未按时取得两艘船舶所有权登记证书，丙方代乙方承

---

① 案例来源：最高人民法院（2014）民申字第1921号。

担违约责任，偿还甲方已经支付的租赁物价款及利息损失和为实现债权实际发生的所有费用；保证合同还对保证期间、免责条款等进行了约定。当天，重庆港航局将600万元保证金转入融资公司银行账户，坤源公司将“金源2011”轮抵押给融资公司，抵押期至2016年10月2日，双方办理了抵押权登记手续；5月12日，坤源公司向融资公司汇款630万元，其中保证金300万元、手续费330万元，另向渝超公司支付担保金60万元。同年5月13日，融资公司向大为公司支付首期租赁物价款1200万元。由于大为公司所在地区重庆涪陵拉闸限电，为了避免耽误工期，坤源公司与大为公司协商将船舶交由重庆市万州区鸿运船舶修造有限公司（以下简称鸿运公司）建造。对此，坤源公司出具了《承诺书》，承诺凡是《融资租赁合同》中涉及大为公司应承担的一切责任、费用、履行的义务等皆由坤源公司承担和履行，坤源公司保证按《融资租赁合同》约定的质量、时间建造和交付船舶，并负责人员费用和安全责任；融资公司拨付的款项由大为公司转给坤源公司，融资公司索赔确定大为公司为赔偿义务人时，责任由坤源公司承担、鸿运公司承担连带责任。鸿运公司作为连带责任保证人在《承诺书》盖章确认。8月12日，坤源公司向融资公司发出《要求支付第二期价款的函》。8月15日，融资公司向坤源公司发出了《关于坤源船务船舶建造进度的函》，指出根据施工现场实地考察情况及重庆船舶检验局出具的《工程进度确认函》，船舶进度未达到第二期付款要求，不同意支付第二期造船款。船舶建造达到付款条件后，融资公司分别支付了第2、3期船舶建造款。为了保证船舶建造进度及造船所需材料及时到位，8月15日、16日，坤源公司垫资300万元分别与湖北神州欣叶工贸有限公司和重庆鲁潍柴油机销售有限公司签订了钢材和机械设备购销合同，购买船舶建造所需钢材和机械设备。

……

武汉市海事法院经审理认为：本案为船舶融资租赁合同纠纷。融资公司系船舶所有人及出租人，坤源公司为承租人，大为公司为船舶制造人，重庆港航局为保证人。融资公司、坤源公司、大为公司签订的《融资租赁合同》是三方当事人真实意思的表示，未违背法律、法规禁止性规定，该合同合法有效。作为融资租赁合同的从合同，当事人对《保证合同》《抵押合同》《概算表》《租赁物品明细表》《租赁物价款支付明细表》《租金偿还计划表》未提出异议，且上述从合同未违背法律禁止性规定，均合法有效，予以保护。根据案件事实以及各方当事人的陈述意见，武汉市海事法院认为，本案争议焦点主要集中以下几个方面：其一，坤源公司是否构成根本违约、是否有义务根据合同约定及时向融资公司支付租金；其二，融资公司在合同履行过程中是否构成根本违约；其三，《保证金质押担保合同》是否有效。

焦点一：坤源公司是否构成根本违约、是否有义务根据合同约定及时向融资公司支付租金。

武汉市海事法院认为，融资租赁合同是出租人根据承租人对出卖人、租赁物的选择，向出卖人购买租赁物，提供给承租人使用，承租人支付租金的合同。在租赁期间，按照合同约定向出租人支付租金是承租人的基本义务。《合同法》第二百四十八条规定，承租人应当按照约定支付租金，承租人经催告后在合理期限内仍不支付租金的，出租人可以要求支付全部租金；也可以解除合同，收回租赁物。根本违约是指违约的后果已经妨害了合同目的实现，包括迟延履行主要债务经催告仍不履行和一般违约但导致合同目的不能实现两种情形。迟延履行致使不能实现合同目的或迟延履行主要债务，经催告在合同履行期内仍未履行，构成根本违约。由于一方的根本违约行为会严重损害另一方当事人的利益，因此法律上规定另一方当事人享有合同解除权，这种解除权的行使可以不经催告。但迟延履行并非必然发生根本违约，只有在不能实现合同目的或迟延履行主要债务，经催告在合同履行期内仍未履行，才构成根本违约。

本案中，融资公司诉称坤源公司共有 4 期租金未按时支付构成根本违约，其中 2011 年 12 月租金迟延支付 2 天，2012 年 1 月租金迟延支付 25 天。根据合同约定，每期租金交纳日为每月 13 日。对 2011 年 12 月的租金，坤源公司早在当月 6 日就将 100 万元承兑汇票交给融资公司，融资公司于 12 月 15 日将承兑汇票贴现并扣除贴现利息后汇给谷侨公司，再由谷侨公司代替坤源公司交纳，虽然该期租金实际到账日为 12 月 15 日，但该迟延行为并非坤源公司造成，对该期租金的支付，坤源公司并未违约。对 2012 年 1 月租金

609836.44元，因为融资公司尚欠坤源公司300万元造船款未付，在垫付的300万元造船款未收回的情况下，坤源公司暂未支付2012年1月租金，后来在结算时，坤源公司不仅同意融资公司从300万元造船工程款中扣减1月的租金，而且承担了滞纳金7623元。因此，在双方互负给付义务的情况下，坤源公司的行为并不构成违约。

关于2012年3月、4月两期租金，虽然坤源公司以市场疲软和葛洲坝船闸和三峡船闸维修影响通行等为由申请延期支付或采取其他变通措施，但该申请行为并不表示坤源公司拒绝支付租金，也不代表坤源公司没有继续履行合同的诚意和能力，相对于66期总计37791936.40元租金，两期租金1219672.88元占总租金数额的3.2%，不属于延迟主要债务，不会导致融资公司合同目的不能实现。况且，融资公司尚有70万元船舶建造款和30万元质保金未支付给坤源公司，船舶建造款与两期租金相抵后，坤源公司只欠融资公司租金20余万元。此外，坤源公司有300万元保证金和重庆港航局的600万元的质押保证以及“金源2011”号船舶抵押权掌控在融资公司，上述保证金足以支付坤源公司所欠2期租金及相应费用。故坤源公司的上述行为并不构成根本违约。关于律师费的承担问题，在我国进行民事诉讼，对聘请律师代为参与诉讼并无强制性规定，也没有规定律师费由败诉方承担。虽然融资公司与坤源公司在合同中对律师费的承担进行了约定，但坤源公司并未构成根本性违约，且融资公司有从事法律的专门人员，律师费用并非必然发生，故对融资公司要求坤源公司承担律师费的请求，原审法院不予支持。对担保金和保全申请费的承担问题，融资公司申请对坤源公司采取保全措施时，坤源公司只有2012年3月、4月两期租金未付，坤源公司用于担保的财产远大于其所欠租金及滞纳金，按照合同约定，对坤源公司所欠租金及滞纳金，融资公司应先从担保金中扣除，故对融资公司要求坤源公司承担担保金和保全申请费的请求，原审法院不予支持。

坤源公司在未取得融资公司同意的情况下，应该根据合同约定，及时履行支付义务，并承担相应的滞纳金损失。但从2012年3月、4月以后至原审法院判决时止的租金支付问题，坤源公司未再支付租金，由于双方签订的《融资租赁合同》不存在中止履行或者解除的法定事由，并且出租船舶仍由坤源公司实际经营，所以，坤源公司仍有义务根据合同的约定及时履行支付租金的义务，并对自身迟延支付租金的行为向融资公司承担支付滞纳金的义务。根据原审法院查明的案件事实，从2012年3月13日至原审法院判决前的2013年12月13日，坤源公司实际拖欠22期到期租金13350698.52元未付，对该已到期租金，坤源公司应向融资公司支付，对未到期租金，坤源公司应按合同约定继续履行义务。另，融资公司系“华升1003”“华升3103”轮的所有人，根据《物权法》第三十九条规定，融资公司有权对该两艘船舶进行自主处置，而不必征得原审法院准许，所以融资公司请求拍卖“华升3013”“华升1003”轮以抵偿坤源公司所差欠租金的主张原审法院不予支持。

焦点二：融资公司在合同履行过程中是否构成根本违约。

武汉市海事法院认为，根据《融资租赁合同》第4.2条第（4）项约定，造船款发票应由建船方开具，坤源公司作为租赁方，并非开具造船发票的义务方。融资公司以坤源公司未开具造船发票为由进而拒绝支付70万元造船款的行为违反合同约定，应承担及时支付义务。虽然融资公司拒绝支付70万元造船款的行为构成违约，但该违约行为发生在船舶建造完毕交付使用后，并未影响船舶建造和合同的实际履行，且70万元只相当于融资公司应付的造船款部分的2.33%，根据双方订立合同的本意，该违约行为不构成根本违约。所以，坤源公司以融资公司存在根本违约的行为，进而要求解除《融资租赁合同》及退回手续费、担保金、已付租金及赔偿损失的反诉请求，无事实依据和法律依据，法院不予支持。根据《融资租赁合同》约定，船舶建造厂家由坤源公司自主选定，质量由其负责。虽然后来船舶建造厂由大为公司变更为鸿运公司，但坤源公司并未提供证据证明该变更行为由融资公司决定，且根据坤源公司的书面承诺，可以确认将两艘租赁船舶变更由鸿运公司建造，系坤源公司、大为公司、鸿运公司三方协商决定，与融资公司无关。融资公司在船舶建造方未达到施工进度的情况下拒付第2期工程款的行为，并未违背合同的约定，并非必然导致船舶质量问题的发生，且船舶建造完毕经检验合格，在办理交接手续时，融资公司、坤源公司、大为公司在交接单上均确认船舶质量符合合同要求。坤源公司提供的现有证据不能证明融资公司对变更船舶建造厂家起了决定性的作用，也不能证明船舶存在质量问题。融资公司在履行合同的过程中因双方发生纠纷进而向法院申请财产保全以及提起诉讼，属法律赋予其诉讼权利的正确行使，并不影响坤源公司依据合同约定履行合同义务。所以，坤源公司以融资公司滥用诉权、迟延付造船款、船舶存在质量问题为由进而拒付租金的抗辩理由不能成立，法院不予支持。

焦点三：《保证金质押担保合同》是否有效。

武汉市海事法院认为，根据《事业单位登记管理暂行条例》规定，事业单位是指国家为了社会公益目的，由国家机关举办或者其他组织利用国有资产举办的，从事教育、科技、文化、卫生等活动的社会服务组织。其设立的目的是社会公益事业而不是营利，事业单位分为公益性事业单位和经营性事业单位。《担保法解释》第三条规定：国家机关和以公益为目的的事业单位、社会团体，违反法律规定提供担保的，担保合同无效。因此给债权人造成损失的，应当根据第五条第二款的规定处理。本案中，重庆港航局的主要职责系负责重庆市水上交通运输行业的职能，监督管理水路运输市场，维护市场秩序；负责重庆市（长江除外）水上交通安全管理等职能，没有从事经营活动及担保的主体资格，经费为国家划拨，属于公益性事业单位。其为坤源公司提供的质押担保行为是商事行为，违反了法律禁止性规定，因而该质押保证合同无效。重庆港航局作为履行行政管理职能的事业单位，明知自己不具备担保的主体资格，仍为坤源公司提供质押保证，对造成质押保证合同无效有一定责任。融资公司在订立《融资租赁合同》和《质押金担保合同》时，对融资租赁和担保的相关法律规定进行了详细了解，明知重庆港航局不具备担保资格，仍要求重庆港航局提供质押保证，对质押保证合同无效也负有一定责任。根据《担保法解释》第七条规定："主合同有效而担保合同无效，债权人无过错的，担保人与债务人对主合同债权人的经济损失，承担连带赔偿责任；债权人、担保人有过错的，担保人承担民事责任的部分，不应超过债务人不能清偿部分的二分之一。"故重庆港航局在坤源公司不能清偿到期租金时，应对租金及产生的滞纳金损失总额承担二分之一的赔偿责任，但赔偿数额最高不超过 600 万元。

法院依据《合同法》第六十条、第六十一条第一款、第六十七条、第二百三十七条、第二百四十八条,《担保法》第五条、第九条,《民事诉讼法》第一百四十五条的规定，判决：一、融资公司与坤源公司签订的《融资租赁合同》合法有效，双方应根据合同约定履行相应的义务，享有相应的权利。二、坤源公司支付融资公司 2012 年 3 月 13 日至 2013 年 12 月 13 日租金 13350698.52 元及滞纳金（滞纳金根据每期租金应该支付的时间，按每天万分之五计算至本判决确定的支付之日止）。三、坤源公司在不能向融资公司清偿 2012 年 3 月 13 日至 2013 年 12 月 13 日租金 13350698.52 元及滞纳金损失时，重庆港航局在不能清偿总额范围内承担二分之一的赔偿责任，但最高不超过 600 万元。四、驳回融资公司的其他诉讼请求。五、驳回坤源公司的其他反诉请求。上述赔款于本判决生效之日起十日内一次付清。如果未按本判决指定的期间履行给付金钱义务，应当依照《民事诉讼法》第二百五十三条的规定，加倍支付迟延履行期间的债务利息。本诉案件受理费 217424 元，由融资公司负担 12 万元，由坤源公司负担 97424 元；反诉案件受理费 97588 元，由坤源公司负担（融资公司预交的案件受理费原审法院不予返还，坤源公司在支付上述款项时，将应承担的案件受理费一并支付给融资公司）。

融资公司不服上述判决，向湖北省高级人民法院提起上诉，湖北省高级人民法院认为，原审判决认定清楚，适用法律正确，审判程序合法，实体处理并无不当。故判决：驳回上诉，维持原判。

融资公司不服湖北省高级人民法院（2014）鄂民四终字第 91 号民事判决，向最高人民法院申请再审。

最高人民法院认为，本案为船舶融资租赁合同纠纷。根据融资公司的再审申请及重庆港航局的陈述意见，本案争议焦点为：重庆港航局作为公益性事业单位是否可以提供现金质押担保。《担保法解释》第三条明确规定，以公益为目的的事业单位违反法律规定提供担保的，担保合同无效。据此，公益性事业单位在自己拥有的财产上设定抵押权或质权，提供担保的行为应属无效，除非法律作出不同规定。本案中，重庆港航局为公益性事业单位，其使用的现金经费和公益设施均属于为保障机构正常运转而由国家统一划拨的财产，依法均不得设定抵押或质押。其提供600万现金设定质押的行为违反了《担保法解释》第三条规定，一、二审法院据此认定涉案《保证金质押担保合同》无效并无不当。融资公司申请再审期间提交的证据虽然证明重庆市交通设备租赁有限公司更名为融资公司的事实，但这一事实并不影响涉案质押担保合同效力的认定。据此，融资公司提出现行法律仅禁止公益性事业单位以公益设施提供抵押或者质押担保，并未禁止提供资金质押担保，故本案现金质押担保合同有效的主张没有事实和法律依据，其再审申请理由不能成立。

综上，融资公司的再审申请不符合《民事诉讼法》第二百条规定的情形。依照《民事诉讼法》第二百零四条第一款之规定，裁定如下：驳回重庆市交通设备融资租赁有限公司的再审申请。

规范指引

《中华人民共和国合同法》

第六十条 当事人应当按照约定全面履行自己的义务。

当事人应当遵循诚实信用原则，根据合同的性质、目的和交易习惯履行通知、协助、保密等义务。

第六十一条 合同生效后，当事人就质量、价款或者报酬、履行地点等内容没有约定或者约定不明确的，可以协议补充；不能达成补充协议的，按照合同有关条款或者交易习惯确定。

第二百三十七条 融资租赁合同是出租人根据承租人对出卖人、租赁物的选择，向出卖人购买租赁物，提供给承租人使用，承租人支付租金的合同。

第二百四十八条 承租人应当按照约定支付租金。承租人经催告后在合理期限内仍不支付租金的，出租人可以要求支付全部租金；也可以解除合同，收回租赁物。

《中华人民共和国物权法》

第三十九条 所有权人对自己的不动产或者动产，依法享有占有、使用、收益和处分的权利。

《中华人民共和国担保法》

第五条 担保合同是主合同的从合同，主合同无效，担保合同无效。担保合同另有约定的，按照约定。

担保合同被确认无效后，债务人、担保人、债权人有过错的，应当根据其过错各自承担相应的民事责任

第九条 学校、幼儿园、医院等以公益为目的的事业单位、社会团体不得为保证人。

第三十七条 下列财产不得抵押：

……

（三）学校、幼儿园、医院等以公益为目的的事业单位、社会团体的教育设施、医疗卫生设施和其他社会公益设施；

……

《最高人民法院关于适用〈中华人民共和国担保法〉若干问题的解释》

第三条 国家机关和以公益为目的的事业单位、社会团体违反法律规定提供担保的，担保合同无效。因此给债权人造成损失的，应当根据担保法第五条第二款的规定处理。

第七条 主合同有效而担保合同无效，债权人无过错的，担保人与债务人对主合同债权人的经济损失，承担连带赔偿责任；债权人、担保人有过错的，担保人承担民事责任的部分，不应超过债务人不能清偿部分的二分之一。

第十六条 从事经营活动的事业单位、社会团体为保证人的，如无其他导致保证合同无效的情况，其所签订的保证合同应当认定为有效。

第五十三条 学校、幼儿园、医院等以公益为目的的事业单位、社会团体，以其教育设施、医疗卫生设施和其他社会公益设施以外的财产为自身债务设定抵押的，人民法院可以认定抵押有效。

专题三：董事、高级管理人员越权对外担保是否有效

【核心提示】根据现行《公司法》第十六条、第一百二十一条及第一百四十八条之规定，董事、高级管理人员可以根据公司章程的规定，经过

股东会、股东大会或者董事会的同意，以公司财产为他人提供担保，其中为公司股东或者实际控制人提供担保的或者上市公司担保金额超过公司资产总额百分之三十的，必须经股东会或者股东大会的同意。除表见代理、表见代表等情况外，董事、高级管理人员违反规定，超越权限以公司资产对外提供担保，未被公司追认的，担保合同无效。

实务争点

2005年修订前的《公司法》(以下简称旧《公司法》)第六十条第三款规定："董事、经理不得以公司资产为本公司的股东或者其他个人债务提供担保。"学术理论及司法实践对此规定究竟在于限制公司权利能力还是限制董事、经理的越权行为，形成了两种截然对立的观点：一种观点认为，旧《公司法》第六十条第三款的禁止性规定是通过对董事、经理的约束进而实现对公司的限制，理由为该条文在字面上明确指出其所禁止的是董事、经理以公司财产提供担保，但落实到担保合同上只能是签盖公司印章，以公司的名义进行担保，因此隐含着限制公司对外担保之意。另外，《担保法解释》第四条规定董事、经理违反规定提供担保的，担保人即公司"应当对债权人的损失承担连带赔偿责任"，该规定既然要求由公司来承担责任，那么可以反推是公司的违反规定行为所导致，也就可以认为是对公司的权利能力进行了规制。另一种观点认为，旧《公司法》第六十条第三款是对公司内部人员的管理规范，属于管理性的强制规范，旨在限制董事、经理的行为，防止其利用职权谋取个人利益，危害公司及股东合法权益，是在规范股东和公司之间的关系，而不是公司和债权人的关系。因此该规定意在禁止"董事、经理"作为行为主体的担保，并不禁止所有以公司名义对外进行的担保。2005年修订后的《公司法》变更了旧《公司法》的有关规定，更加细化了公司对外担保的规范，上述观点的争论似乎已无太大价值，但是由于修订后的《公司法》对董事、经理越权提供担保的效力并无完整、体系化的规定，上述纷争的解决或许能够在一定程度上阐释越权担保的效力问题，也直接关系着《担保法解释》第四条是否仍有适用的余地。

理解适用

对《担保法解释》第四条的理解与适用

担保是指担保人对债权人承诺，在债务人未能或不能清偿债务时，替代债务人清偿债务，或以特定的价值物清偿债务。本专题所指的董事、高级管理人员对外担保是公司对外担保的情形之一，即董事、高级管理人员以公司名义作为担保人，以公司资产向债权人提供担保，以保证债权人债权得以实现。[①]

（一）对新旧《公司法》中董事、高级管理人员对外担保规定之评析

现行《公司法》第一百四十八条第一款第（三）项规定，董事、高级管理人员不得违反公司章程的规定，未经股东会、股东大会或者董事会同意，以公司财产为他人提供担保。较之于旧《公司法》，其主要在如下方面有所不同：第一，与旧《公司法》将违反规定以公司财产对外提供担保的义务主体限定于董事、经理不同，新《公司法》将义务主体范围扩张至董事及高级管理人员；第二，与旧《公司法》严禁董事、经理以公司资产为本公司的股东或者其他个人债务提供担保不同，新《公司法》对此限制有所放宽，只要董事、高级管理人员能够依照相应程序，即认可其以公司财产对外提供担保的效力；第三，与旧《公司法》所规定的担保对象不同，新《公司法》明确被担保的债务主体为“他人”，即包括公司股东在内的一切自然人、法人或其他组织。[②]依照现行法的规定，本专题将越权担保行为的主体扩展至董事、高级管理人员。

新《公司法》关于公司担保能力的规定是一个制度性的飞跃，与行政机关、司法机关在实践中不断进行的制度性探索和取得的阶段性成果密不可

---

① 韩佼：《公司对外担保制度的形成与完善》，载王保树主编：《商事法论集》（2009年第1期），法律出版社2009年版。

② 高圣平：《担保法论》，法律出版社2009年版，第24页。

分[1]，颇具代表性的是最高人民法院在审理中福实业公司担保案[2]与光彩集团担保案[3]两个案件中对待董事对外担保的态度的转变。在中福实业公司担保案中，最高人民法院的裁判思路是：在当时旧《公司法》第六十条第三款规定的背景下，公司为股东担保受到法律限制，其限制为：公司董事、经理以及董事会无权决定以公司财产为股东提供担保，除非公司章程对此有授权或者股东（大）会同意此项担保。[4]而在光彩集团担保案中，最高人民法院明确旧《公司法》第六十条第三款是对公司董事、高级管理人员未经公司批准，擅自为公司股东及其他个人债务提供担保的禁止性规定，但该规定并非一概禁止公司为股东担保。对有限公司而言，符合公司章程，经过公司股东会、董事会批准，以公司名义进行关联担保的，法律并未明确予以禁止。上述两个案例裁判思路的转变实际上暗示着最高人民法院在考量公司债权人与公司股东利益冲突的价值取向上，已经从侧重保护中小股东利益向优先保护债权人利益倾斜。值得一提的是，在后一案例中，最高人民法院在终审判词中提到“即使董事会决议有瑕疵，也属其公司内部行为，不能对公司的对外担保行为效力产生影响”，主张根据公司的内部关系与外部关系来区分对外担保的效力。

（二）区分董事、高级管理人员对外担保的内外效力

现行法中涉及公司对外担保效力的条文大多属于不完全法条，缺乏“制裁”要素，基于对这些条文的分析无法直接推断出董事、高级管理人员违反规定而越权对外担保的决议及其合同的效力状态。因此，解决董事、高级管理人员对外担保效力问题的关键在于，将其分为内部担保决议的效力与外部

---

① 曹士兵：《公司法修订前后关于公司担保规定的解读》，载《人民司法》2008年第1期。

② 参见最高人民法院（2000）经终字第186号。

③ 参见最高人民法院（2006）民二终字第49号。

④ 曹士兵：《公司法修订前后关于公司担保规定的解读》，载《人民司法》2008年第1期。

担保合同的效力两个层面，采取“内外有别”的策略，分别确定其效力。[①]

1. 董事、高级管理人员对外担保决议的效力

关于董事、高级管理人员对外担保决议的效力，可根据是否遵循《公司法》及相关法律法规的规范，是否依照公司章程的规定，是否符合公司内部关于担保的意思决定程序规范来判断。只要满足上述因素，该对外担保决议即为有效。违反上述规定的直接后果是承担组织法上的相应责任，只影响对外担保的董事会或者股东（大）会决议的效力。即使对外担保未经董事会或者股东（大）会决议，或者董事会或股东（大）会决议被撤销或被确认无效，在第三人善意的情况下，亦不影响董事、高级管理人员对外担保的效力[②]。

2. 董事、高级管理人员对外担保合同的效力

关于董事、高级管理人员对外担保合同的效力，需要结合《合同法》等法律的相关规定予以判断：（1）董事、高级管理人员依照章程，根据董事会或股东（大）会授权与第三人签订对外担保合同，且该合同不违背法律的强行性规定，此时对外担保合同有效；（2）董事、高级管理人员违反规定越权对外担保，此时需根据具体情况区分是否存在表见代理、表见代表或者无权代理，以此判断对外担保合同的效力。

（三）《担保法解释》第四条的适用空间

随着《公司法》相关条文的逐步丰富化、精细化，围绕着旧《公司法》第六十条第三款的论争也随之尘埃落定。根据新法的规范可推知，在公司权利能力上，旧《公司法》并不禁止、限制其对外担保能力。旧法第六十条第三款仅是对董事、经理的限制，在公司内部，对公司对外担保事项作出决议的有权机关仅限于公司股东（大）会、董事会，任何董事、经理均无权作出决定。[③] 该争论亦揭示了此条款只是针对董事、经理与公司之间权利义务关

① 曾大鹏：《公司越权对外担保的效力研究——基于法律解释方法之检讨》，载《华东政法大学学报》2013 年第 5 期。

② 钱玉林：《公司法第 16 条的规范意义》，载《法学研究》2011 年第 6 期。

③ 孙鹏主编：《担保法精要与依据指引》，北京大学出版社 2011 年版，第 62 页。

系的规定，调整内部法律关系，并不涉及公司与其他方成立的外部法律关系，即无论董事、经理违反了旧《公司法》第六十条第三款的法律规定与否，公司已与外部形成的担保关系及其他法律关系的效力不受到影响。[①] 因此即使董事、经理违反相关规定导致担保合同无效，在债权人善意的情况下，据《担保法解释》第四条规定，仍然对作为担保人的公司问责，而非董事、经理。但《担保法解释》第四条关于“董事、经理违反《中华人民共和国公司法》第六十条规定，以公司资产为本公司的股东或者其他个人债务提供担保的，担保合同无效”的规定却将公司法仅对公司内部关系的规范扩大解释为公司外部关系的规范。[②]

《担保法解释》第四条对于董事、经理对外担保的内外部关系区分逻辑不清晰，前半部分关于效力的规定混淆了两者的区别，后半部分对责任的划分却回归至对二者的划分上。在《公司法》修订后，《担保法解释》第四条的解释对象——旧《公司法》第六十条规定已不复存在，并且该条司法解释前半部分曲解了对外担保的内外部关系，杜绝了有关董事、经理对外担保推导适用的可能，因而据此认定公司对外担保合同一律无效的观点已经丧失了法律基础和适用价值。在有关对外担保合同责任的承担问题上，前已述及担保合同的效力需结合《合同法》等有关法律规定进行分析，因此责任的承担亦需根据有关规范予以确认，而《担保法解释》第四条不区分情形一刀切地苛求债务人及担保人承担连带责任，显然已经无法与不同的合同效力进行衔接。由此可见，《担保法解释》第四条在当前的法律实践中已无适用的空间。但这并不意味着该司法解释条文已被废止。2005 年修改后的《公司法》自 2006 年 1 月 1 日起施行，根据《最高人民法院关于适用〈中华人民共和国公司法〉若干问题的规定（一）》的规定，新《公司法》实施后，人民法院尚未审结的和新受理的民事案件，其民事行为或事件发生在新《公司法》实施以前的，适用当时的法律法规和司法解释。因新《公司法》实施前有关民事

① 伏军、孙晓光：《解读公司法第 60 条第 3 款——评最高院〈关于担保法若干问题的解释〉第 4 条》，载《金融法苑》2003 年第 3 期。

② 伏军、孙晓光：《解读公司法第 60 条第 3 款——评最高院〈关于担保法若干问题的解释〉第 4 条》，载《金融法苑》2003 年第 3 期。

行为或者事件发生纠纷起诉到人民法院的，如当时的法律法规和司法解释没有明确规定，可以参照适用新《公司法》的有关规定。人民法院对新《公司法》实施前已经终审的案件依法进行再审时，不适用新《公司法》的规定。因此《担保法解释》第四条的规定对新《公司法》实施以前发生的担保行为仍然适用，无论该担保纠纷是否已经起诉到法院。[①]

（四）司法裁判倾向

《公司法》第十六条规定：公司向其他企业投资或者为他人提供担保，依照公司章程的规定，由董事会或者股东会、股东大会决议；公司章程对投资或者担保的总额及单项投资或者担保的数额有限额规定的，不得超过规定的限额。公司为公司股东或者实际控制人提供担保的，必须经股东会或者股东大会决议。前款规定的股东或者受前款规定的实际控制人支配的股东，不得参加前款规定事项的表决。该项表决由出席会议的其他股东所持表决权的过半数通过。

1. 在司法实践中，法院于对外担保之效力的认定上，裁判担保行为有效之理由包括：

（1）《公司法》第十六条为管理性强制性规定，非效力性强制性规定。其要求经董事会或者股东会、股东大会决议等内部限制不产生对第三人的外部限制。在“中建材集团进出口公司诉北京大地恒通经贸有限公司进出口代理合同纠纷案”中，法院认为：第一，该条款并未明确规定公司违反上述规定对外提供担保导致担保合同无效；第二，公司内部决议程序，不得约束第三人；第三，该条款并非效力性强制性的规定；第四，依据该条款认定担保合同无效，不利于维护合同的稳定和交易的安全。

（2）未经决议并不影响效力，第三人不需要尽审查义务。在“姚文、姚洪股权转让纠纷案”中，法院认为：《公司法》第十六条所规定的公司对外担保须经股东会决议是公司对内的程序性规定，并不涉及公司以外第三人的审查义务。公司是否召开股东会以及是否形成决议，是公司内部控制程序，不

---

① 高圣平：《担保法论》，法律出版社 2009 年版，第 24~25 页。

能约束与公司进行交易的第三人。

（3）虽未经决议，但第三人为善意，仅需尽到形式审查义务。故即使决议不真实或者存在瑕疵，也不影响合同效力。例如，在“中国农业银行股份有限公司仙游县支行与福建省浩华房地产开发有限公司、福建省德馨古典家具有限公司等金融借款合同纠纷案”中，法院认为对《公司法》第十六条存在两种理解。一种观点认为，该条规定是公司内部管理性规范，是否违反不影响公司对外合同的效力。另一种观点认为，该条规定具有相应的外部效力，根据该条规定合同相对人负有对公司内部决议的形式审查义务，即合同相对方应当要求公司提供内部决议书。此处的注意义务是形式审查义务，即只要公司提供的内部决议书符合公司法与公司章程的形式要求，相对人即完成了注意义务，而无须对公司是否真正召开了股东会负责。本案中，农行仙游支行向二审法院提交了浩华公司的《内资企业登记基本情况表》及《股东会决议书》，即使按照上述关于《公司法》第十六条的第二种理解，农行仙游支行也尽到了相应的注意义务。

（4）构成表见代表。在“招商银行股份有限公司大连东港支行与大连振邦氟涂料股份有限公司、大连振邦集团有限公司借款合同纠纷案”中，法院裁判理由为：第一，《公司法》第十六条实质是内部控制程序，不能以此约束交易相对人。故此上述规定宜理解为管理性强制性规范。第二，如作为效力性规范认定将会降低交易效率和损害交易安全，同时也给公司以违反股东决议主张合同无效的不诚信行为留下了制度缺口，最终危害交易安全，不仅有违商事行为的诚信规则，更有违公平正义。第三，案涉《股东会担保决议》确实存在部分股东印章虚假、使用变更前的公司印章等瑕疵，以及被担保股东振邦集团公司出现在《股东会担保决议》中等违背公司法规定的情形，但是振邦股份公司提供给招行东港支行的股东会决议上的签字及印章与其为担保行为当时提供给招行东港支行的签字及印章样本一致。而振邦股份公司向招行东港支行提供担保时使用的公司印章真实，亦有其法人代表真实签名。且案涉抵押担保在经过行政机关审查后也已办理了登记。至此，招行东港支行审查义务已经完成，主观上构成善意。综上，本案中周建良的行为构成成表见代表。

2. 认定担保行为无效之裁判理由如下：

（1）未经决议，法定代表人系越权代表，第三人未尽到合理审查义务，知道或者应当知道越权行为，为非善意。“宁波绣丰彩印实业有限公司、浙江杭州湾汽配机电市场经营服务有限公司、慈溪道新投资咨询有限公司、慈溪道新汽配贸易有限公司、慈溪市一得工贸有限公司以及孙跃生合同纠纷案”中，法院裁判理由包括：第一，本案所涉协议条款为非正常经营活动，行为后果是将公司利益转移给个人，具有明显的超越代表权的外观。第二，不能提供股东会同意证明，第三人应知其为越权代表，并不是为了机电公司经营活动所从事的职务行为，而是违反公司强制性规定的侵占公司财产的行为。其不属于善意相对人。第三，公司对协议的签订不知情，公司对代表人私刻公章的行为不具有管理上的失职。

（2）越权代表公司未追认。此观点在“沈阳水泥机械有限公司与朝阳银行股份有限公司龙城支行、辽宁水泥工业设计院（朝阳金鹏电子实业有限公司、朝阳重型建材技术装备公司）借款合同纠纷案”中适用，法院在说理部分表明：从另一角度看，水泥机械公司为金鹏公司借款 1850 万元提供连带保证，属于对公司财产的重大处置行为，根据公司章程第十四条、第二十四条的规定，该事项应由公司董事会研究决定。但张翔鹏未经公司董事会讨论决定，擅自以公司的名义为他人提供担保，其行为显然属于越权行为。水泥机械公司得知张翔鹏的越权行为后，有权拒绝追认。因水泥机械公司拒绝追认张翔鹏的越权行为，而龙城支行对此又存在过错，故张翔鹏的越权代表行为对水泥机械公司不发生法律效力，应由其和龙城支行根据各自的过错自行承担相应的法律责任。

（五）实务中应当注意的问题

对于董事、高级管理人员越权对外担保合同的效力，具体应根据如下情形进行区分：

第一，根据《合同法》第五十条之规定：“法人或者其他组织的法定代表人、负责人超越权限订立的合同，除相对人知道或者应当知道其超越权限的以外，该代表行为有效。”准此以解，董事、高级管理人员作为公司的法定代表人，越权签订对外担保合同的，该担保合同有效。

第二，根据《合同法》第四十九条之规定："行为人没有代理权、超越代理权或者代理权终止后以被代理人名义订立合同，相对人有理由相信行为人有代理权的，该代理行为有效。"准此以解，当担保合同的相对人有理由相信董事、高级管理人员有代理公司对外担保的权限，如董事、高级管理人员持有相关代理授权书的，即使董事、高级管理人员没有对外担保的代理权限、超越代理权限或者对外担保的代理权限已经终止，其以公司名义订立的对外担保合同仍然有效。

第三，在公司越权对外担保合同不符合表见代理或者表见代表的构成要件的情形下，董事、高级管理人员越权订立的对外担保合同属于违反公司章程、未经董事会或者股东（大）会同意、无权代理人擅自以公司名义订立的合同，应当适用《公司法》第四十八条关于无权代理人订立合同的规定，董事、高级管理人员没有代理权、超越代理权或者代理权终止后以公司名义订立的合同，未经公司的追认，对公司不发生效力，由董事、高级管理人员自行承担责任。此时的担保合同为效力待定的合同，当公司予以追认，该合同有效，反之，该合同无效。

案例指导

中国进出口银行与光彩事业投资集团有限公司、四通集团公司借款担保合同纠纷案①

一审法院经审理认为：2001 年 12 月 25 日，一审原告中国进出口银行（以下简称进出口银行）与四通集团公司（以下简称四通集团）签订的借款合同，以及 2003 年 12 月 26 日进出口银行与四通集团、光彩事业投资集团有限公司（以下简称光彩集团）签订的《贷款重组协议》中关于贷款关系的约定，是进出口银行和四通集团的真实意思表示，且不违反法律法规的强制性

① 案例来源：最高人民法院（2006）民二终字第 49 号，载《最高人民法院公报》2006 年第 7 期（总第 117 期）。

规定，故应认定合法有效。四通集团未按《贷款重组协议》约定的还款期限归还贷款，构成违约。进出口银行有权宣布全部债务到期并要求四通集团立即清偿全部债务。四通集团应向进出口银行偿还尚欠贷款本金 1.36 亿元及相应利息。鉴于四通集团于 2005 年 9 月 21 日偿还利息 1747416.01 元，故此笔款项应在进出口银行请求的利息中予以扣除。

光彩集团通过董事会决议的形式作出为股东四通集团提供连带责任保证的决定，并于 2001 年 12 月 25 日与进出口银行签订《保证合同》，于 2003 年 12 月 26 日与进出口银行和四通集团在《贷款重组协议》中约定保证条款。根据修订前的《公司法》（以下简称修订前公司法）第六十条第三款关于“董事、经理不得以公司资产为本公司的股东或其他个人债务提供担保”的强制性规定，公司为本公司股东提供担保须经股东会同意或章程有特别规定。董事在以公司资产为股东提供担保事项上无决定权，董事会作为公司董事集体行使权力的法人机关，在法律对董事会对外提供担保上无授权性规定，公司章程或股东大会对董事会无授权时，亦因法律对各个董事的禁止性规定而无权作出以公司资产对股东提供担保的决定。修订前公司法第六十条第三款的禁止性规定既针对公司董事，也针对公司董事会。因此，光彩集团通过形成董事会决议的形式为股东四通集团提供连带责任保证的行为，因违反修订前公司法的强制性规定而无效，所签订的《保证合同》和《贷款重组协议》中的保证条款亦无效。光彩集团对保证合同无效应当承担过错责任。

四通集团董事长段永基在与进出口银行签订的借款合同、《贷款重组协议》上代表四通集团签字，在光彩集团提交给进出口银行的光彩集团 2001 年 10 月 23 日董事会决议上，段永基作为光彩集团的董事在该决议上签字。故应认定进出口银行在接受光彩集团担保时，对借款人四通集团系担保人光彩集团股东的事实是明知的，因此，进出口银行在法律明文禁止董事以公司资产为本公司股东提供担保的情况下，仍接受光彩集团为其股东四通集团提供的担保，对《保证合同》及保证条款的无效亦有过错。根据《担保法解释》第七条的规定，光彩集团应向进出口银行承担四通集团不能清偿债务部分的二分之一的赔偿责任。

股东会是公司的权力机构，董事会是公司的经营决策机构，从光彩集团的公司章程上看，二者在职权上有不同的规定。光彩集团 2003 年 11 月 3 日召开的为四通集团提供连带担保的董事会，参会董事人数未达到光彩集团公司章程规定的可以召开董事会的最低出席比例，存在严重程序瑕疵，从程序上讲，所形成的董事会决议亦应为无效决议。故即使光彩集团董事会与股东会的组成人员有重合性，亦不能推定出光彩集团为其股东提供担保系经过股东会的同意，故进出口银行关于董事会决议及保证条款有效的主张不予支持。

一审法院依照《合同法》第二百零六条、第二百零七条，修订前公司法第六十条第三款，《担保法解释》第四条、第七条、第九条之规定，判决：一、四通集团于该判决生效后十日内，偿还进出口银行借款本金 1.36 亿元及利息（自 2005 年 9 月 1 日至款项全部付清之日止，以本金 1.36 亿元为基数，按《贷款重组协议》约定的年利率 4.23% 计息，扣除四通集团于 2005 年 9 月 21 日偿还的利息 1747416.01 元）；二、进出口银行与四通集团、光彩集团签订的《贷款重组协议》中的保证条款无效；三、光彩集团对四通集团不能清偿上述判决第一项债务的部分承担二分之一的赔偿责任，光彩集团承担赔偿责任后，有权向四通集团公司追偿。

案件受理费 690010 元、财产保全费 680520 元，共计 1370530 元，由四通集团公司承担，光彩集团对上述案件受理费、财产保全费承担二分之一连带责任。

进出口银行不服一审法院上述民事判决，向最高人民法院提起上诉称：

1. 修订前公司法并没有禁止公司为股东提供担保的明文规定。光彩集团为四通集团提供担保不违反法律的禁止性规定，是有效担保。光彩集团董事会决议或股东会决议内容不违反《公司法》及该公司章程的规定，也是合法有效的。原审判决在没有对光彩集团董事会为公司股东提供担保是否违反公司章程作出认定的前提下，确认光彩集团董事会无权为本公司股东提供担保，董事会决议无效于法无据。

2. 光彩集团董事会成员与股东会成员在人员构成上具有主体上的一致性和重合性，章程所规定的董事会职权与章程规定的股东会职权具有职能相同的重合性。该公司股东大会在确立公司章程时就授权董事会行使股东会权利，股东大会对董事会决议具有明确授权和追认的法律特征。因此，董事会决议的法律效力等同于股东会决议。

3. 进出口银行未收到有段永基作为光彩集团董事签名的光彩集团2001年10月23日董事会决议，原审判决认定光彩集团在为四通集团提供担保时提交了该决议，并据此认定进出口银行明知四通集团是光彩集团股东，推定进出口银行有过错责任没有事实依据。请求二审撤销原审判决第二项，改判光彩集团对四通集团的本案债务承担连带责任。

被上诉人光彩集团答辩称：

1. 光彩集团通过形成董事会决议的形式为股东四通集团提供连带责任保证的行为，因违反修订前公司法的禁止性规定而无效。

2. 在无光彩集团股东会授权的情况下，公司董事会无权决定以公司资产为本公司的股东提供担保。股东会与董事会的职权、召开的程序、组成人员等均不同，不能以股东单位法定代表人与公司董事人员的重合，推定董事会决议即股东会决议或认为股东会对董事会有明确授权和追认。本案所涉为四通集团提供担保的董事会决议，因违反公司章程规定的董事会召开程序，应认定为无效。

3. 进出口银行在明知四通集团公司为光彩集团股东，以及法律禁止公司为其股东担保的情况下，仍接受光彩集团提供的担保，对《保证合同》及《贷款重组协议》担保条款的无效存在过错，应依法承担相应责任。原审判决认定事实清楚，适用法律正确，请求二审驳回进出口银行的上诉，维持原判。

原审被告四通集团未提交书面答辩意见，在二审法院进行的质证中称同意被上诉人光彩集团的答辩意见，并表示对原审判决确定的该公司欠款本金及利息均无异议。

最高人民法院认为：四通集团系本案借款合同的主债务人，其未按合同约定偿还进出口银行贷款，进出口银行依约定有权宣布全部贷款到期，该公司在本院二审中对原审判决确定的欠款本金及利息均无异议，故对原审判决第一项应予维持。

本案中，光彩集团为四通集团的债务进行担保的行为发生在《公司法》修订前，故本案适用修订前公司法及《担保法》《担保法解释》。

修订前公司法第六十条第三款规定，“董事、经理不得以公司资产为本公司的股东或者其他个人债务提供担保”。该条规定是对公司董事、高管人员未经公司批准，擅自为公司股东及其他个人债务提供担保的禁止性规定。但该规定并非一概禁止公司为股东担保，对有限责任公司而言，符合公司章程，经过公司股东会、董事会批准，以公司名义进行关联担保，修订前公司法并未明确对此加以禁止。上述条款的立法目的是限制大股东、控股股东操纵公司与自己进行关联交易，损害中小股东的利益，以维护资本确定原则和保护中小股东权益。经公司股东会、董事会同意以公司资产为小股东进行担保当不属禁止和限制之列。从价值取向的角度考量，在平衡公司债权人与公司股东利益冲突时，应优先保护公司债权人的利益。

根据本案查明的事实，光彩集团公司作为有限责任公司，公司注册资本 5 亿元，其中山东泛海集团公司出资 3.56 亿元，出资比例为 71.2%；潍坊宝顺建设有限公司出资 1 亿元，出资比例 20%；四通集团出资 100 万元，出资比例为 0.2%。其公司章程未规定公司不得为股东进行担保。该章程规定，董事会是该公司法人机关，董事会成员由股东单位委派人员组成，董事会的表决程序采用资本多数决的形式。该公司 11 家股东中 10 家股东单位委派其法定代表人担任该公司董事，一家为股东单位代表。光彩集团提供的证据表明，在该公司同意为四通集团进行担保的 2001 年 12 月 25 日、2003 年 12 月 26 日的两次董事会上，分别持有该公司 93.6% 和 91.2% 股权的董事同意为四通集团担保，符合公司章程的规定。董事会决议加盖了董事会公章，在《保证合同》及《贷款重组协议》上加盖了光彩集团公章，光彩集团对上述公章的真实性均不持异议。应当认定光彩集团签署上述《保证合同》及《贷款重组协议》是其真实意思表示，不违背占资本绝大多数股东的意志，该保证行为亦不违反法律和行政法规的禁止性规定，应为有效。关于光彩集团提出的根据该公司章程，董事会至少 8 名董事参加方能召开，而上述两次董事会决议只分别有 5 名和 2 名董事签字，故董事会会议召开无效，董事会决议亦无效的问题，最高人民法院认为：分别有 5 名和 2 名董事在董事会决议上签字，并不能证明只有 5 名和 2 名董事参加董事会会议。光彩集团应对该公司 2001 年 12 月 25 日、2003 年 12 月 26 日的两次董事会的召开是否符合章程规定的董事出席人数负有举证责任，但该公司始终未提供两次董事会的纪要或原始记录，应承担举证不能的责任。且即使董事会决议有瑕疵，也属其公司内部行为，不能对公司的对外担保行为效力产生影响。故光彩集团在本案诉讼中提出的董事会决议无效，公司为其股东担保无效的主张没有事实和法律依据，且违反民事诉讼中的禁止反言规则，该院不予支持。进出口银行关于光彩集团为四通集团提供担保不违反法律的禁止性规定，是有效担保，光彩集团应对四通集团的本案债务承担连带责任的上诉理由成立，该院予以支持。

综上，原审判决认定事实基本清楚，但适用法律有误，责任判处不当，应予以纠正。最高人民法院依照《民事诉讼法》第一百五十三条第一款第（一）项、第（二）项之规定，于 2006 年 5 月 15 日作出判决：一、维持北京市高级人民法院（2005）高民初字第 1182 号民事判决主文第一项；二、撤销上述民事判决主文第二项；三、变更上述民事判决主文第三项为：光彩事业投资集团有限公司对四通集团公司的上述债务承担连带保证责任。光彩事业投资集团有限公司承担连带保证责任后，有权向四通集团公司追偿。

规范指引

《中华人民共和国公司法》

第十六条 公司向其他企业投资或者为他人提供担保，依照公司章程的规定，由董事会或者股东会、股东大会决议；公司章程对投资或者担保的总额及单项投资或者担保的数额有限额规定的，不得超过规定的限额。

公司为公司股东或者实际控制人提供担保的，必须经股东会或者股东大会决议。

前款规定的股东或者受前款规定的实际控制人支配的股东，不得参加前款规定事项的表决。该项表决由出席会议的其他股东所持表决权的过半数通过。

第一百二十一条 上市公司在一年内购买、出售重大资产或者担保金额超过公司资产总额百分之三十的，应当由股东大会作出决议，并经出席会议的股东所持表决权的三分之二以上通过。

第一百四十八条 董事、高级管理人员不得有下列行为：

（一）挪用公司资金；

（二）将公司资金以其个人名义或者以其他个人名义开立账户存储；

（三）违反公司章程的规定，未经股东会、股东大会或者董事会同意，将公司资金借贷给他人或者以公司财产为他人提供担保；

（四）违反公司章程的规定或者未经股东会、股东大会同意，与本公司订立合同或者进行交易；

（五）未经股东会或者股东大会同意，利用职务便利为自己或者他人谋取属于公司的商业机会，自营或者为他人经营与所任职公司同类的业务；

（六）接受他人与公司交易的佣金归为己有；

（七）擅自披露公司秘密；

（八）违反对公司忠实义务的其他行为。

董事、高级管理人员违反前款规定所得的收入应当归公司所有。

《中华人民共和国合同法》

第四十八条 行为人没有代理权、超越代理权或者代理权终止后以被代理人名义订立的合同，未经被代理人追认，对被代理人不发生效力，由行为人承担责任。

相对人可以催告被代理人在一个月内予以追认。被代理人未作表示的，视为拒绝追认。合同被追认之前，善意相对人有撤销的权利。撤销应当以通知的方式作出。

第四十九条 行为人没有代理权、超越代理权或者代理权终止后以被代理人名义订立合同，相对人有理由相信行为人有代理权的，该代理行为有效。

第五十条 法人或者其他组织的法定代表人、负责人超越权限订立的合同，除相对人知道或者应当知道其超越权限的以外，该代表行为有效。

《最高人民法院关于适用〈中华人民共和国担保法〉若干问题的解释》

第四条 董事、经理违反《中华人民共和国公司法》第六十条的规定，以公司资产为本公司的股东或者其他个人债务提供担保的，担保合同无效。

除债权人知道或者应当知道的外，债务人、担保人应当对债权人的损失承担连带赔偿责任。

专题四：担保人在担保合同无效后承担责任，能否行使追偿权

【核心提示】 担保人因无效担保合同向债权人承担赔偿责任后，可以向债务人追偿，或者在承担赔偿责任的范围内，要求有过错的反担保人承担赔偿责任。担保人可以根据承担赔偿责任的事实对债务人或者反担保人另行提起诉讼。

实务争点

《担保法》第五条规定："担保合同是主合同的从合同，主合同无效，担保合同无效。担保合同另有约定的，按照约定。担保合同被确认无效后，债务人、担保人、债权人有过错的，应当根据其过错各自承担相应的民事责任。"对该条款的理解，存在不同的观点：一种观点认为，担保人不应当享有追偿权，因为担保人是基于自身的过错而承担责任，追偿权是以担保人代为履行被担保人义务之后产生的权利，是以担保合同有效为前提的，而担保人的过错责任是由于主体自身的过错产生的民事责任，谁有过错谁承担责任，不能由其他人代为受过。另一种观点认为，由于担保人承担的责任原属于债务人，债务人是本位上的责任人或最终责任人，担保人因其允诺承担责任，此种责任仍然具有约定责任的性质，或者说无效担保人的责任兼具过错责任和约定责任的双重性质，即作为缔约过失责任的一种，无效担保人的过错是决定其在担保无效时继续承担责任的根据，但是这种根据只是确定担保人承担一定的代最终债务人清偿债务的根据，担保人承担的责任仍然仅有代偿责任的性质，因此在理论上也可以自足。另外，责任与权利相比通常不成比例，即便在担保无效时，无效担保人的责任也很

可观，如果不允许担保人向债务人追偿，也不符合公平原则。对此问题，《担保法解释》第九条规定："担保人因无效担保合同向债权人承担赔偿责任后，可以向债务人追偿，或者在承担赔偿责任的范围内，要求有过错的反担保人承担赔偿责任。担保人可以根据承担赔偿责任的事实对债务人或者反担保人另行提起诉讼。"

理解适用

对《担保法解释》第九条的理解与适用

上述观点纷争的出现，实源于《担保法》第五条并没有涉及担保人追偿的内容。《担保法解释》第九条的规定，从立法层面确立了担保人在担保合同无效后承担责任可以享有相应的追偿权。然而，虽然赋予了担保人追偿权，但可追偿的范围及上限、保证人的预先追偿权和追偿权的实现，依旧存在讨论并将之清晰化的空间。

（一）可追偿的范围及其上限

担保人可追偿的范围实质上就是担保人赔偿债权人损失的范围。关于担保人如何赔偿债权人的问题，《担保法解释》第七条、第八条作出了相应的规定。主合同有效而担保合同无效，债权人无过错的，担保人与债务人对主合同债权人的经济损失，承担连带赔偿责任；债权人、担保人有过错的，担保人承担民事责任的部分，不应超过债务人不能清偿部分的二分之一。主合同无效而导致担保合同无效，担保人无过错的，担保人不承担民事责任；担保人有过错的，担保人承担民事责任的部分，不应超过债务人不能清偿部分的三分之一。

不可否认，《担保法解释》的上述规定，对担保人赔偿范围进行了较为明确的划分，但亦有疏漏之处。担保人的赔偿范围是否也应当具有上限，该上限是否应当以担保物的实际价值为标准（保证人以自己的所有财产为担保，因此不存在此种问题）？本书认为，虽然担保合同已经无效，但是基于合同之债的可预见性规则以及担保人和担保物权人设立担保时的真实意思，担保人的赔偿范围应当以原担保合同担保物的实际价值为上限。签订担保合同是约定担保物权设立的法定要件。因此，关于合同之债的可预见性规则也应当适用于担保合同。既然担保合同中担保人所承担的担保责任以担保物的实际价值为上限，那么即便在担保合同无效担保人依旧承担责任的情况下，基于合同可预见性规则，该责任也应当以担保物的实际价值为上限。合同之债的可预见规则的要求与诚实信用原则的精神是相符的。可预见性规则的合理性在于其维持了当事人之间的利益均衡。法律的功能之一在于合理地分配利益与风险，在担保合同领域，合理的规则还可使当事人无须为达成替代现有规则的合意而磋商，从而节省交易成本。担保合同是当事人交易的法律形式，通过担保合同，当事人获取利益并付出对价、承担风险。当事人订立担保合同时，整个交易条件的确定，是基于其当时掌握的信息之上的，这些信息决定了其可预见范围。交易条件不可能将担保人无法预见的风险反映进去，让担保人对其订立担保合同时无法预见的损失负责，必然使其依担保合同而承担的风险与取得的利益不相称。担保人在订立担保合同时，一般是认为他通过担保合同而承担的不利益小于或等于其从债务人处另行获得的利益，让担保人对订立合同时不可预见的损失负责，必将加大其通过担保合同而承担的不利益，破坏了担保人既有的利益预期，从而使利益失衡。因而，可预见性规则的合理性便在于维持了利益的均衡性。

（二）保证人仍享有预先追偿权

由于《担保法》只赋予了保证人预先受偿权，而没有规定抵押人、质押人的预先受偿权，按照物权法定原则，此处的讨论也以保证为限。预先追偿权是在人民法院受理债务人破产案件后，债权人未申报债权的情况下，法律赋予保证人预先以其追偿权作为债权申报，参加破产程序的权利。一般情况下，保证人的代位追偿权只有在保证人已承担保证责任后才会产生，代位追偿权形成的前提就在于保证人已向债权人承担保证合同中约定的保证责任，这是一个基本原则。《担保法》第三十一条规定："保证人承担保证责任后，有权向债务人追偿。"但原则之处必有例外，《担保法》第三十二条规定："人民法院受理债务人破产案件后，债权人未申报债权的，保证人可以参加破产财产分配，预先行使追偿权。”根据此条规定，在特殊情况下保证人行使追偿权不以已承担保证责任为前提。这一例外有很大的合理之处。在人民法院宣布债务人破产后，债权人未申报债权而保证人又必须承担保证责任时，如一味强调保证人只有在先承担保证责任后才能行使代位追偿权，那么就有可能使保证人错过作为新的债权人申报债权及参加破产财产分配的机会，导致其将来履行保证责任后无法从债务人处得到补偿，从而损害保证人的利益。所以保证人应将将来可能发生的求偿权之份额先作为破产债权行使权利。《担保法》赋予保证人预先追偿权的目的就在于保护保证人。

保证人在保证合同无效后所承担的责任，虽然与原先所约定的保证责任并不一致，但是既然此时法律依旧赋予了保证人以追偿权，那么基于保证人预先追偿权的立法本意，保证人仍享有预先追偿权。从破产程序的角度看，保证人的预先追偿权标的在本质上可以视为破产债务人的未到期债务。由于破产程序的目的在于确保债务人的所有债权人都有公平受偿的机会，所以破产程序对未到期债权视为已到期债权。因此，保证人的预先追偿权实际上就是其享有的可以按照破产程序清偿的未到期债权。

（三）实务中应当注意的问题

担保人在担保合同无效后承担责任，有权向债务人追偿，但通过何种方式向被担保人追偿，《担保法》未作明确规定。在司法实践中，绝大多数情况是担保人采用另行提起诉讼的方式实现其追偿权。这样，就会使担保人经过较长的诉讼期间，支付较高的诉讼费用，才能实现追偿权。对此，《担保法解释》第四十二条第一款规定：“人民法院判决保证人承担保证责任或者赔偿责任的，应当在判决书主文中明确保证人享有担保法第三十一条规定的权利。判决书中未予明确追偿权的，保证人只能按照承担责任的事实，另行提起诉讼。”因此，人民法院应当在判决书和调解书中明确担保人对债务人的追偿权，以加强对担保人合法权益的保护，促进经济发展。

案例指导

西安市商业银行与健桥证券股份有限公司、西部信用担保有限公司借款担保合同纠纷案[①]

2004年6月7日，西安市商业银行（以下简称西安商行）与健桥证券股份有限公司（以下简称健桥证券）签订资金拆借合同一份，约定：拆出单位为西安商行即甲方，拆入单位为健桥证券即乙方，拆借金额为3603万元，拆借期限7天，即自2004年6月10日至2004年6月17日；拆借利率为6.6%，拆借用途为弥补头寸。合同还约定：甲方拆出资金，乙方归还资金，均要按下列规定划款：同城划款在起（止）息日下午四点前划至对方账户，跨地区划款通过人民银行在起（止）息日上午九点半前采用电子联行或加急电汇汇至对方账户，以保证汇款单当天到账，如不按上述要求执行，影响资金按时到账而造成的损失，由违约方承担；乙方必须按时足额归还拆借本息，如发生逾期，就逾期金额除按规定利率计收利息外，从逾期之日起每日按万分之五加收罚息，由乙方主动划付甲方；拆借资金利随本清等。同日，西部信用担保有限公司（以下简称担保公司）向西安商行出具担保函，愿为上述资金拆借合同项下全部本金及利息的偿还承担连带保证责任。上述合同签订后，西安商行在同月10日以电汇方式，向健桥证券划付资金3603万元。合同到期后，健桥证券未按合同约定还款，担保公司亦未向西安商行偿还拆借资金。2004年11月11日，西安商行催收无果，遂向陕西省高级人民法院提起诉讼，请求判令健桥证券、担保公司依约归还西安商行拆借资金本金3603万元及截至给付之日的利息及罚息，并判令其承担本案全部诉讼费用。

陕西省高级人民法院经审理认为：本案争议的焦点是该资金拆借合同是否有效。有关法律规定，同业拆借是银行、非银行金融机构之间相互融通短期资金的行为。西安商行及健桥证券的资金拆借属银行与非银行金融机构之间的同业拆借。《商业银行法》第四十六条规定："同业拆借，应当遵守中国

① 案例来源：最高人民法院（2005）民二终字第150号。

人民银行的规定。”中国人民银行于 1997 年 6 月 6 日发出的《关于禁止银行资金违规流入股票市场的通知》第三条第二、三项规定：“各证券公司的拆入资金期限不得超过 1 天，拆入资金总额不得超过该机构实收资本金的 80%，拆入资金只能用于头寸调剂，不得用于证券交易。”“任何商业银行与非银行金融机构、非银行金融机构之间的拆借行为必须通过全国统一同业拆借市场（包括各地融资中心）进行，禁止一切场外拆借行为。”由此可见，证券公司为了弥补头寸，在与银行间进行的同业拆借业务中仅有 1 天的资金拆入期限，且拆借行为必须通过全国同业拆借市场（包括各地融资中心）进行。西安商行与健桥证券约定的拆借期限为 7 天，且未通过全国同业拆借市场进行，而是西安商行直接将拆借资金汇入健桥证券的账上。故该资金拆借合同不仅违反了中国人民银行上述规定，也违反了国务院颁布的《金融违法行为处罚办法》第十七条第一款的有关规定，因此，西安商行与健桥证券签订的资金合同，因内容违反国家金融法律法规强制性规定，应认定为无效。合同无效双方均有过错，依法应承担相应的过错责任。健桥证券应将拆入的本金 3603 万元予以返还，并应按中国人民银行同期贷款利率向西安商行计付该资金占用期间的费用。西安商行要求判令健桥证券依约支付利息及罚息的诉讼请求依法应予驳回。健桥证券因合同无效不支付合同约定利息的抗辩理由虽然成立，但应支付占用该资金期间的费用。因主合同无效，担保合同亦无效。担保公司虽不承担连带保证责任，但作为专业的担保公司，应当知道健桥证券不具有全国银行间同业市场成员资格，不能进行为期 7 天的同业拆借业务，其仍出具担保函，愿意对健桥证券的拆借行为承担连带保证责任，因此，对保证合同的无效负有过错，依法应承担相应的民事责任，即对健桥证券的上述债务不能清偿部分承担三分之一的连带赔偿责任。担保公司因合同无效不承担保证责任的抗辩理由成立，但其赔偿责任依法不能免除；担保公司认为《担保函》仅为担保意向，没有签订正式的《担保合同》，也无董事会决议，所以担保行为应为无效的抗辩理由属对担保合同的理解有误，不能成立；担保公司认为西安商行未能在法定的保证期间内向保证人主张权利及 2004 年 11 月 11 日立案，2004 年 11 月 23 日交费，西安商行无缓交申请，应视为自动撤诉的抗辩理由，因与客观事实不符而不能成立。

该院依据《合同法》第五十二条第一款第（五）项，《担保法》第五条及《担保法解释》第八条、第九条的规定，判决：一、西安商行与健桥证券签订的资金拆借合同及担保公司向西安商行出具的担保函无效；二、健桥证券在该判决生效后十日内向西安商行归还本金3603万元，并应按中国人民银行同期贷款利率计付资金占用费（自2004年6月10日起至该判决生效之日止），逾期履行，按照《民事诉讼法》第二百三十二条的规定执行；三、担保公司对健桥证券上述债务不能清偿部分承担三分之一的连带赔偿责任；四、担保公司向西安商行承担赔偿责任后，在承担赔偿责任的范围内可向健桥证券追偿；五、驳回西安商行的其他诉讼请求。一审案件受理费190160元，由健桥证券负担。

西安商行不服原审法院上述民事判决，向最高人民法院提起上诉称：原审判决适用法律明显错误，判处不当。

1.《关于禁止银行资金违规流入股票市场的通知》已失效。2004年12月17日，中国人民银行、中国银行监督管理委员会发布《第一批共计110件规章和规范性文件清理结果》(〔2004〕第20号公告)，该公告已明确将该通知废止。原审判决在该文件废止5个月后，仍将此作为认定本案合同无效的依据，显属适用法律错误。

2. 西安商行与健桥证券签订的资金拆借合同，并未违反《金融违法行为处罚办法》，本案资金拆借合同及担保合同合法有效。法律及行政法规均未对同业拆借的具体条件作出明确规定。国务院《金融违法行为处罚办法》亦未对同业拆借条件、资格、期限作出具体规定，只是针对违反中国人民银行规定的金融违法行为进行处罚。中国人民银行《证券公司进入银行间同业市场管理规定》第九条规定："凡经批准的成为全国银行间同业市场成员的证券公司，必须通过全国银行间同业拆借中心提供的交易系统进行同业拆借、债券交易业务。"第十三条规定："未成为全国银行间同业市场成员的证券公司，仍按原规定，由其总部进行一天的同业拆借业务……"西安商行依据该规定，将资金拆借给具有同业拆借资格的健桥证券，应当是一种合法行为，双方签订的合同合法有效，至于资金拆借超过规定的期限，并不会导致资金拆借合同无效，更不能对该合同所约定的逾期还款的利息及罚息不予保护。

3. 原审判决判处不当。本案的资金拆借合同在实践中普遍存在，也是市场通行的做法。如果将此类资金拆借合同认定为无效，正常的金融业务将难以开展，银行的合法权益将置于无法保护的境地。更为重要的是，法律、法规对此类型的资金拆借业务并未作出任何禁止性规定。原审判决不考虑本案合同当事人的真实意愿，更不考虑合同已经实际履行的具体状况，认定资金拆借合同及担保合同无效，确属判处不当。请求撤销原审判决，并判决健桥证券按合同约定偿还拆借资金及其利息、罚息，担保公司对此债务承担连带保证责任。

被上诉人健桥证券答辩称：

1. 2004 年 12 月 17 日中国人民银行与中国银行监督管理委员会（以下简称银监会）公告第一批规章和规范性文件的清理结果，并没有明确废止《关于禁止银行资金违规流入股票市场的通知》，而是明确该规范性文件由中国人民银行和银监会按照各自的法定职责对规章和规范性文件中的有关事项负责监督实施、解释，中国人民银行和银监会共同修改、废止。故该通知并未失效。假使该通知现已失效，本案所涉拆借行为的发生时间是 2004 年 6 月 7 日，在这个时间该规范性文件持续处于有效状态，一审法院适用当时具有法律效力的规定下判，并无不当。

2. 西安商行对《金融违法行为处罚办法》的理解存在错误。根据《证券公司进入银行间同业市场管理规定》和《金融违法行为处罚办法》的规定，本案所涉资金拆借合同超过了规定期限，且未通过全国同业拆借市场进行，违反了国家金融法规的强制性规定，属于无效合同，一审法院适用法律正确。

3. 西安商行认为本案所涉资金拆借合同是普遍存在的市场通行做法的观点缺乏事实依据，该项主张没有在有效的举证期限内合法举证，同时也是明显违反法律规定的行为，该项上诉理由不能成立。请求驳回上诉，维持原判。

被上诉人担保公司答辩称：

1. 一审判决所依据的《关于禁止资金违规流入股票市场的通知》并未失效，只是重新明确了其监督实施权、解释权、修改废止权的行使主体。即使西安商行对中国人民银行公告的理解没有错误，按照我国法律无溯及力的原则，一审适用该规章也是正确的。

2. 国务院《金融违法行为处罚办法》是针对违反国家金融法律法规行为制定的，它处罚的前提是金融机构违反了包括中国人民银行等部门的有关规定，那么违反中国人民银行关于最长拆借期限的行为当然也包括在内，更何况该办法在第十七条明令禁止拆借资金超过最长期限的行为。故超过中国人民银行规定的最长拆借期限进行拆借的行为也违反了该处罚办法的强制性规定，依据该处罚办法判决本案主合同无效正确。请求驳回上诉，维持原判。

最高人民法院经二审审理，对原审法院查明的事实予以确认。

该院认为，本案二审西安商行与健桥证券、担保公司之间争议的焦点问题仍然是资金拆借合同及担保合同的效力问题。原审法院认定资金拆借合同无效的主要理由，一是西安商行与健桥证券签订的资金拆借合同的期限超过了中国人民银行的规定，二是该拆借行为未通过全国同业拆借市场进行。原审法院上述理由的依据是中国人民银行《关于禁止银行资金违规流入股票市场的通知》和国务院《金融违法行为处罚办法》的规定。中国人民银行《关于禁止银行资金违规流入股票市场的通知》在规范性文件位阶上属于部门规章，根据《最高人民法院关于适用〈中华人民共和国合同法〉若干问题的解释（一）》第四条"合同法实施以后，人民法院确认合同无效，应当以全国人大及其常委会制定的法律和国务院制定的行政法规为依据，不得以地方性法规、行政规章为依据"的规定，该通知作为行政规章不能作为确认合同无效的依据。国务院《金融违法行为处罚办法》，是关于金融机构违反国家有关金融管理的规定应当如何进行行政处罚的规定，该办法第十七条规定金融机构从事拆借活动，如果具有资金拆借超过最长期限、在全国统一同业拆借网络之外从事同业拆借业务的行为，应当受到暂停或者停止该项业务，没收违法所得等处罚。可以看出，该条规定与合同效力没有关系。故不能依据该处罚办法的规定确认资金拆借合同无效。原审法院认定西安商行与健桥证券签订的资金拆借合同，内容违反国家金融法律法规的强制性规定，属无效合同错误，应予纠正。

西安商行与健桥证券签订资金拆借合同后，健桥证券将拆借所得资金用于合同所约定的弥补头寸，并不存在利用银行资金进行证券交易的行为，故西安商行与健桥证券之间的拆借行为是双方当事人的真实意思表示，未违反法律、行政法规的强制性规定，也未损害国家利益和社会公共利益，双方之间的资金拆借合同应当认定为有效。担保公司出具担保函，明确表示对上述资金拆借合同承担连带保证责任，在主合同有效，担保合同亦不存在其他无效情形的情况下，担保公司的保证责任不应免除。健桥证券在合同已经实际履行，即得到急需的款项后，作为还款义务人无正当理由未在约定的期限内还款，担保公司未按照约定承担连带保证责任，均构成合同履行中的违约，本应承担违约责任，但健桥证券和担保公司反以资金拆借超过法定期限等理由主张合同无效于法无据，并有违诚实信用原则，不应得到支持。

综上分析，西安商行的上诉理由成立，最高人民法院予以支持。原审判决认定事实清楚，但适用法律错误，应予纠正。最高人民法院依照《民事诉讼法》第一百五十三条第一款第（二）项的规定，判决如下：一、撤销陕西省高级人民法院（2005）陕民二初字第2号民事判决；二、健桥证券股份有限公司于本判决生效之日起十日内偿还西安市商业银行本金3603万元及利息，逾期罚息按照中国人民银行规定的同期逾期罚息计算标准分段计付；三、西部信用担保公司对健桥证券股份有限公司上述债务承担连带清偿责任；四、西部信用担保公司向西安市商业银行承担担保责任后有权向健桥证券股份有限公司追偿。一、二审案件受理费各190160元，由健桥证券股份有限公司承担。

规范指引

《中华人民共和国担保法》

第五条 担保合同是主合同的从合同，主合同无效，担保合同无效。担保合同另有约定的，按照约定。

担保合同被确认无效后，债务人、担保人、债权人有过错的，应当根据其过错各自承担相应的民事责任。

第三十一条 保证人承担保证责任后，有权向债务人追偿。

第三十二条 人民法院受理债务人破产案件后，债权人未申报债权的，保证人可以参加破产财产分配，预先行使追偿权。

《最高人民法院关于适用〈中华人民共和国担保法〉若干问题的解释》

第七条 主合同有效而担保合同无效，债权人无过错的，担保人与债务人对主合同债权人的经济损失，承担连带赔偿责任；债权人、担保人有过错的，担保人承担民事责任的部分，不应超过债务人不能清偿部分的二分之一。

第八条 主合同无效而导致担保合同无效，担保人无过错的，担保人不承担民事责任；担保人有过错的，担保人承担民事责任的部分，不应超过债务人不能清偿部分的三分之一。

第九条 担保人因无效担保合同向债权人承担赔偿责任后，可以向债务人追偿，或者在承担赔偿责任的范围内，要求有过错的反担保人承担赔偿责任。

担保人可以根据承担赔偿责任的事实对债务人或者反担保人另行提起诉讼。

第四十二条 人民法院判决保证人承担保证责任或者赔偿责任的，应当在判决书主文中明确保证人享有担保法第三十一条规定的权利。判决书中未予明确追偿权的，保证人只能按照承担责任的事实，另行提起诉讼。

保证人对债务人行使追偿权的诉讼时效，自保证人向债权人承担责任之日起开始计算。

第四十三条 保证人自行履行保证责任时，其实际清偿额大于主债权范围的，保证人只能在主债权范围内对债务人行使追偿权。

第四十四条 保证期间，人民法院受理债务人破产案件的，债权人既可以向人民法院申报债权，也可以向保证人主张权利。

债权人申报债权后在破产程序中未受清偿的部分，保证人仍应当承担保证责任。债权人要求保证人承担保证责任的，应当在破产程序终结后六个月内提出。

第四十五条 债权人知道或者应当知道债务人破产，既未申报债权也未通知保证人，致使保证人不能预先行使追偿权的，保证人在该债权在破产程序中可能受偿的范围内免除保证责任。

第四十六条 人民法院受理债务人破产案件后，债权人未申报债权的，各连带共同保证的保证人应当作为一个主体申报债权，预先行使追偿权。

《中华人民共和国物权法》

第一百七十二条 设立担保物权，应当依照本法和其他法律的规定订立担保合同。担保合同是主债权债务合同的从合同。主债权债务合同无效，担保合同无效，但法律另有规定的除外。

担保合同被确认无效后，债务人、担保人、债权人有过错的，应当根据其过错各自承担相应的民事责任。

《最高人民法院关于审理民间借贷案件适用法律若干问题的规定》

第十三条 借款人或者出借人的借贷行为涉嫌犯罪，或者已经生效的判决认定构成犯罪，当事人提起民事诉讼的，民间借贷合同并不当然无效。人民法院应当根据合同法第五十二条、本规定第十四条之规定，认定民间借贷合同的效力。

担保人以借款人或者出借人的借贷行为涉嫌犯罪或者已经生效的判决认定构成犯罪为由，主张不承担民事责任的，人民法院应当依据民间借贷合同与担保合同的效力、当事人的过错程度，依法确定担保人的民事责任。

专题五：主合同解除后担保人是否承担保证责任

【核心提示】主合同解除后，债务人负有民事责任的，担保人对债务人应当承担的民事责任仍应承担保证责任。但是担保合同另有约定的除外。

实务争点

主合同解除后，担保人是否仍然应当承担保证责任，学界存在着“否定说”与“肯定说”两种对立的观点。持“否定说”的学者认为，保证具有变更、消灭上的附从性，主合同债务消灭时，担保人的保证责任也随之消灭。持“肯定说”的学者中根据保证责任的承担范围不同又产生了两种观点：一种观点认为，主合同的解除对保证合同没有必然的影响，担保人仍应当承担保证责任，只要担保人所从属的主合同债权人的利益没有得到满足，担保人就不能免于承担担保责任；另一种观点则认为，衡量主合同解除时担保人的责任不能撇开债务人所应承担责任的情况，应当结合债务人的责任来确定担保人的责任。[①] 对此问题，《担保法解释》第十条规定："主合同解除后，担保人对债务人应当承担的民事责任仍应承担保证责任。但是，担保合同另有约定的除外。"

理解适用

对《担保法解释》第十条的理解与适用

保证责任是指保证人依照保证合同的约定，于主债务人不履行债务时，向债权人承担的代主债务人履行债务或者赔偿损失的责任。[②] 基于前述概念，根据《担保法》第六条"本法所称保证，是指保证人和债权人约定，当债务人不履行债务时，保证人按照约定履行债务或者承担责任的行为"之规定，可知保证人的保证责任内容主要包括代为履行和赔偿责任，并可根据当事人间的约定进行确定。在主合同解除的语境下，担保人是否承担保证责任、承担怎样的保证责任取决于合同解除后主合同债务人的责任承担情况。

（一）合同解除的效力

合同解除，是指合同成立后，因当事人一方的意思表示或者双方的协议，使基于合同而发生的债权债务关系归于消灭的行为。[③] 在我国，合同解除的类型主要有三类：合意解除、约定解除及法定解除。在通过上述方式解除合同时，当事人还应当遵守《合同法》第九十六条的规定，通过约定解除、法定解除方式主张解除合同的，应当通知对方。合同自通知到达对方时解除。法律、行政法规规定应当办理批准、登记等手续的，依照其规定。

主合同一经解除即失去约束当事人的效力，但其并非不发生任何法律后果。根据《合同法》第九十七条的规定，合同解除后，尚未履行的，终止履行；已经履行的，根据履行情况和合同性质，当事人可以要求恢复原状、采取其

---

① 郭志文、陈斌：《担保法解释的创新与不足》，载《黑龙江金融》2002 年第 12 期。
② 高圣平：《担保法论》，法律出版社 2009 年版，第 163 页。
③ 江平：《民法学》，中国政法大学出版社 2007 年版，第 665 页。

他补救措施，并有权要求赔偿损失。

1. 未履行的债务：终止履行

此处所谓的“终止履行”，是指债务的免除，而不是相对人取得抗辩权。解除权人负有的债务如尚未履行，便因解除归于终结，这是解除权人所要追求的主要目的之一。如果解除的相对人所负的债务，仍有尚未履行的，当然也因解除而归于终结。①

2. 已履行的债务：恢复原状或采取其他补救措施

所谓恢复原状，指当事人应恢复到订立合同前的状态，是合同解除具有溯及力的表现和后果。② 可恢复原状的合同，应当是一时的合同。继续性合同被解除的，要么无法恢复原状，要么恢复原状的成本过高或者存在其他不宜恢复的情况，此时继续要求恢复原状已无事实或法律上的可能，只能采取其他补救措施。

3. 赔偿损失

在我国，合同解除与损害赔偿并存不悖。合同解除仅是使合同效力就此停止，不再继续向将来前进，恢复原状或者其他补救措施只是“各归各位”，将前所给付的内容复归本来位置而已，并没有涵盖履行利益的赔偿。因此除通过恢复原状请求权恢复自己已经给付之物外，还应当允许行使解除权人通过赔偿损害请求权来弥补其因债务不能履行所受的损失。究其实质，合同解除场合的损害赔偿依然是违约损害赔偿。③

（二）主合同解除后担保人是否承担保证责任

《担保法解释》第十条规定：“主合同解除后，担保人对债务人应当承担的民事责任仍应承担担保责任。但是，担保合同另有约定的除外。”该条规定并不意味着主合同解除后担保人必须承担保证责任，具体区分如下情况：

第一，主合同在债务人没有任何违约、无须承担责任的情况下解除的。

---

① 韩世远：《合同法总论》，法律出版社 2011 年版，第 528~529 页。

② 黄海英：《合同解除与保证人责任》，载《华东政法学院学报》2001 年第 2 期。

③ 韩世远：《合同法总论》，法律出版社 2011 年版，第 538 页。

保证作为一种担保方式，其宗旨在于保障主债务的履行。当主合同的债务人不存在不履行债务的情况，也无须承担民事责任时，此时保证人承担保证责任的前提便不存在，无须承担保证责任。

第二，担保合同中约定保证责任随主合同的解除而免除的。根据《担保法解释》第十条“担保合同另有约定的除外”之规定，即便主合同的债务人在主合同解除后仍承担民事责任，只要担保合同中约定了类似“保证责任随主合同的解除而免除”的内容，当事人的真实意思表示在这类任意性规范中优先于法律规定适用，保证人无须承担保证责任。

第三，担保合同中没有特别规定的情况下，主合同解除后，债务人确应承担民事责任的，保证人在其应承担的民事责任范围内承担担保责任。合同解除后债权人与债务人的债权债务关系消灭，但债务人对已履行的债务应当恢复原状或采取其他补救措施，对债权人利益的损失应予赔偿，实际上是将原来债权人的债权履行请求权变为损害赔偿请求权、恢复原状请求权。通说认为，合同解除产生的损害赔偿请求权在性质上属于违约损害赔偿请求权，而《担保法》所界定的保证范围本身就包括代为履行或承担赔偿责任，在主合同债务人不履行债务时，因其不履行债务所生的损害赔偿责任自然属于该保证担保的范围，但另有约定的除外。[①] 并且前已述及，保证系为保障主债务之履行而设立的，因合同解除而生的恢复原状请求权基本上系因原主合同债务不履行所引起，保证人对之承担保证责任，不会对其科以过重的责任，也不违反保证人的通常意思，因此对于恢复原状请求权，除非有相反约定，应由保证人承担。

（三）实务中应当注意的问题

1. 主合同解除后保证人承担保证责任的条件

根据《担保法解释》第十条的规定，主合同解除后，保证人承担保证责任须满足以下两个条件：第一，债务人应当承担民事责任。保证人承担保证责任的核心要件便是债务人不履行债务，基于保证责任的从属性，保证人应

---

① 高圣平：《担保法论》，法律出版社 2009 年版，第 178~179 页。

当对债务人的民事责任承担保证责任。若债务人不承担任何民事责任，保证人的保证责任自然免除。第二，主债务人承担的民事责任在保证人的担保范围内。这是担保之债的代偿性的要求，如果主债务人承担的民事责任不属于保证范围，则担保人不承担担保责任。[①]

2. 主合同解除后保证人承担保证责任的范围

根据《担保法解释》第十条的规定，主合同解除后保证人承担保证责任的范围是“在债务人承担责任的范围内”。有学者认为，债务人因主合同解除承担责任的范围包括合同不履行所造成的损失和恢复原状的损失，但不包括履行利益（所失利益）的损失。也有学者认为，解除合同后一方享有的损害赔偿请求权是针对因违约发生的损害的赔偿，以履行利益为主，也可以包括其他损害的赔偿。对合同解除后法律后果的不同理解，决定了保证人承担保证责任的范围差异。《担保法解释》起草者认为，主合同解除后，担保人承担的保证责任一般小于主合同未解除时的责任范围，即担保人承担的担保责任范围既不能超过债务人应当承担的范围，也不能超过担保合同约定的担保范围。[②]

案例指导

蒋某与陈某明等股权转让及担保合同纠纷上诉案[③]

原审法院江苏省泗阳县人民法院认为：本案争议焦点，一是被告陈某明是否应当返还原告蒋某160万元及利息；二是被告泗阳县金城农村小额贷款有限公司（以下简称金城公司）、宿迁市立信担保有限公司（以下简称立信公司）应否承担保证责任。

原审法院认为，蒋某与陈某明于2010年10月19日协议转让股权，2011年1月24日又协议终止履行，并约定由陈某明支付蒋某转让价款

① 曹士兵：《中国担保制度与担保方法》，中国法制出版社2007年版，第100页。
② 高圣平：《担保法论》，法律出版社2009年版，第180页。
③ 案例来源：江苏省宿迁市中级人民法院（2012）宿中商终字第0171号。

3940000 元，陈某明应当按约支付蒋某全部价款。蒋某要求陈某明支付尚余价款 1600000 元，原审法院予以支持。根据约定，陈某明尚应支付利息及违约金，蒋某要求自本案起诉之日起按月利率 2% 计算，符合协议约定，不违反法律政策规定，原审法院予以支持。

依据《担保法》第六条的规定，当债务人不履行债务时，保证人应当按照约定履行债务或者承担责任。对于 2010 年 10 月 19 日的股权转让协议，金诚公司、立信公司为陈某明履行约定义务提供保证担保，但该协议后被蒋某和陈某明协商一致终止，不能认定系陈某明不履行债务。2011 年 1 月 24 日协议约定陈某明支付蒋某转让价款 3940000 元及利息，对此，金诚公司、立信公司并未提供担保。所以，蒋某要求金诚公司、立信公司承担连带付款的保证责任，原审法院不予支持。依据《合同法》第一百零七条、第一百零九条，《担保法》第六条和《民事诉讼法》第一百三十条之规定，原审法院判决：一、陈某明于本判决生效后十日内支付蒋某 1600000 元及利息（按照月利率 2% 自 2011 年 11 月 25 日计算至判决确定给付之日止）；二、驳回蒋某对宿迁市立信担保有限公司、泗阳县金诚农村小额贷款有限公司的诉讼请求。案件受理费 19200 元、保全费 5000 元、公告费 600 元由陈某明负担。

蒋某不服原审法院判决，向江苏省宿迁市中级人民法院提起上诉称：（1）原审判决认定事实不清。原审认定“该协议后被蒋某和陈某明协商一致终止，不能认定系陈某明不履行债务”是错误的，根据 2010 年 10 月 19 日协议约定，陈某明负责协调工商登记变更前各股东转让股份给蒋某，同时约定办理工商登记变更时，陈某明确保原股东协助办理，如果出现原股东不协助办理而导致公司无法变更的情况，陈某明在 15 日内退还蒋某所付的全部款项，并付给违约金 500 万元。据此，陈某明负有将立信公司 60% 股权转让给蒋某并取得其他股东同意的义务。事实上，陈某明没有将转让股份给蒋某的事实通知其他股东，未取得其他股东同意，也未办理过股权转让手续。因而应认定陈某明没有履行就股权转让给蒋某取得其他股东同意的义务，陈某明、立信公司、金诚公司就是否履行该义务负举证责任，原审中，三被上诉人对此并未举证，应认定陈某明没有全面履行义务。（2）原审判决适用法律不当。本案中的合同因陈某明不履行义务而解除，退一步讲，即使双方协商一致解除，根据《担保法解释》第十条的规定，主合同解除后，担保人对债务人应当承担的民事责任仍应承担担保责任。原审判决认定合同终止，从法律上讲应当是主合同的解除，对主合同的解除不需要征求保证人的意见，无论保证人是否同意解除主合同，保证人都应当承担保证责任。综上，原审判决认定事实错误，适用法律不当，请求二审法院依法改判。

被上诉人金诚公司辩称：2010 年 10 月 19 日所签订的股权协议书，已于 2011 年 1 月 24 日被蒋某与陈某明协商一致终止，不能认定系陈某明不履行义务。蒋某与陈某明于 2011 年 1 月 24 日协议约定陈某明支付蒋某转让价款 3940000 元及利息，对此金诚公司并没有提供担保，也未在该协议上签字，因此金诚公司不承担担保责任。请求二审法院驳回上诉，维持原判。

被上诉人立信公司辩称：原审法院认定事实清楚，适用法律准确，请求二审法院依法驳回上诉，维持原判。

二审诉讼中，双方当事人均未提供新的证据。

宿迁市中级人民法院经二审查明的事实与原审法院查明的事实一致。

本案二审的争议焦点是：对陈某明与蒋某于 2011 年 1 月 24 日协议约定的陈某明返还股权转让款义务，原 2010 年 10 月 19 日股权转让协议中为陈某明提供担保的金诚公司、立信公司是否仍应承担担保责任。

二审法院认为：主合同解除后，担保人对债务人应当承担的民事责任在担保责任范围内承担责任，对担保责任范围之外的债务，担保人不应承担责任。从法律规定看，虽然《担保法解释》第十条规定，“主合同解除后，担保人对债务人应当承担的民事责任仍应承担担保责任”，但该条款制定目的旨在强调担保条款本身的效力有效性和延续性，明确了担保责任不能因合同解除而免除。合同解除后，判断担保人是否承担担保责任，还要看合同中关于担保责任范围的具体内容，要看导致合同解除的原因和原来的担保责任有无关系，否则，如果无限制地扩大担保责任，则可能出现担保人在为之担保的债务人没有违约的情形下仍然要承担担保责任的情况，对担保人显失公平。本案中，判断金诚公司、立信公司是否承担担保责任，主要看是否符合合同中担保条款约定的保证责任范围，即合同解除是否因担保责任范围内的原因而导致。

具体分析如下：（1）从金诚公司、立信公司参与签订的2010年10月19日协议约定的陈某明承担的义务及约定两公司承担责任的第十一条担保条款内容理解看，金诚公司、立信公司为陈某明提供的是履约担保，对陈某明不履行协议条款应承担的民事责任提供担保。换言之，金诚公司、立信公司是对陈某明股权交付义务担保，只对因陈某明不履约产生的民事责任承担担保责任。而从陈某明与蒋某对2010年10月19日协议的履行情况看，对各自应承担的交付股权和给付转让款的义务，双方均未完全履行，从2011年1月24日的协议内容也无法得出这一协议是由陈某明股权交付不能的违约原因而订立。（2）从确定陈某明应承担支付蒋某款项责任的2011年1月24日协议看，该协议明确表述为"蒋某为立信公司股东，陈某明为公司股东、法人代表，由于双方经营、管理理念不同，经友好协商，就蒋某退出持有立信公司股份订立协议"，该协议约定的主要内容是陈某明支付蒋某退股款的付款金额、付款时间及逾期付款的违约责任。因立信公司60%股份事实上未转让给蒋某所有，该协议应系双方自愿协商达成的新的解约协议，并非因债务人陈某明的原因导致的主合同解除。2011年1月24日协议约定的债务人陈某明的责任应为与蒋某确定的新的付款义务，该付款义务并非陈某明不履约而产生，与之前2010年10月19日协议中金诚公司、立信公司所担保的责任范围并不相同，金诚公司、立信公司为之担保的"陈某明不履行协议条款应承担的法律责任"的情形并未发生。

蒋某与陈某明签订的2011年1月24日协议，系双方在不考虑违约情况下自愿订立的新的协议，变更了原2010年10月19日协议的责任内容，金诚公司、立信公司对新的协议没有参与并承诺担保，因而，对陈某明因2011年1月24日协议承担的付款责任并不在金诚公司、立信公司的担保责任范围之内，金诚公司、立信公司不应承担担保责任。上诉人主张金诚公司、立信公司应承担担保责任的上诉理由不能成立。

综上，原审法院认定事实清楚，适用法律正确，依法应予维持。依照《担保法》第二十一条、《民事诉讼法》第一百七十条第一款第（一）项的规定，判决如下：驳回上诉，维持原判决。

规范指引

《中华人民共和国合同法》

第九十一条 有下列情形之一的，合同的权利义务终止：

（一）债务已经按照约定履行；

（二）合同解除；

（三）债务相互抵销；

（四）债务人依法将标的物提存；

（五）债权人免除债务；

（六）债权债务同归于一人；

（七）法律规定或者当事人约定终止的其他情形。

第九十三条 当事人协商一致，可以解除合同。

当事人可以约定一方解除合同的条件。解除合同的条件成就时，解除权人可以解除合同。

第九十四条 有下列情形之一的，当事人可以解除合同：

（一）因不可抗力致使不能实现合同目的；

（二）在履行期限届满之前，当事人一方明确表示或者以自己的行为表明不履行主要债务；

（三）当事人一方迟延履行主要债务，经催告后在合理期限内仍未履行；

（四）当事人一方迟延履行债务或者有其他违约行为致使不能实现合同目的；

（五）法律规定的其他情形。

第九十六条 当事人一方依照本法第九十三条第二款、第九十四条的规定主张解除合同的，应当通知对方。合同自通知到达对方时解除。对方有异议的，可以请求人民法院或者仲裁机构确认解除合同的效力。

法律、行政法规规定解除合同应当办理批准、登记等手续的，依照其规定。

第九十七条 合同解除后，尚未履行的，终止履行；已经履行的，根据履行情况和合同性质，当事人可以要求恢复原状、采取其他补救措施，并有权要求赔偿损失。

《中华人民共和国担保法》

第六条 本法所称保证，是指保证人和债权人约定，当债务人不履行债务时，保证人按照约定履行债务或者承担责任的行为。

《最高人民法院关于适用〈中华人民共和国担保法〉若干问题的解释》

第十条 主合同解除后，担保人对债务人应当承担的民事责任仍应承担担保责任。但是，担保合同另有约定的除外。

专题六：担保期间的约定是否随主合同无效而无效

【核心提示】目前我国没有相关规定许可当事人约定抵押期间，担保期间的约定常见于保证期间。一般情况下，主合同无效，担保合同无效，其中担保期间的约定随之无效。债权人要求有过错的担保人承担无效担保赔偿责任不受担保期间的限制，而应受诉讼时效期间的限制。

实务争点

《担保法》第五条第一款规定："担保合同是主合同的从合同，主合同无效，担保合同无效，担保合同另有约定的，按照约定。"当担保合同因主合同无效而无效时，担保合同中对担保期间的约定是否随之无效，法律没有明确规定，实务界存在两种观点：第一种观点[①]认为，担保合同中双方约定的

① 此观点与上海市高级人民法院于2004年12月发布的《上海市高级人民法院关于当事人主张因无效合同产生的返还财产、损害赔偿请求权应如何适用诉讼时效、保证期间等问题的处理意见》中的观点相符。此外，最高人民法院在《关于审理民事纠纷案件适用诉讼时效制度若干问题的规定》（征求意见稿）中认为"保证合同无效，保证期间仍然有效，债权人必须在保证期间内主张权利，否则保证人不再承担损害赔偿责任"，但该规定在通过时因争议过大而被删除。

担保期间或法定担保期间是双方对各自权利义务行使期限的合理预期，按照该期间确定双方的利益关系，符合双方的缔约本意。并且，在担保合同因主合同无效而无效的情况下，有缔约过错的债权人和债务人不应当获得超过合同有效时的利益和保护，没有缔约过错的担保人不应当为债权人和债务人的过错埋单，否则有违公平和诚信原则。因此，在主合同无效的情况下，担保合同约定的或法律规定的担保期间仍然具有法律意义，债权人在担保期间内未向担保人主张权利的，担保人原则上不再承担无效担保的赔偿责任。[①]第二种观点[②]认为，当担保合同因主合同无效而无效时，担保合同约定的或法律规定的担保期间丧失了法律适用条件，债权人要求有过错的担保人承担无效担保赔偿责任不受担保期间的限制。[③]这一争议的焦点主要涉及对《担保法解释》第八条、第十二条、第三十一条的综合理解与适用。

理解适用

对《担保法解释》第八条、第十二条、第三十一条的理解与适用

（一）当事人能否约定担保期间

根据我国相关法律的规定，担保的方式包括五种，即保证、抵押、质押、留置和定金。基于质押、留置和定金的特殊性，加上《物权法》已对督促权利人行使权利作出了特殊规定，本文只探讨保证期间和抵押期间。

首先，保证属于人保，是典型的约定担保，债权人基于保证产生的权利为债权。无论是一般保证还是连带责任保证，都应当确定一个保证期间，保证期间对当事人具有法律约束力毫无争议，其不仅可以存在，而且应当存在。

---

① 曹士兵:《中国担保诸问题的解决与展望》，中国法制出版社 2001 年版，第 135~136 页。

② 最高人民法院公布的民事判决书（1999）经终字第 461 号、民事裁定书（2011）民申字第 167 号均认同第二种观点，认为担保合同无效时，其中对担保期间的约定也随之丧失法律意义。

③ 姜启波:《担保纠纷新型典型案例与专题指导》，中国法制出版社 2009 年版，第 150 页。

确定一个保证期间是为了预先防范替人作保所带来的风险，让保证人可以事先预见主债务人有给付能力的时间，只承担相应时间的保证责任，同时还可以避免保证人的无限期等待。保证期间既可约定也可法定，约定期间优先，若未约定或约定不明则适用法定期间。

其次，抵押属于物保，债权人取得对抵押物的抵押权，具有优先受偿性。《担保法解释》第十二条第一款规定，“当事人约定的或者登记部门要求登记的担保期间，对担保物权的存续不具有法律约束力”，换言之，当事人针对抵押约定的或要求登记的抵押期间无效。理由在于：（1）根据物权法定原则，当事人不得以物权法之外的方式消灭物权。抵押权只因抵押权的行使、主债权的消灭以及抵押物的灭失三种原因消灭，当事人约定的或要求的登记的抵押期间并不能导致抵押权的消灭。（2）抵押权以物的交换价值来担保抵押权的实现，从属于被担保的债权存在，若允许抵押人约定期间来对抗抵押权人，将直接降低抵押的信用，进而损害抵押制度的功能。当然，为了督促抵押权人积极行使权利，防止抵押人的财产长期被限定，相关法律法规限定了对抵押权的法律保护期，但其与抵押期间是两个不同性质的概念。根据《担保法解释》第十二条第二款的规定，其保护期间为主债权诉讼时效后加两年，但是《物权法》第二百零二条对此作了改变，规定抵押权人应当在主债权诉讼时效期间行使抵押权，否则人民法院不再保护。

由于我国没有相关规定许可当事人约定抵押期间，可见担保期间的约定是否随主合同的无效而无效的问题目前只存在于保证之中。

（二）担保期间的性质

担保期间是债权人可以行使担保权利的期间，也是保证人担保责任得以免除的期间，对其性质，学界众说纷纭：有学者认为担保期间属于诉讼时效，认为《担保法》第二十五条、第二十六条的6个月法定保证期间届满的后果是担保人的担保责任免除，担保人获得了免责的法定事由，债权人丧失了胜诉权，因而担保期间具有时效的效能，类似于债权的诉讼时效[①]；还有学者认

① 谭庆德：《试论保证期间的法律性质及其司法适用》，载《东方论坛》2002年第6期。

为诉讼时效期间为法律强制性规定，其长短不能由当事人约定，而担保期间可由当事人约定，不因任何事由发生中断、中止、延长的法律后果，故其并非诉讼时效期间，而应属于民法理论中的除斥期间，即担保期间届满，债权人享有的担保权利消灭，担保人的担保责任免除，这亦与《担保法解释》第三十一条的精神相符。

但笔者认为，担保期间是两者之外的独立的期间形态，其性质就是一种特殊的权利行使期间或者责任免除期间，没有必要非将其归入诉讼时效或者除斥期间。对于法律允许约定的保证期间而言，其与除斥期间极为相似，都是产生实体权利消灭的后果，但二者之间还是存在区别：（1）保证期间适用于请求权，而除斥期间适用于形成权；（2）保证期间为可变期间，存在中断的问题，而除斥期间为不可变期间，不存在中止、中断和延长的问题；（3）保证期间可以约定，而除斥期间只能法定。①

（三）担保期间的约定是否随主合同的无效而无效

1. 探讨担保期间的约定是否随主合同的无效而无效的法律意义

一般情况下，主合同被确认无效后，担保合同随之无效，担保人不再承担担保责任，探讨担保期间的约定是否有效似乎失去了法律意义。但是，担保人不承担担保责任并不意味着担保的当事人不用承担任何法律责任。在担保合同无效时，担保人是否承担法律责任，承担何种法律责任主要依主合同与担保合同所涉及的当事人是否有过错而定。根据《担保法解释》第八条的规定，主合同无效而导致担保合同无效，担保人无过错的，担保人不承担民事责任；担保人有过错的，担保人承担民事责任的部分，不应超过债务人不能清偿部分的三分之一。由此可见，在主合同无效的情况下，有过错的担保人仍应承担相应的无效担保赔偿责任，若约定的担保期间仍然有效，则该责任应受担保期间的限制。可见，探讨担保期间的约定是否随主合同的无效而无效，对无效担保责任的确定具有重大的法律意义。

---

① 孙鹏主编：《担保法精要与依据指引》，北京大学出版社 2011 年版，第 107 页。

2. 主合同无效，担保合同中约定的担保期间的效力

担保期间的约定并不像当事人约定的清算条款或者仲裁条款一样具有独立性，而与担保范围、担保方式一样属于合同实体内容的一部分，担保合同被确认无效时，其所约定的权利义务归于无效，不再具有法律意义。因此，担保人不得再以担保期间经过作为免责事由。无效担保赔偿责任虽不受担保期间的限制，但应适用诉讼时效期间。理由在于：一方面，担保期间的约定随主合同的无效而无效，从而丧失了法律适用条件；另一方面，担保合同因主合同无效而无效时，担保责任因缔约过失而转换为赔偿责任，债权人享有的权利的性质为损害赔偿请求权，理应适用诉讼时效期间。因此，有学者一边认为保证期间的性质为适用于形成权的除斥期间，一边又认为保证合同因主合同无效而无效时，保证期间的约定有效，债权人对有过错的保证人享有的无效担保损害赔偿请求权应当受到保证期间的限制，其逻辑本身就是说不通的。

（四）实务中应当注意的问题

1. 主合同无效不一定导致担保合同无效

担保合同是主合同的从合同，可因主合同的无效而无效，但根据《担保法》第五条、《物权法》第一百七十二条的规定，担保合同另有约定或法律另有规定的除外，因此主合同无效，担保合同并非一定无效。典型的例外为独立担保，其与主合同之间没有从属关系，主合同的无效、被撤销不影响担保合同的效力，如在国际经济贸易中，当事人在担保合同中明确约定担保合同为无条件的、不可撤销的，以及约定有见索即付或者见单即付条款的，担保合同的效力不受主合同效力的影响。即在此情形下，即使主合同无效，担保合同依然有效，担保人承担的责任为有效的独立担保责任，而非合同无效后的民事赔偿责任。此外，司法实践中，无效合同赔偿责任的前提是主合同为一般的无效合同，而不包括非法合同，非法合同的损失应由合同当事人自行承担，而不应找担保人分担。

2. 如何判定担保人是否有过错

《担保法解释》第八条中所谓“担保人有过错”是指担保人明知主合同

无效仍为之提供担保，担保人明知主合同无效仍促使主合同成立或为主合同的签订做中介等。[①] 担保人的过错并非造成主合同无效的原因，而是由于其在订立担保合同时已经知道主合同无效，其提供的担保也无效，不但没有通知债权人反而仍提供担保，实施了无效的民事行为，放任合同无效后果的发生。

3. 担保人承担无效担保赔偿责任的诉讼时效期间

（1）无效合同的确认不受诉讼时效的限制。根据《民法总则》第一百四十七条至第一百五十一条的规定，合同是否无效必须经过特殊的确认程序（诉讼程序或仲裁程序），经确认程序确认无效后才“自始无效”，因此担保人承担无效担保赔偿责任，前提就是确认合同无效。而对无效合同的确认是否受诉讼时效的限制，实践及理论中均存在争议：一种观点[②]认为无效合同的确认不受诉讼时效的限制，单纯的时间经过不能改变无效合同的违法性；另一种观点认为为了避免因权利人怠于行使权利而造成民事关系长期处于不确定状态，无效合同的确认应受诉讼时效的限制。笔者赞同第一种观点。在合同经确认程序确认无效之前，当事人往往遵守各项权利义务，只有在被确认无效之后，才意识到自己的权利被侵害，确认合同无效实质上涉及社会公共利益的保护。[③] 因此，无效合同的确认不受诉讼时效的限制。

（2）担保人承担无效担保赔偿责任的诉讼时效期间的起算。担保合同随主合同无效而无效，担保期间的约定也无效，债权人要求担保人承担民事责任的期间则不受担保期间的限制，担保人如承担民事责任则应在诉讼时效期间即 3 年内承担。根据《民法总则》第一百八十八条的规定，诉讼时效期间自权利人知道或者应当知道权利受到损害以及义务人之日起计算，即便是因

---

① 最高人民法院民事审判第二庭编著：《最高人民法院关于适用〈中华人民共和国担保法〉若干问题的解释理解与适用》，吉林人民出版社 2000 年版，第 72~73 页。

② 详见广西北生集团有限责任公司与北海市威豪房地产开发公司、广西壮族自治区畜产进出口北海公司土地使用权转让合同纠纷案，载《最高人民法院公报》2006 年第 9 期。

③ 姜启波：《担保纠纷新型典型案例与专题指导》，中国法制出版社 2009 年版，第 162~ 163 页。

缔约过失引起的无效担保责任的诉讼时效起算点亦无理由例外。在因主合同无效而导致担保合同无效时，善意债权人通常在合同被确认为无效并出现了义务人拒绝履行义务的情形时才知道或应当知道其权利被侵害，诉讼时效即从此时开始计算。

案例指导

中国银行（香港）有限公司与新会市涤纶集团有限公司等担保合同纠纷申请再审案[①]

2006年5月9日，中国银行（香港）有限公司（以下简称中银香港）向广东省江门市中级人民法院提起本案诉讼，请求判令：新会市涤纶集团有限公司（以下简称涤纶集团）、江门市新会区经济和信息化局（原江门市新会区经济贸易局，以下简称新会经贸局）、广东新会涤纶厂股份有限公司（以下简称涤纶公司）就广东化纤实业（香港）有限公司（以下简称广东化纤香港公司）拖欠中银香港的贷款本金港币29577521.76元，利息港币21142291.35元（按照香港高等法院公布的法院裁判利率暂计至2006年2月24日），以及从2006年2月25日起至全部欠款实际清偿之日止按照香港高等法院公布的法院裁判利率计算的利息承担赔偿责任。

广东省江门市中级人民法院一审查明：1989年6月18日，涤纶集团向原华侨商业银行有限公司（以下简称华侨商业银行）出具《不可撤销担保书》，内容为：承华侨商业银行同意向广东化纤香港公司提供本金不超过港币4100万元的贷款，涤纶集团无条件及不可撤销地向华侨商业银行提供港币3500万元持续的不可撤销担保……新会经贸局（时称新会县经济委员会）在该担保书上签署“本委同意在担保人未能履行担保责任时，由本委按此担保书之规定责任偿还华侨商业银行之全部本金及利息”的内容，并盖章确认。

华侨商业银行……向广东化纤香港公司发放了透支贷款。由于广东化纤香港公司未按时清偿欠款，华侨商业银行在香港对广东化纤香港公司提

---

① 案例来源：最高人民法院（2011）民申字第167号。

起诉讼。1999 年 2 月 12 日，香港高等法院作出 HCMP5015/1998 号命令，根据该命令：截至 1998 年 10 月 22 日，广东化纤香港公司应向华侨商业银行偿付港币 39019159.43 元及从 1998 年 10 月 23 日起至全部欠款清偿之日止的利息。同时，该命令亦对广东化纤香港公司的抵押担保人 NEW LOOK INVESTMENTS LIMITED 应承担的抵押担保责任作出了判令。

2001 年 10 月 1 日，华侨商业银行通过重组并入中银香港，其权利义务由中银香港继受。2003 年 1 月 14 日，中银香港委托广东卓信律师事务所向涤纶公司、新会经贸局发出律师函，要求两被告履行担保责任，未果。2004 年 12 月 24 日，中银香港再次委托北京市金杜律师事务所深圳分所向涤纶公司、新会经贸局发出律师函，要求两被告履行担保责任，仍未果。

根据香港高等法院作出的 HCMP5015/1998 号命令，1999 年和 2000 年中银香港对债务人广东化纤香港公司的抵押担保人 NEW LOOK INVESTMENTS LIMITED 的抵押房产进行了处置，以处置款优先受偿冲抵了债务人广东化纤香港公司拖欠中银香港的部分借款本金和利息，仍未能就其享有的债权全部受偿。之后，因广东化纤香港公司已无力清偿剩余债务，中银香港遂申请其清盘，广东化纤香港公司现已进入清盘程序。按照香港高等法院作出的 HCMP5015/1998 号命令确定的利率，计算至 2006 年 2 月 24 日，广东化纤香港公司尚拖欠中银香港的借款本金为港币 29577521.76 元及相应的利息港币 21142291.35 元。中银香港为实现本案债权，向香港法院支付申请广东化纤香港公司清盘费用以及律师费用共计港币 189425 元。

广东省江门市中级人民法院认为：关于上述保证合同的效力问题，本案双方当事人已经达成共识，均认为该合同属于无效合同，因此对本案被告是否应承担保证责任，是一般保证还是连带责任保证进行审查已无实际意义，而应对造成合同无效的原因进行审查，进而分清双方的过错责任。

我国实行外汇管制制度，企业提供对外担保须经外汇管理部门批准，中国当事人进行的民事行为不得违反该强制性规定，否则，所订立的担保合同即为无效。涤纶集团向中银香港出具的《不可撤销担保书》是其真实意思表示，但是由于没有办理对外担保批准手续，因而该担保合同无效。

关于本案的诉讼时效问题，江门市中级人民法院采信中银香港的诉讼主张，即因本案争议之担保合同无效，尽管不发生履行的效果，但仍会产生给付返还、缔约过失等法定责任后果。根据《民法通则》第一百三十七条的规定，本案诉讼时效期间应从权利人知道或者应当知道权利被侵害时起计算，只有在争议之担保合同被确认无效，相应的诉讼时效期间起算事由才出现，无效合同下请求权的诉讼时效期间应当自合同被确认无效之时才起算。因此，中银香港在本案中向保证人主张权利，在保证合同被确认无效的情况下，其诉请并未超出诉讼时效期间，依法应当受到法律保护。

广东省江门市中级人民法院判决：被告新会市涤纶集团有限公司就广东化纤实业（香港）有限公司尚未清偿原告中国银行（香港）有限公司的借款本息及相关费用承担 50% 的赔偿责任；被告广东新会涤纶厂股份有限公司应在接收新会市涤纶集团有限公司财产范围人民币 5406 万元内承担连带责任；在对被告新会市涤纶集团有限公司、广东新会涤纶厂股份有限公司应当向原告中国银行（香港）有限公司承担赔偿责任的款项强制执行后，其财产仍不足以清偿上述债务的部分，由被告江门市新会区经济贸易局承担补充赔偿责任。

涤纶集团、新会经贸局、涤纶公司不服一审判决，向广东省高级人民法院提起上诉。

广东省高级人民法院二审认为：关于诉讼时效问题，虽然担保合同无效由法院所确定，但是合同无效所引起的赔偿给付之法律后果，亦应适用《民法通则》第一百三十五条和第一百三十七条有关诉讼时效的规定，即当事人向人民法院请求保护民事权利的诉讼时效期间为两年，诉讼时效期间从知道或者应当知道权利被侵害时起计算，故本案无效保证合同的诉讼时效期间应为两年，从中银香港知道或应当知道权利被侵害时起计算。

综上所述，判决撤销广东省江门市中级人民法院（2006）江中法民四初字第 38 号民事判决；驳回中国银行（香港）有限公司的诉讼请求。

中银香港向最高人民法院提出再审申请，理由是：（1）从无效合同的角度，本案不存在诉讼时效问题。保证合同被确认无效后，关于保证期间的约定亦无效，不存在保证期间的计算问题；而保证责任已转变为民事赔偿责任，相应的诉讼时效期间应从保证合同被确认无效之日才开始起算。一审判决应予维持。（2）中银香港与沈阳市对外贸易经济合作局（以下简称沈阳外贸局）之间的保证合同纠纷一案，最高人民法院已于2009年5月22日作出（2009）民四终字第6号民事判决书。该判决认为，“对于无效合同所涉请求权的诉讼时效，特别是诉讼时效起算点的问题，目前我国内地法律尚缺乏明确规定。沈阳外贸局关于本案诉讼时效应从沈港有限公司未按照贷款合同约定偿还贷款时起算，中银香港起诉已经超过诉讼时效期间，应当丧失胜诉权的上诉理由，缺乏充分的法律依据，本院不予支持”。依据上述判决，由于没有明确的法律规定无效合同所涉请求权的诉讼时效以及诉讼时效起算点，以任何一种明确的时间点作为起算点主张超过诉讼时效，都是没有法律依据的。

涤纶集团、涤纶公司以及新会经贸局答辩称：原审判决认定中银香港提起诉讼时已经超过诉讼时效是正确的，无效的保证合同也应适用《担保法》所规定的诉讼时效期间，中银香港申请再审的理由不符合法律规定，应予驳回。

最高人民法院经审理认为：关于本案的诉讼时效期间应如何计算，中银香港主张，在保证合同无效的情况下，保证责任转变为赔偿责任，不应适用保证期间而应适用赔偿之债的两年诉讼时效，且诉讼时效期间应从保证合同被确认无效时起算。对此问题，由于确无相应的法律及司法解释的明确规定，故争议颇大，存在裁判不一之情形。法院认为：其一，在保证合同无效的情况下，保证责任因缔约过失而转换为赔偿责任，依法理，不应适用保证期间，而应适用诉讼时效期间。法院对申请再审人中银香港的此点主张予以认同。其二，然而，根据《民法通则》第一百三十七条的规定，诉讼时效期间从知道或者应当知道权利被侵害时起计算。即便是因缔约过失引起的损害赔偿之债的诉讼时效起算点亦无理由例外。

就本案而言，应结合案件事实确定诉讼时效的起算点。中银香港提供的信用证押汇贷款的最后到期日应为1998年6月8日，而透支贷款的到期日最迟亦应为1998年9月24日。在此日期前，中银香港应已明确知道其作为债权人的权利受到了侵害。自1998年6月8日和1998年9月24日起两年的诉讼时效期间内，中银香港未向保证人新会经贸局和涤纶集团主张过权利，未能引起诉讼时效的中断。至其2002年向新会经贸局主张权利时，已超过两年的诉讼时效期间，显然已失去对保证债务的胜诉权。

中银香港于1999年5月10日及11月20日之前向涤纶公司发函，虽然是在两年的诉讼时效期间内主张了权利，进而引起诉讼时效中断，诉讼时效至迟应从1999年5月10日及11月20日重新起算，但其于2002年再次主张权利时，显然已超过两年的诉讼时效，亦丧失胜诉权。至于中银香港所提出的最高人民法院其他个案判决，不应作为本案的裁判依据。因此，中银香港关于在担保合同无效的情况下损害赔偿债权未超过诉讼时效期间的申请再审理由不能成立。

综上，中银香港申请再审的理由不能成立，最高人民法院裁定驳回中国银行（香港）有限公司的再审申请。

规范指引

《中华人民共和国物权法》

第一百七十二条 设立担保物权，应当依照本法和其他法律的规定订立担保合同。担保合同是主债权债务合同的从合同。主债权债务合同无效，担保合同无效，但法律另有规定的除外。

担保合同被确认无效后，债务人、担保人、债权人有过错的，应当根据其过错各自承担相应的民事责任。

第二百零二条 抵押权人应当在主债权诉讼时效期间行使抵押权，未行使的，人民法院不予保护。

《中华人民共和国担保法》

第五条 担保合同是主合同的从合同，主合同无效，担保合同无效。担保合同另有约定的，按照约定。

担保合同被确认无效后，债务人、担保人、债权人有过错的，应当根据其过错各自承担相应的民事责任。

第二十五条 一般保证的保证人与债权人未约定保证期间的，保证期间为主债务履行期届满之日起六个月。

在合同约定的保证期间和前款规定的保证期间，债权人未对债务人提起诉讼或者申请仲裁的，保证人免除保证责任；债权人已提起诉讼或者申请仲裁的，保证期间适用诉讼时效中断的规定。

第二十六条 连带责任保证的保证人与债权人未约定保证期间的，债权人有权自主债务履行期届满之日起六个月内要求保证人承担保证责任。

在合同约定的保证期间和前款规定的保证期间，债权人未要求保证人承担保证责任的，保证人免除保证责任。

《最高人民法院关于适用〈中华人民共和国担保法〉若干问题的解释》

第八条 主合同无效而导致担保合同无效，担保人无过错的，担保人不承担民事责任；担保人有过错的，担保人承担民事责任的部分，不应超过债务人不能清偿部分的三分之一。

第十二条 当事人约定的或者登记部门要求登记的担保期间，对担保物权的存续不具有法律约束力。

担保物权所担保的债权的诉讼时效结束后，担保权人在诉讼时效结束后的二年内行使担保物权的，人民法院应当予以支持。

第三十一条 保证期间不因任何事由发生中断、中止、延长的法律后果。

专题七：当事人以签订不动产买卖合同来担保民间借贷合同的，买卖合同的效力如何判定

【核心提示】当事人以签订不动产买卖合同来担保民间借贷合同的，不能认定已设立担保物权。买卖合同非担保合同，债权人对买卖标的物不享有优先受偿权。基于对意思自治的尊重，应当将不动产买卖合同认定为当事人间以物抵债的协议。

实务争点

在现实生活中，当事人以签订不动产买卖合同来担保民间借贷合同的现象具有一定的普遍性。对于买卖合同性质认定以及效力的判定，司法实务界和理论界众说纷纭，观点很不统一：第一种观点认为，当事人之间签订不动

产买卖合同的行为，实质上是设立了一种习惯法上的非典型担保物权“后让与担保”，当发生实现担保物权的情形时，债权人对标的物享有优先受偿权。第二种观点认为，当事人之间签订不动产买卖合同来担保借贷合同的，究其实质，当事人之间实乃成立了抵押担保关系，应当按照抵押的相关规定对当事人之间的民事法律关系进行处理。第三种观点认为，根据物权法定原则，当事人的约定不符合我国法律所规定的担保方式，不应当赋予其担保物权的效力。基于对当事人意思自治的尊重，应当将不动产买卖合同认定为当事人之间以物抵债的协议。

《最高人民法院关于审理民间借贷案件适用法律若干问题的规定》（法释〔2015〕18号）（以下简称《民间借贷解释》）第二十四条第一款规定，“当事人以签订买卖合同作为民间借贷合同的担保，借款到期后借款人不能还款，出借人请求履行买卖合同的，人民法院应当按照民间借贷法律关系审理，并向当事人释明变更诉讼请求。当事人拒绝变更的，人民法院裁定驳回起诉”。由此一来，《民间借贷解释》似乎将相关问题之裁判路径进行了统一，但对相关司法实践进行考察后发现，该解释出台前后之司法裁判结果各异，在该解释颁布后，司法实践中的混乱局面仍然在延续。

《民间借贷解释》出台前之实务争点：

1. 认定为附解除条件的并立合同。此观点在“朱俊芳案”中得以明确。最高人民法院认为，商品房买卖合同与借款合同是两个并立而又有联系的法律关系，借款协议为商品房买卖合同履行附设了解除条件，借款到期借款人不能偿还借款的，即应履行商品房买卖合同。

2. 认定为让与担保，但不得违反禁止流质的规定。此观点由“嘉美公司案”裁判而来。最高人民法院认为，嘉美公司和杨伟鹏采取签订商品房买卖合同、办理备案登记的方式来设定担保，其行为在表达当事人之间转移所有权设定担保的意思、对形式上所有权的转移予以公示的同时，实现了对实质上所有权的控制，符合不动产让与担保的要件。[①] 但是，直接履行商品房买

① 梁曙明、刘牧晗：《借贷关系中签订房屋买卖合同并办理备案登记属于让与担保》，载《人民司法》2014年第16期。

卖合同，从而获得商品房所有权的约定，因违反禁止流质规则，当属无效，不应获得支持。

3. 认定为“名为买卖，实为借贷”，虚伪表示之买卖合同无效。此裁判由“吴俊妮案”得出。最高人民法院认为，当事人签订《商品房买卖合同》并登记备案作为担保且同时签订了回购协议，这说明当事人所选择的是借贷方式。售房方并未准备实际交付房屋，而购房一方亦不关心取得所购房屋产权，双方当事人的关注点集中在《回购协议》及其相应的违约金上，足以证明双方之间真实的法律关系是民间借贷。

《民间借贷解释》出台后，裁判路径也并非按照其第二十四条第一款之规定路线前进，具体表现为：

1. 在当事人之间没有订立书面借贷合同，无直接证据证明买卖合同为民间借贷担保时，裁判思路为：不宜简单否定既存外化法律关系对当事人真实意思的体现和反映，避免当事人一方不当摆脱既定权利义务约束的结果出现，买卖合同有效且须履行。

2. 认定买卖合同有效的。该类判决路径是：即使为借贷进行担保，买卖合同也是独立真实的意思表示，并不违反强制性规定，因此不能认定合同无效。

3. 将借贷转化为买卖合同。最高人民法院认为，借款合同双方当事人经协商一致，终止借款合同关系，建立商品房买卖合同关系，将借款本金及利息转化为已付购房款并经对账清算的，不属于《民间借贷解释》第二十四条规定的“作为民间借贷合同的担保”。

4. 已经履行交付和产权登记的，不再适用《民间借贷解释》第二十四条第一款。借款协议系以商品房买卖合同作为民间借贷合同的担保，其性质属于让与担保合同，本应以民间借贷关系审理。但是当事人之间已开具发票且交付房屋，并办理了房屋产权登记，已按照商品房买卖合同进行履行，即可按商品房买卖合同纠纷处理。

理解适用

对《担保法》第二条第二款的理解与适用

当事人以签订不动产买卖合同来担保民间借贷合同的，对买卖合同的性质认定与效力判定，涉及物权法定原则以及以物抵债合同，我们将分别予以深入分析。

（一）物权法定原则的效力

“物权法定原则，是指在一个统一的法律效力地域内的物权，其种类和内容必须由法律明确规定的原则。”[①] 我国《担保法》第二条第二款规定：“本法规定的担保方式为保证、抵押、质押、留置和定金。”《物权法》第五条规定：“物权的种类和内容，由法律规定。”物权法定原则系“全部物权法构造系统的枢纽和基柱”[②]，故对之的遵守也就成为必然。然而，不无遗憾的是，《物权法》并未对违反物权法定原则的法律后果予以明确规定，这为审判实践埋下了一定的隐患。[③] 由于物权法定原则所具有的浓厚强行法色彩，导致审判实践中将违反物权法定原则的法律后果认定为法律行为无效的判决多有存在。[④] 实际上，在涉及“以签订不动产买卖合同来担保民间借贷合同”的审判实践中，部分法官直接援引物权法定原则来全盘否定当事人之间法律行为效力的做法就不乏其例。例如，在张卓玮案中，重庆市第五中级人民法院认定，以房屋买卖合同作为借款合同的担保，是对物权法定原则的突破，应判定房屋买卖合同无效。[⑤] 在孙鹏教授看来，部分法官以物权法定原则为依据来否定当事人之间法律行为效力的做法，“是认识上的大错误”。[⑥] 对此，孙宪忠教授亦认为，部分法官很轻率地应用法律行为无效规则来判定违反物权法定原则的法律行为无效，这种情形给司法裁判造成了妨害。司法者、执

---

① 孙宪忠：《中国物权法总论》，法律出版社2014年版，第261页。

② 陈华彬：《我国民法典物权编立法研究》，载《政法论坛》2017年第5期。

③ 孙宪忠教授认为：“作为一种在实践中可以操作的法律，《物权法》还必须指出违背物权法定原则的后果，以便法官在实践中应用这一原则。”孙宪忠：《中国物权法总论》，法律出版社2014年版，第265页。

④ 辛正郁：《〈物权法〉实施过程中应当注意的若干重要问题》，载《法律适用》2014年第10期。

⑤ 参见“张卓玮诉怡豪公司商品房销售合同纠纷案”一审民事判决书［重庆市第五中级人民法院（2012）渝五法民初00012号］。

⑥ 谭启平主编：《中国民法学》，法律出版社2015年版，第264页。

法者不可以随意解释法律、应用法律行为无效的规则，而应根据意思自治原则，在不妨害公益的情况下，尽量使当事人的行为有效。[①] 司法应当对当事人的交易安排保持必要的谦抑，平衡好手段与目的之间的关系，在尽量减少无效认定的法政策的指导下，正确认识违反物权法定原则的法律后果。[②] 因此，物权法定原则作为物权法的原则，只能用于判定当事人所创设的法权关系是否为法律所规范的物权类型，是否符合法定物权的内容以及是否遵守法定的物权变动规则，而绝对不能将物权法定原则作为判断法律行为效力的一般准则。即根据物权法定原则，只能得出当事人之间的约定不得发生担保物权效力之结论，不至于否定行为本身之效力。[③]

（二）买卖型担保的性质认定[④]

在理解以买卖之债担保借贷之债这一行为时，尚存多种学说，在对其进行辨析的基础上方能对《担保法》第二条第二款及《民间借贷解释》第二十四条第一款深入理解。

1. 代物清偿预约说

有学者认为，担保型买卖合同符合代物清偿预约的本质特征，因此就是代物清偿预约。[⑤] 申言之，即债务成立之时，当事人附带约定，将来如不履行，得以他种给付代替原定给付之契约。

与代物清偿相近的概念还有债之更改与新债清偿。所谓“债之更改”系指消灭旧债务而成立新债务之契约，债之更改契约一旦成立，旧债务即归消灭，其从属之债务，如利息、违约金、担保等均随之消灭，旧债务之抗辩，

---

① 孙宪忠：《中国物权法总论》，法律出版社 2014 年版，第 267~268 页。

② 辛正郁：《〈物权法〉实施过程中应当注意的若干重要问题》，载《法律适用》2014 年第 10 期。

③ 谭启平主编：《中国民法学》，法律出版社 2015 年版，第 264 页。

④ 刘琨：《以物抵债协议不宜认定为流质契约》，载《人民司法》2014 年第 2 期。

⑤ 高治：《担保型买卖合同纠纷的法理辨析与裁判对策》，载《人民司法》2013 年第 23 期。

新债务亦不得主张。[①]“新债清偿”亦称间接给付，是因清偿旧债务而负担新债务，因新债务的履行而使旧债务消灭的契约。

2. 附停止条件代物清偿

有学者主张担保型买卖合同为附停止条件代物清偿，当事人约定代物清偿契约于债务人不履行原定给付时始生效力者，是为附停止条件之代物清偿，与我国台湾地区“民法”第八百七十三条第一项及第八百九十三条第二项规定之流押（质）契约无殊，应认此项约定无效。[②]

3. 担保物权说

“担保物权说”强调买卖合同的担保机能，将买卖合同参照担保物权进行解释，具体又分“让与担保说”“后让与担保说”“抵押权说”等学说。

将买卖型担保类比让与担保，其论据是两者在实际结果上的相似性：履行买卖合同会产生债权人取得所有权的结果，该结果与让与担保之效果无异。也有学者主张，买卖型担保是一种“后让与担保”。但移转所有权的请求权与已经取得所有权之间应予区分，其为请求权而不是所有权，实际上受买卖之双务合同关系的拘束，与单纯的所有权取得显然不同。故在法律性质上，亦不能将其界定为“物权形态”的“后让与担保”。“抵押权说”与“让与担保说”都认为买卖型担保属于担保物权，两者的不同之处在于，后者认为是所有权的担保，而前者认为是抵押权的担保。“抵押权说”认为，后让与担保中的所有权让与并不在于让受让人取得所有权，而仅仅在于“以此所有权让与来担保借款债权的实现”，担保是其目的，让与是实现担保的手段，故而，其与抵押权之间只存在名与实的区别。

（三）以物抵债的成立要件

以物抵债是一种合同，通说将之界定为“当事人双方达成以他种给付替代原定给付的协议”。[③]如欲判断以物抵债的效力，首先应当明确以物抵债的

---

① 郑玉波：《民法债编总论》（修订2版），陈荣隆修订，中国政法大学出版社2004年版，第52页。

② 孙森焱：《民法债编总论》（下册），法律出版社2006年版，第853页。

③ 崔建远：《以物抵债的理论与实践》，载《河北法学》2012年第3期。

构成要件。倘若以物抵债都未得以成立，那么对其进行效力判断也将变得毫无意义。对于以物抵债的成立要件，司法实务的争议集中于以物抵债的成立是否以抵债物的物权变动为要素，即以物抵债属于诺成合同还是实践合同。

由于我国合同法未文明规定以物抵债，近年来伴随着以物抵债的相关理论学说对司法实务的逐渐渗透，部分法院对以物抵债成立要件的判断开始出现生硬套用学说概念与原理的现象，较为典型的便是直接断定“以物抵债就是代物清偿”，[①] 进而根据代物清偿属于实践合同的特点来判定以物抵债也同为实践合同。对于此种判断，部分学者与法院持不同意见。他们在承认以物抵债包含传统民法中代物清偿、新债清偿和债之更改这三种法律构造的前提下，认为如果当事人没有明确约定，为了更好地保护债权人利益，“应当将以物抵债推定为新债清偿”。[②] 根据传统理论，新债清偿为诺成合同，故以物抵债也为诺成合同。在裁判说理中援入理论学说加以支撑，此种做法有助于增强裁判说理的说服力，本身并无不妥之处。但是，如果仅以理论学说作为裁判依据，甚至理论学说与现有立法相冲突，那么相应的判决结果将有待商榷。况且，实际上理论学说对以物抵债成立要件的判断并非不可或缺。无须借助理论学说，根据现有立法就能判定以物抵债为诺成合同。

以物抵债无名合同的属性并不代表着其可以游离于现有合同法的规则之外。《合同法》第一百二十四条规定：“本法分则或者其他法律没有明文规定的合同，适用本法总则的规定，并可以参照本法分则或者其他法律最相类似的规定。”根据上述规定可知，只有在援用《合同法》总则的规定仍旧不能判断以物抵债的成立要件时，关于以物抵债诺成性或实践性的认定才有必要求助于理论学说来填补立法上的漏洞。然而，《合同法》第三十二条规定：“当事人采用合同书形式订立合同的，自双方当事人签字或者盖章时合同成立。”由此可知，我国《合同法》已经明文将诺成性作为合同的通常形态。“即在我国合同法中，诺成合同是一般的合同，在法律没有特别规定的情况下，都

① 高治：《担保型买卖合同纠纷的法理辨析与裁判对策》，载《人民司法》2014 年第 23 期。

② 王洪亮：《以物抵债的解释与构建》，载《陕西师范大学学报（哲学社会科学版）》2016 年第 6 期。

为诺成合同。”[①] 因此，根据《合同法》总则的规定，以物抵债为诺成合同。即使关于以物抵债成立要件的判断还须参照《合同法》分则最相类似的规定，那也难以否定以物抵债的诺成性。《合同法》分则中与以物抵债最相似的典型合同为买卖合同已成共识，在当事人无特别约定的情况下，买卖合同的诺成性毋庸置疑，故以物抵债仍旧属于诺成合同。综上所述，根据《合同法》第三十二条和第一百二十四条，以物抵债当为诺成合同无疑。这一结论也与学理上关于“从沿革的角度来看，诺成合同的范围在逐渐增加，而实践合同已日益萎缩，属特殊合同”[②] 的判断相吻合。

最高人民法院在以物抵债相关判决中从实践性向诺成性的转变，亦具有重要参考价值。在“成都市国土资源局武侯分局案”[③] 中，最高人民法院根据民法基本原理，在“裁判摘要”部分认定当事人之间的“以地抵债”属于实践性的代物清偿。但之后在“通州建总集团有限公司”[④] 案中，最高人民法院明确指出，对以物抵债的认定应以尊重当事人的意思自治为基本原则，一般而言，除当事人明确约定外，当事人签订的以物抵债协议，并不以债权人现实地受领抵债物，或取得抵债物所有权、使用权等财产权利为成立条件。

（三）对《民间借贷解释》第二十四条的认定

《民间借贷解释》第二十四条规定：“当事人以签订买卖合同作为民间借贷合同的担保，借款到期后借款人不能还款，出借人请求履行买卖合同的，人民法院应当按照民间借贷法律关系审理，并向当事人释明变更诉讼请求。当事人拒绝变更的，人民法院裁定驳回起诉。按照民间借贷法律关系审理

---

① 王利明:《合同法研究》(第一卷)，中国人民大学出版社 2015 年版，第 29 页。

② 韩世远:《合同法总论》，法律出版社 2011 年版，第 59 页。

③ “成都市国土资源局武侯分局与招商(蛇口)成都房地产开发有限责任公司、成都港招实业开发有限责任公司、海南民丰科技实业开发总公司债权人代位权纠纷案”[(2011)民提字第 210 号]，载《最高人民法院公报》2012 年第 6 期。

④ “通州建总集团有限公司与内蒙古兴华房地产有限责任公司建设工程施工合同纠纷案”[(2016)最高法民终 484 号民事判决书]。

作出的判决生效后，借款人不履行生效判决确定的金钱债务，出借人可以申请拍卖买卖合同标的物，以偿还债务。就拍卖所得的价款与应偿还借款本息之间的差额，借款人或者出借人有权主张返还或补偿。”当事人以签订不动产买卖合同来担保民间借贷合同的，约定内容并不满足法定的物权类型，因此，在我国目前不承认习惯法上的非典型担保的情况下，按照物权法定原则，应当认定未设立担保物权。在现实约定中，当事人所签订的合同一般会出现“以不动产买卖合同设定抵押来担保民间借贷合同”的字眼，但是双方当事人并没有进行抵押登记的意思表示，此种情况不应当认定当事人双方签订的买卖合同为抵押担保合同，因为如果双方要以不动产物权设定抵押，那么必须依法办理抵押登记才能设立不动产抵押权。如果当事人在名义上采用了“抵押权”“质权”这样的合法术语，但是其内容背离了法律的规定，则不能发生应有的法律效果。虽然当事人之间的买卖合同并不能如当事人所愿设立担保物权，但是，基于“无效的物权设定可以转为其他有效的法律行为”的理论，我们认为，此时应当认定在双方当事人之间成立以物抵债的协议。此时成立的以物抵债合同应当属于“由当事人协商确定的，在债务人不能按约定还款时，履行以物抵债合同的类型”。《民间借贷解释》第二十四条并没有指明签订买卖合同的时间，我们认为，以物抵债的约定可以在主合同签订时、主合同履行期间、主合同届满后达成，时间上的差异并不影响以物抵债合同的效力。

（四）实务中应当注意的问题

1. 以物抵债合同为从合同

从合同的特点在于其附属性，不能独立存在，必须以主合同的有效存在为前提。合同间主从关系的划分，主要的意义在于明确它们之间的制约关系。由于从合同以主合同的存在为前提，主合同不成立，从合同就不能有效成立；主合同变更或转让，从合同也不能单独存在，依具体情况相应地可能发生变更、随同转让或者消灭的效果；主合同被宣告无效、撤销或者终止，从合同便失去存在的意义，原则上应当归于消灭。以物抵债合同的设立是以民间借贷合同的存在为前提的，从属于民间借贷合同，因此我们认定以物抵债合同是民间借贷合同的从合同，具备上述从合同的所有属性。正是基于对以物抵债为从合同的认定，我们认为当事人发生履行纠纷时，只能以主合同即民间借贷合同作为案由提起诉讼，而不能以以物抵债这一从合同即“买卖合同”作为案由提起诉讼。与此相印证，《民间借贷解释》第二十四条第一款规定：“当事人以签订买卖合同作为民间借贷合同的担保，借款到期后借款人不能还款，出借人请求履行买卖合同的，人民法院应当按照民间借贷法律关系审理，并向当事人释明变更诉讼请求。当事人拒绝变更的，人民法院裁定驳回起诉。”

2. 以物抵债不因禁止流质而无效

根据成立时间上的不同，可以将以物抵债区分为两种类型，一是债务履行期届满前约定的以物抵债，二是债务履行期届满后约定的以物抵债。债务履行期届满后约定的以物抵债因与禁止流质规则无涉，故不存在效力上的争议。债务履行期届满前约定的以物抵债因与流质契约具有一定的相似性，所以是否应当根据禁止流质规则来认定此类以物抵债无效成了困扰司法实务的一道难题，各地法院的判决也莫衷一是。故本部分将针对债务履行期届满前约定的以物抵债的效力问题展开探讨，如无特别说明，下文出现的以物抵债特指债务履行期届满前约定的以物抵债。

2014 年《江苏省高级人民法院关于以物抵债若干法律适用问题的审理纪要》第二条第（一）项指出：“当事人在债务未届清偿期之前达成的以物抵债协议，该协议具有担保债权实现的目的，如债权人以债务人违反以物抵债的约定而要求继续履行以物抵债协议或对所抵之物主张所有权的，人民法院应驳回其诉讼请求。”江苏省高级人民法院（以下简称江苏高院）的上述观点具有一定的代表性，可以进一步解读为以物抵债具有担保功能而成立担保，但该担保因违反禁止流质规则而无效。在反对援用禁止流质规则来认定以物抵债无效的观点中，“以物抵债不具有担保性质”[①] 的理由已经开始受到重视。根据目前的担保理论，江苏高院的立场值得商榷，因为以物抵债无法实现其所言的担保目的。无论是属于担保物权的抵押、质押或者留置，还是

---

① 刘琨：《以物抵债不宜认定为流质契约》，载《人民司法》2014 年第 2 期。

属于人保的保证抑或是属于非典型担保的所有权保留，它们之所以能成立担保，乃是因为其具备“从属性、补充性和保障债权切实实现性”。[①] 然而，就以物抵债而言，暂且不论从属性与补充性，单单考察保障债权切实实现性，以物抵债就难以具备，因为以物抵债并不具有扩大责任财产范围或者使债权人获得优先受偿力的保障效果。在以物抵债无法成立担保的情况下，根据以物抵债违反担保意义上的禁止流质规则而认定无效的说理也就失去了依托。此外，当难以成立担保时，某些试图以物权法定原则来否定以物抵债效力的主张就更显得不着边际了。

在不能直接根据禁止流质规则认定以物抵债无效的情况下，有观点认为，应当参照物权法中的禁止流质规则来判定以物抵债无效。“债权人与债务人在债务履行期届满前就作出以物抵债的约定，由于债权尚未到期，债权数额与抵债物的价值可能存在较大差距。如果此时直接认定该约定有效，可能会导致双方利益显失公平，所以在处理上一般认为应参照物权法关于禁止流押、流质的相关规定，不确认该种情形下签订的以物抵债协议的效力。”[②] 也有观点更为直接地认为，于债务履行期届满前约定的以物抵债属于代物清偿预约，“流担保约款的本质就是以债务不履行为条件的代物清偿预约。因此，与其说法律禁止流担保约款，不如直接说禁止代物清偿预约。”[③] 从立法目的来看，流质契约的代物清偿预约本质说并未直指根本，《物权法》第一百八十六条设立禁止流质规则的最主要目的应当是“保护抵押人的合法权益，防止抵押人因急迫需要而陷入显失公平的困境”[④]。但是，这是否意味着因为以物抵债极易引发显失公平的状态，因而就该参照物权法中的禁止流质规则来判定以物抵债无效呢？答案应当是否定的。参照适用即类推适用，“系就法律未规定之事项，此附援引与其性质相类似之规定，以为适用。进一步

① 崔建远：《“担保”辨——基于担保泛化弊端严重的思考》，载《政治与法律》2015年第12期。

② 杨临萍：《当前商事审判工作中的若干具体问题》，载《人民司法》2016年第4期。

③ 高治：《担保型买卖合同纠纷的法理辨析与裁判对策》，载《人民司法》2014年第23期。

④ 胡康生主编：《中华人民共和国物权法释义》，法律出版社2007年版，第408页。

言，类推适用所补充之漏洞，必为公开的漏洞。法律依其规范意旨，原应积极地设其规定，而未设规定，谓之公开的漏洞”①。是以，参照适用的前提必须是立法存在公开的漏洞。我国立法对显失公平的救济自《民法通则》以来就已存在，《民法通则》第五十九条第（二）项规定，显失公平的民事行为，一方有权请求人民法院或者仲裁机关予以变更或者撤销。《合同法》第五十四条第（二）项规定，在订立合同时显失公平的，当事人一方有权请求人民法院或者仲裁机构变更或者撤销。因此，纵然当事人之间的以物抵债存在显失公平的情形，也不能参照物权法的禁止流质规则对之予以规制，因为现有立法已经对显失公平的救济作出了一般性规定。从立法调整显失公平状态的角度来分析，《民法总则》第一百五十一条和《合同法》第五十四条第（二）项与《物权法》第一百八十六条和第二百一十一条应当是一般规定与特别规定之间的关系。也就是说，当在抵押与质押领域因流质契约而可能显失公平时，物权法出于对抵押人和质押人的特别保护，无论最终是否会导致显失公平的结果，都直接在效力层面对流质契约给予了无效的否定评价。再者，立法之所以在担保领域直接否定流质契约的效力，而没有采取相对柔和的可变更和可撤销的立法技术，也是因为流质契约与担保物权的本质特征相悖反。“担保物权是以担保物的交换价值为基础，旨在实现主债权的清偿，而非转移担保物的所有权。”②从这个角度而言，这也与学理上关于禁止流质规则是方法行为禁止型规范的判断相一致，即“强行法规仅在禁止以特定手段发生一定之效果，因之：如直接违反此项强行法规者，同属无效；唯倘系依其他手段发生同一效果者，则不在禁止之列，仍属有效”③。

有法官坚持认为应当适用禁止流质规则而不是显失公平规则来调整以物抵债的法律关系，其理由是：“无效说更为简洁明快，因为实务中，对可撤销事由的举证非常困难，且行使撤销权有除斥期间的限制，合同被成功撤销的事例并不多见。与其让债务人费尽周章主张撤销，不如直接规定无效。”④有

---

① 杨仁寿：《法学方法论》，中国政法大学出版社2016年版，第194~195页。

② 刘琨：《以物抵债不宜认定为流质契约》，载《人民司法》2014年第2期。

③ 谢在全：《民法物权论（六）》，台湾三民书局2004年版，第464页。

④ 高治：《担保型买卖合同纠纷的法理辨析与裁判对策》，载《人民司法》2014年第23期。

学者进一步指出："从法理基础上看，流质条款禁令也不应局限在设定抵押和质押场合。适用显失公平撤销合同的规则来解决流质条款可能带来不公平问题，未必妥当。法律之所以规定流质条款无效而非可撤销，目的上似乎也不在于条款本身可能对单个债权人或债务人带来的不利局面，而更在于如果此类条款在实践中盛行，可能带来的对市场秩序或公平交易的法秩序的破坏。"[①]不得不说，上述理由成了部分学者与法官坚持援用禁止流质规则来规制以物抵债的重要说辞，甚至从表面上削弱了将以物抵债纳入显失公平规则调整范围的正当性。不保护债务人合法权益的质疑以及不维护交易秩序的诘难甚至会动摇部分法官的立场。但是，上述理由是经不起推敲的，因为其不仅与我国在合同效力方面的立法政策相背离，而且与合同法上的鼓励交易原则相冲突。"鼓励交易是合同法的目标，也是我国合同法所必须具有的方针和规范功能。实践中一直存在着过宽地适用合同无效制度，过多地宣告合同无效的现象，此种现象与鼓励交易原则是完全背离的。"[②]《民法通则》第五十条对无效民事行为列举过宽的立法设计一直备受诟病，《合同法》第四十七条和第五十四条就是立法在合同领域对之展开的修正。显失公平规则也是如此，其构成要件持续具体化所引发的适用范围不断限缩便是例证。从《民法通则》第五十九条第（二）项的概括性表述到《最高人民法院关于贯彻执行〈中华人民共和国民法通则〉若干问题的意见（试行）》（以下简称《民法通则意见》）第七十二条的利用优势或者利用对方没有经验，再到《合同法》第五十四条第（二）项限定的"在合同订立时"，显而易见，立法对显失公平的判断变得越来越严格，这也意味着立法对合同效力的否定评价在日趋慎重。

因此，以当事人费尽周章来援用显失公平规则而最终仍未获支持为托词，就武断地对显失公平规则报以负面评价不尽合适。因为严格把握显失公平的适用要件，避免过度干预正常的市场交易风险乃是立法的价值选择。在仅可能存在显失公平的情况下，当以物抵债在寻求显失公平规则的

---

① 陆青：《以房抵债协议的法理分析——〈最高人民法院公报〉载"朱俊芳案"评释》，载《法学研究》2015年第3期。

② 王利明：《合同法研究（第一卷）》，中国人民大学出版社2015年版，第205页。

救济都难以获得支持时，意图直接通过参照适用禁止流质规则来否定以物抵债效力主张与当前的法政策相违背。严格来说，该种认定属于法律适用错误。

3. 债权人具有选择权

《民间借贷解释》第二十四条第二款规定："按照民间借贷法律关系审理作出的判决生效后，借款人不履行生效判决确定的金钱债务，出借人可以申请拍卖买卖合同标的物，以偿还债务。就拍卖所得的价款与应偿还借款本息之间的差额，借款人或者出借人有权主张返还或补偿。"《民间借贷解释》第二十四条第二款仅规定了"出借人可以申请拍卖买卖合同标的物"，并没有明确出借人是否可以要求履行买卖合同取得标的物所有权。我们认为，基于对当事人意思自治的尊重，既然买卖合同实为以物抵债合同，当事人就应当可以在条件成就时要求履行以物抵债合同。虽然《民间借贷解释》对此没有作出规定，但是不能凭此就解释为出借人不能要求履行以物抵债合同获得标的物的所有权。既然出借人要求履行以物抵债合同具有合理性，且不具有无效的事由，我们应当赋予出借人以选择权。即基于《民间借贷解释》的规定，出借人既可以选择将标的物拍卖，也可以要求履行买卖合同以获得所有权。

4. 买卖合同与借款合同的时效[①]

买卖合同订立后，借款合同的时效是否中断？若依"新债清偿说"，因新债务之设立乃以清偿旧债务为目的，性质上与债务人承认旧债务无异。显而易见，买卖合同与借款合同的时效问题不能依据"新债清偿说"予以解释。买卖合同的订立并不立即中断借款合同的时效，因为，只有等到借款合同届期不履行时，买卖合同才发生效力，债权人也才可以请求履行买卖合同，故而，借款合同的时效起算应当视为延长至买卖合同履行期届满之时。这样，新债与旧债之间就建立了统一的时效算法，两者时效计算时间相同，便不会发生旧债已过诉讼时效而新债未过诉讼时效的尴尬情境。债权人请求履行买

---

① 陈永强：《以买卖合同担保借贷的解释路径与法效果》，载《中国法学》2018年第2期。

卖合同时，借款合同的时效同时发生中断，反之亦然。

案例指导

朱某芳与山西嘉和泰房地产开发有限公司商品房买卖合同纠纷案①

2007年1月25日，朱某芳与嘉和泰公司签订14份《商品房买卖合同》，主要约定朱某芳向嘉和泰公司购买当地百桐园小区×号楼14套商铺等。同日嘉和泰公司将该14份合同办理了备案登记手续，并于次日向朱某芳出具两张总额10354554元的销售不动产发票。同年1月26日，双方签订一份《借款协议》，主要约定：嘉和泰公司向朱某芳借款1100万元，期限至2007年4月26日；嘉和泰公司自愿将其开发的当地百桐园小区×号楼商铺抵押给朱某芳，抵押的方式为和朱某芳签订商品房买卖合同，并办理备案手续，开具发票；如嘉和泰公司偿还借款，朱某芳将抵押手续（合同、发票、收据）退回，如到期不能偿还，嘉和泰公司将以抵押物抵顶借款，双方互不支付对方任何款项等。该合同签订后，朱某芳向嘉和泰公司发放了1100万元借款，嘉和泰公司出具了收据。至2007年4月26日，嘉和泰公司未能偿还该借款。

山西省太原市小区店人民法院认为：双方签订的14份《商品房买卖合同》，意思表示真实，依法办理了备案登记手续，应当受到法律保护。根据双方在后签订的《借款协议》约定，可以认为借款协议的约定，实际为商品房买卖合同签订生效后，在履行合同过程中，双方对商品房买卖合同作出的补充。其中《借款协议》约定将到期不还的借款作为给付的房款，实际上是为已签订并正在履行的14份《商品房买卖合同》附加了解除条件，即到期还款买卖合同解除，到期不能还款买卖合同继续履行。现嘉和泰公司到期未能还款，14份《商品房买卖合同》所附解除条件未成就，应当继续履行。2007年9月3日，一审法院作出（2007）小民初字第1083号民事判决：一、朱某芳与嘉和泰公司签订的14份《商品房买卖合同》有效；二、嘉和泰

① 案例来源：最高人民法院（2011）民提字第344号，载《最高人民法院公报》2014年第12期。

公司应当按照该《商品房买卖合同》的内容履行合同。

嘉和泰公司不服一审判决，向山西省太原市中级人民法院（以下简称太原中院）提出上诉称，朱某芳持有的收据数额虽然是1100万元，但嘉和泰公司实际收到的款项为1023万元，在借款时朱某芳已扣除了77万元利息。嘉和泰公司出具的发票金额是1035.4554万元，此金额是根据双方借款抵押的房地产面积和单价折算而来，所以与收据的金额不一致。嘉和泰公司与朱某芳之间是借款法律关系，双方签订的《商品房买卖合同》及发票只是属于《借款合同》的抵押手续，并没有形成真实的买卖合同关系。而借款合同关于抵押的约定违反了担保法解释的相关规定，且未在相关部门进行登记，属于无效约定，不应受法律的保护。请求撤销一审判决，驳回朱某芳的诉讼请求。朱某芳答辩称，双方签订的《商品房买卖合同》进行了登记备案，已经成立生效。借款协议是朱某芳在付房款的过程中在嘉和泰公司要求下才签订，是为保证朱某芳权益才写的条款，不影响买卖合同成立生效。故请求维持原判。

太原中院认为，双方签订的商品房买卖合同是双方当事人的真实意思表示，且在国家规定的相关部门登记备案，应认定有效。双方在合同履行过程中又签订了借款合同，该合同仅是商品房买卖合同的补充，故一审判决继续履行商品房买卖合同并无不妥。另外，由于嘉和泰公司向朱某芳出具1100万元的收款收据，其主张仅收到10354554元，证据不足，不予支持。据此，太原中院作出判决：驳回上诉，维持原判。

嘉和泰公司不服该判决，向山西省人民检察院提出申诉，山西省人民检察院于作出晋检民抗（2009）60号民事抗诉书，向山西省高级人民法院提起抗诉。山西省高级人民法院于作出（2009）晋民抗字第69号民事裁定，裁定提审本案。

山西省人民检察院抗诉认为，二审法院判决认定的事实缺乏证据证明，适用法律错误。

1. 本案争议双方签订的主合同为借款合同，房屋买卖合同只是从属于借款合同的抵押担保内容，属从合同。根据朱某芳在其民事起诉状中关于“2007年1月，被告拟向原告借款，1月26日，原、被告签订借款协议，约定被告向原告借款1100万元……为保证原告资金安全，原、被告在协议中约定：被告将其开发的百桐园小区×号楼商铺抵押给原告。抵押方式为和原告签订商品房买卖合同……”的陈述，以及嘉和泰公司与朱某芳所签订的借款协议关于“为保证甲方的资金安全，乙方自愿将本公司开发的百桐园小区×号楼商铺以四千六百元每平方米的价格抵押给甲方，抵押面积为贰仟贰百伍拾点玖玖平方米，和甲方签订商品房买卖合同并到太原市房地局办理备案手续，同时给甲方开具与备案买卖合同相对应的不动产销售发票”之约定，证明嘉和泰公司与朱某芳在借款协议中已明确约定了抵押担保，商品房买卖合同的真实意思是以买卖房屋作为借款合同的抵押担保内容，借款合同是主合同，商品房买卖合同是从合同。且从双方签订商品房买卖合同后并未实际履行的情况可知，双方签订的商品房买卖合同，不以买受方支付房款及出卖方交付房屋为目的，双方的真实意思表示并非买卖商品房，而是将该“商品房买卖合同”以及“发票、收据”共同作为借款合同的抵押担保内容，是为保证借款合同的履行而采取的一种担保措施。原审判决认定借款合同是商品房买卖合同的补充，缺乏证据证明。

2. 主合同中关于抵押担保部分无效，从合同亦属无效。（1）嘉和泰公司为保障朱某芳借款安全，将其开发的百桐园小区×号楼商铺抵押给朱某芳，但是双方未办理抵押登记，根据《担保法》第四十一条规定，抵押合同并未生效。（2）嘉和泰公司与朱某芳在借款合同中约定借款到期嘉和泰公司一次性还清朱某芳借款后，朱某芳将抵押手续（合同、发票、收据）退回嘉和泰公司，如嘉和泰公司到期不能偿还或无力偿还借款，将用抵押物来抵顶借款，双方互不支付对方任何款项。从上述内容可知，“商品房买卖合同、发票、收据”的作用在于，不能偿还借款时，将抵押物即所“买卖”的房屋所有权转移为朱某芳所有，该约定内容违反法律的强制性规定，属绝押条款，应属无效。原审判决认定双方之间的商品房买卖合同有效，属适用法律错误。

朱某芳答辩称，双方之间是商品房买卖合同关系，借款协议是商品房买卖合同的补充，商品房买卖合同合法有效。一审、二审判决完全正确。

山西省高级人民法院再审查明，2007年1月25日，朱某芳与嘉和泰公司签订14份《商品房买卖合同》，主要约定朱某芳以每平方米4600元价格向嘉和泰公司购买百桐园小区×号楼14套商铺。同日办理了14份《商品房买卖合同》的销售备案登记手续。嘉和泰公司于次日向朱某芳出具两张总额1035.4554万元的销售不动产发票。2007年1月26日，朱某芳与嘉和泰公司签订一份《借款协议》，约定嘉和泰公司向朱某芳借款1100万元，借款期限自借款到账之日起三个月即2007年1月26日至2007年4月26日止；嘉和泰公司自愿将其开发的百桐园小区×号楼商铺以每平方米4600元的价格抵押给朱某芳，抵押的方式为和朱某芳签订商品房买卖合同，并办理备案手续，开具发票；借款到期，嘉和泰公司一次性还清借款，朱某芳将抵押手续（合同、发票、收据）退回嘉和泰公司，如到期不能偿还，嘉和泰公司将以抵押物抵顶借款，双方互不支付对方任何款项等。同日，嘉和泰公司向朱某芳出具1100万元收据。

另查明，朱某芳与嘉和泰公司签订14份《商品房买卖合同》购买的百桐园小区×号楼14套商铺，与嘉和泰公司抵押给朱某芳的百桐园小区×号楼14套商铺为同一标的。双方当事人在《借款协议》中约定的“乙方（嘉和泰公司）一次性还清甲方（朱某芳）借款后，甲方将以上抵押手续（合同、发票、收据）退回乙方”，合同即为朱某芳与嘉和泰公司签订的14份《商品房买卖合同》；发票即为嘉和泰公司向朱某芳出具的两张总额1035.4554万元的销售不动产发票；收据即为嘉和泰公司向朱某芳出具的1100万元借款收据。

山西省高级人民法院认为，双方当事人再审争议的焦点是：1.本案双方是民间借贷合同关系还是商品房买卖合同关系；2.《借款协议》中“到期不能还款用抵押物抵顶借款，双方之间互不支付对方任何款项”的约定是否违反法律的强制性规定。

关于本案双方是民间借贷合同关系还是商品房买卖合同关系问题。山西省高级人民法院认为，本案双方是民间借贷合同关系而非商品房买卖合同关系。嘉和泰公司与朱某芳签订的借款协议约定“为保证甲方的资金安全，乙方自愿将本公司开发的百桐园小区×号楼商铺以四千六百元每平方米的价格抵押给甲方，抵押面积为贰仟贰百伍拾点玖玖平方米，和甲方签订商品房买卖合同并到太原市房地局办理备案手续，同时给甲方开具与备案买卖合同相对应的不动产销售发票”。证明朱某芳的真实意思表示是嘉和泰公司以商铺作为向朱某芳借款的抵押担保。朱某芳在起诉状中陈述：“2007 年 1 月，被告拟向原告借款，1 月 26 日，原、被告签订借款协议，约定被告向原告借款 1100 万元……为保证原告资金安全，原、被告在协议中约定：被告将其开发的百桐园小区 × 号楼商铺抵押给原告，抵押方式为和原告签订商品房买卖合同……”朱某芳在一审中的辩论意见也说“是怕不给钱才签订了协议……当然就是为了保证资金安全”。也印证了借款是其真实意思表示，而商品房买卖合同是借款合同的抵押担保内容。

关于《借款协议》中“到期不能还款用抵押物抵顶借款，双方之间互不再支付对方任何款项”的约定是否违反法律的强制性规定问题。山西省高级人民法院认为，《借款协议》中“到期不能还款用抵押物抵顶借款，双方之间互不再支付对方任何款项”的约定违反法律的强制性规定，应属无效。综上，检察机关的抗诉理由成立。鉴于争议法律关系的性质释明后，朱某芳仍不变更诉讼请求，朱某芳关于确认双方签订的房屋买卖合同有效并继续履行的请求不予支持，但朱某芳可依法另行提起诉讼主张其权利。

2011 年 2 月 17 日，山西省高级人民法院作出（2010）晋民再终字第 103 号民事判决：撤销太原市小店区人民法院（2007）小民初字第 1083 号民事判决和太原市中级人民法院（2007）并民终字第 1179 号民事判决；驳回朱某芳的诉讼请求。本案一、二审案件受理费由朱某芳负担。

朱某芳不服山西省高级人民法院（2010）晋民再终字第 103 号民事判决，向最高人民法院申请再审称：1. 双方当事人之间签订的 14 份《商品房买卖合同》是真实的意思表示，合法有效。2.《借款协议》是对买卖合同履行设定的解除条件，解除条件不成就时，继续履行《商品房买卖合同》，并非抵押给朱某芳。3. 朱某芳对起诉状的陈述并不知情，系其代理律师施冬生错误理解事实，在起诉状中作出了错误的描述。对此，朱某芳从未在起诉状上签字或按手印，庭审时也未参加，直至再审时才发现此问题。因此，起诉状里对事实的错误描述不能认定为朱某芳的本意。根据《民事诉讼法》第一百七十九条第一款第（二）项之规定，申请再审。请求确认双方当事人之间的买卖合同关系有效，判令嘉和泰公司履行商品房买卖合同。

嘉和泰公司答辩称：1. 嘉和泰公司与朱某芳之间是借贷关系，而非商品房买卖合同关系。《借款协议》明确表明双方是借贷关系，签订 14 份《商品房买卖合同》的真实意思是为借款提供担保，并非双方有买卖商品房的意思表示。朱某芳在一审诉状中对此亦有同样表述。2.《借款协议》中“到期不能还款用抵押物抵顶借款，双方之间互不再支付对方任何款项”的约定违反法律的强制性规定，是无效的。

最高人民法院再审查明的事实与山西省高级人民法院再审查明的事实相同。

最高人民法院认为，朱某芳与嘉和泰公司对于山西省高级人民法院再审判决认定的事实均无异议，但对于双方之间的法律关系性质和效力存在争议，故本案再审的焦点问题就是双方当事人之间法律关系的性质和效力。

朱某芳主张其与嘉和泰公司之间是商品房买卖合同关系。嘉和泰公司主张双方之间是民间借贷关系。山西省高级人民法院再审认为，双方是民间借贷合同关系而非商品房买卖合同关系，商品房买卖合同是借款合同的抵押担保内容，借款协议中“到期不能还款用抵押物抵顶借款，双方之间互不支付对方任何款项”的约定违反法律的强制性规定，应属无效。

最高人民法院认为，本案中，14 份《商品房买卖合同》涉及的款项和《借款协议》涉及的款项，在数额上虽有差额，但双方当事人对于 14 份《商品房买卖合同》所涉款项和《借款协议》所涉款项属同一笔款项并无异议。也就是说双方当事人基于同一笔款项先后签订了 14 份《商品房买卖合同》和《借款协议》，且在太原市房地产交易所办理了 14 份《商品房买卖合同》销售备案登记手续。根据《合同法》第三十二条规定：“当事人采用合同书形式订立合同的，自双方当事人签字或盖章时合同成立。”第四十四条第一款规定：“依法成立的合同，自成立时生效。”案涉 14 份《商品房买卖合同》和《借款协议》均为依法成立并已生效的合同。

本案双方当事人实际上就同一笔款项先后设立商品房买卖和民间借贷两个法律关系。山西省高级人民法院再审认为本案双方是民间借贷合同关系而非商品房买卖合同关系不当，应予纠正。从本案 14 份《商品房买卖合同》和《借款协议》约定的内容看，案涉《商品房买卖合同》与《借款协议》属并立又有联系的两个合同。案涉《商品房买卖合同》与《借款协议》之间的联系表现在以下两个方面：其一是案涉《商品房买卖合同》与《借款协议》涉及的款项为同一笔款项；其二是《借款协议》约定以签订商品房买卖合同的方式为《借款协议》所借款项提供担保，即双方当事人实际是用之前签订的 14 份《商品房买卖合同》为之后签订的《借款协议》提供担保。同时《借款协议》为案涉《商品房买卖合同》的履行附设了解除条件，即借款到期，嘉和泰公司还清借款，案涉《商品房买卖合同》不再履行；借款到期，嘉和泰公司不能偿还借款，则履行案涉《商品房买卖合同》。

关于《借款协议》中"如到期不能偿还，或已无力偿还，乙方（嘉和泰公司）将用以上抵押物来抵顶借款，双方互不再支付对方任何款项"的约定是否违反法律的强制性规定问题。

《担保法》第四十条规定："订立抵押合同时，抵押权人和抵押人在合同中不得约定在债务履行期届满抵押权人未受清偿时，抵押物的所有权转移为债权人所有。"《物权法》第一百八十六条规定："抵押权人在债务履行期届满前，不得与抵押人约定债务人不履行到期债务时抵押财产归债权人所有。"这是法律上禁止流押的规定。禁止流押的立法目的是防止损害抵押人的利益，以免造成对抵押人实质上的不公平。

本案《借款协议》中"如到期不能偿还，或已无力偿还，乙方（嘉和泰公司）将用以上抵押物来抵顶借款，双方互不再支付对方任何款项"的约定，并非法律上禁止的流押条款。

首先，《借款协议》上述条款并非约定嘉和泰公司到期不能偿还借款，《借款协议》所称抵押物所有权转移为朱某芳所有。在嘉和泰公司到期未偿还借款时，朱某芳并不能直接按上述约定取得《借款协议》所称的"抵押物"所有权。朱某芳要想取得《借款协议》所称的"抵押物"即 14 套商铺所有权，只能通过履行案涉 14 份《商品房买卖合同》实现。正基于此，朱某芳在本案一审提出的诉讼请求也是确认 14 份《商品房买卖合同》有效，判令嘉和泰公司履行商品房买卖合同。

其次，案涉 14 份《商品房买卖合同》和《借款协议》均为依法成立并生效的合同，双方当事人在《借款协议》中约定以签订商品房买卖合同的形式为《借款协议》提供担保，并为此在《借款协议》中为案涉14份《商品房买卖合同》附设了解除条件，该约定并不违反法律、行政法规的强制性规定。

实际上，双方当事人对于是履行14份《商品房买卖合同》，还是履行《借款协议》具有选择性，即商品房买卖合同的解除条件成就，就履行《借款协议》；商品房买卖合同的解除条件未成就，就履行14份《商品房买卖合同》。无论是履行14份《商品房买卖合同》，还是履行《借款协议》，均符合双方当事人的意思表示，且从合同的选择履行的角度看，嘉和泰公司更具主动性。

嘉和泰公司如果认为履行14份《商品房买卖合同》对其不公平，损害了其利益，其完全可以依据《合同法》第五十四条第一款第（二）项的规定，请求人民法院撤销案涉14份《商品房买卖合同》，但嘉和泰公司在法定的除斥期间内并未行使合同撤销权，而是拒绝履行生效合同，其主张不符合诚信原则，不应得到支持。

因此，《借款协议》上述关于到期不能偿还，或已无力偿还，嘉和泰公司抵押物来抵顶借款的约定，不符合《担保法》第四十条和《物权法》第一百八十六条禁止流押的规定。山西省高级人民法院再审认为，《借款协议》中"到期不能还款用抵押物抵顶借款，双方之间互不再支付对方任何款项"的约定违反法律的强制性规定，应属无效，缺乏事实和法律依据，本院予以纠正。

综上，案涉14份《商品房买卖合同》和《借款协议》均为依法成立并生效的合同。《借款协议》约定的商品房买卖合同的解除条件未成就，故应当继续履行案涉14份《商品房买卖合同》。山西省高级人民法院再审判决适用法律错误，应予撤销。太原中院二审判决虽在判决理由表述上不够准确和充分，但判决结果正确，可予以维持。据此判决如下：一、撤销山西省高级人民法院（2010）晋民再终字第103号民事判决；二、维持山西省太原市中级人民法院（2007）并民终字第1179号民事判决。

规范指引

《最高人民法院关于审理民间借贷案件适用法律若干问题的规定》

第二十四条 当事人以签订买卖合同作为民间借贷合同的担保，借款到期后借款人不能还款，出借人请求履行买卖合同的，人民法院应当按照民间借贷法律关系审理，并向当事人释明变更诉讼请求。当事人拒绝变更的，人民法院裁定驳回起诉。

按照民间借贷法律关系审理作出的判决生效后，借款人不履行生效判决确定的金钱债务，出借人可以申请拍卖买卖合同标的物，以偿还债务。就拍卖所得的价款与应偿还借款本息之间的差额，借款人或者出借人有权主张返还或补偿。

《中华人民共和国担保法》

第二条 在借贷、买卖、货物运输、加工承揽等经济活动中，债权人需要以担保方式保障其债权实现的，可以依照本法规定设定担保。

本法规定的担保方式为保证、抵押、质押、留置和定金。

《中华人民共和国物权法》

第五条 物权的种类和内容，由法律规定。

第二部分

保　证

在法定的五种担保方式中，保证由于具有形式简单、担保效果好等特点，而成为实践中运用最为广泛的担保方式。对《担保法》中没有明确的，而在实践中又出现不同理解和适用的若干问题，《担保法解释》第二部分进行了进一步规范，以更好地指导实践。该部分第十三条至第二十一条主要规范了保证人的主体资格，相对于普通的民事主体资格，严格了保证人的主体资格条件。第二十二条至第二十五条针对约定不明确时保证方式的认定，总的原则是在约定不明时认定为连带保证或者连带共同保证。第二十六条至第四十六条通过针对不同的情况对保证债权的具体时效限制、若干特殊情况下保证人保证责任的范围及保证人在履行保证债务后追偿权等问题进一步明确规定。

专题一：营利法人职能部门签订的保证合同的效力及责任之承担

【核心提示】营利法人的职能部门提供保证的，保证合同无效。债权人知道或者应当知道保证人为营利法人的职能部门的，因此造成的损失由债权人自行承担。债权人不知保证人为营利法人的职能部门，因此造成的损失，债务人、担保人有过错的，应当根据其过错各自承担相应的民事责任。

实务争点

为了方便管理，许多营利法人除设置法人的印章外，还为营利法人职能部门设置独立的印章，便于其对内行使职权。但是，法律规定，营利法人职能部门不具备作为保证人的资格，其对外提供的保证，应当认定为无效保证。债权人知道或者应当知道保证人是营利法人的职能部门，而营利法人又存在管理混乱等过错的情况下，对于因保证合同无效而造成的损失，营利法人是否应当根据其过错程度承担相应的责任？对此，有两种不同的看法：一种观点认为，根据过错责任原则，谁对损失的造成有过错，谁就应当承担责任。所以，营利法人应当对由于其过错造成的损失承担相应的责任。另一种观点则认为，债权人知道或者应当知道保证人为企业的职能部门，仍然与其订立保证合同，即使营利法人存在过错，由于保证合同无效而造成的损失也应当由债权人自行承担。对此问题，《担保法解释》第十八条规定："企业法人的职能部门提供保证的，保证合同无效。债权人知道或者应当知道保证人为营利法人的职能部门的，因此造成的损失由债权人自行承担。债权人不知保证人为营利法人的职能部门，因此造成的损失，可以参照担保法第五条第二款的规定和第二十九条的规定处理。"

理解适用

对《担保法解释》第十八条的理解与适用

《担保法解释》第十八条主要是明确了营利法人的职能部门对外提供保证的，保证合同无效，以及对由此造成的损失应如何承担的问题进行规定。应当从以下几个方面来理解和适用《担保法解释》第十八条。

（一）法人职能部门之界定

法人的职能部门是指法人设立的执行法人一部分职能的机构，常见的营利法人的职能部门有科室（如财务科、后勤科、人事部、研发部等）、车间。营利法人的职能部门是法人设立的内部机构，其功能是执行法人内部的职能，没有单独的《营业执照》，没有民事主体资格，以其名义对外从事的民事活动统归无效。比如职能部门以自己的名义，使用自己印章对外签订的合同无效。

正确区分营利法人的职能部门和营利法人的分支机构，是正确适用《担保法》及《担保法解释》的前提。营利法人的分支机构是根据法人的意志所设立的法人的组成部分，[①] 依法登记并领取《营业执照》，能够以自己的名义直接对外从事经营活动，但其民事责任由营利法人承担的经济组织。实践中，常见的营利法人分支机构有分厂、分公司、营业部、分行、支行、分理处、储蓄所等。

一般而言，从上述常见的名称中能够区分法人的职能部门和分支机构。但实践中也出现无法从名称上区别法人职能部门或者分支机构的情况，如冠以“某公司办事处”“某公司项目部”等名称的组织。所以，要正确区分营利法人的职能部门和营利法人的分支机构，应当根据是否有工商登记、领取《营业执照》为标准。根据《企业法人登记管理条例》及其施行细则规定，企业法人（《民法总则》已将“企业法人”名称修改为“营利法人”）设立不能独立承担民事责任的分支机构，由该营利法人申请登记，经登记主管机关

① 王利明等：《民法学》，法律出版社 2011 年版，第 105 页。

核准，领取《营业执照》。分支机构凭《营业执照》可以刻制公章，开立银行账户，开展核准的经营范围以内的生产经营活动。而企业法人的职能部门则不需要办理登记，因此不能领取《营业执照》。

（二）法人职能部门对外签订保证合同的效力及责任承担

根据民事主体制度，只有自然人、法人和其他组织才有对外从事民事行为的资格，法人的职能部门只是法人的一个内部机构，在法人内部履行职责，不具有以自己的名义对外从事民事活动的主体资格。依照《合同法》第九条第一款规定："当事人订立合同，应当具有相应的民事权利能力和民事行为能力。"法人的职能部门不具备主体资格，显然不满足上述要求，故不能订立合同。在营利法人对外签订的保证合同的效力问题上，《担保法解释》第十八条也明确规定："企业法人的职能部门提供保证的，保证合同无效。"

与营利法人的职能部门形成对比的是，《担保法》第十条第二款规定："企业法人的分支机构有法人书面授权的，可以在授权范围内提供保证。"也就是说，只要有营利法人的书面授权，营利法人的分支机构可以以自己的名义签订保证合同，可以成为保证人，而营利法人的职能部门在任何情况下订立的保证合同都为无效合同，不论营利法人事先是否授权，事后是否追认。

营利法人的职能部门对外签订的保证合同被确认无效后，如何确定保证人的民事责任，是长期以来一直困扰人民法院审理有关保证合同纠纷案件的一个问题。

保证合同被确认无效或者被撤销后，保证合同关系即不复存在，原保证合同对当事人不具有约束力，当事人也不得基于原合同而主张由保证人承担担保责任。但是在保证合同被确认无效后，并非在当事人之间不发生任何法律后果，只不过是发生法律规定的而非当事人预期的法律后果而已。《担保法》第五条规定："……担保合同被确认无效后，债务人、担保人、债权人有过错的，应当根据其过错各自承担相应的民事责任。"因此，对于保证合同而言，如果保证合同被确认无效的，则保证人应当根据其过错承担相应的赔偿责任。这种赔偿责任的性质，多数人认为是根据缔约过失而确定的损害赔偿责任[①]。

因法人的职能部门对外签订的保证合同无效而造成的损失，应当由谁承担责任？根据《担保法解释》第十八条，应当分为两种情况：（1）债权人不知道保证人为企业的职能部门。由此导致的保证合同无效，应当按照《担保法》第五条和第二十九条的规定，如果债权人和企业法人有过错的，根据其过错各自承担相应的民事责任。债权人无过错的，由企业法人承担民事责任。在实践中，债权人不知道保证人为企业的职能部门，而债权人又无过错的情况，只可能是保证人以企业的名义订立的合同。在这种情况下，尽管符合表见代理的构成要件，但是不能适用表见代理的规定，表见代理的法律效果是合同有效，并将合同的权利义务直接归由本人承担，而《担保法解释》第十八条的精神是：只要实际上是企业法人职能部门订立的保证合同，保证合同都无效。[②]所以，由企业法人的职能部门签订的合同，在符合表见代理的构成要件的情况下，合同仍然无效，应当由企业法人承担因合同无效所造成的损失。（2）债权人知道或者应当知道保证人为企业的职能部门，仍然与其订立保证合同的。由于《担保法》明确禁止企业的职能部门作保证人，债权人在明知道或者应当知道保证人是企业的职能部门，仍然与之订立保证合同，债权人存在重大过错，也不存在“信赖上利益”的损失，所以，保证合同无效造成的损失，由债权人自行承担。

《物权法》第一百七十二条第二款和《担保法》第五条均规定，担保合同被确认无效后，债务人、担保人、债权人有过错的，应当根据其过错各自承担相应的民事责任。从法律的总体方向来看，《担保法》对无效担保的责任追究采取过错责任原则，行为人无过错就无须承担责任。但是《担保法解释》第十八条第一款的规定是个例外，企业法人的职能部门订立保证合同，企业法人即使在促成保证合同的订立上有过错，也不需要承担责任，且代表

① 冒金山主编：《基层法院裁判标准规范（商事卷）》，人民法院出版社 2013 年版，第455 页。

② 对此问题，有学者存在不同观点，认为此种情况亦适用表见代理的规定，担保合同有效。参见崔建远：《合同法》，北京大学出版社 2013 年版，第 198 页。

企业法人的职能部门订立合同的具体行为人亦不承担民事责任。[①]

（三）在获得营利法人授权的情况下，职能部门以营利法人名义签订保证合同的效力

营利法人的职能部门是法人的内部机构，在获得法人授权的情况下，可以对外以法人的名义代表法人从事民事活动。职能部门在授权范围内的行为是法人的代表行为，理应视为法人行为。如果职能部门事先取得了法人的明确授权，以法人的名义对外签订保证合同，应当视为职能部门在执行法人的职务，与法人对外签订的保证合同效果一致。保证合同的一方是法人而不是法人的职能部门，保证债务的承担主体是法人而不是法人的职能部门，保证合同有效。

案例指导

徐某刚等诉中天路桥有限公司等保证合同纠纷案[②]

2011 年 10 月 12 日，国银公司与借款人姚某平及史某海、徐某刚、方某娟、少波公司、中天路桥有限公司 104 国道嵊州段改建工程土建第七标段项目经理部（以下简称中天公司项目部）签订了合同号为“最高额保证借款第 0000092 号”的最高额保证借款合同，姚某平在借款人落款处签字，史某海、徐某刚、方某娟、少波公司、中天公司项目部在保证人落款处盖章或签字。合同约定各保证人自愿承担连带责任保证，保证期间为借款期限届满之日起两年，保证范围包括本合同项下的所有债权即包括贷款本金、利息（包括罚息、复息）及诉讼费、律师费等。合同约定国银公司自 2011 年 10 月 12 日至 2012 年 10 月 11 日内向姚某平发放最高限额为 100 万元的贷款，该合同项下的各笔借款的借款期限以当笔借款借据为准。2011 年 10 月 13 日，国银公司与姚某平签订了借款借据，约定国银公司向姚某平发放贷款 100

---

① 何志：《担保法审判实务研究》，人民法院出版社 2002 年版，第 95 页。

② 案例来源：浙江省绍兴市中级人民法院（2014）浙绍商终字 158 号。

万元，借款期限为2011年10月13日至2012年4月12日，借款月利率为20.33‰，并约定本金到期归还，利息按月付清。国银公司自认借款人姚某平支付了自2011年10月13日起至2013年4月10日止的利息共计370006.01元，少波公司支付了自2013年4月11日至2013年8月10日止的利息82677.14元，共计支付利息452683.15元，其余部分利息及借款本金均未支付。各保证人亦未履行保证责任代其归还。另查明，史某海系中天公司项目部的执行经理。经鉴定，合同上所加盖的中天公司项目部的公章印文与样本印文系同一枚印章盖印。

浙江省嵊州市人民法院审理认为：（1）中天公司是否应承担保证责任？中天公司项目部系中天公司所设立的内部机构，是为解决异地工程现场施工管理的需要而成立的机构，故系职能部门。因国银公司了解史某海系项目部的执行经理，最高额保证借款合同上保证人落款处加盖的是中天公司项目部公章，故应该知道其无权代表中天公司，国银公司在发放贷款前亦未向该公司进行核保。国银公司作为专业小额贷款公司，理应清楚项目部系中天公司的职能部门，企业法人的职能部门提供保证的，保证合同无效。债权人知道或者应当知道保证人为企业法人的职能部门的，因此造成的损失由债权人自行承担。故中天公司在本案中不应承担保证责任，国银公司由此造成的损失应该自行承担。国银公司主张中天公司理应承担保证责任的意见与事实不符，该院对其意见不予采信。中天公司辩称保证合同无效，其无须承担保证责任的意见于法有据，该院予以采信。（2）中天公司项目部是否可视为中天公司在嵊州的全权代表？首先，项目部在交通银行绍兴嵊州越州支行开立账户等事项并不能证明项目部在嵊州可代表中天公司。其次，即使中天公司授权给项目部可对外提供担保，也因为项目部系职能部门，其提供担保违反法律的禁止性规定而产生保证合同无效的后果。故国银公司主张项目部系中天公司在嵊州的全权代表的意见缺乏相应证据，该院不予采信。（3）史某海交纳的560万元保证金是否应优先归还本案借款？因各保证人均提供了连带责任保证，故国银公司可要求债务人履行债务，也可以要求各保证人在其保证范围内承担保证责任，并无先后顺序之分，故徐某刚、方某娟、少波公司辩称史某海交纳的560万元保证金应优先归还本案借款的意见于法无据，该院不予采信。

该院认为，姚某平向国银公司借款人民币 100 万元，事实清楚，证据充分。出借人与借款人约定了借款期限，借款人理应按期归还借款，现借款人逾期未还，各保证人理应履行保证责任代其归还，故国银公司要求史某海、徐某刚、方某娟、少波公司对姚某平应归还给国银公司的借款本金 100 万元承担连带清偿责任的请求理由正当，该院予以支持。因借款人及保证人已支付了截至 2013 年 8 月 10 日止的利息，故对于国银公司在该日之前（含该日）的利息请求，该院不予支持；出借人与借款人约定的利率符合法定标准，对于其余部分利息请求，该院予以支持。保证借款合同中明确约定保证范围包括贷款本金、利息（包括罚息、复息）及诉讼费、律师费等，故各保证人理应对借款人应支付给国银公司为实现债权而支出的律师代理费承担连带清偿责任。保证人承担其应尽的保证责任后，有权向债务人追偿。国银公司的诉讼请求中合理部分该院予以支持，其余部分予以驳回。综上，依照《合同法》第二百零五条、第二百零六条，《担保法》第十八条、第二十一条第一款、第三十一条，《担保法解释》第十八条第一款，《最高人民法院关于民事诉讼证据的若干规定》第二条，《民事诉讼法》第一百四十四条的规定，判决：一、史某海、徐某刚、方某娟、少波公司对姚某平应归还给国银公司的借款人民币 100 万元及利息（自 2013 年 8 月 11 日起至判决确定支付日止按月利率 20.33‰计算）承担连带清偿责任。款限判决生效后十日内付清。二、史某海、徐某刚、方某娟、少波公司对姚某平应支付给国银公司为实现债权所支出的律师代理费 1 万元承担连带清偿责任。款限判决生效后十日内付清。三、驳回国银公司的其余部分诉讼请求。如果未按判决指定的期间履行给付金钱义务，应当依照《民事诉讼法》第二百五十三条之规定，加倍支付迟延履行期间的债务利息。案件受理费 14166 元，依法减半收取 7083 元，财产保全费 5000 元，合计 12083 元，由史某海、徐某刚、方某娟、少波公司负担（款由国银公司先行垫付，限史某海、徐某刚、方某娟、少波公司于判决生效后十日内径付国银公司）。鉴定费 10300 元，由中天公司负担。

徐某刚、方某娟、绍兴市少波纺织品有限公司不服浙江省嵊州市法院上述民事判决，向浙江省绍兴市人民法院提起上诉称：（1）中天公司项目部对外一直代表中天公司。① 根据史某海在（2013）绍嵊商初字第470号案件中提交的工程审核报告可看出，中天公司项目部有独立的开户银行和独立的资产，具有申请贷款、缴纳税费、支付工资等权利，若作为中天公司的内设职能机构是不可能具备上述职能的。② 从中天公司所颁发的（2010）25、45、46号文件看，中天公司也将项目部与职能部门相区分，进一步印证了其也认可项目部非内设职能部门的事实。③ 从中天公司提交的武岸检刑诉（2012）1055号起诉书可看出，中天公司项目部曾以中天公司的名义对外签订工程施工承包合同，收取施工承包押金，中天公司对此也表示认可，并因史某海未将施工承包押金打入专用账户而举报其挪用资金。可见，中天公司项目部对外可以代表中天公司。（2）中天公司依法应承担担保责任。① 最高额保证借款合同上盖有中天公司项目部的印章，且经浙江大学司法鉴定所鉴定，该印章确系中天公司项目部所有。② 中天公司项目部对外一直代表中天公司，其完全可以代表中天公司提供担保。③ 中天公司辩称其对中天公司项目部提供担保一事完全不知情，但根据其一审中提交的刑事判决书，可说明中天公司与史某海就工程管理明确约定了权利义务，中天公司对项目部的人、财、物实行全面控制，其对印章等有严格的管理制度，由此可印证中天公司对担保一事是知情的。④ 史某海所借款项实际用于104国道嵊州段改建工程土建第7标段项目，这进一步证明中天公司项目部为该借款提供担保的原因，中天公司系该借款的实际受益人。（3）即使中天公司项目部系职能部门，中天公司也应承担相应的过错责任。中天公司赋予其项目部开设银行账户、申请贷款、缴纳税费、支付工资等权利，且允许项目部以其名义对外签订工程施工承包合同，这一系列权利的赋予，给第三人的认知系项目部对外代表中天公司，若项目部仅是中天公司的内设职能部门的话，中天公司赋予其诸多的权利使第三人产生误解，显然存在过错。且在最高额保证借款合同上加盖的确系中天公司项目部印章，中天公司应对印章监管不力承担过错责任。根据我国《担保法》及《担保法解释》的相关规定，因导致担保无效完全是由于中天公司的过错造成的，其理应承担一半以上的还款责任。（4）史某海缴纳给中天公司的560万元风险抵押金应优先偿还借款。根据史某海及国银公司在一审中提交的证据，可证明借款实际用于上述工程项目的事实，而中天公司作为借款的实际受益人，已收取史某海风险抵押金560万元，理应以该风险抵押金优先偿还借款。原审法院仅考虑保证人的连带责任无先后之分，而忽略借款的用途及借款实际受益人，显属认定事实不清。请求撤销原判，依法改判。

后其在庭询中又补充陈述：（1）加盖在最高额保证借款合同上项目部印章经两次科学鉴定，确为中天公司项目部的印章。且中天公司一审中陈述其公司印章有专人保管，专人使用登记，可以反映出，未经中天公司的同意，不可能在合同上加盖项目部的印章。中天公司辩称在最高额保证借款合同上保证人落款处盖章是史某海偷盗盖的，但至今为止，中天公司既未向公安机关报案，也未提供任何公安机关立案侦查的依据，显然并不存在所谓偷盗盖章的情形。原审法院在判决中却未提及中天公司有无过错，其是否应当承担过错责任。（2）原审法院关于国银公司在发放贷款过程中存在过错的认定值得商榷。假如原审法院认定国银公司在本案中存在过错，为何未对国银公司应承担过错责任作出处理而将所有责任让上诉人承担？既然原审法院未让国银公司承担相应的赔偿责任，就说明国银公司在发放贷款过程中不存在过错。

浙江省绍兴市中级人民法院认为，本案在二审中的争议焦点有三：（1）中天公司项目部系中天公司的职能部门还是分支机构。（2）中天公司是否应对中天公司项目部在最高额保证借款合同盖章的行为承担相应的民事责任。（3）史某海缴纳给中天公司的560万元风险抵押金是否应优先偿还本案借款。

对于焦点一，该院认为，法人的分支机构是法人总部之外实现法人职能的法人分部，其能完整实现法人职能，而法人的职能部门是法人为实现自己的目的而设立的内部管理机构，仅能部分实现法人职能。根据《企业法人登记管理条例》及其施行细则规定：企业法人设立不能独立承担民事责任的分支机构，由该企业法人申请登记，经登记主管机关核准，领取《营业执照》。分支机构凭《营业执照》可以刻制公章，开立银行账户，开展核准的经营范围以内的生产经营活动。本案中，中天公司项目部既未领取《营业执照》，也未领取组织机构代码证，是一个临时机构，其设立的主要目的是管理104国道嵊州段改建工程的土建，可以从事与该工程有直接关联的行为，且随着该工程建设完工而终止。虽然中天公司项目部刻制了公章，开设银行账户，但从其设立的目的以及其从事经营活动的单一性上来讲，其并不符合法人分支机构能完整实现法人职能的主要特征，而更符合法人为实现管理土建工程的目的而设立的职能部门的特征，故其应为中天公司的职能部门而非分支机构。

对于焦点二，鉴于上述焦点一的分析，中天公司项目部系中天公司的职能部门，根据《担保法解释》第十八条的规定，债权人知道或者应当知道保证人为企业法人的职能部门的，因此造成的损失由债权人自行承担。在本案中，国银公司作为办理各项小额贷款的金融服务机构，在发放贷款时其比一般的商事主体具有更高的审慎注意义务，应当知道中天公司项目部系中天公司的职能部门，其在发放本案讼争贷款时要求除中天公司项目部之外的其他保证人提供了核保书和股东会决议，却并未向中天公司核实情况的事实亦可予以印证。故国银公司因此造成的损失，应由其自行承担。对于三上诉人认为中天公司存在保管印章不当的过错，应承担相应的过错责任的上诉理由，该院认为，根据中天公司提供的印章使用登记表及其陈述，中天公司在印章的保管和使用上有自己的一套管理制度，本案中史某海在本案讼争的最高额保证借款合同上加盖中天公司项目部的印章，中天公司虽辩称该印章系史某海偷盖，但未能提供证据证明，故中天公司在该印章的保管和使用上确实存在过错，但根据《担保法解释》第十八条的规定，中天公司是否存在过错，不影响其是否应承担责任的判定。对于上诉人认为中天公司项目部系中天公司在嵊州的全权代表的上诉理由，该院认为，中天公司项目部仅能从事与项目有直接关联的行为，对外借款或担保并非工程本身所需，故中天公司项目部为姚某平提供担保的行为，不属于项目部的职权范围，上诉人也未能提供证据证明中天公司对项目部的对外借款有书面或口头的授权，因此中天公司项目部在本案中提供的行为不属于有权代理行为，对上诉人的该上诉理由亦不予支持。

对于焦点三，上诉人认为因本案的讼争借款系用于中天公司项目部工程，而史某海向中天公司缴纳了该工程的风险抵押金 560 万元，故该风险抵押金需优先偿还本案讼争借款的上诉理由，无事实和法律依据，不予支持。

综上，上诉人徐某刚、方某娟、少波公司的上诉理由不能成立，不予支持。依照《民事诉讼法》第一百七十条第一款第（一）项之规定，判决驳回上诉，维持原判。二审案件受理费14166元，由上诉人徐某刚、方某娟、绍兴市少波纺织品有限公司负担。

规范指引

《中华人民共和国合同法》

第二百零五条 借款人应当按照约定的期限支付利息。对支付利息的期限没有约定或者约定不明确，依照本法第六十一条的规定仍不能确定，借款期间不满一年的，应当在返还借款时一并支付；借款期间一年以上的，应当在每届满一年时支付，剩余期间不满一年的，应当在返还借款时一并支付。

第二百零六条 借款人应当按照约定的期限返还借款。对借款期限没有约定或者约定不明确，依照本法第六十一条的规定仍不能确定的，借款人可以随时返还；贷款人可以催告借款人在合理期限内返还。

《中华人民共和国担保法》

第五条 ……

担保合同被确认无效后，债务人、担保人、债权人有过错的，应当根据其过错各自承担相应的民事责任。

第十八条 当事人在保证合同中约定保证人与债务人对债务承担连带责任的，为连带责任保证。

连带责任保证的债务人在主合同规定的债务履行期届满没有履行债务的，债权人可以要求债务人履行债务，也可以要求保证人在其保证范围内承担保证责任。

第二十一条 保证担保的范围包括主债权及利息、违约金、损害赔偿金和实现债权的费用。保证合同另有约定的，按照约定。

当事人对保证担保的范围没有约定或者约定不明确的，保证人应当对全部债务承担责任。

第二十九条 企业法人的分支机构未经法人书面授权或者超出授权范围与债权人订立保证合同的，该合同无效或者超出授权范围无效，债权人和企业法人有过错的，应当根据其过错各自承担相应的民事责任；债权人无过错的，由企业法人承担民事责任。

第三十一条 保证人承担保证责任后，有权向债务人追偿。

《最高人民法院关于适用〈中华人民共和国担保法〉若干问题的解释》

第十八条 企业法人的职能部门提供保证的，保证合同无效。债权人知道或者应当知道保证人为企业法人的职能部门的，因此造成的损失由债权人自行承担。

债权人不知保证人为企业法人的职能部门，因此造成的损失，可以参照担保法第五条第二款的规定和第二十九条的规定处理。

专题二：债权人对其中某一保证人的权利主张效力是否及于其他非同时共同连带保证人

【核心提示】两个以上保证人对同一债务同时或者分别提供保证时，各保证人与债权人没有约定保证份额的，应当认定为连带共同保证。因此，在保证期间内，债权人仅向其中一部分保证人主张权利时，其主张对其他保证人有效，应当视为同时对所有保证人主张权利。同样，债权人在保证期间向保证人主张权利后，进入保证债务诉讼时效期间内，对其中一部分保证人主张权利，其效力也应当及于其他保证人，引起诉讼时效中断的法律效果。

实务争点

为了保障主合同的顺利履行，两个以上的保证人同时或者分别为同一个债务担保的情况越来越常见，两个以上保证人事先有意思联络，共同成为债务保证人的，为连带共同保证人，问题是，当两个以上没有意思联络的保证人分别为同一个债务担保，是否应当将其视为连带共同保证人？在债权人仅向其中一部分保证人主张权利，其效力是否及于其他保证人？其他保证人是否能够以“在合同约定的保证期间债权人未要求保证人承担保证责任”或者以“诉讼时效期间内未向保证人主张权利”为由而主张免除保证债务或者主张保证债务超过诉讼时效？在审判实践中有两种对立的观点：一种观点认为，债权人对一部分保证人提出的权利主张效力并不及于其他连带保证人，各保证责任仍然具有独立的法律地位，只要债权人没有在保证期间内直接向保证人主张权利，或者没有在保证债务的诉讼时效内直接向保证人主张权利，保证人即可以“保证期间已过”或者“诉讼时效已过”来对抗债权人。另一种观点则认为，分别订立了无约定保证份额的担保人，是主合同的连带共同担保人，债权人对其中任何一人主张权利的效力都及于其他保证人。对此问题，《担保法解释》第十九条规定：“两个以上保证人对同一债务同时或者分别提供保证时，各保证人与债权人没有约定保证份额的，应当认定为连带共同保证。连带共同保证的保证人以其相互之间约定各自承担的份额对抗债权人的，人民法院不予支持。”

理解适用

对《担保法解释》第十九条的理解与适用

《担保法解释》第十九条主要规定了两个以上保证人对同一债务分别提供保证时，各保证人之间的关系以及各保证人与债权人之间的关系。正确理解与适用《担保法解释》第十九条，应从以下几个方面着手：

（一）连带共同保证

连带共同保证是共同保证中的一种保证方式。共同保证是数个保证人就同一债务人的同一债务所为的保证，因而应由每个保证人与债权人订立保证合同。共同保证的保证合同既可以由数个保证人一同与债权人订立一个保证合同，也可以由各个保证人与债权人分别订立保证合同，而且各个保证合同可以是同时订立的，也可以是先后订立的。数个保证人分别与债权人订立保证合同时，相互之间虽然没有任何关系以及共同的意思联络，保证人甚至不知道除了自己之外还另有其他保证人，但是只要存在数人对同一债务为保证的单纯事实，即成为共同保证。“因为是否构成共同保证是根据是否有两个以上的保证人对同一债务存在着保证关系的客观事实进行判断的，只要客观上有两个以上保证人各自对同一债务均承担保证责任，该债务就是受数保证担保的债务，从而构成客观上共同保证关系，各个保证人之间是否有意思联络不影响共同保证的客观构成。”[①] 根据共同保证成立的时间是否相同，可以将共同保证划分为同时共同保证和非同时共同保证两种类型。[②]

根据各保证人之间对所担保的债务有无份额的不同，共同保证可以再分为按份共同保证与连带共同保证。按份共同保证是保证人与债权人约定按照份额对主债务承担保证责任的共同保证。连带共同保证是各保证人约定均对全部主债务承担连带保证责任或者保证人与债务人之间没有约定所承担保证份额的共同保证。《担保法解释》第十九条第一款规定：“两个以上保证人对同一债务同时或者分别提供担保时，各保证人与债权人没有约定保证份额的，应当认定为连带共同保证。”

连带共同保证中的连带，是指各保证人之间有连带关系而非指保证人与债务人之间的连带关系，为了与连带责任保证中保证人与债务人之间的连带关系相区别，学理上通常将共同保证人之间的连带关系称为“保证连带”。

基于连带债务的原理，各连带保证人各负全部给付的义务，债权人享有向多个保证人中的个人，或者部分或者全体请求先后或者同时履行全部或者部分债务的权利。债权人对其中一个保证人的权利主张，即使债权人未直接向其他保证人主张，其效力也及于全体保证人，应当对全体保证人发生法律效力，全体保证人应当承担债权人向其主张权利的法律后果。根据《最高人民法院关于已承担保证责任的保证人向其他保证人行使追偿权问题的批复》，承担连带责任保证的保证人一人或者数人承担保证责任后，有权要求其他保证人清偿应当承担的份额，不受债权人是否在保证期间内向未承担保证责任的保证人主张过保证责任的影响，说明未直接被债权人要求承担责任的其他连带保证人同样有履行保证债务的义务。

（二）双重连带共同保证

在普通保证中，根据债务人与保证人之间的关系不同，有一般保证和连

---

① 孔祥俊：《担保法及其司法解释与适用》，法律出版社2001年版，第94页。
② 何志：《担保法审判实务研究》，人民法院出版社2002年版，第107页。

带责任保证之分。同理，在共同保证中，也分为一般共同保证和连带共同保证。一般共同保证的各保证人均享有先诉抗辩权，仅在债务人不能履行时才应履行保证义务，而连带责任共同保证的保证人在债务人到期不履行债务时，即应履行保证义务。在非同时共同保证中，还可能出现一项保证为一般保证，另一项保证为连带责任的共同保证，如此构成的共同保证既非一般共同保证，也非连带责任共同保证。此种共同保证称为混合型共同保证。债权人在债务人逾期不履行债务时，可以要求债务人或者连带保证人履行债务，只有在债务人和连带保证人都不能履行债务时，才能要求一般保证人履行保证义务。

依《担保法》关于保证方式的有关规定的精神，保证人在保证合同中对其承担的保证债务的类型有约定的，按其约定；无约定或者约定不明确的，保证人应当按照连带责任保证承担保证责任。因此，在共同保证关系中，即可能发生双重连带关系，一是共同保证人之间的连带关系，二是连带保证人与债务人之间又存在连带关系。毫无疑问，双重连带关系的保证对债权人的实现是最为有利的，债权人既可以在债务履行期届满时向债务人，也可以向多个保证人中的个人，或者部分，或者全体请求先后或者同时履行全部或者部分债务的权利。双重连带共同保证的保证人承担保证责任后，可以向债务人追偿，亦可就其已承担的超出内部份额部分要求其他共同保证人清偿其应当承担的份额。

（三）实务中应当注意的问题

1. 非同时双重连带共同保证人的共同保证期间

非同时共同保证人，保证人相互间没有意思联络，为同一债务提供连带保证的，构成双重连带保证。这种非同时双重连带共同保证人之间没有意思联络，甚至可能相互之间不知道对方的存在。既然法律认定此种没有意思联络的非同时共同保证人为连带共同保证人，那么，债权人在保证期间和诉讼时效期间内仅向其中某一债务人主张权利，其效力应当及于其他保证人，因此，在审判实践中，由于各保证合同非同时成立，或者各保证合同约定的保证期间长短不一，应当注意把握好非同时双重连带共同保证人的共同保证期间，只有在共同保证债务的共同保证期间内，债权人仅向其中某一保证人主张权利，其效力才及于其他保证人。如果各保证关系的保证期间不同，债权人的权利主张发生在某一保证人的保证期间，而不在其他保证人的保证期间内，其效力当然不及于其他保证人。

2. 对于主张存在非同时双重连带保证的严格认定

当债权人仅向非同时双重连带共同保证人中其中一人或者部分人主张权利，未向其他保证人主张权利时，其他保证人可能根本不知情，保证期间或者诉讼时效期间届满，其他保证人认为自己的保证债务已经消灭或者不需要再履行。但基于连带关系，债权人已经向某一保证人主张过权利，债权人的权利主张效力及于全体保证人，其他保证人仍然需要履行保证债务。

正是由于在非同时双重连带共同保证中，保证人对债权人是否向其他保证人主张过权利不知情，甚至不知道有其他保证人的存在，这就给债务人与债权人提供了串通的可能性。为了使保证人在保证期间和诉讼时效期间届满后继续承担保证责任，债务人在保证期间和诉讼时效届满后与第三人签订虚假的保证协议，谎称该第三人与真正保证人是非同时双重连带共同保证人，债权人曾经在共同保证期间内或者共同的诉讼时效期间内向该第三人主张过权利，从而主张诉讼时效中断，使真正的保证人陷于不利。因此，在审判实践中，对于主张存在非同时双重连带保证的事实，应当在证据认定上严格把握，还原事实，以避免上述情况发生而损害真正保证人的利益。

案例指导

中信信托有限责任公司与天津市粮油集团有限公司、天津市油脂（集团）有限公司、天津市油脂公司经营部借款合同纠纷再审案[①]

2004 年 4 月 22 日，天津市油脂（集团）有限公司（以下简称油脂公司）与中国工商银行天津市和平支行（以下简称工行和平支行）签订 2004 年流字第 110 号流动资金借款合同，油脂公司向工行和平支行借款 3000 万

① 案例来源：最高人民法院（2011）民提字第 266 号。

元，贷款期限9个月，月利率为4.425‰，上浮6%，按月结息，借款期限自2004年4月22日起至2005年1月24日止。同日，天津市油脂公司经营部（独立法人，以下简称油脂公司经营部）与工行和平支行签订2004年保字第110号保证合同，承诺对以上借款承担连带保证责任，保证期限为主合同到期之次日起两年。天津市粮油集团与工行和平支行签订了2004年高保字第109号7700万元最高额保证合同，承诺对油脂公司借款承担连带保证责任。此后，工行和平支行依约放款。2005年7月14日，工行和平支行与中国东方资产管理公司天津办事处（以下简称天津办事处）签订了债权转让协议，将该债权转让给天津办事处。该债权的转让已通知油脂公司、油脂公司经营部，并于2005年7月22日、2006年6月2日向油脂公司、油脂公司经营部进行了公告催收。油脂公司至今尚欠本金3000万元及截至2008年3月20日利息7949956.54元未予偿还。

2006年6月2日，中国东方资产管理公司天津办事处与中信信托公司签署了京、津、宁三地财产信托合同，中国东方资产管理公司天津办事处将包括本案诉争债权及担保权在内的资产设立“京、津、宁三地财产信托”。因此，中信信托公司有权向债务人及各保证人主张债权及其相关的担保债权。

自借款合同履行期限届满至一审起诉，中信信托公司未向粮油集团主张过权利。

中信信托公司于2008年5月29日向天津市第一中级人民法院提起诉讼，请求判令油脂公司归还欠款本金3000万元及利息，油脂公司经营部、粮油集团共同承担连带偿还责任。

一审法院天津市第一中级人民法院认为，本案流动资金借款合同、保证合同、最高额保证合同、债权转让协议及京、津、宁三地财产信托合同，均符合法律规定，为有效合同，各方均应按约严格履行各自的义务。借款到期，油脂公司未按约履行还本付息的义务，油脂公司经营部也未能履行连带保证责任。据此，中信信托公司向油脂公司、油脂公司经营部主张偿还借款本息的主张，应予支持。油脂公司、油脂公司经营部以该笔贷款是当时政府指定发放的政策性贷款且已超过诉讼时效的抗辩理由，因油脂公司、油脂公司经营部未能提交证据证明，依据《最高人民法院关于民事诉讼证据的若干规定》，一审法院不予支持。关于中信信托公司请求判令粮油集团承担连带清偿责任的主张，因中信信托公司未在保证期间向粮油集团主张权利，依据《担保法》的相关规定，在合同约定的保证期间债权人未要求保证人承担保证责任的，保证人免除保证责任，故粮油集团保证责任已经免除。

综上，一审法院依照《合同法》第八十一条、第二百零七条，《民法通则》第八十四条、第九十条，《担保法》第十八条、第二十六条第二款，《民事诉讼法》第一百三十条之规定，判决如下：一、油脂公司偿还中信信托公司借款本金3000万元及利息7949956.54元（利息截至2008年3月20日），并给付自2008年3月21日至实际给付之日的利息，按中国人民银行有关规定计付；二、油脂公司经营部在以上给付事项范围内承担连带责任；三、驳回中信信托公司的其他诉讼请求。上述给付事项于判决生效之日起十日内付清，逾期按照《民事诉讼法》第二百二十九条之规定，加倍支付迟延履行期间的债务利息。一审案件受理费231550元，由油脂公司、油脂公司经营部共同承担。

中信信托公司不服原一审判决，向天津市高级人民法院提起上诉称：2005年4月21日，工行和平支行曾向粮油集团主张保证债权并经粮油集团书面确认，一审判决对此查明事实有误；天津办事处受让债权后直至本案诉讼，均向油脂公司经营部进行了有效催收，该行为对粮油集团具有法律效力，一审判决以中信信托公司未在保证期间向粮油集团主张权利为由，免除粮油集团保证责任，适用法律错误。请求撤销一审判决主文第三项，改判粮油集团承担连带保证责任。

天津市高级人民法院认为，讼争合同均合法有效，各方当事人应依约行使权利、履行义务。本案债权已由工行和平支行转让给中国东方资产管理公司天津办事处，中国东方资产管理公司天津办事处又与中信信托公司形成了信托法律关系，因上述主体在诉讼时效期间及保证期间内均向主债务人油脂公司、保证人油脂公司经营部进行了有效催收，现中信信托公司有权依据信托合同约定要求油脂公司承担还款付息责任，油脂公司经营部承担连带保证责任。关于粮油集团是否应承担保证责任一节，该院认为因2005年4月21日粮油集团已对中国工商银行督促履行保证责任通知书盖章确认，应认定原债权人工行和平支行已在保证期间内向其主张了保证债权。但中信信托公司未能提交原债权人工行和平支行及现债权人天津办事处在诉讼时效期间内向粮油集团主张过保证债权的相关证据，故粮油集团以该债权主张已超过诉讼时效期间为由抗辩，于法有据，中信信托公司主张粮油集团承担担保责任的上诉请求，没有事实依据，该院不予支持。

综上，该院认为一审判决查明事实基本清楚，仅在保证期间内债权人曾向粮油集团主张过权利一节认定有误，应予纠正，但判决结果并无不当。该院依照《民事诉讼法》第一百五十三条第一款第（一）项之规定，判决：驳回上诉，维持原判。一审案件受理费 231550 元，按一审判决执行；二审案件受理费 231550 元，由中信信托公司负担。

中信信托公司不服天津市高级人民法院二审民事判决，向最高人民法院申请再审称：原审判决适用法律错误。粮油集团、油脂公司经营部分别为油脂公司对工行和平支行的同一笔债务提供保证，依法应认定为是连带共同保证，各保证人之间构成连带债务关系。天津办事处向油脂公司经营部催收债务的行为，其中断诉讼时效的效力及于粮油集团。根据《最高人民法院关于审理民事案件适用诉讼时效制度若干问题的规定》的内容，天津办事处向保证人之一的油脂公司经营部催收债务，不仅中断了油脂公司经营部保证债务的诉讼时效，对另一连带共同保证人粮油集团也同样发生诉讼时效中断的效力。原二审判决不仅有违已有司法解释的明确规定，而且与连带共同保证制度的设立本意不符，且其判决存在严重的逻辑悖论。按照二审判决，天津办事处在主张权利时，必须向全部保证人主张，而不能享有选择的权利，否则就将因诉讼时效问题而丧失权利。这显然与现有法律、司法解释关于连带共同保证的立法本意相悖。本案改判粮油集团承担保证责任，并未加重其担保责任和担保风险。请求撤销二审判决以及一审判决主文第三项；判令粮油集团对油脂公司未清偿的 3000 万元本金及利息承担连带清偿责任，并承担本案诉讼费用。

最高人民法院认为：本案再审主要争议焦点为粮油集团是否应对油脂公司的债务承担担保责任问题。

关于粮油集团的担保责任方式。2004 年 4 月 19 日，粮油集团与工行和平支行签订最高额保证合同约定，粮油集团为油脂公司在2004年4月19日至2005年12月31日向工行和平支行借款，在7700万元范围内承担连带保证责任。2004年4月22日油脂公司与工行和平支行签订借款合同约定，油脂公司向工行和平支行借款3000万元。该笔3000万元借款是粮油集团在最高额保证合同项下所担保的债务。同日，油脂公司经营部与工行和平支行签订保证合同，约定由油脂公司经营部为前述3000万元借款承担连带保证责任。故粮油集团及油脂公司经营部分别为油脂公司对工行和平支行的同一笔3000万元借款提供保证，且未与工行和平支行约定各自的保证份额。《担保法》第十二条规定："同一债务有两个以上保证人的，保证人应当按照保证合同约定的保证份额，承担保证责任。没有约定保证份额的，保证人承担连带责任，债权人可以要求任何一个保证人承担全部保证责任，保证人都负有担保全部债权实现的义务。已经承担保证责任的保证人，有权向债务人追偿，或者要求承担连带责任的其他保证人清偿其应当承担的份额。"《担保法解释》第十九条第一款规定："两个以上保证人对同一债务同时或者分别提供保证时，各保证人与债权人没有约定保证份额的，应当认定为连带共同保证。"根据上述规定，粮油集团、油脂公司经营部构成连带共同保证，应对油脂公司的该笔3000万元债务承担连带责任。

关于粮油集团的保证责任是否超过诉讼时效问题。根据本案查明的事实，涉案债务于2005年1月到期，债务人油脂公司未作清偿。2005年4月21日，工行和平支行分别向油脂公司、油脂公司经营部和粮油集团发出催收逾期贷款本息通知书和督促履行保证责任通知书，债务人和保证人均盖章确认。因而，油脂公司经营部和粮油集团的保证责任均已发生，并开始起算诉讼时效。天津办事处从工行和平支行受让债权后，又分别于2005年7月、2006年6月和2007年7月向油脂公司和油脂公司经营部进行了公告催收。《最高人民法院关于审理民事案件适用诉讼时效制度若干问题的规定》第十七条第二款规定："对于连带债务人中的一人发生诉讼时效中断效力的事由，应当认定对其他连带债务人也发生诉讼时效中断的效力。"第二十三条规定："本规定施行后，案件尚在一审或者二审阶段的，适用本规定；本规定施行前已经终审的案件，人民法院进行再审时，不适用本规定。”据此，天津办事处向保证人之一的油脂公司经营部催收债务，不仅中断了油脂公司经营部保证债务的诉讼时效，对另一连带共同保证人粮油集团也同样发生诉讼时效中断的效力。中信信托公司于2008年5月29日向一审法院提起本案诉讼并未超过诉讼时效，并且该起诉行为也表明债权人履行了债权转让的通知义务。粮油集团关于本案已超过诉讼时效且本案债权转让行为未通知到粮油集团、粮油集团应予免责的抗辩理由不能成立。二审判决认定粮油集团因超过诉讼时效而免予承担保证责任，以天津办事处未在诉讼时效期间内向粮油集团主张权利为由，判决驳回中信信托公司要求粮油集团承担保证责任的诉讼请求属适用法律欠当，最高人民法院予以纠正。

综上，中信信托公司的再审申请理由成立，最高人民法院予以支持。最高人民法院依据《民事诉讼法》第一百五十三条第一款第（二）项、第一百八十六条第一款之规定，判决如下：一、撤销天津市高级人民法院（2009）津高民二终字第0053号民事判决；撤销天津市第一中级人民法院（2008）一中民二初字第111号民事判决主文第三项。二、维持天津市第一中级人民法院（2008）一中民二初字第111号民事判决主文第一、二项。三、天津市粮油集团有限公司在天津市油脂（集团）有限公司给付事项范围内承担连带责任。

上述给付事项于本判决生效之日起十日内付清，逾期按照《民事诉讼法》第二百二十九条之规定，加倍支付迟延履行期间的债务利息。一审案件受理费231550元，由天津市油脂（集团）有限公司、天津市油脂公司经营部、天津市粮油集团有限公司共同承担。二审案件受理费231550元，由天津市粮油集团有限公司承担。

规范指引

《中华人民共和国民法通则》

第八十四条 债是按照合同的约定或者依照法律的规定，在当事人之间产生的特定的权利和义务关系。享有权利的人是债权人，负有义务的人是债务人。

债权人有权要求债务人按照合同的约定或者依照法律的规定履行义务。

第九十条 合法的借贷关系受法律保护。

《中华人民共和国合同法》

第八十一条 债权人转让权利的，受让人取得与债权有关的从权利，但该从权利专属于债权人自身的除外。

第二百零七条 借款人未按照约定的期限返还借款的，应当按照约定或者国家有关规定支付逾期利息。

《中华人民共和国担保法》

第十二条 同一债务有两个以上保证人的，保证人应当按照保证合同约定的保证份额，承担保证责任。没有约定保证份额的，保证人承担连带责任，债权人可以要求任何一个保证人承担全部保证责任，保证人都负有担保全部债权实现的义务。已经承担保证责任的保证人，有权向债务人追偿，或者要求承担连带责任的其他保证人清偿其应当承担的份额。

第十八条 当事人在保证合同中约定保证人与债务人对债务承担连带责任的，为连带责任保证。

连带责任保证的债务人在主合同规定的债务履行期届满没有履行债务的，债权人可以要求债务人履行债务，也可以要求保证人在其保证范围内承担保证责任。

第二十六条 连带责任保证的保证人与债权人未约定保证期间的，债权人有权自主债务履行期届满之日起六个月内要求保证人承担保证责任。

在合同约定的保证期间和前款规定的保证期间，债权人未要求保证人承担保证责任的，保证人免除保证责任。

第三十一条 保证人承担保证责任后，有权向债务人追偿。

《最高人民法院关于适用〈中华人民共和国担保法〉若干问题的解释》

第十九条 两个以上保证人对同一债务同时或者分别提供保证时，各保证人与债权人没有约定保证份额的，应当认定为连带共同保证。

连带共同保证的保证人以其相互之间约定各自承担的份额对抗债权人的，人民法院不予支持。

《最高人民法院关于审理民事案件适用诉讼时效制度若干问题的规定》

第十七条 对于连带债权人中的一人发生诉讼时效中断效力的事由，应当认定对其他连带债权人也发生诉讼时效中断的效力。

对于连带债务人中的一人发生诉讼时效中断效力的事由，应当认定对其他连带债务人也发生诉讼时效中断的效力。

第二十三条 本规定施行后，案件尚在一审或者二审阶段的，适用本规定；本规定施行前已经终审的案件，人民法院进行再审时，不适用本规定。

专题三：双重连带共同保证中，履行担保责任的保证人如何行使追偿权

【核心提示】双重连带共同保证的债务人在主合同规定的债务履行期届满没有履行债务的，债权人可以要求债务人履行债务，也可以要求任何一个保证人承担全部保证责任。双重连带共同保证的保证人承担保证责任后，不能向债务人追偿的部分，由各连带保证人按其内部约定的比例分担。没有约定的，平均分担。

实务争点

为同一债权担保的双重连带共同保证人，都应当对债权人承担保证责任，债权人可以要求债务人履行债务，也可以要求任何一个保证人承担全部保证责任，保证人在承担了保证责任后，当然有权向债务人和其他未履行责任的保证人行使追偿权。问题是，履行了担保责任的保证人应当如何行使其追偿权？对此，实践中出现了两种不同的观点：一种观点认为，履行担保责任的保证人，应当先对债务人主张其追偿权，只有在向债务人主张未果的情况下，才能确定不能追偿的部分，然后就此不能追偿的部分向其他保证人行使追偿权。另一种观点认为，履行担保责任的保证人，可以任意选择向债务人或其他担保人行使追偿权，其追偿权的行使没有先后顺序之分。对此问

题，《担保法解释》第二十条规定：“连带共同保证的债务人在主合同规定的债务履行期届满没有履行债务的，债权人可以要求债务人履行债务，也可以要求任何一个保证人承担全部保证责任。连带共同保证的保证人承担保证责任后，向债务人不能追偿的部分，由各连带保证人按其内部约定的比例分担。没有约定的，平均分担。”

理解适用

对《担保法解释》第二十条的理解与适用

《担保法解释》第二十条明确了在连带共同担保中，债权人在债务人届期未履行债务时，可以要求履行债务的对象以及承担了保证债务的保证人对其他保证人和债务人的追偿权。对《担保法解释》第二十条的理解与适用，应当注重以下几个方面的内容：

（一）连带共同保证中的追偿权

保证人的追偿权，也称求偿权，是指保证人向债权人履行保证责任后，向主债务人及其他共同保证人请求偿还的权利。已经履行保证责任的保证人之所以享有追偿权，是因为保证人履行保证债务实质上是为债务人履行债务，履行了保证债务使得债务人对债权人的债务得以消灭，同时也使得其他连带保证人对债权人的保证债务消灭，自然可以向因为其清偿而获益的主债务人和其他连带共同保证人追偿。

在双重连带共同保证中，根据连带保证人之间有无内部份额约定，保证人行使追偿权的方式分为两种情况：（1）如果负连带责任的各保证人之间相互约定了由各自承担的份额，由于保证人之间的约定不得对抗债权人，债权人可向保证人中任何一人提出要求承担全部保证责任。如果其中一个保证人履行了全部保证责任，可以向债务人或者其他连带共同保证人行使追偿权，要求其他连带共同保证人按照约定分担应当承担的份额。对此，《担保法解释》第二十条作了明确规定，即连带共同保证的债务人在主合同规定的债务履行期届满没有履行债务的，债权人可以要求债务人履行债务，也可以要求任何一个保证人承担全部保证责任，连带共同保证的保证人承担保证责任后，向债务人不能追偿的部分，由各连带保证人按其内部约定的比例分担。已经向债权人履行了保证债务的保证人，有权对其超额给付部分向其他保证人追偿。（2）在保证人之间负连带责任的共同保证中，如果负连带责任的各保证人之间没有约定各自应承担的份额，履行了全部保证义务的连带保证人如何行使追偿权？《担保法解释》第二十条第二款规定："连带共同保证的保证人承担保证责任后，向债务人不能追偿的部分，由各连带保证人按其内部约定的比例分担。没有约定的，平均分担。"也就是说，在债务人无法履行债务时，根据民法的平等原则，应当由所有连带保证人平均分担其无法履行的部分债务。同理，若保证人任何一人丧失履行能力，就其应当承担的债务，也应当由其他保证人平均分担。[①]

（二）已经履行保证义务的保证人的追偿顺序

对于已经履行保证义务的保证人是否应当先向债务人行使追偿权，在追偿未果时才能向其他保证人追偿这一问题，《担保法》第十二条与《担保法解释》第二十条都作出了规定。二者的规定并非完全一致，在实践容易引起理解和适用上的混乱。

《担保法》第十二条规定："……已经承担保证责任的保证人，有权向债务人追偿，或者要求承担连带责任的其他保证人清偿其应当承担的份额。"《担保法解释》第二十条第二款规定："连带共同保证的保证人承担保证责任后，向债务人不能追偿的部分，由各连带保证人按其内部约定的比例分担，没有约定的，平均分担。"对上述两个条文中规定的已经承担保证责任的保证人，向债务人或者其他保证人的追偿顺序的理解上，审判实践中出现了不同的观点。有人认为，《担保法》第十二条中"或者"二字具有选择意义，保证人既可以选择对债务人行使追偿权，也可以选择对承担连带责任的其他保证人行使追偿权。但是该条的规定，对于债务人和保证人的追偿顺序未加区分，忽略了债务人及其他连带保证人的主从债务关系，明显不利于其他连

---

① 参见金利岷主编：《担保法精选案例与评析》，新疆大学出版社2007年版，第47~48页；何志：《担保法疑难问题阐释》，中国法制出版社2011年版，第102页。

带责任的保证人。而《担保法解释》第二十条中规定的“连带共同保证的保证人承担保证责任后，向债务人不能追偿的部分，由各连带保证人按其内部约定的比例分担。没有约定的，平均分担”，表明了在连带共同保证中，其中一个连带保证人先行向债权人清偿债务的，其享有向其他责任人追偿的权利，但应首先向主债务人追偿，如果主债务人清偿不能，再由其他连带保证人在前者不能清偿的范围内偿付。这样既明确了行使追偿权的顺序，又设置了向其他连带保证人的追偿的先决条件，这种限制追偿权的立法本意是为了督促主债务人履行债务，保护连带保证人的利益，防止任意选择被追偿人的行为使得主债务人脱离债务的约束，从而损害保证人的利益。[①] 因此，这种观点认为向债务人追偿无果是向其他连带保证人追偿的前提。

实际上，以上观点可以作为理论探讨，但在实践中不宜适用。《担保法》第十二条明确规定“已经承担保证责任的保证人，有权向债务人追偿，或者要求承担连带责任的其他保证人清偿其应当承担的份额”，这就明确了已经承担保证责任的保证人同时拥有两项追偿权：一是向债务人追偿，二是向其他连带保证人追偿，且两项追偿权是并列的，无先后之分。而《担保法解释》第二十条第二款“连带共同保证的保证人承担保证责任后，向债务人不能追偿的部分，由各连带保证人按其内部约定的比例承担。没有约定的，平均分担”的规定并不是限制已经承担责任的保证人只能先向债务人行使追偿权，在债务人无法完全清偿的时候，才能就不能清偿部分向其他连带保证人追偿，而是进一步明确在已经履行了担保债务的保证人向债务人主张追偿后，其余保证人承担的责任形式是补充清偿责任，使得已经承担了责任的保证人同时拥有对债务人和对其他保证人的追偿权，这样有利于保障已经履行责任的保证人的权益，同时也有利于鼓励保证人积极履行责任，避免因违约而造成的损失。因此，《担保法解释》第二十条与《担保法》第十二条并没有冲突。另外，从法律的位阶的角度看，《担保法解释》只是《担保法》的一个司法解释，即使两者有冲突，在实践中也应当优先适用《担保法》，而不能直接适用《担保法解释》。

---

① 浙江省慈溪市人民法院编：《精选案例评析》，中国检察出版社 2009 年版，第 133 页。

案例指导

李某芹等与陶某祥追偿权纠纷上诉案[①]

2012年11月6日，陈某华、金某、陶某祥、张某文、邢某林、刘某妹、李某芹、石某雄、王某波、钱某利作为联保体成员与中国民生银行股份有限公司绍兴分行（以下简称民生银行绍兴分行）签订编号为X201506866的最高额保证综合授信合同一份，约定由上述10人组成联保体向民生银行绍兴分行申请使用14500000元的最高授信额度，额度分配分别为陈某华、金某3000000元，陶某祥、张某文3000000元，邢某林、刘某妹3000000元，李某芹、石某雄3000000元，王某波、钱某利2500000元。合同约定联保体成员、联保体成员名下经营实体、联保体成员在本合同指定的第三人均可作为授信提用人向民生银行绍兴分行申请使用各自授信额度内的贷款，授信使用期限自2012年起至2014年止。联保体成员在所担保的最高债权额内，为除本人外任一授信提用人的债务承担最高额连带共同保证责任。担保范围包括借款本金及相应利息、罚息、复利、违约金、损害赔偿金、实现债权和担保权的费用及其他合理费用。联保体成员同意在中国民生银行股份有限公司开立保证金账号，并应在该行同意发放授信后3日内按本合同项下授信额度总额15%存入保证金，作为任一授信提用人在最高额保证综合授信合同及具体业务合同项下债务的最高额质押担保。之后，因各自贷款所需，陈某华、陶某祥、邢某林、李某芹均向民生银行杭州分行交纳了450000元保证金，王某波交纳了375000元保证金。

2012年11月6日，由嵊州市华业丝绸有限公司（以下简称华业公司）、嵊州市越星领带服饰有限公司（以下简称越星公司）、浙江佳友领呔有限公司（以下简称佳友公司）、嵊州市天博领带服饰有限公司（以下简称天博公司）、锦时公司与民生银行绍兴分行分别签订最高额担保合同，约定由上述五公司对联保体受信人与民生银行绍兴分行主合同项下的债务提供最高额连

---

① 案例来源：浙江省绍兴市中级人民法院（2014）浙绍商终字第532号。

带保证责任。2012 年 11 月 6 日，邢某林与民生银行绍兴分行签订个人授信项下借款合同，约定由邢某林向民生银行申请贷款 3000000 元，借款期限自 2012 年 11 月 8 日起至 2013 年 11 月 8 日止。民生银行按约向邢某林发放了贷款。借款期满后，邢某林仅用保证金归还了 464859.94 元，未按约归还其余部分贷款；陈某华于 2013 年 11 月 8 日以保证金形式为邢某林代偿了贷款 464859.94 元，之后民生银行杭州分行于 2013 年 11 月 21 日出具证明载明陈某华再次代为归还 825000 元，以上陈某华共计代偿人民币 1289859.94 元；王某波用保证金代为清偿 387383.29 元；陶某祥用保证金代为清偿 464859.94 元；李某芹、石某雄、锦时公司就邢某林所借款项未曾向民生银行代偿，李某芹所交纳的保证金用于归还以其名义向民生银行所借的 3000000 元款项。截至 2013 年 11 月 17 日，借款人邢某林尚欠民生银行贷款本金及利息合计人民币 398326.98 元未曾归还，各保证人亦未履行保证责任代其归还。

嵊州市人民法院审理认为，双方当事人对以下问题存在争议，对此该院评析如下：

1. 在债务人的债务尚未完全清偿的前提下，已经履行代偿义务的保证人（或质押人）可否向其他保证人（或质押人）追偿？截至 2013 年 11 月 17 日，借款人邢某林尚欠民生银行贷款本金及利息合计人民币 398326.98 元，即邢某林的借款尚未归还完毕，此时代偿人是否具备向其他担保人追偿的条件。该院认为，债权人的债权存在不能完全得到清偿的可能性，如期待债权人的债权完全得到清偿后，履行代偿义务的保证人（或质押人）才能向其他保证人（或质押人）追偿，则可能发生代偿人永远无法向其他保证人（或质押人）追偿的现象，不符合公平原则，故应允许上述代偿人在债务人的债务尚未全部清偿的前提下，向其他保证人（或质押人）追偿；如其他保证人（或质押人）因本案分担了相应份额后，另行代偿，对于新产生的代偿款亦可另行追偿。陶某祥主张李某芹、石某雄、锦时公司应分担陶某祥代偿款的意见成立，该院予以采信。李某芹、石某雄、锦时公司辩称债务人的债务未完全清偿系陶某祥追偿障碍的意见于法无据，该院不予采信。

2. 陶某祥以保证金形式代偿的 464859.94 元，是否可要求其他保证人（或质押人）分担相应份额？陶某祥代偿的 464859.94 元，系陶某祥的质押担保款及孳息，因当事人对物的担保的范围没有约定，承担了担保责任的担保人，可以向债务人追偿，也可以要求其他担保人清偿其应当分担的份额。因此，陶某祥可以要求其他保证人（或质押人）承担相应份额。陶某祥以此为由提出的意见成立，该院予以采信；李某芹、石某雄、锦时公司主张陶某祥只能向被担保债务人追偿，不能向其他出质人追偿的意见与事实不符，该院不予采信。

3. 本案的担保种类与担保人数如何确定？对于邢某林的3000000元借款，根据最高额综合保证授信合同约定，存在陈某华、金某、陶某祥、张某文、刘某妹、李某芹、石某雄、王某波、钱某利9人为其提供的连带责任保证；华业公司、越星公司、佳友公司、天博公司、锦时公司为其提供的最高额连带责任保证。除此之外，陈某华、陶某祥、邢某林、李某芹各向民生银行杭州延安支行交纳了450000元保证金，王某波交纳了375000元保证金，作为任一授信提用人向民生银行所借款项的最高额质押担保。之后，邢某林以保证金及孳息归还了所借的部分借款，陈某华、陶某祥、王某波均以保证金及其孳息代邢某林偿还了部分借款，李某芹的保证金则用于归还其自身向民生银行所借的3000000元款项。综上，对于邢某林的借款，共存在14个连带责任保证人，5个质押人。李某芹、石某雄、锦时公司以上述理由提出的意见成立，该院予以采信；陶某祥主张邢某林的借款不存在质押担保、仅由四个联保体提供保证的意见于法无据，该院不予采信。

4. 在保证人与质押人产生竞合的情况下，如何确定各自应承担的份额？综上所述，对于邢某林的3000000元借款，陈某华、陶某祥、王某波、李某芹四人既担当了保证人的角色，又同时成了质押人，且当事人对保证担保的范围、质押担保的范围未作约定，因此承担了担保责任的担保人，可以要求其他担保人清偿其应当分担的份额。根据合同约定，各联保体成员彼此间的权利义务大致平等，故按担保主体数量平均分配各自应承担份额较为合理，亦符合各联保体签订合同时的心理预期，因此每一主体应各自独立承担陶某祥代偿部分的十四分之一即33204.28元（464859.94元 ÷14）。李某芹、石某雄、锦时公司主张应按担保人数来分担陶某祥代偿款的意见成立，该院予以采信。陶某祥主张李某芹、石某雄、锦时公司作为联保体一方应承担陶某祥代偿款的四分之一的意见与事实不符，该院不予采纳。综上，陶某祥要求李某芹、石某雄、锦时公司各承担 33204.28 元的请求于法有据，该院予以支持。因李某芹、石某雄、锦时公司至今未归还陶某祥代偿款项中的己方应承担部分，故应赔偿陶某祥的相应损失，因此陶某祥要求李某芹、石某雄、锦时公司各支付自 2013 年 11 月 8 日起按同期银行贷款利率计算的利息损失理由正当，该院亦予以支持。陶某祥的其余部分诉讼请求缺乏相应依据，该院依法予以驳回。

依照《担保法解释》第三十八条第一款、《最高人民法院关于民事诉讼证据的若干规定》第二条之规定，判决：一、李某芹、石某雄、锦时公司各归还陶某祥因履行担保责任而向民生银行绍兴分行支付的代偿款人民币 33204.28 元，并各支付自 2013 年 11 月 8 日起至判决确定支付日止按中国人民银行同期同档次贷款基准利率计算的利息。款限判决生效后十日内付清。二、驳回陶某祥的其余诉讼请求。如果李某芹、石某雄、锦时公司未按判决指定的期间履行给付金钱义务，应当依照《民事诉讼法》第二百五十三条之规定，加倍支付迟延履行期间的债务利息。案件受理费 2900 元，依法减半收取 1450 元，财产保全费 1170 元，共计 2620 元，由陶某祥承担 250 元，李某芹、石某雄、锦时公司各承担 790 元（限李某芹、石某雄、锦时公司于判决生效后十日内向该院付清）。

李某芹、石某雄、锦时公司不服原审法院上述民事判决，向绍兴市中级人民法院提起上诉称：原审判决适用法律错误。（1）本案应适用我国《担保法解释》第二十条的规定。根据该条款规定，追偿权的行使是有顺序性的，应先向债务人追偿，就不能追偿部分再由各连带保证人按约定比例或平均分担，追偿的数额限定在向债务人不能追偿的部分。而本案中，向债务人不能追偿部分的数额没有确定，被上诉人是否已向债务人进行追偿及债务人邢某林是否属无财产可供执行亦未确定，原审便径行判决超越了法律规定。且上诉人提供的嵊州市房管会查询结果及邢某林夫妻现在的生活状态可证实邢某林有能力清偿本案担保代偿款。邢某林原被刑事羁押，现已回来，亦可方便执行。（2）本案不应适用我国《担保法解释》第三十八条第一款的规定。该条款规定适用前提是当事人对保证担保的范围或者物的担保的范围没有约定或者约定不明。本案中，保证担保的范围为全部本金及利息等全部债务人的债务。物的担保为现金存款质押，其数额固定，即物的担保范围明确。原审判决适用该条款错误。退一步讲，即使可以适用该条款，也应当先适用我国《担保法解释》第二十条的规定。综上，请求撤销原判，改判驳回被上诉人的诉讼请求。

经审理，绍兴市中级人民法院查明的事实与嵊州市人民法院认定的事实一致外，另查明：上诉人李某芹、石某雄、锦时公司于 2014 年 7 月 21 日为邢某林代偿民生银行绍兴分行借款本息 421294.91 元，实现债权费用 27798.50 元，合计 449093.41 元。三上诉人在庭审中认可系各为邢某林代偿 149697.80 元。

绍兴市中级人民法院认为：根据《最高人民法院关于民事经济审判方式改革问题的若干规定》第三十五条“第二审案件的审理应当围绕当事人上诉请求的范围进行，当事人没有提出请求的，不予审查。但判决违反法律禁止性规定、侵害社会公共利益或者他人利益的除外”之规定，本院根据三上诉人的上诉理由进行审查。

对于三上诉人认为根据《担保法解释》第二十条第二款之规定，承担了保证责任的保证人应先向债务人追偿，对向债务人不能追偿部分，才可向其他保证人要求分担的上诉理由，绍兴市中级人民法院认为，《担保法》第十二条明确规定：已经承担保证责任的保证人有权向债务人追偿，或者要求承担连带责任的其他保证人清偿其应当承担的份额。该条款明确履约保证人享有两项追偿权：一是向债务人追偿，二是向其他连带责任保证人追偿。且该两项追偿权是并列的，并无先后之分。如果如三上诉人所述，其余连带责任保证人可以以履约保证人没有向债务人进行追偿而拒绝履行属于自己的偿还义务，无疑会增加已承担保证责任保证人的风险，将追偿债权所需要付出的时间和劳力成本全部加诸履约保证人，则会使保证人互相推诿、怠于履行自己的义务，也对履约保证人明显不公。《担保法解释》第二十条第二款的规定并不是限制履约保证人向其他保证人追偿权利，仅是进一步明确履约保证人在向债务人主张追偿权后，其余保证人承担的责任形式是补充清偿责任。因此，上述条款与《担保法》第十二条适用上并没有冲突。对于上诉人认为《担保法解释》第三十八条第一款适用于当事人对保证担保的范围或者物的担保的范围没有约定或者约定不明的情形，本案中保证担保的范围和物的担保范围均是明确的，本案不应适用该条款的规定的上诉理由，本院认为，该条款规定的担保人之间的追偿权，主要是确认在担保范围未作约定或约定不明时，保证与物的担保间的平等地位。本案中，物的担保的范围为《最高额保证综合授信合同》项下授信额度总额 15% 的最高额质押担保，保证担保的范围为该合同项下约定的被担保之主债权本金和其他应付款项，因此，质押担保与保证担保的范围均是明确的，原审法院适用该条确属不当，本院予以纠正。但鉴于本案中质押人亦系对本案讼争全部债务承担保证责任的保证人，且各保证人承担的保证责任范围均相同，原审法院判决按保证主体数量平均分配各自应承担的份额符合公平原则，并无不当，予以支持。

本案中，根据一、二审查明的事实，被上诉人陶某祥为邢某林代偿 464859.94 元，陈某华为邢某林代偿 1289859.94 元，王某波为邢某林代偿 387383.29 元，上诉人李某芹、石某雄、锦时公司于 2014 年 7 月 21 日各为邢某林代偿了 149697.80 元，总计为邢某林代偿 2591196.58 元，根据上述分析，为邢某林向民生银行绍兴分行借款提供担保的担保人有 14 人，每一担保人应当分担的份额应为 185085.47 元（2591196.58 元 ÷ 14 人）。由此可见，被上诉人陶某祥及陈某华、王某波除承担其应当分担的份额外，被上诉人陶某祥多承担了 279774.47 元（464859.94 元 –185085.47 元），陈某华多承担了 1104774.47 元（1289859.94 元 –185085.47 元），王某波多承担了 202297.82 元（387383.29 元 –185085.47 元），上述三担保人总共多承担了 1586846.76 元。而上诉人李某芹、石某雄、锦时公司各自仅承担了 149697.80 元，尚应各承担 35387.67 元，则三上诉人应对其尚应承担的部分按照其他三保证人每人多承担部分与多承担部分总额的比例向三担保人分担相应的代偿款。在本案中，上诉人李某芹、石某雄、锦时公司各自应向被上诉人陶某祥分担其因履行担保责任而支付的代偿款为 6239.14 元［35387.67 元 ×（279774.47 元 ÷ 1586846.76 元）］。另，鉴于 2013 年 11 月期间被上诉人陶某祥及陈某华、王某波三人合计为邢某林代偿 2142103.17 元，当时每个担保人应分担的代偿款为153007.37元，而当时三上诉人各自应向被上诉人陶某祥承担的代偿款为28350.23元{153007.37元×[（464859.94元－153007.37元）÷（2142103.17元－153007.37元×3人）]}。现被上诉人陶某祥要求三上诉人偿付应付代偿款自2013年11月8日起至实际付清日止按中国人民银行同期同类贷款基准利率计算的利息，本院认为，因被上诉人陶某祥及陈某华、王某波为邢某林代偿的事实均发生于2013年11月17日之前，故酌情对被上诉人陶某祥要求三被上诉人各自支付28350.23元代偿款自2013年11月17日起至2014年7月20日止及6239.14元自2014年7月21日起至款项付清之日止按同期银行贷款利率计算的利息损失的请求予以支持，对被上诉人陶某祥超出部分的诉讼请求予以驳回。

综上，鉴于在本案二审过程中，有新的事实发生，导致原审判决对部分事实的认定不当，予以纠正。依照《担保法》第十二条、《民事诉讼法》第一百七十条第一款第（二）项之规定，判决如下：变更嵊州市人民法院（2013）绍嵊商初字第901号民事判决第一项，即李某芹、石某雄、锦时公司各归还陶某祥因履行担保责任而向中国民生银行股份有限公司绍兴分行支付的代偿款6239.14元，并各支付按中国人民银行同期同档次贷款基准利率计算的利息损失（其中自2013年11月17日起至2014年7月20日止的利息按本金28350.23元计算，自2014年7月21日起至款项付清之日止的利息按本金6239.14元计算）。款项限本判决生效后十日内付清。

如果上诉人李某芹、石某雄、锦时公司未按本判决指定的期间履行给付金钱义务，应当依照《民事诉讼法》第二百五十三条之规定，加倍支付迟延履行期间的债务利息。

规范指引

《中华人民共和国担保法》

第十二条 同一债务有两个以上保证人的，保证人应当按照保证合同约定的保证份额，承担保证责任。没有约定保证份额的，保证人承担连带责任，债权人可以要求任何一个保证人承担全部保证责任，保证人都负有担保全部债权实现的义务。已经承担保证责任的保证人，有权向债务人追偿，或者要求承担连带责任的其他保证人清偿其应当承担的份额。

《最高人民法院关于适用〈中华人民共和国担保法〉若干问题的解释》

第二十条 连带共同保证的债务人在主合同规定的债务履行期届满没有履行债务的，债权人可以要求债务人履行债务，也可以要求任何一个保证人承担全部保证责任。

连带共同保证的保证人承担保证责任后，向债务人不能追偿的部分，由各连带保证人按其内部约定的比例分担。没有约定的，平均分担。

第三十八条 同一债权既有保证又有第三人提供物的担保的，债权人可以请求保证人或者物的担保人承担担保责任。当事人对保证担保的范围或者物的担保的范围没有约定或者约定不明的，承担了担保责任的担保人，可以向债务人追偿，也可以要求其他担保人清偿其应当分担的份额。

同一债权既有保证又有物的担保的，物的担保合同被确认无效或者被撤销，或者担保物因不可抗力的原因灭失而没有代位物的，保证人仍应当按合同的约定或者法律的规定承担保证责任。

债权人在主合同履行期届满后怠于行使担保物权，致使担保物的价值减少或者毁损、灭失的，视为债权人放弃部分或者全部物的担保。保证人在债权人放弃权利的范围内减轻或者免除保证责任。

《最高人民法院关于民事诉讼证据的若干规定》

第二条 当事人对自己提出的诉讼请求所依据的事实或者反驳对方诉讼请求所依据的事实有责任提供证据加以证明。

没有证据或者证据不足以证明当事人的事实主张的，由负有举证责任的当事人承担不利后果。

《最高人民法院关于民事经济审判方式改革问题的若干规定》

第三十五条 第二审案件的审理应当围绕当事人上诉请求的范围进行，当事人没有提出请求的，不予审查。但判决违反法律禁止性规定、侵害社会公共利益或者他人利益的除外。

专题四：决算期仍未到期的债权是否属于最高额保证合同的保证范围

【核心提示】最高额保证合同的不特定债权确定后，保证人应当对在最高债权额限度内就一定期间连续发生的债权余额承担保证责任。因此，最高额保证范围为一定期间已经发生的一切债权和已受清偿的债权的差额，在决算期未到期的债权也应当属于最高额保证的保证范围。

实务争点

在一段时间内，双方交易往来频繁，为了保障交易的安全，当事人可以协议在最高额限度内就一段时间连续发生的交易或者借款订立一个保证合同，这种最高额保证合同是对一段时期内不特定债权的担保。对于如何确定最高额保证的保证范围，存在着三种不同的观点：第一种观点认为，最高额保证的保证范围应当是在一定期间内所发生的债权的总额；第二种观点认为，最高额保证的保证范围应当是在一定期间内所发生的所有债权减去已经受清偿的债权所剩下的债权的余额；第三种观点认为，最高额保证的范围应当是一定期间内所发生的已经到期的债权减去已经受清偿的债权的余额。对此问题，《担保法解释》第二十三条规定："最高额保证合同的不特定债权确定后，保证人应当对在最高债权额限度内就一定期间连续发生的债权余额承担保证责任。"

理解适用

对《担保法解释》第二十三条的理解与适用

《担保法解释》第二十三条主要是明确如何确定最高额保证合同的保证范围的规定。对《担保法解释》第二十三条的理解与适用，需从以下几个方面着手：

（一）最高额保证合同

最高额保证就是保证人于最高额限度内就一定期间连续发生的债权所提供的保证。最高额保证虽然也是保证人与债权人通过保证合同设立的，但最高额保证与普通保证相比，存在着以下特点[①]：（1）最高额保证所担保的债权是未来的债权。在最高额保证合同订立时，债权并没有发生，而且将来能否发生也不能完全确定。（2）最高额保证所担保的债权是基于多个合同所发生的债权。如果当事人是就一个合同所发生的债权订立保证合同，即使该合同债权是分期履行的，当事人所设定的保证也不是最高额保证。（3）最高额保证所担保的债权是在一定期间内连续发生的债权。根据《担保法》第十四条的规定，最高额保证适用于一定期间连续发生的借款合同或者某项商品交易合同。可见，最高额保证所担保的债权只能是同一种类的债权。（4）最高额保证所担保的债权是特定范围的债权。最高额保证所担保的债权虽然是未来的、是否发生不确定的债权，但其受特定范围的限制。这种限制包括两个方面：其一，须是在规定期间内发生的债权；其二，须是在最高额限度内的债权。

（二）最高额保证之担保债权的确定

最高额保证所担保的债权的确定，就是指因法定的事由或者约定的债权确定期限届满而使最高额保证所担保的债权特定化。由于最高额保证担保的债权是一定期限内连续发生的不确定的债权。因此，要确定最高额保证的保证范围，就必须确定“一定期限”的范围，决算期就是保证人与债权人约定或者法定的被担保债权的确定日期，是确定最高额保证所担保的债权实际数额的时期。决算期的目的在于确定最高额保证中担保的债权的范围，决算期届满便可以使债权额得以确定。决算期的确定通常有以下几种情况：（1）当事人在保证合同中明确约定了最高额保证的存续期间，该存续期间的终点，即为债权额的决算期。（2）在最高

① 王利明等：《民法学》，法律出版社2011年版，第492页。

额保证约定的期限内，债权人与保证人协议终止保证合同，保证合同终止之日为决算期。（3）保证人行使任意终止期限的权利。在当事人对最高额保证存续期间没有约定的情况下，《担保法》第二十七条规定，“保证人可以随时书面通知债权人终止保证合同，但保证人对于通知到达债权人前所发生的债权，承担保证责任”。保证人的书面通知到达债权人之日，即为债权额的决算期。

在最高额保证所约定的一定期间内，债权人与债务人之间可以连续发生多笔债务。在决算期到来之时，也即债权确定以后，将发生以下效力：第一，被担保的债权确定时存在的债权，不论该债权是否已届清偿期或者是否附条件，均属于最高额保证所担保的范围。值得注意的是，属于保证范围的是决算期到来时已经发生并仍然存在的债权。在保证合同一定存续期间内发生债权但在决算期到来时因已受清偿而消灭的债权，不在保证范围之内。因此，保证范围不是在保证合同存续期间内所发生的债权的总额。《担保法解释》第二十三条规定的“债权余额”应当理解为“最高额保证合同存续期间已经发生的债权和已偿还债务的差额”，[①] 并非指最高额保证合同存续期间内已经发生的债权的总额，也并非指已经到期的债权与债务的余额。第二，被担保的债权在确定时就存在的债权的利息、违约金、损害赔偿金，不论在确定时是否已经发生，均属于被保证债权的范围。第三，保证人担保的债权及其利息、违约金、损害赔偿金之总和，不能超过最高限额，但实现债权的费用，不在最高限额限制范围内。

但在实践中应当注意，最高额保证人应当承担保证责任，不等于保证人在决算期到来之后就应当履行保证债务。债权人能否要求保证人履行保证债务，应取决于各笔债权的清偿期是否届满。决算期到来后，对于清偿期仍未届满的债权，债权人仍不得向保证人主张权利。

---

① 刘德权主编：《最高人民法院裁判意见精选》，人民法院出版社2011年版，第1010页。

案例指导

风神轮胎股份有限公司与中信银行股份有限公司天津分行、河北宝硕股份有限公司借款担保合同纠纷案[①]

2005年5月至10月间，中信银行股份有限公司（以下简称中信公司）与河北宝硕股份公司（以下简称宝硕公司）之间发生4笔融资业务。每笔业务具体的情况如下：（1）2005年5月16日，中信银行与宝硕公司签署了（2005）银贷字第HD0062号《人民币借款合同》，借款金额为人民币2000万元，期限自2005年5月16日至2006年5月15日。合同签订后，中信银行依照合同的约定，足额发放了贷款，但合同到期后，中信银行多次催要，宝硕公司未履行还款义务。（2）2005年6月7日，中信银行与宝硕公司签署了（2005）银贷字第HD0063号《人民币借款合同》，贷款金额为人民币730万元，期限自2005年6月7日至2006年6月6日。合同签订后，中信银行依照合同的约定，足额发放了贷款，但合同到期后，中信银行多次催要，宝硕公司未履行还款义务。（3）2005年10月21日，中信银行与宝硕公司签署了（2005）银贷字第HD0071号《人民币借款合同》，借款金额为人民币2170万元，期限自2005年10月21日至2006年10月20日。合同签订后，中信银行依照合同的约定，足额发放了贷款。宝硕公司未能履行偿付利息之义务。（4）2005年10月25日，中信银行与宝硕公司签署了（2005）银承字第HC0413号《银行承兑汇票承兑协议》，根据协议的约定，中信银行在收取宝硕公司30%计人民币900万元的保证金后，中信银行即对票号为01053169、01053170、01053171共计金额为3000万元的银行承兑汇款予以承兑，票据期限均为2005年10月25日至2006年4月25日。但在票据到期后，宝硕公司未按照协议的约定向中信银行支付剩余70%的票款计人民币2100万元。根据《银行承兑汇票承兑协议》的约定，已形成本金为人民

---

① 案例来源：最高人民法院（2007）民二终字36号，载《最高人民法院公报》2008年第2期（总第136期）。

币 2100 万元的逾期贷款。

2004 年 6 月 18 日，风神轮胎股份有限公司（以下称风神公司）与宝硕公司签订《互保合同》，约定互相为对方的银行贷款提供信用担保，担保数额为单笔本金不超过人民币 7000 万元整，利息不得超过国家规定的利息标准，滞纳金、罚金不得高于本金的千分之五。担保总额不得高于人民币 2 亿元整。基于上述的互保合同，中信银行与风神公司于 2005 年 5 月签署了银保字第 HD0062 号《最高额保证合同》。风神公司向中信银行承诺，为宝硕公司自 2005 年 5 月 16 日至 2006 年 5 月 16 日发生的最高额度为人民币 7000 万元的授信提供担保，保证方式为连带责任担保。由于宝硕公司和风神公司未能履行还款及担保责任，中信银行于 2006 年 7 月 11 日向风神公司邮寄承担连带责任保证通知函，要求风神公司对上述债务承担连带保证责任。宝硕公司仍拒不偿还欠款，风神公司亦未履行保证责任，中信银行遂诉至天津市高级人民法院，请求判令宝硕公司和风神公司偿付所欠贷款本金 7000 万元及相应利息。

天津市高级人民法院经审理认为：本案双方争议的焦点是风神公司的保证责任问题，风神公司主张中信银行明知宝硕公司财务状况恶化仍向其发放巨额贷款，并骗取风神公司提供担保，风神公司不应承担担保责任。从本案的实际情形分析，现有证据确实能够证明，宝硕公司的财务状况已经严重恶化，但风神公司并无证据证明中信银行明知的事实，现有证据亦不能证明，中信银行与宝硕公司恶意串通骗取风神公司担保的事实成立。本案风神公司的担保行为是基于其与宝硕公司之间的互保协议而为，其意思表示是真实有效的。在保证人不能够证明债权人与债务人恶意串通骗取保证人担保的前提下，保证人理应按照保证合同的约定履行保证责任。综上，风神公司此项主张缺乏证据予以证明，其主张的事实依据不足，不能成立，该院不予采信。

风神公司另外主张的本案部分债务超过最高额担保合同的决算期的问题，从事实上看，本案所有债务形成于最高额担保合同约定的期间之内，并未超出担保合同约定的期间，风神公司的主张属于对最高额保证合同决算期的误解，其主张不能成立。就风神公司主张的本案部分债务是宝硕公司为其下属公司贷款，实际借款人及使用人不是宝硕公司，风神公司不应承担保证责任的问题，经核实，本案的贷款均已转入宝硕公司账户，在转入宝硕公司账户后，宝硕公司有权就相关款项进行支配使用，就风神公司主张的二笔款项转入了宝硕公司下属的两个企业的事实，虽然宝硕公司对此予以证明，但宝硕公司和风神公司并不能举证证明，中信银行明知宝硕公司为他人贷款。本案的事实是中信银行与宝硕公司签订了借款合同，且款项直接转入了宝硕公司的账户，故此，风神公司认为宝硕公司不是此两笔贷款的借款人的主张不是事实，该院不予采信。

综上，从本案基础事实上分析，本案所涉借款合同、银行承兑汇票协议及最高额担保合同均系当事人之间真实意思之表示且并不违反法律的相关规定，合法有效。合同签订后，中信银行依约履行了合同义务，宝硕公司和风神公司理应履行还款及担保责任，其迟迟不履行的行为已经构成违约，理应向中信银行承担违约责任。

该院依照《民法通则》第一百零八条,《合同法》第二百零五条、第二百零六条、第二百零七条,《担保法》第十八条,《民事诉讼法》第一百三十条之规定，判决：一、宝硕公司在该判决生效后十日给付中信银行天津分行本案四份合同项下的本金人民币 7000 万元及判决给付之日止的相应利息及罚息（利率按合同及中国人民银行的相关规定执行），逾期按照《民事诉讼法》第二百三十二条的规定执行；二、风神公司对上述给付事项在 7000 万元的范围内承担连带给付责任。逾期按照《民事诉讼法》第二百三十二条的规定执行。案件受理费人民币 360010 元，财产保全费人民币 350520 元由宝硕公司和风神公司负担。

风神公司不服上述民事判决，向最高人民法院提起上诉称：根据风神公司已提交一审法院的证据和该公司一审判决后新取得的证据，能够证实宝硕公司恶意掩盖其早已严重恶化的财务状况，骗取上诉人为其提供最高额保证担保，中信银行明知风神公司与宝硕公司所签《互保合同》之相关约定及宝硕公司财务状况严重恶化的事实，与宝硕公司恶意串通，在宝硕公司骗取风神公司提供保证担保的情况下，基于风神公司的良好财务、经营状况和偿债能力，严重违规向宝硕公司发放贷款，导致贷款无法收回，对此，中信银行和宝硕公司负有完全过错，风神公司依法不应承担连带保证责任。一审判决认定的事实错误，导致适用法律错误，判决结果显失公平，依法应予改判。

1. 宝硕公司恶意掩盖已严重恶化的真实财务状况，骗取风神公司为其提供最高额保证担保。

（1）在风神公司与中信银行签订《最高额保证合同》之前，宝硕公司的财务状况已严重恶化。根据宝硕公司于2006年10月和12月发布的“河北宝硕股份有限公司重大事项公告”和“河北宝硕股份有限公司对外担保及重大诉讼的公告”证实，宝硕公司大股东河北宝硕集团有限公司及其附属企业非法占用宝硕公司资金初步核查为5.35亿元，宝硕公司隐瞒对外担保16.787亿元，因逾期借款、企业借款及连带责任担保目前被起诉的涉诉标的近9.55亿元。这还不包括宝硕公司在历年年报中公开披露的贷款和担保数额。因此，仅从上述材料即可以充分证实，在《最高额保证合同》签订之前，宝硕公司财务状况已经严重恶化，无力偿还到期债务，资产负债率远远超过80%。

（2）宝硕公司鉴于已出现资金链断裂的危机，恶意隐瞒真实财务状况，骗取风神公司为其提供保证担保。根据宝硕公司于2004年6月与风神公司签订的《互保合同》第七条的规定：在合同一方最近一期资产负债率高于70%时，或其到期债务高于其净资产70%，或其面临的诉讼标的高于其净资产70%时，或其资产、财务严重恶化不能履行到期债务时，合同一方应及时告知合同另一方，合同另一方有权单方解除互保合同，不再提供担保。因此，根据《互保合同》中的前述真实意思表示，风神公司在知悉宝硕公司财务状况严重恶化的事实后，断然不会再与中信银行签订《最高额保证合同》，为宝硕公司提供保证担保。2005年，宝硕公司的财务状况严重恶化，资金链出现断裂的危机，已无力偿还到期债务，在此种情况下，宝硕公司以各种手段向风神公司掩盖其真实财务状况，骗取风神公司为其提供保证担保，以致风神公司与中信银行于2005年5月签订了《最高额保证合同》。2005年年底，宝硕公司资金链彻底断裂，债权人纷纷起诉，证监会等相关政府部门随后也相继介入调查。此时与中信银行签订《最高额保证合同》仅间隔半年时间。风神公司在宝硕公司恶意欺骗的情况下，出具《最高额保证合同》，并不是其真实意思表示。一审判决认定风神公司的担保行为是其真实意思表示，是真实有效的，该认定明显与事实不符。

2. 中信银行明知风神公司与宝硕公司所签《互保合同》之相关约定及宝硕公司财务状况严重恶化的事实，与宝硕公司恶意串通，在宝硕公司骗保情况下，违规发放贷款。

（1）中信银行对宝硕公司骗取风神公司提供保证担保的事实是完全知悉的。首先，中信银行对于宝硕公司财务严重恶化的情形是完全知悉的。现有证据可以充分证明，宝硕公司的资产状况早已恶化，根本不具备放贷条件。在本案所涉贷款之前，宝硕公司已经是拆东墙补西墙，资金链已出现严重断裂危机，其他银行也陆续拒绝为宝硕公司继续提供贷款。而中信银行于 2004 年开始，即一直与宝硕公司之间存在着保兑仓业务，有专人负责对宝硕公司进行财务监管，对宝硕公司的财务状况非常了解，且在中信银行与宝硕公司之间存在保兑仓业务过程中，宝硕公司已出现因资金严重短缺无力支付巨额承兑款项的情况。中信银行也曾于 2005 年压缩了宝硕公司一个亿的保兑仓业务授信额度。但中信银行在已知宝硕公司财务状况恶化的情况下，从 2005 年 5 月到 10 月短短五个月时间内连续对宝硕公司发放贷款 9000 多万元，而距 2005 年年底宝硕公司资金链发生断裂，最长一笔不过半年，最短的也仅仅是两三个月。由此可见，在本案所涉贷款发放之前及发放过程中，中信银行非常清楚宝硕公司财务状况已经严重恶化的情形，基于宝硕公司恶意骗取风神公司提供保证担保的意图，与宝硕公司恶意串通，在明知宝硕公司无力还款的情况下，为了追求贷款利润，进行了一系列违规操作，最终导致贷款无法收回。其次，中信银行在与风神公司签订《最高额保证合同》之前，已完全明晰风神公司与宝硕公司所签《互保合同》的全部内容，并在起诉时向一审法院提交了《互保合同》作为己方证据，用以证明《最高额保证合同》系基于《互保合同》而签订，而《互保合同》中明确约定了风神公司有权解除互保合同的情形，中信银行在明知宝硕公司财务恶化已不符合互保条件的情况下，风神公司有权不再提供担保的情况，违规发放贷款。最后，中信银行与宝硕公司在本案所涉贷款发放过程中的一系列违规操作，也充分证实了双方之间的恶意串通行为。一审判决作出的“无证据证明被上诉人明知宝硕公司恶意骗保事实”的认定，明显有悖事实。

（2）中信银行与宝硕公司恶意串通，严重违规发放本案所涉贷款，致使巨额贷款无法收回。风神公司一审提交的证据及一审判决后新取得的证据显示，中信银行与宝硕公司恶意串通，严重违规发放本案贷款，具体情形如下：

首先，本案所涉3100万元银行承兑汇票无真实交易背景、3000万元银行承兑汇票及2170万元贷款严重违规。2005年5月19日，中信银行为宝硕公司开立了3100万元的银行承兑汇票，收款人为华孚科技有限公司。但据工商调查材料显示，华孚科技有限公司系河北宝硕集团有限公司出资5100万元，持股51%的子公司，公司的法定代表人即宝硕公司当时的法定代表人周山，系宝硕公司的关联企业，2004年10月14日，公司因未在规定期限内申报2003年度企业年检，被北京市工商局吊销公司营业执照。因此，在2004年被吊销后，华孚科技有限公司已不具有生产经营资格，但是，宝硕公司在明知华孚科技有限公司无经营资质的情况下恶意申请开立银行承兑汇票，而中信银行在宝硕公司没有任何真实交易背景的情况下，为其开立了总额为3100万元的银行承兑汇票，现该笔资金去向不明。

该笔银行承兑汇票资金流失后，当银行承兑汇票即将于2005年11月19日到期而宝硕公司又根本无力支付承兑款项的情况下，中信银行又对宝硕公司贷款2170万元，以补足3100万元银行承兑款不足部分。对于该笔贷款的实际用途，双方完全知悉，而以贷还贷方式纯系双方恶意操作，严重违规。而据此要求风神公司承担本不应发生的债务，直接损害了风神公司的合法权益。在明知宝硕公司无力还贷的情况下，没隔几天，即2005年10月25日，中信银行又为宝硕公司开立了3000万元银行承兑汇票，而根据我国票据法的规定，开立银行承兑汇票，申请人必须具有可靠资金来源且必须具有真实交易背景。因此，中信银行在已知宝硕公司财务状况恶化，无力还款的情形下仍为其开立高额银行承兑汇票，严重违反法律规定。另，经调查本笔银行承兑汇票的收款人保定市德利得物流有限公司的工商档案材料后得知，保定市德利得物流有限公司注册资金仅为50万元，由宝硕公司的办公室主任王海山和证券部部长赵长栓作为股东成立，现任的法定代表人仍为宝硕公司当时的法定代表人周山。因此，对于注册资本仅为50万元、经营范围主要为普通货物仓储，且与宝硕股份互为关联的公司，在没有任何真实交易背景情况下，宝硕股份又一次向其开具高达3000万元的银行承兑汇票，加重了风神公司的保证责任。

其次，本案所涉2000万元和730万元贷款的实际用款人均非宝硕公司。根据风神公司一审提交的证据证实，（2005）银贷字第HD0062号《人民币借款合同》所涉2000万元实际的借款人和使用人均非债务人宝硕公司而是其下属的浙江传化宝硕塑料管业有限公司，而（2005）银贷字第HD0063号《人民币借款合同》所涉730万元实际借款人及使用人也不是宝硕公司而是宝硕公司的子公司保定宝硕新型建筑材料有限公司，上述2730万元实际借款人不是本案的宝硕公司。中信银行与宝硕公司之间擅自改变贷款的借款人，而风神公司担保的债务主体是宝硕公司，因此，对于该两笔贷款，实质脱离了风神公司《最高额保证合同》中明确的担保主体，恶意加重了上诉人的保证责任。

3. 基于中信银行明知宝硕公司恶意骗保，双方恶意串通违规发放贷款的事实，风神公司的保证责任依法应予免除。

如前所述，中信银行对于宝硕公司的骗保事实是完全知悉的，并在明知宝硕公司财务状况严重恶化的情况下，与宝硕公司恶意串通，违法违规发放本案所涉贷款，导致巨额贷款无法收回。对此，被上诉人中信银行与宝硕公司应负完全责任。《担保法解释》第四十条规定，“主合同债务人采取欺诈、胁迫等手段，使保证人在违背真实意思的情况下提供保证的，债权人知道或者应当知道欺诈、胁迫事实的，按照担保法第三十条的规定处理”，另根据《担保法》第三十条规定：“有下列情形之一的，保证人不承担民事责任：（一）主合同当事人双方串通，骗取保证人提供保证的；（二）主合同债权人采取欺诈、胁迫等手段，使保证人在违背真实意思的情况下提供保证的。”因此，风神公司基于宝硕公司恶意骗保而违背真实意思表示与中信银行签订的《最高额保证合同》依法应认定无效，且对于中信银行与宝硕公司恶意串通、违法违规发放贷款的损失，风神公司没有任何过错，风神公司的保证责任依法应予免除。一审判决认定的事实错误，导致适用法律错误，依法应予改判。另外，一审判决对于超过最高额担保合同决算期的2170万元贷款也视为最高额担保范围，判令上诉人承担保证责任明显违反法律规定，应当依法改判。请求二审法院：（1）撤销该判决书第二项判决，依法判令风神公司不承担保证责任；（2）风神公司不承担本案诉讼费用。

最高人民法院认为：本案二审讼争的焦点是风神公司是否应当依据《最高额保证合同》为宝硕公司的债务向中信银行承担连带保证责任。可以从以下三个方面进行分析：

1. 关于《担保法解释》第四十条的适用问题。

最高人民法院认为，风神公司主张依据《担保法解释》第四十条和《担保法》第三十条的规定免除保证责任，需证明两个事实：一是宝硕公司在与风神公司订立《互保合同》时存在欺诈，二是中信银行对宝硕公司的欺诈是知道或应当知道的。根据本案查明的事实，首先，宝硕公司在与风神公司订立《互保合同》时，隐瞒真实财务状况，欺骗风神公司签订《互保合同》的事实成立，宝硕公司构成欺诈；其次，中信银行作为与宝硕公司长期合作的贷款银行是知道或者应当知道宝硕公司财务状况的。但是，《担保法解释》第四十条适用于本案的最重要的前提，并不是仅证明宝硕公司存在欺诈以及中信银行知道或应当知道宝硕公司的财务状况，更重要的是证明中信银行在接受风神公司《最高额保证合同》时，知道或者应当知道宝硕公司对风神公司构成欺诈，如果中信银行在当时即对《互保合同》第七条第（五）项内容的了解，则可以认为中信银行知道或者应当知道存在欺诈。与之相关的事实是，中信银行在本案一审起诉时，向原审法院提交了《互保合同》，中信银行陈述该合同系在起诉前从宝硕公司取得，已尽到证据来源的说明义务，在此情形下，举证责任应当由风神公司承担，即风神公司需证明其向中信银行出具《最高额保证合同》时，中信银行知道或者应当知道《互保合同》第七条第（五）项的内容。本案二审历经三次质证，风神公司均不能提供能够证明此项事实的证据。本案的《最高额保证合同》是风神公司向中信银行提供的，即便风神公司有权解除与宝硕公司的《互保合同》，也不影响已经成立的《最高额保证合同》的效力。《商业银行法》《贷款通则》等相关法律法规并未规定商业银行违反贷款中严格审查义务的民事责任，上述规定与中信银行的内部规定，均是从商业银行风险控制角度加以规范，属管理性规范，中信银行即使违反相关规定，亦不影响中信银行与宝硕公司之间的信贷行为的效力和《最高额保证合同》的效力。况且，正是由于风神公司为宝硕公司提供了最高额保证，大大降低了宝硕公司因财务状况恶化而导致的信贷风险程度，才使中信银行继续为宝硕公司提供信贷支持。因此，由于风神公司举证不能，其主张依据《担保法解释》第四十条和《担保法》第三十条之规定，保证人不承担保证责任的主张，欠缺事实要件，最高人民法院不予支持。

2. 关于单笔交易与最高额保证的关系。

最高额保证较之普通保证最大的区别就在于其与主债务的关系具有更强的独立性。《担保法》第十四条规定："保证人与债权人可以就单个主合同分别订立保证合同，也可以协议在最高债权额限度内就一定期间连续发生的借款合同或者某项商品交易合同订立一个保证合同。"最高额保证通常是为将来一定期间连续发生的债务提供保证，其中某一笔交易的效力并不影响最高额保证合同的效力。而普通保证则因主合同无效而无效。在最高额保证的情形下，即使主债务无效，基于主债务无效而确定的债务额也要作为最高额保证计算债务余额的基数。最高额保证人的责任是在订立合同时确立的，通过最高额保证期间和最高限额限定保证责任，不因为最高额保证期间发生的债务余额之增加而加重最高额保证人的保证责任。因此，只要是发生在最高额保证期间内，不超过最高限额的债务的余额，最高额保证人均应承担保证责任。虽然据此可不再考察本案最高额保证期间发生债权债务关系的效力，但是上诉人风神公司强调在最高额保证期间中信银行违规发放贷款和开立银行承兑汇票，加重了该公司的责任，有必要对其主张的每笔业务进行分析。

（1）对于 HD0062 号《人民币借款合同》项下 2000 万元贷款和 HD0063 号《人民币借款合同》项下 730 万元两笔贷款，上诉人风神公司是否可以以改变实际借款人为由免除保证责任的问题。风神公司上诉称：HD0062 号《人民币借款合同》所涉 2000 万元的实际借款人和使用人为宝硕公司下属的浙江传化宝硕塑料管业有限公司、HD0063 号《人民币借款合同》所涉 730 万元实际借款人及使用人为宝硕公司的子公司保定宝硕新型建筑材料有限公司，上述 2730 万元实际借款人均非上诉人担保的债务人宝硕公司。故主张中信银行与宝硕公司之间擅自改变贷款的借款人，恶意加重了上诉人的保证责任，违反了《担保法解释》第三十条的规定，对上述 2730 万元贷款的保证责任应予免除。

最高人民法院认为，这两笔贷款均已直接转入宝硕公司账户，不能说明 HD0062 号《人民币借款合同》和 HD0063 号《人民币借款合同》的借款主体发生了变更。虽然上述两份借款合同约定借款目的为“短期流动资金周转”“流动资金”，但在转入宝硕公司账户后，宝硕公司就有权就相关款项进行支配使用，故即便上述二笔款项转入了宝硕公司下属的两个企业、违背两份借款合同有关借款目的的约定，也不能认定为债务人宝硕公司与债权人中信银行对主合同的变动，更不能认定属于《担保法解释》第三十条第一款所规定的情形，即保证期间，债权人与债务人对主合同数量、价款、币种、利率等内容作了变动，未经保证人同意加重债务人的债务的，保证人对加重的部分不承担保证责任。因此，风神公司认为宝硕公司不是上述两笔贷款的借款人的主张不能成立，最高人民法院不予支持。

（2）对于 HD0071 号《人民币借款合同》项下 2170 万元贷款，上诉人风神公司是否可以以贷还贷为由免于承担保证责任的问题。风神公司上诉称：宝硕公司在明知华孚科技有限公司无经营资质的情况下恶意申请开立银行承兑汇票，而被上诉人中信银行在宝硕公司没有任何真实交易背景的情况下，于 2005 年 5 月 19 日为其开立了总额为 3100 万元的银行承兑汇票，现该笔资金去向不明。在该汇票即将于 2005 年 11 月 19 日到期而宝硕公司无力支付承兑款项的情况下，中信银行又对宝硕公司贷款 2170 万元，以补足 3100 万元银行承兑款不足部分。中信银行明知 2170 万元贷款为以贷还贷，且该笔承兑超过《最高额保证合同》授信额度，故上诉人风神公司对此贷款的保证责任应予以免除。

最高人民法院认为，在 2005 年 10 月 21 日，先后有两笔 2170 万元款项进入宝硕公司账户，难以认定本案贷款 2170 万元即用于归还 HC0333 号银行承兑汇票下的保证金，不排除宝硕公司以天津众立达科贸有限公司开出的银行本票交付了 HC0333 号银行承兑汇票项下保证金的可能。即使该贷款实际被宝硕公司用作以贷还贷，适用《担保法解释》第三十九条“主合同当事人双方协议以新贷偿还旧贷，除保证人知道或者应当知道的外，保证人不承担民事责任”之规定的前提是，风神公司应举证证明中信银行与宝硕公司协议以贷还贷，即中信银行与宝硕公司有以贷还贷的意思联络；HD0071号《人民币借款合同》约定借款目的为“短期流动资金周转”而非以贷还贷，表明在双方之间的约定并非以贷还贷，且风神公司也未举证证明中信银行明知或参与宝硕公司以贷还贷，因此风神公司提出2170万元贷款为以贷还贷，其保证责任应予免除的主张不能成立，最高人民法院不予支持。对于2005年11月19日到期的3100万元银行承兑汇票是否具有真实的交易背景，与本案讼争的2170万元贷款无必然联系，不属本案审理范围，最高人民法院不再予以审查。

（3）对于HC0413号《银行承兑汇票承兑协议》项下3000万元贷款所形成的2100万元逾期贷款，上诉人是否可以以无真实交易背景为由免于承担保证责任的问题。风神公司上诉称：2005年10月25日，被上诉人中信银行又为宝硕公司开立了3000万元银行承兑汇票，本笔银行承兑汇票的收款人保定市德利得物流有限公司，注册资金仅为50万元、经营范围主要为普通货物仓储，且为宝硕公司关联公司，该汇票并无真实交易背景，中信银行开立该笔银行承兑汇票加重了风神公司的保证责任。

最高人民法院认为，从目前有效的证据来看，虽然该汇票的收款人德利得公司注册资金仅为50万元且为宝硕公司关联公司，但并不意味着其不能从事3000万的商业交易。即使汇票项下没有真实交易背景，也不能认定票据行为无效。根据票据无因性理论，票据的基础关系独立于票据关系，票据基础关系（包括票据原因关系）的效力不影响票据关系的效力。根据《票据法》第十条第一款的规定，“票据的签发、取得和转让，应当遵循诚实信用的原则，具有真实的交易关系和债权债务关系”，票据行为应有真实的票据原因关系，即真实的交易关系。但该条规定应属管理性法条，基础关系欠缺并不当然导致票据行为无效。根据《票据法》第十三条的规定，“票据债务人不得以自己与出票人或者与持票人的前手之间的抗辩事由，对抗持票人”，票据基础关系（包括票据原因关系）的效力不影响票据关系本身。本案中3000万元银行承兑汇票项下即便不存在真实交易背景、票据基础关系无效，该汇票仍因符合《票据法》相关规定应为有效。即便中信银行与宝硕公司之间的汇票承兑协议因不具有真实交易背景，违反HC0413号《银行承兑汇票承兑协议》第四条约定“……其申请的承兑汇票是以真实交易为基础，所签订的相关交易合同合法有效”，汇票承兑协议无效，中信银行仍有权对其因有效票据关系而进行的承兑所产生的债务，对宝硕公司主张损害赔偿，即对宝硕公司仍享有债权。而《最高额保证合同》中风神公司向中信银行承诺，对2005年5月16日至2006年5月16日中信银行向宝硕公司授信而形成的一系列债权提供最高额7000万元的最高额保证。该合同并未排除为因中信银行与宝硕公司合同无效而形成的债权提供保证。上诉人风神公司关于中信银行违反审查真实交易背景的法定义务、该笔承兑协议无效，风神公司就相应的债务应免于承担保证责任的主张不能成立，最高人民法院不予支持。

3. 对于HD0071号《人民币借款合同》项下2170万元贷款，上诉人风神公司是否可以超过《最高额保证合同》决算期为由免于承担保证责任的问题。

风神公司上诉称,《最高额保证合同》的决算期为2005年5月16日至2006年5月16日，而中信银行主张的该笔贷款到期时已超过了2006年5月16日，即《最高额保证合同》的最后决算期，不应归为该《最高额保证合同》项下。此问题涉及对《担保法解释》第二十三条的理解。该条规定:“最高额保证合同的不特定债权确定后，保证人应当对在最高债权额限度内就一定期间连续发生的债权余额承担保证责任。”其规定了最高额保证范围为发生的债权余额，该余额为最高额保证期间已经发生的债权和已偿还债务的差额，并非指最高额保证期间已到期的债权余额。从此意义上讲，本案讼争的2170万元贷款系发生于最高额保证期间，虽然其到期日超过最高额保证期间，仍属最高额保证人应当承担保证责任的范围。此外，从《最高额保证合同》中上诉人风神公司向中信银行承诺看，对2005年5月16日至2006年5月16日中信银行向宝硕公司授信而发生的一系列债权提供最高额7000万元的最高额保证。而本案所有债务都形成于最高额担保合同约定的期间之内，包括该笔贷款，并未超出担保合同约定的期间，所以不能认为该笔贷款超过了决算期;《最高额保证合同》约定保证期间为宝硕公司“依具体业务合同约定的债务履行期限届满之日起两年。每一具体业务合同项下的保证期间单独计算”，依此约定，2170万元贷款的保证期间应为债务履行期届满之日起两年，即2006年10月20日至2008年10月20日。被上诉人中信银行向风神公司主张承担保证责任亦未超过保证期间。综上，上诉人风神公司提出该笔贷款超过《最高额保证合同》决算期因而不应承担责任的主张不能成立，不予支持。

综上，原审判决判令风神公司在《最高额保证合同》约定的最高限额7000万元范围内对宝硕公司的债务向中信银行承担连带责任，并未加重风神公司的保证责任。原审判决事实认定清楚，适用法律正确。最高人民法院根据《民事诉讼法》第一百五十三条第一款第（一）项之规定，判决：驳回上诉，维持原判。二审案件受理费人民币360010元由上诉人风神轮胎股份有限公司承担。

规范指引

《中华人民共和国民法通则》

第一百零八条 债务应当清偿。暂时无力偿还的，经债权人同意或者人民法院裁决，可以由债务人分期偿还。有能力偿还拒不偿还的，由人民法院判决强制偿还。

《中华人民共和国合同法》

第二百零五条 借款人应当按照约定的期限支付利息。对支付利息的期限没有约定或者约定不明确，依照本法第六十一条的规定仍不能确定，借款期间不满一年的，应当在返还借款时一并支付；借款期间一年以上的，应当在每届满一年时支付，剩余期间不满一年的，应当在返还借款时一并支付。

第二百零六条 借款人应当按照约定的期限返还借款。对借款期限没有约定或者约定不明确，依照本法第六十一条的规定仍不能确定的，借款人可以随时返还；贷款人可以催告借款人在合理期限内返还。

第二百零七条 借款人未按照约定的期限返还借款的，应当按照约定或者国家有关规定支付逾期利息。

《中华人民共和国担保法》

第十四条 保证人与债权人可以就单个主合同分别订立保证合同，也可以协议在最高债权额限度内就一定期间连续发生的借款合同或者某项商品交易合同订立一个保证合同。

第二十三条 保证期间，债权人许可债务人转让债务的，应当取得保证人书面同意，保证人对未经其同意转让的债务，不再承担保证责任。

第三十条 有下列情形之一的，保证人不承担民事责任：

（一）主合同当事人双方串通，骗取保证人提供保证的；

（二）主合同债权人采取欺诈、胁迫等手段，使保证人在违背真实意思的情况下提供保证的。

第三十九条 抵押合同应当包括以下内容：

（一）被担保的主债权种类、数额；

（二）债务人履行债务的期限；

（三）抵押物的名称、数量、质量、状况、所在地、所有权权属或者使用权权属；

（四）抵押担保的范围；

（五）当事人认为需要约定的其他事项。

抵押合同不完全具备前款规定内容的，可以补正。

《最高人民法院关于适用〈中华人民共和国担保法〉若干问题的解释》

第二十三条 最高额保证合同的不特定债权确定后，保证人应当对在最高债权额度内就一定期间连续发生的债权余额承担保证责任。

第四十条 主合同债务人采取欺诈、胁迫等手段，使保证人在违背真实意思的情况下提供保证的，债权人知道或者应当知道欺诈、胁迫事实的，按照担保法第三十条的规定处理。

专题五：监督专款专用合同是否属于担保合同

【核心提示】第三人向债权人保证监督支付专款专用的，在履行了监督支付专款专用的义务后，不再承担责任。未尽监督义务造成资金流失的，应当对流失的资金承担补充赔偿责任。“保证监督专款专用”并非担保法所规定的担保形式，因此监督专款专用合同不是担保合同，是一种独立的合同，在性质上不属于从合同。

实务争点

为了防止将特定用途的资金挪作他用，债权人与第三人就资金的用途达成监督协议，要求第三人监督该资金专款专用，对于未尽监督义务造成资金流失的，《担保法解释》第二十六条规定第三人应当对流失的资金承担补充赔偿责任。这种协议在性质上是属于独立的合同，还是属于从合同？对此问题，审判实践中存在两种不同的看法：一种观点认为，监督专款专用是《担保法解释》里规定的一种特殊的担保形式，因此监督专款专用合同应当属于担保合同，在合同的属性上应当认定为从合同；另一种观点则认为，《担保法》规定的担保只有保证、抵押、质押、留置和定金五种，即使"监督专款专用"条款规定在《担保法解释》中，也不属于担保的形式，因此，监督专款专用合同不属于担保合同，性质上也不应当认定为从合同，而是一个独立的合同。对此问题，《担保法解释》第二十六条规定："第三人向债权人保证监督支付专款专用的，在履行了监督支付专款专用的义务后，不再承担责任。未尽监督义务造成资金流失的，应当对流失的资金承担补充赔偿责任。"

理解适用

对《担保法解释》第二十六条的理解与适用

《担保法解释》第二十六条专门针对实践中出现的保证监督专款专用合同的合同责任进行规定。因此，必须正确认定监督专款专用合同的性质，才能理解和适用好《担保法解释》第二十六条。

（一）监督专款专用合同

在实践中，债权人与债务人因买卖合同、借款合同等交易而由债务人预先支付特定款项时，为确保该款项用于债权人和债务人约定的用途，或者在不能实现预期目的时能够退还该笔款项，指定第三人负责保证监督该款项支付的专款专用。能够保证专款专用的第三人必须是能够实际控制该款项的人，通常是存放该款项的开户行，因而监督专款专用的第三人通常是银行。银行常常与客户约定，由银行对客户在其账户上的特定款项（专款）进行监督，确保其用于客户指定的用途（专用）。因此在银行与客户约定专款专用的背后，必然存在着客户之间的买卖合同等交易关系。

在监督专款专用合同的关系中，第三人的义务是确保指定的款项按照指定人指定的用途使用，第三人行使监督职责是基于指定人的授权，但其行使职责是以自己的名义，且其职责的内容仅仅是确保特定的款项按照特定的用途使用，因此这种合同关系既不同于委托合同关系，也不同于行纪合同关系。由于第三人与指定人之间的监督专款专用关系是通过约定形成的，且这种约定不属于合同法规定的典型合同，因而可以将监督专款专用关系定性为一种无名合同，适用合同法的一般规定。第三人因未履行监督义务给指定人造成损失的，应当承担违约责任。《担保法解释》第二十六条规定，未尽监督义务的，对资金的流失承担补充赔偿责任。也就是说，当债务人违反约定将资金挪作他用，保证监督专款专用的第三人又没有尽到监督义务时，应当由债务人首先向债权人承担责任，之后再由监督专款专用的第三人对债务人不能承担的资金流失部分承担赔偿责任。如果债权人没有首先要求债务人承担赔偿责任，此时监督专款专用的第三人享有要求债务人先承担责任的抗辩权。监督人在承担责任后可以向债务人追偿。

（二）监督专款专用行为与保证的区别

《担保法解释》虽然对保证监督专款专用行为作出了专门的解释，但其性质上并不属于保证，不能将其理解为保证的一种特殊形式。监督专款专用行为与保证的区别主要是：（1）债务人的义务内容不同。保证中保证人的义务是在债务人逾期不履行债务时履行保证债务，实质上是代替债务人履行债务；监督专款专用行为中的第三人的义务是按照约定确保特定的款项按照指定的用途使用。《担保法解释》第二十六条规定："第三人向债权人保证监督支付专款专用的，在履行了监督支付专款专用的义务后，不再承担责任……"（2）合同的独立性不同。保证合同是主合同的从合同，依附于主合同；监督专款专用协议是一种独立的合同，尽管其与指定人之间的其他合同有关，但在法律上不存在主从关系。（3）法律责任不同。保证合同本身的内容就是在债务人不能履行债务时，替债务人承担法律责任，而第三人未履行监督专款专用义务时，承担的是其自身的违约责任。《担保法解释》第二十六条规定："……未尽监督义务造成资金流失的，应当对流失的资金承担补充赔偿责任。"这种责任实质上就是第三人违反监督专款专用协议的违约责任。第三人向债权人承担补充赔偿责任之后，仍然可以向造成资金流失的终局责任人追偿，这是出于公平的需要，也是类似于保证责任的地方。

（三）实务中应当注意的问题

监督专款专用行为必须有明确的意思表示，实践中如果一方有专门的保证监督专款专用的意思表示内容，就不能按照保证定性。如果没有其他更为明确的意思表示而仅仅在担保栏中盖章或者签字，可以认定其盖章行为表示了保证的意思，同时具备专门的证据证明其既有保证的意思，又有监督专款专用的意思，同样应当认定为保证。

案例指导

中国工商银行股份有限公司余姚支行与四川信托有限公司金融贷款纠纷上诉案①

2012 年 4 月 23 日，四川信托有限公司（甲方，以下简称信托公司）与浙江好当家电器有限公司（乙方，以下简称好当家公司）、中国工商银行股份有限公司余姚支行（丙方，以下简称工行余姚支行）、宁波哲豪电子科技有限公司（丁方，以下简称哲豪公司）及宁波宝洁电器有限公司（戊方，以下简称宝洁公司）签订了 SCXT2012（JXD）字第 12 号 –12《监管协议》，其中约定甲方将向乙方发放信托贷款，甲、乙、丁、戊方共同委托丙方作为本信托贷款资金的安心账户托管人。该《监管协议》第三条第七款约定："丙方应监督乙方的资金使用和资金归集情况，如乙方未按本条第二款使用资金或未按本条第六款进行资金归集，丙方应于 3 个工作日内通知甲方。"第三条第十一款约定："丙方托管义务：丙方确保托管账户（安心账户）内资金划拨

① 案例来源：最高人民法院（2014）民一终字 184 号。

至预算表指定的收款人，如无甲方的书面同意，丙方有权利义务拒绝资金划拨至其他收款人的结算要求。资金划拨至指定收款人后，由丙方负责收集和保存相应结算凭证（复印件）。”第三条第十三款约定：“丙方按照本合同第三条及预算表约定的内容和方式，完成对乙方的资金使用监督，即视为丙方的托管义务已经履行完毕。”第六条约定：“丙方违约处理：（1）由于丙方未履行或者未完全履行本协议项下第三条第十一款托管义务，给甲方造成经济损失的，丙方应当向甲方赔偿相应损失；（2）甲方发现丙方未按约定履行托管义务的，可以据实向中国银监会报告。”第十条约定：“本协议适用中华人民共和国法律。因本协议引起的争议纠纷，当事各方可友好协商解决。协商不成的，任何一方可向丙方住所地人民法院起诉。”

信托公司向四川省高级人民法院提起对好当家公司、哲豪公司、岑某康、徐某英、岑某君、黄某庆、岑某宝、徐某燕、宝洁公司金融借款合同纠纷的诉讼，信托公司分别以其与中国工商银行股份有限公司宁波分行（以下简称工行宁波分行）、工行余姚支行签订的《高端财务顾问服务协议书》《四川信托——浙江好当家电器公司流动资金贷款集合资金信托计划之安心账户托管（资金监管）协议》（以下简称《监管协议》）为依据，认为两个银行在信托项目实施过程中存在恶意欺诈与重大过错，违背了监管义务，与信托资金不能回收具有直接的因果关系，依法应承担相应的民事责任，请求四川省高级人民法院追加两银行为本案共同被告，四川省高级人民法院予以受理。

对于金融借款合同纠纷，信托公司向四川省高级人民法院提出了如下诉讼请求：（1）判令好当家公司立即归还原告信托贷款1亿元，并支付利息7990410.96元；（2）判令哲豪公司在好当家公司应偿还的主债权12150万元金额范围内承担连带清偿责任，原告对哲豪公司提供的抵押物的处置所得享有优先受偿权；（3）判令原告对岑某宝、徐某燕提供的质押——好当家公司的股权的处置所得享有优先受偿权；（4）判令原告对岑某君、黄某庆提供的质押——哲豪公司的股权的处置所得享有优先受偿权；（5）判令岑某康、徐某英、岑某宝、徐某燕、宝洁公司对好当家公司的债务承担连带清偿责任；（6）判令工行宁波分行、工行余姚支行承担连带赔偿责任；（7）判令各被告承担原告为实现债权所支付的律师费150万元及全部诉讼费用。工行余姚支行在提交答辩状期间对管辖权提出异议，请求将本案移送该行住所地有管辖权的人民法院审理。

四川省高级人民法院查明：2012 年 4 月 23 日，信托公司与好当家公司签订了 SCXT2012（JXD）字第 12 号 -2《信托贷款合同》，双方建立信托贷款关系。该《信托贷款合同》第十六条第二款约定“因履行本合同所发生的或与本合同有关的一切争议、纠纷，双方应协商解决。协商不成的，双方同意依法向贷款人住所地的法院提起诉讼”。

四川省高级人民法院审理认为：本案系金融担保借款合同纠纷，作为本案主合同的《信托贷款合同》中约定了由贷款人住所地即信托公司所在地人民法院管辖，该约定未违反《民事诉讼法》对级别管辖和专属管辖的规定，应属合法有效。信托公司住所地在四川省内，即本院对该案主合同借款关系享有地域管辖权。

关于四川省高级人民法院对信托公司与工行余姚支行之间的资金监管关系部分是否享有地域管辖权的问题。《担保法解释》第二十六规定：“第三人向债权人保证监督支付专款专用的，在履行了监督支付专款专用的义务后，不再承担责任。未尽监督义务造成资金流失的，应当对流失的资金承担补充赔偿责任。”就本案而言，作为资金监管人的第三人，工行余姚支行对案涉信托贷款的使用情况及归集情况负有监督的义务，并明确约定了向本案债权人赔偿经济损失的情形。尽管案涉《监管协议》中关于工行余姚支行承担责任的方式，不具有典型意义上的保证方式的特征，但其可产生与保证责任类似的法律责任，实质上是一种特殊的保证形式。上述司法解释规定，也正是将此类情况作为一种特殊保证加以明确。因此，案涉《监管协议》应视为本案《信托贷款合同》项下的保证合同，具有附从性的性质。本案原告信托公司依据主合同及该《监管协议》向该院提起诉讼，将工行余姚支行列为本案共同被告，并无不当。依照《担保法解释》第一百二十九条第一款关于“主合同和担保合同发生纠纷提起诉讼的，应当根据主合同确定案件管辖”及第二款关于“主合同和担保合同选择管辖的法院不一致的，应当根据主合同确定案件管辖”的规定，案涉《监管协议》约定因履行该协议引起的纠纷由工行余姚支行住所地人民法院管辖，其与主合同《信托贷款合同》中关于履行该合同及相关合同引起的纠纷由信托公司住所地人民法院管辖的约定不一致，故本案应依据主合同《信托贷款合同》的约定来确定案件管辖权。据此，四川省高级人民法院对本案依法享有地域管辖权。

另外，根据最高人民法院《全国各省、自治区、直辖市高级人民法院和中级人民法院管辖第一审民商事案件标准》的规定，四川省高级人民法院管辖的第一审民事案件包括“诉讼标的额在1亿元以上的第一审民商事案件”，本案诉讼标的额为1亿元本金及相应利息，故四川省高级人民法院对本案依法享有管辖权。四川省高级人民法院依照《民事诉讼法》第一百二十七条第一款之规定，裁定驳回了工行余姚支行对本案管辖权提出的异议。

中国工商银行股份有限公司余姚支行不服原审法院上述民事裁定，向最高人民法院提出上诉称：（1）一审裁定认定事实不清，错误将《监管协议》视为《信托贷款合同》项下的保证合同。在《监管协议》中的上诉人的义务只是根据被上诉人的委托作为安心账户托管人，负责将托管账户内资金划拨至指定收款人，不具备保证的基本特征，更没有为信托贷款提供保证的意思表示。（2）一审裁定根据《担保法解释》第一百二十九条规定来确定案件管辖权，适用法律错误。《监管协议》是一个完全独立的合同，不具备保证合同的特征，与《信托贷款合同》也不具有主从合同的关系，上诉人与被上诉人之间的法律关系是基于《监管协议》产生的合同关系，由该协议引起纠纷的案件管辖应适用《民事诉讼法》中关于合同纠纷的相关规定，本案应按照《监管协议》约定由上诉人住所地人民法院管辖。请求撤销一审裁定，将本案移送浙江省高级人民法院审理。

被上诉人信托公司答辩认为：（1）《监管协议》系《信托贷款合同》的从合同，应当依据主合同确定案件管辖。《监管协议》约定，作为资金监管人的上诉人对好当家信托项目的信托贷款使用情况及归集情况负有监督的义务，并明确约定了赔偿经济损失的情形，该约定实质产生与保证责任类似的法律责任，属于特殊的保证形式。（2）上诉人在《监管协议》项下应承担的法律责任与原审各被告应承担的法律责任系基于同一基础信托法律关系产生，具有不可分割性。（3）本案由四川省高级人民法院管辖，在同一案件中审理上诉人的法律责任，便于法院对全案事实的查明及各方法律责任的认定，公平合理保护各方当事人的合法权利。

最高人民法院经审理认为：首先，《信托贷款合同》与《监管协议》之间不属于主从合同关系。在主从合同关系中，主合同处于主导地位，从合同处于从属地位，从合同的存在是以主合同的存在为前提的，主合同无效时，从合同亦不发生法律效力。从合同因其成立和效力依附于主合同而不具有独立性，从属性、依赖性是其根本属性。本案中《信托贷款合同》与《监管协议》虽有联系，但各自独立，根据《信托贷款合同》第三条第二项约定，签订《监管协议》并且该协议已生效是信托公司向好当家公司发放贷款的先决条件之一，说明《监管协议》的签订和生效是《信托贷款合同》得以履行的前提条件，该协议是独立于《信托贷款合同》而存在的，工行余姚支行的监管责任也并非由《信托贷款合同》产生的附随义务。

其次，信托公司起诉好当家公司是要求该公司承担信托贷款还款责任，而起诉工行余姚支行是要求该行承担赔偿责任，工行余姚支行与好当家公司以及其他担保人之间对诉讼标的没有共同的权利义务关系，上述两种责任也不是基于同一事实上或法律上的原因而产生，不是必要的共同诉讼，不属于人民法院必须合并审理的情形。

最后，工行余姚支行的监管责任不是担保责任。《监管协议》第六条明确约定工行余姚支行未履行或未完全履行本协议项下托管义务，给信托公司造成经济损失的，应当向信托公司赔偿相应损失。虽然《担保法解释》第二十六条规定监管人“保证监督支付专款专用”，并在未尽监督义务造成资金流失的情况下，“对流失的资金承担补充赔偿责任”，但是，其中的“保证监督支付专款专用”并非担保法所规定的担保形式，而是基于当事人之间的合同约定而形成的一种合同义务，违反该义务产生的赔偿责任也是基于合同法产生的违约责任，与保证人根据保证合同约定，在被保证人不履行债务时产生的一般保证责任和连带保证责任，是完全不同的。《担保法》规定的担保方式只有保证、抵押、质押、留置和定金五种，《担保法解释》也没有扩张解释担保方式的范围，因此，一审裁定认定《监管协议》是“一种特殊的保证形式”，视为“《信托贷款合同》项下的保证合同”，并根据《担保法解释》

第一百二十九条规定来确定案件管辖权，抹杀了保证责任和监管责任之间的差别，没有事实依据，属于适用法律错误。

《监管协议》第十条明确约定因本协议引起的争议纠纷，协商不成的，任何一方可向工行余姚支行住所地人民法院起诉。信托公司明知该约定与《信托贷款合同》中的协议管辖条款不一致，但未提出异议，表明其已经认可在履行《监管协议》过程中发生纠纷由工行余姚支行住所地人民法院管辖，该约定系当事人的真实意思表示，不违反法律规定，应当认定为有效。根据最高人民法院关于《全国各省、自治区、直辖市高级人民法院和中级人民法院管辖第一审民商事案件标准》的规定，浙江省高级人民法院对信托公司与工行余姚支行之间因《监管协议》产生的纠纷依法享有管辖权。

综上所述，最高人民法院认为上诉人工行余姚支行的上诉理由成立，对其要求将本案移送浙江省高级人民法院审理的上诉请求，最高人民法院予以支持。一审裁定认定事实不清，适用法律错误，应予纠正。最高人民法院依照《民事诉讼法》第一百七十条第一款第（二）项、第一百七十一条之规定，裁定如下：一、撤销四川省高级人民法院（2013）川民管字第9-1号民事裁定；二、四川省高级人民法院受理的信托公司诉工行余姚支行基于《监管协议》产生的纠纷案件移送浙江省高级人民法院审理。

规范指引

《中华人民共和国担保法》

第二条 在借贷、买卖、货物运输、加工承揽等经济活动中，债权人需要以担保方式保障其债权实现的，可以依照本法规定设定担保。

本法规定的担保方式为保证、抵押、质押、留置和定金。

《最高人民法院关于适用〈中华人民共和国担保法〉若干问题的解释》

第二十六条 第三人向债权人保证监督支付专款专用的，在履行了监督支付专款专用的义务后，不再承担责任。未尽监督义务造成资金流失的，应当对流失的资金承担补充赔偿责任。

第一百二十九条 主合同和担保合同发生纠纷提起诉讼的，应当根据主合同确定案件管辖。担保人承担连带责任的担保合同发生纠纷，债权人向担保人主张权利的，应当由担保人住所地的法院管辖。

主合同和担保合同选择管辖的法院不一致的，应当根据主合同确定案件管辖。

《最高人民法院关于调整高级人民法院和中级人民法院管辖第一审民商事案件标准的通知》

各省、自治区、直辖市高级人民法院，解放军军事法院，新疆维吾尔自治区高级人民法院生产建设兵团分院：

为适应经济社会发展和民事诉讼需要，准确适用修改后的民事诉讼法关于级别管辖的相关规定，合理定位四级法院民商事审判职能，现就调整高级人民法院和中级人民法院管辖第一审民商事案件标准问题，通知如下：

一、当事人住所地均在受理法院所处省级行政辖区的第一审民商事案件

北京、上海、江苏、浙江、广东高级人民法院，管辖诉讼标的额5亿元以上一审民商事案件，所辖中级人民法院管辖诉讼标的额1亿元以上一审民商事案件。

天津、河北、山西、内蒙古、辽宁、安徽、福建、山东、河南、湖北、湖南、广西、海南、四川、重庆高级人民法院，管辖诉讼标的额3亿元以上一审民商事案件，所辖中级人民法院管辖诉讼标的额3000万元以上一审民商事案件。

吉林、黑龙江、江西、云南、陕西、新疆高级人民法院和新疆生产建设兵团分院，管辖诉讼标的额2亿元以上一审民商事案件，所辖中级人民法院管辖诉讼标的额1000万元以上一审民商事案件。

贵州、西藏、甘肃、青海、宁夏高级人民法院，管辖诉讼标的额1亿元以上一审民商事案件，所辖中级人民法院管辖诉讼标的额500万元以上一审民商事案件。

二、当事人一方住所地不在受理法院所处省级行政辖区的第一审民商事案件

北京、上海、江苏、浙江、广东高级人民法院，管辖诉讼标的额3亿元以上一审民商事案件，所辖中级人民法院管辖诉讼标的额5000万元以上一审民商事案件。

天津、河北、山西、内蒙古、辽宁、安徽、福建、山东、河南、湖北、

湖南、广西、海南、四川、重庆高级人民法院，管辖诉讼标的额1亿元以上一审民商事案件，所辖中级人民法院管辖诉讼标的额2000万元以上一审民商事案件。

吉林、黑龙江、江西、云南、陕西、新疆高级人民法院和新疆生产建设兵团分院，管辖诉讼标的额5000万元以上一审民商事案件，所辖中级人民法院管辖诉讼标的额1000万元以上一审民商事案件。

贵州、西藏、甘肃、青海、宁夏高级人民法院，管辖诉讼标的额2000万元以上一审民商事案件，所辖中级人民法院管辖诉讼标的额500万元以上一审民商事案件。

专题六：保证期间的性质

【核心提示】保证期间不因任何事由发生中断、中止、延长的法律后果。保证期间届满，一般保证的债权人未依法对债务人提起诉讼或者申请仲裁的，连带保证的债权人未向保证人主张权利的，保证责任消灭。因此，在保证期间届满后，保证人未以保证期间届满抗辩，法院应当主动审查保证期间是否届满，如果届满，应当主动依法免除保证人的保证责任。

实务争点

当事人双方签订的保证合同，保证期间，有约定的按其约定，约定不明、无约定或者约定无效的，按照法律规定的保证期间计算。在现实生活中，债权人往往忽视保证期间的规定，一般保证的债权人未依法对债务人提起诉讼或者申请仲裁的，连带保证的债权人未向保证人主张权利的，保证责任消灭。问题是，保证期间届满后，保证人并未以此作为抗辩理由对抗债权人，法院是否应当主动审查保证期间是否届满，从而决定是否免除保证人的保证责任？对此有不同的观点：第一种观点认为，法院应当主动审查保证期间是否届满。因为保证期间届满消灭的是保证债权实体权利，所以在保证期间届满后，无论保证人是否以此为抗辩理由，法院都有义务让债权人请求保证人承担保证责任的实体权利消灭。第二种观点认为，法院没有主动审查保证期间是否届满的义务。保证期间不属于除斥期间，保证期间届满只是保证人行使抗辩权的理由，也不会当然发生保证债权实体权利消灭的结果。对此问题，《担保法解释》第三十一条规定："保证期间不因任何事由发生中断、中止、延长的法律后果。"

理解适用

对《担保法解释》第三十一条的理解与适用

《担保法解释》第三十一条明确了保证期间不发生中断、中止、延长的法律后果，有助于指导审判实践正确适用保证期间制度。可以从以下两个方面，进一步深入理解和适用该条文。

（一）保证期间的性质

保证期间，又称保证责任的期限，是指依照法律规定或者当事人的约定，保证人仅在一定期限内承担保证责任，超过该期限保证人不承担保证责任。亦即，保证期间是保证人对已确定的主债务承担保证责任的期间，债权人只能在此期间内向保证人行使请求权。

明确保证期间的性质，有利于正确理解和适用保证期间的相关规定。关于保证期间的性质，实践中主要存在以下三种观点：第一种观点认为，保证期间有时效性质，属于特殊的诉讼时效。《担保法》第二十五条是关于一般保证期间的规定，该条第二款规定："在合同约定的保证期间和前款规定的保证期间，债权人未对债务人提起诉讼或者申请仲裁的，保证人免除保证责任；债权人已经提起诉讼或者申请仲裁的，保证期间适用诉讼时效中断的规定。"由于该条款出现"保证期间适用诉讼时效中断的规定"，所以，保证期间届满，债权人丧失的是胜诉权。[①] 既然将保证期间认定为

① 高素芝、卜庆秀：《保证权的特征、效能及引发的法律冲突》，载《经济与法》1996年第7期。

诉讼时效，保证期间届满，保证债权仍然存在，在保证人未以保证期间届满为由对债权人提出抗辩的情况下，法院应当按照诉讼时效的相关规定，不得主动以保证期间届满为由判决免除保证人的保证责任。第二种观点认为，保证期间是除斥期间，《担保法》第二十五条和第二十六条均明确规定“保证人免除保证责任”，说明保证期间届满，消灭的是保证债权这一实体权利而不是胜诉权。《担保法解释》第三十一条也规定了“保证期间不因任何事由发生中断、中止、延长的法律后果”，可以理解为保证期间为不变期间，在任何情况下都不会出现中断，结合不变期间和期间届满消灭实体权利这一后果，那么保证期间就应当是除斥期间、不变期间。① 保证期间届满，必然导致实体权利消灭，从保护权利人的权利出发，法院应当主动依法审查保证期间是否届满。第三种观点认为，保证期间既不是诉讼时效期间，也不是除斥期间 ②，原因在于根据传统的民法理论，除斥期间只适用形成权，而且除斥期间是法定的，而保证债权明显是请求权，并且保证期间可以由当事人约定，尽管保证期间与除斥期间极为相似，也不能据此认为保证期间就是除斥期间，因此保证期间仅是法律规定的保证人的免责期间。③

对于保证期间的性质，《担保法》第二十五条第二款规定的“保证期间适用诉讼时效中断的规定”，不能理解为保证期间是诉讼时效，即不能理解为保证期间内发生了法定事由就中断保证期间的计算，重新开始计算保证期间。应当作如下理解：保证债务是主合同债务的从债务，应当随着主债务的变动而变动，因而，在主债务的履行期届满，因债权人对债务人提起诉讼或者申请仲裁而适用诉讼时效中断的规定的，一般保证债务也随之适用诉讼时效中断的规定。④

因此，《担保法解释》第三十一条是对保证期间的性质的补充解释，进一步明确了保证期间不是诉讼时效，在保证期间内发生法定事由而使以往经

---

① 王利明：《民法总则研究》，中国人民大学出版社 2003 年版，第 757 页。
② 江平：《民法学》，中国政法大学出版社 2011 年版，第 437 页。
③ 孙鹏、肖厚国：《担保法律制度研究》，法律出版社 1998 年版，第 83 页。
④ 崔建远：《合同法》，北京大学出版社 2013 年版，第 124 页。

过的保证期间全部归于无效，保证期间不再重新计算，而是开始进入诉讼时效的计算。因此，任何事由都不能使保证期间发生中断、中止和延长的法律后果。法定事由只能引起开始计算保证合同的诉讼时效的法律后果。保证期间届满，消灭的是实体权利。所以，《担保法解释》第三十一条是对《担保法》第二十五条的补充解释，两者并不矛盾。

《担保法》第二十五条和第二十六条明确规定了保证期间届满，将丧失保证债权的法律后果。因此，无论将保证期间理解为除斥期间或者是或有期间，在保证人未以保证期间届满为由对债权人提起抗辩的时候，法院都应当主动审查保证期间，以消灭保证债权。

（二）实务中应当注意的问题

1. 债权人向保证人主张权利的方式

（1）在一般保证中，根据《担保法》第二十五条以及《担保法解释》第三十一条和第三十四条第一款，债权人只有在法定或者约定的保证期间内通过向债务人提起诉讼或申请仲裁的方式，才能使保证期间失去对债权人的约束效力，使保证人的保证债务继续存在，等待判决或者仲裁裁决生效之日后，开始计算保证合同的诉讼时效。

（2）在连带保证中，《担保法》第二十六条和《担保法解释》第三十四条第二款，债权人必须在保证期间内向保证人主张权利，才能使保证期间直接转化为诉讼时效，否则将发生保证债权直接消灭的后果。实践中，债权人向连带保证人主张权利的方式多种多样。法院应当如何审查债权人是否提出有效的主张？首先，在形式上，债权人对保证人的权利主张形式，并不要求一定以书面的形式提出，只要能够证明积极主张过权利，便可以认定为有效的主张。其次，在保证人的受领上，债权人的意思表示的发出与保证人对意思表示的受领之间，往往存在着时间差，如采用邮寄催款单等方式。为了防止保证人故意拖延受领时间，应当以债权人意思表示发出的时间点为准，只要债权人在保证期间向保证人发出权利主张，而不论保证人何时受领该意思表示，都应该认定为债权人在保证期间内行使了权利。最后，对保证债权范围的主张，无须要求全面、精确主张。仅一概括性的表示，如“那笔担保债务”等，也应当认为提出了有效的主张。

2. 保证人放弃保证期间利益的认定

（1）保证期间届满后，保证人又在催款通知书上签字的行为，能否视为保证人放弃保证期间利益，重新承担保证责任？根据《最高人民法院关于人民法院应当如何认定保证人在保证期间届满后又在催款通知书上签字问题的批复》，保证期间届满债权人未依法向保证人主张保证责任的，保证责任消灭。保证责任消灭后，债权人书面通知保证人要求承担保证责任或者清偿债务，保证人在催款通知书上签字的，人民法院不得认定保证人继续承担保证责任。但是，该催款通知书内容符合《合同法》和《担保法》有关担保合同成立的规定，并经保证人签字认可，能够认定成立新的保证合同的，人民法院应当认定保证人按照新保证合同承担责任。①

（2）保证期间届满后，保证人主动承担保证责任的，应当如何定性？《担保法解释》仅在第三十五条规定了保证人对已经超过诉讼时效的债务承担保证责任的情形，而未对保证期间届满，保证人主动承担保证责任的情形进行规定。对此问题，实践中存在三种不同的观点。第一种观点认为，保证期间届满，便会发生消灭实体权利的法律后果，保证债务自然消灭，因此，保证人没有偿还债务的基础，在保证人承担保证责任后，所清偿的债务可以认定为不当得利，要求债权人返还。第二种观点认为，保证人的这种行为应当认定为第三人代为清偿②。因为保证人在保证期间届满后替债务人清偿债务的行为本身，就表明了保证人仍然有替债务人清偿的意思，保证人不能依不当得利请求返还。第三种观点认为，保证人在保证期间届满后仍然履行保证责任的行为，可以视为保证人主动放弃保证期间的利益，自愿重新承担保证责任。我们认为，保证人在保证期间届满后主动履行保证义务，是保证人愿意以实际行动重新履行保证义务的体现，应当认定为保证人与债权人重新建立保证合同关系，并以实际行动履行新的保证合同的义务。此时所履行的债务不属

① 最高人民法院民事审判第二庭编著：《最高人民法院商事审判指导案例（合同与借贷担保卷）》，中国法制出版社2013年版，第455页。

② 参见张爱云、马向伟：《保证期间若干问题探讨》，载《山东审判》2005年第4期。

于不当得利，不能要求债权人返还。同样，保证人向债权人履行保证义务，并没有以第三人替债务人清偿债务的意思表示，也不能将此行为认定为第三人代为清偿。

案例指导

王某青诉杨某志等民间借贷案[①]

2010年7月23日，杨某志向王某青借款50000元，并由杨某林提供担保。借款期限届满，经王某青向借款人催讨，借款人杨某志不予偿还，担保人杨某林也未履行担保责任。王某青遂向福建省厦门市集美区人民法院提起诉讼。

福建省厦门市集美区人民法院经审理认为：杨某林作为该笔债务的连带责任保证人，由于未与王某青就保证期间作出约定，应承担连带保证责任的期间为自主债务履行期届满之日起6个月，即至2011年2月23日止，王某青起诉杨某林承担担保责任系在2011年9月13日，已经超过6个月的法定保证责任期限，王某青未提供证据证明其在保证期间内曾向杨某林主张过权利，保证期间已过，故王某青主张杨某林承担连带清偿责任于法无据，该院不予支持。被告杨某志、杨某林经本院合法传唤，无正当理由拒不到庭参加诉讼，视为其主动放弃诉讼权利，该院在查明事实后，可依法径行判决。

福建省厦门市集美区人民法院根据《合同法》第二百零六条、第二百一十一条第一款，《担保法》第十八条第一款、第二十六条，《最高人民法院关于人民法院审理借贷案件的若干意见》第九条，《担保法解释》第三十一条，《民事诉讼法》第六十四条第一款、第一百三十条之规定，判决如下：一、被告杨某志应于本判决生效之日起10日内偿还原告王某青借款人民币50000元及相应利息（按中国人民银行同期同类贷款利率，自2010年8月24日起计至本判决确定的履行之日止）；二、驳回原告王某青

---

① 案例来源：福建省厦门市集美区人民法院（2011）集民初字2337号。

的其他诉讼请求。

规范指引

《中华人民共和国合同法》

第二百零六条　借款人应当按照约定的期限返还借款。对借款期限没有约定或者约定不明确，依照本法第六十一条的规定仍不能确定的，借款人可以随时返还；贷款人可以催告借款人在合理期限内返还。

第二百一十一条　自然人之间的借款合同对支付利息没有约定或者约定不明确的，视为不支付利息。

自然人之间的借款合同约定支付利息的，借款的利率不得违反国家有关限制借款利率的规定。

《中华人民共和国担保法》

第十八条　当事人在保证合同中约定保证人与债务人对债务承担连带责任的，为连带责任保证。

……

第二十六条　连带责任保证的保证人与债权人未约定保证期间的，债权人有权自主债务履行期届满之日起六个月内要求保证人承担保证责任。

在合同约定的保证期间和前款规定的保证期间，债权人未要求保证人承担保证责任的，保证人免除保证责任。

《最高人民法院关于适用〈中华人民共和国担保法〉若干问题的解释》

第三十一条　保证期间不因任何事由发生中断、中止、延长的法律后果。

《最高人民法院关于人民法院审理借贷案件的若干意见》

第九条　公民之间的定期无息借贷，出借人要求借款人偿付逾期利息，或者不定期无息借贷经催告不还，出借人要求偿付催告后利息的，可参照银行同类贷款的利率计息。

《最高人民法院关于人民法院应当如何认定保证人在保证期间届满后又在催款通知书上签字问题的批复》

云南、河北、四川省高级人民法院：

云高法〔2003〕69号《关于保证人超过保证期间后又在催款通知书上

签字应如何认定性质和责任的请示》、〔2003〕冀民二请字第1号《关于如何认定已过了保证期间的保证人在中国长城资产管理公司〈债权转移确认通知书〉上盖章的民事责任的请示》和川高法〔2003〕266号《关于保证期届满后保证人与债务人同日在催款通知书上签字或者盖章的法律效力问题的请示》收悉。经研究，答复如下：

根据《中华人民共和国担保法》的规定，保证期间届满债权人未依法向保证人主张保证责任的，保证责任消灭。保证责任消灭后，债权人书面通知保证人要求承担保证责任或者清偿债务，保证人在催款通知书上签字的，人民法院不得认定保证人继续承担保证责任。但是，该催款通知书内容符合合同法和担保法有关担保合同成立的规定，并经保证人签字认可，能够认定成立新的保证合同的，人民法院应当认定保证人按照新保证合同承担责任。

专题七：主合同当事人之间连续以新贷还旧贷时，保证人的责任范围

【核心提示】主合同当事人双方协议以新贷偿还旧贷，除保证人知道或者应当知道的外，保证人不承担民事责任。新贷和旧贷系同一保证人的，保证人无论知道与否，都必须承担责任。因此，借贷双方连续借新还旧，后几笔贷款的担保人与最初一笔贷款不是同一个人的，应当以相邻两笔借款为考察对象，从而逐步确定保证人的责任。

实务争点

当事人双方可以订立贷款合同，约定该贷款用于偿还在此之前债务人向债权人的贷款，此种合同的效力在实践中得到了承认，主合同双方当事人协议以旧贷偿还新贷，应当让保证人知晓贷款用于偿还新贷的用途，否则保证人可以不承担保证责任。但是，新旧贷款都为同一保证人，保证人则不能以不知道新贷款用于偿还旧贷款为抗辩理由，主张免除保证责任。问题是，当

借贷双方连续借新还旧，后几笔贷款的担保人与最初一笔贷款不是同一个人时，应当如何认定保证人的责任？对于这个问题，存在以下两种不同的观点：第一种观点认为，不管第一笔如何，法院只审查相邻的两笔贷款，也就是相对的旧贷和新贷，如果担保人为同一人，其仍然要承担担保责任；第二种观点认为，在这种连续的借旧还新中，旧贷应当相对于原始借款合同而言，中间经过数次倒贷的环节不具有法律上的意义。[①] 对此问题，《担保法解释》第三十九条规定："主合同当事人双方协议以新贷偿还旧贷，除保证人知道或者应当知道的外，保证人不承担民事责任。新贷与旧贷系同一保证人的，不适用前款的规定。"

理解适用

对《担保法解释》第三十九条的理解与适用

《担保法解释》第三十九条是针对主合同目的为以贷还贷，保证人是否承担责任作出的规定。以贷还贷的准确定性，是判断保证人应否承担保证责任的前提，因此，应当从以下几个方面来理解和适用《担保法解释》第三十九条。

（一）以贷还贷的解析

1. 以贷还贷的性质

以贷还贷是"以新贷偿还旧贷"的简称，也称"借新还旧"，它是指债权人与债务人在旧的借款尚未清偿的情况下，再次签订借款合同，以新借出的款项清偿部分或者全部旧的借款的行为。不可否认，以贷还贷存在规避国家关于金融贷款的限制性规定的问题，但是作为民事主体，无论是金融机构还是自然人或者法人，根据自己的自由意志订立的以贷还贷的合同，没有违反法律的禁止性规定，应当与普通的民事合同一样，属于有效的合同。这种合同的效力也得到了《担保法解释》第三十九条的认可，司法实践在对此种

---

① 参见刘德权主编：《最高人民法院司法观点集成》，人民法院出版社2011年版，第1282页。

合同的效力审查上应当与普通合同一致。

尽管在合同效力的审查上与普通合同是一致的，但此种合同在性质上却与普通合同不同。以贷还贷由新贷合同和旧贷合同两个合同组成，这两个合同从形式上看似独立，实质上是相互联系的。新贷合同目的是偿还旧贷款，在使用新贷款偿还旧贷款的情况下，旧贷合同中当事人的债权债务关系仍然存在，与当事人使用自有资金偿还贷款消灭债权债务关系有着本质区别[①]。在以贷还贷的情形下，新贷与旧贷实质为同一债权债务关系，只是旧贷的履行期限因新贷合同的签订而得到延长。因此，当保证人承诺为债务人对债权人的某一债务作担保，不因为债权人与债务人签订了以贷还贷合同而认为原有的债权债务关系已经消灭，从而免除保证人的责任。[②]

2. 以贷还贷的构成要件

构成以贷还贷须具备四个要件：第一，存在前后两份借款合同。发生在后的借款合同即新贷，发生在前的借款合同即旧贷。如果只有新贷而无旧贷或者只有旧贷而无新贷，或者新贷与旧贷之一具有无效的情形，均不能认定为以贷还贷。第二，前后两份借款合同的主体同一。这是认定以贷还贷的重要标准，只有在前后两份借款合同的借款人和出借人均是同一人的情况下，才能认定为以贷还贷，在借款人不同或出借人不同时，都不能认定为以贷还贷。[③]第三，新贷资金被用于偿还旧贷。如果借款人先用自有资金偿还了旧贷的欠款，或在第三人偿还旧贷后，再签订一份新的借款合同，将新贷资金自用或支付给第三人，则不构成以贷还贷。第四，借贷双方有以贷还贷的共同意思表示或者意思联络。如果出借人单方面决定扣收借款人的借款偿还旧贷，或者借款人单方面决定将借款偿还旧贷，且对方提出

---

① 参见《最高人民法院关于南昌市商业银行象南支行与南昌东湖华亭商场、蔡亮借款合同担保纠纷案请示的复函》。

② 参见“中国工商银行股份有限公司三门峡车站支行与三门峡天元铝业股份有限公司、三门峡天元铝业集团有限公司借款担保合同纠纷案”，最高人民法院（2008）民二终字第81号。

③ 参见“中国信达资产管理公司与唐山钢铁集团有限责任公司、中国第二十二冶金建设公司借款担保合同纠纷案”，最高人民法院（2002）民终二字第219号。

了异议，则均不能认定为以贷还贷。最高人民法院总结出能够推定金融机构与借款人之间存在以贷还贷的共同意思表示的几种具体情形：一是款项根本没有贷出，只是更换贷款凭证的；二是借款人短时间内归还贷款的（如上午贷出，下午归还）；三是新贷款恰好是旧贷款本息相加之和，借款人又在较短的时间内归还贷款的。①

（二）主合同当事人之间协议以新贷还旧贷时，保证人的责任范围

根据《担保法解释》第三十九条的规定，按照以旧贷和新贷保证人是否为同一人，保证人的责任分为以下情形处理：

1. 新旧两笔贷款保证人不是同一人，新贷款的保证人如果不知道或者不应当知道以贷还贷的实情，可以认定债权人与债务人恶意串通，应当按照《担保法》第三十条第一款关于骗保的规定，免除保证人的保证责任。保证人在知道骗保后要求借款人提供反担保，不能以此推定担保人追认了以贷还贷的事实，而应当认定为是对被骗保的一种自我救济途径。②相反，如果新贷款的保证人知道或者应当知道新贷款是用于偿还旧贷款，仍然没有提出异议，保证人应当承担保证责任。

在举证责任的分配上，保证人主张不知道以贷还贷事实的，只要举出主合同未写明以贷还贷即可认定其不知；贷款人、借款人主张保证人明知主合同双方有以贷还贷的，应负主要举证责任，若其不能举证，则应认定保证人不知合同双方以贷还贷的事实。③对于写明借款用途为“购原材料”等的贷款合同，必须有其他有效证据证明保证人知道或者应当知道该贷款的实际用途为以贷还贷。

但是，如果保证人在保证合同中允许主合同当事人对主合同进行变更、修改、补充、删除，则认定保证人知道主合同的实际目的是以贷还贷。如果保证人事前已经知道债务人之前曾与债权人发生过贷款关系，而其对债权人

---

① 李国光主编：《经济审判指导与参考》（第1卷），法律出版社1999年版，第152页。

② 参见最高人民法院：《临安农行诉临安玻璃厂等借款担保案》，载《人民法院报》2006年1月17日。

③ 参见江必新主编：《审判监督指导（第二辑）》，人民法院出版社2008年版，第134页。

与债务人的贷款依然提供保证，也应当推定保证人知道主合同的目的是以贷还贷。另外，从保证人与借款人是否存在夫妻关系、上下级单位关系或两个单位的法定代表人为同一人等特殊关系等事实，也可以推定保证人知道主合同以贷还贷的事实。①

由于实践中大多数以贷还贷的合同往往都不会以书面的形式明示“以贷还贷”，从而导致如何证明保证人是否知道或者应当知道新贷合同用于以贷还贷，成为司法实践中的难点之一。一般而言，借款合同中的借款用途写明“借款还旧”“以贷还贷”“转贷”等或者写明“流动资金周转”，可以直接认为保证人知道以贷还贷的事实。

2. 在旧贷与新贷均有保证人，且保证人为同一人的情况下，保证人应当承担保证责任。理由是，在旧贷和新贷是同一个保证人的情况下，由于债务人用新贷款偿还了旧贷款，从而免除了保证人对旧贷的保证责任，保证人承担的风险和责任就只是针对新贷款的，较之债务人按照实际贷款用途适用新贷款产生对保证人的风险和责任要小。比如，债务人按照实际贷款用途使用新贷款，而不是以贷还贷，如资金不能收回，则旧债未还又出新债，保证人同时为旧贷、新贷承担保证责任。由此，改变贷款用途以贷还贷，并未因借款人以贷还贷而增加风险或者扩大损失，反而因此减少了风险，因而，保证人无论是否知晓债权人和债务人以贷还贷，均应承担对后一份贷款的保证责任。所以，要求保证人仍然承当保证责任的规定，从公平的角度看，对保证人也不会有什么不公平的结果。②

应当注意的是，以上规定应当只适用于新旧贷款合同主体一致的情形。如果保证人为同一债务人的两笔不同的贷款提供保证，该两笔贷款的债权人不同，在债务人未经保证人同意的情况下，将新贷款用于偿还旧贷款，此时，尽管保证未增加保证人的负担，对保证人也不会有什么不公平的结果；但是，新旧两笔贷款的主合同主体不一致，便不再是债务的延续，而是在债务人之

① 参见“浙江民泰商业银行股份有限公司宁波分行诉宁波市新大宏纺织品有限公司等金融借款合同纠纷案”，浙江省宁波市鄞州区人民法院（2013）鄞初字第156号。

② 参见最高人民法院民事审判第二庭编著：《担保法司法解释实例释解》，人民法院出版社2006年版，第206页。

间产生新的债。因此，这种情况不适用《担保法解释》第三十九条关于以贷还贷的特殊规定，而应当适用《担保法》第二十四条“债权人与债务人协议变更主合同的，应当取得保证人书面同意，未经保证人书面同意的，保证人不再承担保证责任”的规定。

若保证人为同一人，前一份借款合同中保证人的保证期间已届满，债权人又与借款人签订新的借款合同，并以贷还贷，保证人的责任是否适用《担保法解释》第三十九条第二款的规定？应当认为，对于前一份合同，保证人因保证期间届满而免责，其只对新的借款合同承担保证责任。如果保证人对新的借款合同是以贷还贷不明知的话，则应当适用《担保法解释》第三十九条第一款规定，保证人免责。①

3. 借贷双方连续借新还旧，后几笔贷款的担保人与最初一笔贷款的担保人不是同一个人的，后两笔贷款的担保人是否承担责任，也应当根据上述不同情况，审查每相邻两笔贷款之间保证人的主观意思和客观行为。

在起初的以贷还贷中不知道主合同的目的是以贷还贷，后来又为同一笔贷款签订的以贷还贷的借款合同提供担保的，在这种情况下，不管第一笔贷款的用途如何，法院只审查相邻的两笔，也就是相对的旧贷和新贷，如果最后两笔贷款的担保人为同一人，保证人就必须承担担保责任。因为保证人连续的担保行为形成了连续的担保关系，事关自身的切身利益和社会经济关系的稳定。如果说保证人对第一笔担保的借款无法控制借贷双方的使用方式，那么在签订新的借款担保合同之前，保证人应当查清第一笔贷款的使用方式，以依法主张权利或者决定是否继续担保。若保证人轻信借贷双方或放弃自己的权利又再次签订担保合同，应当视为对其第一笔担保借款放弃抗辩权，不能适用《担保法解释》第三十九条第一款规定而主张免除民事责任。如果对该条作无限循环的理解，则保证人进行数次担保，甚至担保十多次后又以该条提出抗辩的，不仅不利于警示保证人在签订担保合同时审慎行使权

① 吴庆宝主编：《物权担保裁判原理与实务》，人民法院出版社2007年版，第208页。

利，也会危害社会经济关系的稳定。[①]

因此，用新贷偿还旧贷，新贷的担保人与原借贷双方签订第二笔借款担保合同，借贷双方又将第二笔贷款归还上一笔贷款的，不宜以保证人不知道借贷双方将第一笔贷款是借新还旧为由免除保证人的民事责任。

案例指导

中国信达资产管理公司与唐山钢铁集团有限责任公司、中国第二十二冶金建设公司借款担保合同纠纷案[②]

1998年12月15日，中国第二十二冶金建设公司（以下简称二十二冶）与中国建设银行唐山分行营业部（以下简称营业部）签订一份合同编号为（1998年）第营23号借款合同，约定：二十二冶向营业部借款人民币7222万元，用作生产周转，借款期限为1998年12月30日至1999年12月8日，贷款利率按月息5.8575‰计算等。同日，为确保二十二冶与营业部（1998年）第营23号借款合同的履行，唐山钢铁集团有限责任公司（以下简称唐钢集团）与营业部签订一份编号为（1998年）第营23号的保证合同，约定由唐钢集团向营业部提供连带责任保证担保，保证范围为贷款金额7222万元及利息、借款人应支付的违约金（包括罚息）、赔偿金和实现贷款债权的费用（包括诉讼费、律师费等），保证期间为自该保证合同生效之日起至借款合同履行期限届满之日后的二年止。借款合同签订后，营业部于1998年12月30日将合同约定的7222万元借款用于扣收此前的四部分旧贷：一是1997年12月25日二十二冶在营业部的2490万元借款，借款合同编号为（1997年）第营27号。二是1997年12月25日二十二冶在营业部的4257万元借款，借款合同编号为（1997年）第营28号。三是1997年12月25日二十二冶在营业部的380万元借款，借款合同编号为（1997年）第营29号。唐钢集团

① 参见刘德权主编：《最高人民法院裁判意见精选（下）》，人民法院出版社2011年版，第1026~1027页。

② 案例来源：最高人民法院（2002）民二终字第219号。

为上述三笔借款的连带责任保证人。四是 1991 年 12 月 11 日二十二冶下属的第二十二冶金建设公司机电锅炉厂在营业部的 25 万元借款及 1992 年 11 月 20 日二十二冶下属的第二十二冶金建设公司锅炉厂在营业部的 70 万元借款。这两笔合计 95 万元借款的担保单位分别为冶金工业部第二十二冶金建设公司机械电气安装工程公司和二十二冶（当时名称为冶金工业部第二十二冶金建设公司）。1998 年 12 月 15 日（1998 年）第营 23 号借款合同签订前，二十二冶曾向营业部提交一份借款申请书，载明：我公司原在贵行贷款 7127 万元，现申请贵行给予办理转贷手续。另有锅炉厂 95 万元借款并入我公司借款账户，望给予办理转贷手续等。

二十二冶与营业部于 1997 年 12 月 25 日签订的（1997 年）第营 27 号借款合同项下的 2490 万元借款，用于偿还了 1996 年 12 月 20 日二十二冶下属的金属结构工程公司在中国建设银行唐山分行的 2490 万元借款，借款合同编号为（1996 年）第营 23 号，二十二冶为该笔借款的连带责任保证人。1997 年 12 月 25 日签订的（1997 年）第营 28 号借款合同项下的 4257 万元借款，用于偿还了二十二冶于 1996 年 12 月 31 日在中国建设银行唐山分行的 4257 万元借款，借款合同编号为（1996 年）第营 34 号，唐钢集团为该笔借款的连带责任保证人。（1996 年）第营 34 号借款合同项下的 4257 万元借款又用于偿还了二十二冶于 1995 年 12 月 28 日在中国建设银行唐山分行的 4257 万元借款，借款合同编号为（1995 年）第营 13 号，唐钢集团［当时名称为唐山钢铁（集团）公司］为该笔借款的连带责任保证人。（1995 年）第营 13 号借款合同项下的 4257 万元借款用于偿还了 1994 年 12 月 30 日二十二冶及其下属的物资供应公司等子公司在营业部的共计 9 笔总计金额 4257 万元借款，借款合同编号分别为 1994 年建流字第 10—18 号。该 9 笔借款均为抵押担保，抵押人均系二十二冶及其下属的物资供应公司等子公司。1997 年 12 月 25 日签订的（1997 年）第营 29 号借款合同项下的 380 万元借款用于偿还了 1991 年 4 月 28 日二十二冶在中国建设银行唐山中心支行房地产信贷部的 400 万元借款（后偿还 20 万元，欠 380 万元），借款合同编号为建流字第 022012 号。建流字第 022012 借款合同系建流字第 2 号借款合同的延期合同。两份借款合同第七条均约定由二十二冶以其自有的一台 150 吨、价值 450 万元的吊车作抵押担保。

1999 年 12 月 22 日，营业部与中国信达资产管理公司石家庄办事处（以下简称信达公司石家庄办事处）签订一份《债权转让协议》，约定：营业部将借款人二十二冶截至 1999 年 9 月 20 日的借款债权本金 7222 万元，表内应收利息 457 万元转让给信达公司石家庄办事处。该转让协议所附的转让债权清单记载：截至 1999 年 9 月 21 日，除转让债权本金 7222 万元，应收利息 457 万元外，催收利息为 195995.89 元。同日，营业部分别向二十二冶和唐钢集团送达了《债权转让通知》和《担保权利转让通知》。二十二冶和唐钢集团均在回执上签章。2000 年 10 月 31 日，营业部向二十二冶送达一份《债权转让补充通知》，其中记载：自 2000 年 10 月 31 日起，将截至该日的催收利息和挂账利息余额 213244.29 元全部转让给信达公司石家庄办事处，要求二十二冶向信达公司石家庄办事处履行借款合同项下的全部义务。二十二冶在回执上签章。

2001 年 3 月 10 日，二十二冶向信达公司石家庄办事处提交一份申请，要求减免贷款。2002 年 5 月 16 日，二十二冶又致函信达公司石家庄办事处，提交了其拟订的一份还款计划。信达公司石家庄办事处均未予以答复。因二十二冶及唐钢集团均未履行还本付息义务，中国信达资产管理公司（以下简称信达公司）于 2002 年 4 月 15 日向河北省高级人民法院提起诉讼，请求判令二十二冶偿还其借款本金 7222 万元、利息 1675.56 万元（截止到 2002 年 3 月 21 日）及至履行完毕之日的利息；判令唐钢集团对上述借款本息承担连带清偿责任；本案全部诉讼费用由两被告承担。

河北省高级人民法院经审理认为：

关于信达公司是否具备诉讼主体资格问题，根据《民事诉讼法》第一百零八条规定，起诉的原告必须是与本案有直接利害关系的公民、法人和其他组织。《最高人民法院关于审理涉及金融资产管理公司收购管理、处置国有银行不良贷款形成的资产的案件适用法律若干问题的规定》第一条规定，金融资产管理公司办事处领取中国人民银行颁发的《金融机构营业许可证》，并向工商行政管理部门依法办理登记的，可以作为诉讼主体参加诉讼。根据上述规定，虽然在本案中受让营业部债权的是信达公司石家庄办事处，该办事处与本案具有法律上的直接利害关系，可以作为原告提起诉讼，但信达公司作为信达公司石家庄办事处的上级法人单位，系该办事处实体权利的最终承受者，与本案亦具有直接利害关系，信达公司以自己的名义提起诉讼并不违反法律规定，二十二冶及唐钢集团辩称信达公司在本案中不具有诉讼主体资格的理由不能成立。

关于本案诉争的借款合同是否实际履行问题，根据已查明的三方当事人无争议的事实，本案诉争的（1998 年）第营 23 号借款合同签订后，7222 万元借款已用于偿还旧贷的事实清楚，证据充分，二十二冶及唐钢集团辩称借款合同未实际履行的理由不能成立。且二十二冶对欠款的事实也当庭表示认可，故二十二冶应承担偿还本息的民事责任。其中，除本金 7222 万元外，所欠利息截至 1999 年 9 月 20 日为 4765995.89 元，此后利息应按中国人民银行规定的逾期利息的计算标准连续计算至偿清之日为止。

关于唐钢集团是否应当承担保证责任问题，三方当事人在此问题上争议的焦点为：一是信达公司诉请唐钢集团承担保证责任是否已超过诉讼时效；二是唐钢集团是否知道或者应当知道二十二冶与营业部协议以贷还贷的事实。

公证处的业务包括保全证据，信达公司石家庄办事处于 2001 年 9 月 21 日向唐钢集团公证送达《债权担保催收通知书》符合《公证暂行条例》[①] 的规定。唐钢集团虽否认 2001 年 9 月 21 日信达公司石家庄办事处向其公证送达《债权担保催收通知书》的事实，但并无相反证据否定唐山市第二公证处出具的（2001）唐二证经字第 324 号公证书。根据该公证书记载的内容，可以认定信达公司石家庄办事处 2001 年 9 月 21 日向唐钢集团公证送达了《债权担保催收通知书》。本案保证合同约定的保证期间亦不违反我国有关法律规定，保证期间应按合同约定计算至 2001 年 12 月 15 日。信达公司石家庄办事处 2001 年 9 月 21 日向唐钢集团公证送达的《债权担保催收通知书》，应认定为是在合同约定的保证期间内主张权利。信达公司于 2002 年 4 月 15 日向原审法院提起诉讼请求判令唐钢集团承担保证责任，并未超过二年的诉讼时效。

关于唐钢集团是否知道或者应当知道二十二冶与营业部协议以贷还贷问题，唐钢集团为证明其不知道以贷还贷的事实，向法院提交了营业部出具

① 现已失效。

的一份书面证明，该证明虽叙述了倒贷的经过，称办理具体放款手续时，唐钢集团未在场，但其中记载内容并不能有效证明唐钢集团不知道以贷还贷的事实。信达公司为证明唐钢集团知道以贷还贷的事实，提交了关于 2002 年 3 月 19 日、2002 年 6 月 3 日该公司与唐钢集团协商还款事宜时的录音光盘，经法庭时当庭播放，该录音不能有效证明唐钢集团最早进行担保时知道以贷还贷的事实。唐钢集团及信达公司提交的上述证据均不能证明各自的主张。信达公司提交的关于二十二冶、中国建设银行唐山分行、唐钢集团三方当事人对二十二冶与原中国建设银行唐山中心支行房地产信贷部签订的建流字第 2 号借款合同内容所作的《补充协议》，其中第三条约定原建流字第 2 号借款合同第七条关于二十二冶以其自有的一台价值 450 万元吊车作为抵押改为由唐钢集团提供担保。虽然三方当事人在该协议上签有印章，但因信达公司未能提交该《补充协议》的原件，因此不能单独将之作为认定事实的依据。但该《补充协议》复印件与二十二冶提交的建流字第 2 号借款合同相互印证，可以认定《补充协议》的真实性。唐钢集团在《补充协议》中签章，说明其对 380 万元以贷还贷的事实是明知的。《担保法解释》第三十九条规定，主合同当事人双方协议以新贷还旧贷，除保证人知道或者应当知道的外，保证人不承担民事责任。新贷与旧贷系同一个保证人的，不适用前款的规定。本案中诉讼三方争议的（1998 年）第营 23 号借款合同所还旧贷最早的担保人均不是唐钢集团，除其中 380 万元外，信达公司也均无证据证明唐钢集团知道或者应当知道以贷还贷的事实，故唐钢集团除应对 7222 万元借款中的 380 万元借款本金及利息（截至 1999 年 9 月 20 日利息按比例计算应为 250772.42 元，此后利息按中国人民银行规定的逾期利息的计算标准连续计算至偿清之日为止）承担连带清偿责任外，对其余借款本息均不应承担保证责任。

综上，该院根据《经济合同法》第六条、第四十条第二款，《借款合同条例》第十六条，《担保法》第十八条、第二十二条判决如下：一、二十二冶偿还信达公司借款本金 7222 万元，利息 4765995.89 元（利息计算至 1999 年 9 月 20 日，此后利息按中国人民银行规定的逾期利息的计算标准连续计算至偿清之日止）；二、唐钢集团对二十二冶上述债务中的本金 380 万元及其利息

250772.42 元（利息计算至 1999 年 9 月 20 日，此后利息按中国人民银行规定的逾期利息的计算标准连续计算至偿清之日为止）承担连带清偿责任。唐钢集团承担该保证责任后，有权向二十二冶追偿。上述应付款项自判决生效后 10 日内付清。一审案件受理费 227444 元，由二十二冶负担。

信达公司不服河北省高级人民法院上述民事判决，向最高人民法院提起上诉称：本案新借款合同与旧借款合同保证人均系唐钢集团，应该按照《担保法解释》第三十九条第二款规定即新贷与旧贷系同一保证人的，保证人应当承担保证责任，而不适用第一款关于只有在保证人知道或者应当知道新借款合同是用来偿还旧贷才承担保证责任的规定。（1998 年）第营 23 号借款合同是新合同，其用以偿还的四笔借款合同应是旧贷，由于新合同与旧合同的保证人均是唐钢集团，唐钢集团应当承担保证责任。原审判决回避了最早的保证人不是唐钢集团的四笔借款合同与（1998 年）第营 23 号借款合同之间的几次倒贷的环节，回避了倒贷过程中唐钢集团提供保证的事实，规避了有关司法解释的适用。原审判决对（1998 年）第营 23 号借款合同与（1997 年）第营 27 号借款合同以及（1996 年）第营 23 号借款合同之间关系认定错误。（1997 年）第营 27 号借款合同与（1996 年）第营 23 号借款合同之间不属于倒贷，因为两者借款主体不同。（1996 年）第营 23 号合同借款方是二十二冶下属的金属结构工程公司，到了（1997 年）第营 27 号借款合同，借款人则是二十二冶，二十二冶承担了其下属的金属结构工程公司借款的保证责任。（1998 年）第营 23 号借款合同与（1997 年）第营 27 号借款合同是以新贷偿还旧贷。由于该两份合同的保证人均是唐钢集团，保证人的责任不能免除。保证人唐钢集团对（1998 年）第营 23 号合同用来以贷还贷是明知的，为此信达公司提供支持其主张的依据仍是其在原审中已经提供过的录音材料。故请求该院撤销河北省高级人民法院（2002）冀经一初字第 15 号民事判决第二项；改判唐钢集团对借款本金 7222 万元及相应的利息承担连带清偿责任；判令二十二冶和唐钢集团承担全都诉讼费用。

最高人民法院对一审法院所查明的事实予以确认。

最高人民法院认为：对于本案有关事实、主要证据，各方当事人均无异议。本案上诉争议的焦点在于如何认定本案（1998 年）第营 23 号借款合同的保证人的保证责任以及如何理解适用《担保法解释》第三十九条的问题。

根据 1998 年 12 月 25 日二十二冶与营业部签订的合同编号为（1998 年）第营 23 号借款合同的约定，营业部提供了借款金额 7222 万元，实际履行了相应的合同义务。当合同约定的履行期限届满后，借款人二十二冶应当向营业部返还本金并支付约定利息。唐钢集团为了确保上述借款合同的履行，亦于 1998 年 12 月 25 日与贷款人营业部签订了合同编号同样为（1998 年）第营 23 号的保证合同，约定由唐钢集团为二十二冶的 7222 万元借款向营业部提供连带责任保证担保，对此应当认定对有关当事人具有约束力，唐钢集团应当依约承担相应的法律责任。1999 年 12 月 22 日，营业部将上述债权转让给信达公司石家庄办事处，同时将债权转让事实分别通知了二十二冶和唐钢集团，二十二冶和唐钢集团也分别在《债权转让通知书》和《担保权利转让通知书》的回执上签章，该转让行为符合法律规定，具有法律效力。信达公司作为其所属的石家庄办事处实体权利的最终承受者代替其下属的办事处直接以自己名义提起民事诉讼，诉讼主体适格，该债权的行使也未超过诉讼时效。

根据二十二冶在 1998 年 12 月 25 日与营业部签订（1998 年）第营 23 号借款合同之前，向营业部递交的《流动资金借款申请书》，其中有关二十二冶原在营业部的贷款 7127 万元，申请营业部给予办理转贷手续；同时其下属的锅炉厂另有 95 万元贷款也并入二十二冶贷款账户，并给予办理转贷手续的记载内容，明确说明借贷双方二十二冶和营业部意思表示一致，即将（1998 年）第营 23 号借款合同项下的 7222 万元人民币借款用于偿还了二十二冶及其下属单位在营业部的同额到期债务本金。尽管在（1998 年）第营 23 号借款合同中所明确约定的借款用途是将该借款用于“生产周转”，但上述借款的实际使用并不能认为是对（1998 年）第营 23 号借款合同所明确约定的借款用途的实质改变或者违反。同时，二十二冶的上述行为，并不能被视为违背或者超越了保证人唐钢集团为保证（1998 年）第营 23 号借款合同的履行而与债权人营业部签订的保证合同中所体现的意思表示，二十二冶与营业部协议一致以新贷偿还旧贷的行为也不能被认为构成了主合同当事人在保证人的保证期间内未经保证人的同意擅自变更主合同主要条款或重要内容的情形，故保证人仍应当按照保证合同的约定承担相应的民事责任。

从本案诉争的（1998年）第营23号借款合同项下借款所偿还的具体债务内容上讲，该7222万元贷款当中的7127万元首先偿还的是依据二十二冶与营业部于1997年12月25日同一天签订的（1997年）第营27号、（1997年）第营28号、（1997年）第营29号三份借款合同项下的三笔借款本金，即分别是2490万元、4257万元、380万元的到期债务。由于上述新贷和旧贷的保证人为同一个保证人即唐钢集团，因而唐钢集团首先应当就（1998年）第营23号借款合同项下的7222万元中用于偿还1997年三份借款合同到期的7127万元本金部分承担保证责任。根据《担保法解释》第三十九条第一款“主合同当事人双方协议以新贷偿还旧贷，除保证人知道或者应当知道外，保证人不承担民事责任”的规定，与该条第二款“新贷和旧贷系同一个保证人的，不适用前款的规定”内容分别适用于不同的情况，即使在该条第一款和第二款所适用的情形有交叉的情况下，两者适用的结果也不会产生矛盾。

从本案债务产生的整个过程来看，就借款本金2490万元而言，（1998年）第营23号借款合同与1997年12月25日的（97年）第营27号借款合同之间的关系属于二十二冶与营业部之间协议以新贷偿还旧贷，而（1997年）第营27号借款合同项下2490万元贷款虽然也用于偿还了1996年12月31日的（1996年）第营23号借款合同项下的债务，但两者之间并不能因此认定为相同民事主体之间以贷还贷的行为。因为从债的确定性原则出发，如果前后债务的主体有所不同，尽管发生代偿关系，也不能认为是该债务的简单延续，而是在有关当事人之间建立了新的不同的债权债务关系。本案的（1996年）第营23号借款合同是二十二冶下属的金属结构工程公司从营业部的同额借款，而不是二十二冶本身的借款，二十二冶只是该借款的保证人。这不同于二十二冶作为借款人、唐钢集团作为保证人的（1997年）第营27号借款合同所设定的法律关系。二十二冶以及唐钢集团并没有提供证据证明二十二冶下属的金属结构工程公司从营业部的借款应当认定为二十二冶本身的借款。

关于4257万元借款本金，尽管唐钢集团认为其开始为该笔债务提供保证时并不知道（1995年）第营13号借款合同项下的借款是用于偿还1994年

12月30日二十二冶及其下属的物资公司等子公司与营业部所发生的9笔借款合计金额4257万元债务，但从唐钢集团连续经过（1996年）第营34号、（1997年）第营28号借款合同为相同金额借款提供担保的过程来看，应当推定其对该笔借款以贷还贷的事实是知道的，故保证人的免责理由不能成立。

关于380万元借款本金部分，原审判决认定唐钢集团对此部分以贷还贷的事实是明知的，理由成立，该院予以支持。至于（1998年）第营23号借款合同的标的所偿还的95万元到期债务问题，该债务是由第二十二冶金建设公司机电锅炉厂1991年12月11日以及第二十二冶金建设公司锅炉厂于1992年11月20日从营业部分别借的25万元和70万元合并而成，1998年根据二十二冶的申请，二十二冶和营业部在（1998年）第营23号合同中直接将该债务进行了确认并予偿还。同样，在二十二冶和唐钢集团没有提供有关证据证明二十二冶下属的机电锅炉厂和锅炉厂从营业部的借款就是二十二冶本身的借款的情况下，二十二冶用（1998年）第营23号借款合同中贷款代偿其下属单位债务的行为可以认为在二十二冶、营业部以及二十二冶下属单位之间产生了新的债权债务关系。唐钢集团为包含该笔债务的（1998年）第营23号借款合同的借款提供担保，应当对该笔债务承担保证责任。信达公司关于本案新借款合同与旧借款合同的保证人均为唐钢集团，唐钢集团应当承担保证责任，以及原审对（1998年）第营23号、（1997年）第营27号、（1996年）第营23号借款合同之间关系认定不清的上诉理由成立，应予支持。

原审判决认定本案事实清楚，证据确凿，但在适用法律确定本案保证人的责任部分存在不当，应当予以纠正。最高人民法院依据《担保法》第十八条、第二十二条，《民事诉讼法》第一百五十三条第一款第（一）、（二）项的规定，判决：一、维持河北省高级人民法院（2002）冀经一初字第15号民事判决主文第一项；二、变更河北省高级人民法院（2002）冀经一初字第15号民事判决主文第二项为：唐钢集团对二十二冶本案债务承担连带清偿责任。唐钢集团承担上述保证责任后，有权向二十二冶追偿。

规范指引

《中华人民共和国担保法》

第十八条 当事人在保证合同中约定保证人与债务人对债务承担连带责任的，为连带责任保证。

连带责任保证的债务人在主合同规定的债务履行期届满没有履行债务的，债权人可以要求债务人履行债务，也可以要求保证人在其保证范围内承担保证责任。

第二十二条 保证期间，债权人依法将主债权转让给第三人的，保证人在原保证担保的范围内继续承担保证责任。保证合同另有约定的，按照约定。

《最高人民法院关于适用〈中华人民共和国担保法〉若干问题的解释》

第三十九条 主合同当事人双方协议以新贷偿还旧贷，除保证人知道或者应当知道的外，保证人不承担民事责任。

新贷与旧贷系同一保证人的，不适用前款的规定。

《最高人民法院关于审理涉及金融资产管理公司收购管理、处置国有银行不良贷款形成的资产的案件适用法律若干问题的规定》

第一条 金融资产管理公司办事处领取中国人民银行颁发的《金融机构营业许可证》，并向工商行政管理部门依法办理登记的，可以作为诉讼主体参加诉讼。

《最高人民法院关于南昌市商业银行象南支行与南昌东湖华亭商场、蔡亮借款合同担保纠纷案请示的复函》

江西省高级人民法院：

你院请示收悉，经研究，答复如下：

南昌市东湖华亭商场与南昌市商业银行象南支行在《借款合同》中约定，贷款用途是购买酒与饮料，并非以贷还贷。华亭商场与华亭公司均为独立的企业法人。华亭公司偿还与象南支行的旧贷后，象南支行又向华亭公司发放新贷，属于另一法律关系，不宜将华亭商场与华亭公司之间资金流转行为推定为以贷还贷。

专题八：明确保证人享有追偿权的人民法院调解书，能否作为保证人行使追偿权的依据

【核心提示】人民法院判决保证人承担保证责任或者赔偿责任的，应当在判决书主文中明确保证人享有向债权人追偿的权利。判决书中未予明确追偿权的，保证人只能按照承担责任的事实，另行提起诉讼。已经发生法律效力的民事调解书，与已经生效的人民法院判决书具有同等的效力。因此，明确了保证人追偿权的已经生效的民事调解书，可以作为保证人行使追偿权的执行依据。

实务争点

在保证纠纷中，人民法院判决保证人承担保证责任或者赔偿责任，并且明确保证人对债务人的追偿权，保证人便可以据此向债务人行使追偿权，若没有在判决中明确保证人向债务人的追偿权，保证人只能就其对债务人的追偿权另行提起诉讼。问题是，如果纠纷经过人民法院调解，双方达成调解协议，在调解协议书中明确了保证人承担责任后有向债务人追偿的权利，保证人能否依据此调解书行使追偿权？对此问题，审判实践中存在两种不同的观点：第一种观点认为，民事调解书与人民法院判决书不同，法律既然只规定了在判决书中明确了保证人的追偿权，保证人才能够据此行使追偿权，如果不是在判决书中明确的，保证人只能按照其承担责任的事实另行起诉，以实现其追偿权。第二种观点认为，人民法院的判决书和人民法院的调解书具有同样的效力，不必拘泥于文书的形式，只要是在生效的文书中明确保证人的追偿权，就可以作为保证人行使追偿权的依据。对此问题，《担保法解释》第四十二条规定："人民法院判决保证人承担保证责任或者赔偿责任的，应当在判决书主文中明确保证人享有担保法第三十一条规定的权利。判决书中未予明确追偿权的，保证人只能按照承担责任的事

实，另行提起诉讼。保证人对债务人追偿权的诉讼时效，自保证人向债权人承担责任之日起开始计算。”

理解适用

对《担保法解释》第四十二条的理解与适用

《担保法解释》第四十二条强调了审判人员应当在判决中对保证人追偿权的一并确认，避免增加保证人的诉累。应当从以下几个方面理解和适用该法条：

（一）保证人行使追偿权的方式和程序

根据《担保法解释》第四十二条第一款的规定，人民法院判决保证人承担保证责任或者赔偿责任的，应当在判决书主文中明确保证人享有《担保法》第三十一条规定的权利；判决书中未予明确追偿权的，保证人只能按照承担责任的事实，另行提起诉讼，从而在审判实践中明确了判决一并解决保证人的追偿权问题。从该规定看，保证人行使追偿权的方式有以下两种：

1. 向人民法院申请强制执行

保证人对债务人的追偿权，对保证合同法律关系而言是另外一个法律关系，追偿权只有在保证人承担了保证责任之后方能产生，在保证纠纷案件中，债权人只有将债务人与保证人作为被告一并起诉，人民法院才可以对保证责任与追偿权一并裁判。人民法院在判决保证人承担保证责任时（一般保证中，应当判决债务人首先承担责任，保证人承担补充责任），已经对主合同关系、保证合同关系以及保证人与主债务人之间的法律关系一并予以审理，应当在判决书主文中明确保证人对债务人享有追偿权。在判决中将保证人的追偿权预先一并以判决的形式固定化，可以减少当事人的讼累，又避免司法负担，符合诉讼效益原则，依据此判决文书进行强制执行也不会发生争议。同样，产生保证合同纠纷的当事人，经过法院的调解，用调解书将债权人、债务人和保证人的权利义务固定化，该调解书经过双方签字，也产生与生效判决同样的法律效果。所以，依据《担保法解释》第四十二条的立法宗旨，应当将该条文中的“判决书”作扩大解释，解释为“生效法律文书”，“在保证人依照生效的法律文书确定的数额承担保证责任后，可以直接申请人民法院按照法律文书确定的内容强制执行债务人的财产，以实现对债务人的追偿权”[①]。因此，无论是生效判决书还是调解书，都是保证人对其追偿权申请强制执行的依据。

2. 向人民法院提起诉讼

如果保证人与主债务人之间法律关系复杂，人民法院未对保证人与主债务人之间的法律关系进行审理，从而未在判决书中对追偿权予以明确，应当按照《担保法解释》第四十二条的规定，“保证人只能按照承担责任的事实，另行提起诉讼”。

在共同连带保证中，如果生效的法律判决书中对各连带保证人应承担的份额没有明确规定，连带保证人对外偿还债务后，向其他连带保证人行使追偿权的，也应当向人民法院另行提起诉讼。“因为这涉及新的事实未经人民法院通过审判程序予以确认，为保护各方当事人的诉权，人民法院对此问题必须经过审判程序进行处理”。[②]应当认为，《担保法解释》第四十二条第一款是仅针对保证人对债务人的追偿权所作出的规定，而不包括保证人对其他共同连带保证人的追偿权。

（二）实务中应当注意的问题

1. 对追偿权问题是否一并解决的原则

根据《担保法解释》第四十二条第一款的规定，人民法院判决保证人承担保证责任或者赔偿责任的，应当在判决书主文中明确保证人的追偿权；判决书中未予明确追偿权的，保证人只能按照承担责任的事实，另行提起诉讼。可以看出，最高人民法院认为在一个案件中应该一并解决追偿权问题，只不过对审判实践中没有予以一并解决的，赋予了另行诉讼的解决方式。因此，一并解决，明确追偿权问题是首选的处理方式。即便当事人并没有提出明确

---

① 赵杰：《浅议担保人的追偿权》，载《民主与法制》2000 年第 5 期。

② 丁及、何朝晖：《担保人追偿权在民事执行中的实现》，载《人民司法》2000 年第 10 期。

的请求，人民法院基于上述司法解释的规定，也应一并判决保证人在承担保证责任后有权向债务人追偿。除非在保证合同纠纷中债权人仅将保证人列为被告，没有将债务人一并列为被告，都应该在查清事实的基础上在判决中明确保证人的追偿权。这也是在审理担保案件中审判人员往往容易忽略的一个问题，需要加以注意。[①]

2. 主债务已过诉讼时效，保证人承担保证责任后，可否适用《担保法解释》第四十二条的规定向债务人追偿?

主债务已过诉讼时效，保证人承担保证责任后，可否向债务人追偿?法律、司法解释并无明文规定。一种观点认为，保证人对诉讼时效届满的债务承担保证责任，属于保证人对原来担保的债务在诉讼时效届满后自愿履行清偿义务，依据《担保法》第三十一条的规定，保证人向债务人追偿的条件是保证人承担保证责任，法律对主债务是否超过诉讼时效没有要求，因此，从诚信角度出发，肯定保证人享有对债务人的追偿权。[②]另外一种观点认为，保证合同属于从合同，保证人可以援引债务人的抗辩权对抗债权人，主债务诉讼时效经过，保证人自愿放弃抗辩权，履行保证责任是对自己权利的一种处分，与债务人无关，其承担保证责任后不应对债务人行使追偿权。[③]

在实践中，采用第二种观点可以防止债权人与保证人串通一气，请求保证人对诉讼时效已过的债务履行保证义务，清偿已经成为自然债务的债务，而后保证人再对债务人行使追偿权。如此，债务人因债务时效完成而享有的利益，就会因保证人行使追偿权而丧失。所以，应当认为，主债务已过诉讼时效，保证人承担保证责任后，不能依据《担保法解释》第四十二条第二款规定向债务人主张权利。

① 最高人民法院民事审判第二庭编著:《民事审判指导与参与（第3辑）》，人民法院出版社2012年版，第211页。

② 曹士兵:《中国担保制度与担保方法——根据物权法修订》，中国法制出版社2008年版，第156页。

③ 杨立范:《三元湖法论》，北京大学出版社2004年版，第263页。

案例指导

无锡市君得利不锈钢材料有限公司金融贷款合同纠纷执行案[①]

无锡深创钢业有限公司（以下称简深创公司）向江苏银行股份有限公司无锡南站支行（以下简称江苏银行无锡南站支行）贷款5000万元，邵某、王某作为债务加入方承诺自愿履行深创公司的该笔贷款债务，无锡市君得利不锈钢材料有限公司（以下简称君得利公司）、无锡世纪天方钢业有限公司（以下简称世纪天方公司）、无锡市泉城不锈钢有限公司（以下简称泉城公司）、无锡市汇茂不锈钢有限公司（以下简称汇茂公司）、无锡市恒隆不锈钢有限公司（以下简称恒隆公司）、无锡市安成不锈钢有限公司（以下简称安成公司）六公司作为担保人共同与江苏银行无锡南站支行签订了最高额保证合同，为深创公司向江苏银行无锡南站支行的上述借款提供连带责任保证担保。贷款到期后，因深创公司、邵某、王某未按约还款，江苏银行无锡南站支行的上级机构江苏银行以深创公司、邵某、王某、君得利公司、世纪天方公司、泉城公司、汇茂公司、恒隆公司、安成公司等为被告向无锡市中级人民法院提起诉讼，在该案审理过程中，经无锡市中级人民法院主持调解，各方当事人达成了一致调解协议，并由审理法院出具0111号调解书确认：一、深创公司、邵某、王某……应于2013年11月18日前向江苏银行支付借款本金2000万元和利息……并支付江苏银行为本案诉讼支出的律师费369700元。二、世纪天方公司、泉城公司、君得利公司、恒隆公司、安成公司、汇茂公司对前述第一项债务承担连带清偿责任；泉城公司、君得利公司、恒隆公司、安成公司、汇茂公司就实际清偿部分，对深创公司、世纪天方公司、邵某、王某享有追偿权。

嗣后，君得利公司于2013年12月为深创公司、邵某、王某向江苏银行无锡南站支行代偿了400万元后，至2014年1月30日，邵某、王某以物抵债抵偿所欠君得利公司债务24万元，其余376万元至今未予偿还，君得利

---

① 案例来源：江苏省无锡市中级人民法院（2014）锡执异字第0019号。

公司经催讨未果遂向江苏省无锡市锡山区人民法院提起诉讼。请求判令：深创公司、世纪天方公司、邵某、王某立即支付代偿款 376 万元并承担本案诉讼费用。

庭审中，君得利公司明确其诉请为请求法院判令深创公司、邵某、王某共同偿还代偿款 376 万元，同时由世纪天方公司对深创公司、邵某、王某不能清偿本案债务部分承担连带清偿责任并由上述四被告承担本案诉讼费用。

江苏省无锡市锡山区人民法院经审理认为，君得利公司为深创公司、邵某、王某向江苏银行无锡南站支行代偿 400 万元借款属实；君得利公司作为保证人，承担保证责任后，有权就已承担责任部分向深创公司、邵某、王某追偿。君得利公司要求深创公司、邵某、王某偿还代偿款 376 万元的诉讼请求，符合法律规定，予以支持。君得利公司与世纪天方公司同为主债务人的连带责任保证人，在履行代偿义务后，就其实际清偿部分，亦有权依 0111 号调解书的约定向世纪天方公司追偿主债务人不能清偿部分的债务。

据上，依照《担保法》第十二条、第十八条第二款、第三十一条，《担保法解释》第二十条，《民事诉讼法》第一百四十四条之规定，判决如下：一、深创公司、邵某、王某于本判决生效之日起 5 日内偿还君得利公司代偿款 376 万元。二、上述债务中深创公司、邵某、王某不能清偿部分，由世纪天方公司于上述判决第一项中确定的债务履行期限届满之日起 5 日内清偿完毕。如深创公司、邵某、王某未按本判决指定的期间履行给付金钱义务，应当依照《民事诉讼法》第二百五十三条之规定，加倍支付迟延履行期间的债务利息。

规范指引

《中华人民共和国担保法》

第十二条　同一债务有两个以上保证人的，保证人应当按照保证合同约定的保证份额，承担保证责任。没有约定保证份额的，保证人承担连带责任，债权人可以要求任何一个保证人承担全部保证责任，保证人都负有担保全部债权实现的义务。已经承担保证责任的保证人，有权向债务人追偿，或者要求承担连带责任的其他保证人清偿其应当承担的份额。

第十八条 当事人在保证合同中约定保证人与债务人对债务承担连带责任的，为连带责任保证。

连带责任保证的债务人在主合同规定的债务履行期届满没有履行债务的，债权人可以要求债务人履行债务，也可以要求保证人在其保证范围内承担保证责任。

第三十一条 保证人承担保证责任后，有权向债务人追偿。

《最高人民法院关于适用〈中华人民共和国担保法〉若干问题的解释》

第二十条 连带共同保证的债务人在主合同规定的债务履行期届满没有履行债务的，债权人可以要求债务人履行债务，也可以要求任何一个保证人承担全部保证责任。

连带共同保证的保证人承担保证责任后，向债务人不能追偿的部分，由各连带保证人按其内部约定的比例分担。没有约定的，平均分担。

第四十二条 人民法院判决保证人承担保证责任或者赔偿责任的，应当在判决书主文中明确保证人享有担保法第三十一条规定的权利。判决书中未予明确追偿权的，保证人只能按照承担责任的事实，另行提起诉讼。

保证人对债务人追偿权的诉讼时效，自保证人向债权人承担责任之日起开始计算。

专题九：人民法院受理债务人破产案件后，保证人责任期间应受保证期间还是诉讼时效限制

【核心提示】保证期间，人民法院受理债务人破产案件的，债权人既可以向人民法院申报债权，也可以向保证人主张权利。债权人申报债权后在破产程序中未受清偿的部分，保证人仍应当承担保证责任。债权人要求保证人承担保证责任的，应当在破产程序终结后六个月内提出。

实务争点

在保证合同关系中，连带责任保证的债权人在保证期间届满前要求保证人承担保证责任的，从债权人要求保证人承担保证责任之日起，开始计算保证合同的诉讼时效。此时，债权人要求连带责任保证人承担保证责任的，应受诉讼时效期间的限制。法律规定，在保证期间内，如果债务人破产，债权人既可以向人民法院申报债权，也可以向保证人主张权利。债权人申报债权后在破产程序中未受清偿的部分，保证人仍应当承担保证责任。债权人要求保证人承担保证责任的，应当在破产程序终结后六个月内提出。问题是，在债务人被宣告破产前，债权人已在保证期间内向保证人主张了权利，破产程序终结后，债权人对其在破产程序中未受清偿的部分债权继续向保证人主张权利，应当受到何种期间的限制？对此有两种不同的观点：第一种观点认为，在债务人被宣告破产前，债权人在保证期间内既向债务人申报了债权，又向保证人主张了权利，破产程序终结后，债权人对其在破产程序中未受清偿的部分债权继续向保证人主张权利，仍应延续至破产程序终结之日起六个月。第二种观点认为，在债务人被宣告破产前，债权人已在保证期间内向保证人主张了权利，破产程序终结后，债权人对其在破产程序中未受清偿的部分债权继续向保证人主张权利的，应当适用保证债务的诉讼时效的规定。对此问题，《担保法解释》第四十四条规定："保证期间，人民法院受理债务人破产案件的，债权人既可以向人民法院申报债权，也可以向保证人主张权利。债权人申报债权后在破产程序中未受清偿的部分，保证人仍应当承担保证责任。债权人要求保证人承担保证责任的，应当在破产程序终结后六个月内提出。"该法条中破产程序终结后六个月的宽限期，其性质仍然属于保证期间，仅适用于债权人只向人民法院申报债权，而未向保证人主张权利的情况。

理解适用

对《担保法解释》第四十四条的理解与适用

《担保法解释》第四十四条针对债务人破产时，债权人对保证人的保证债权所受的期间的限制进行规定。理解与适用好《担保法解释》第四十四条，应当准确把握以下两个方面的内容：

（一）《担保法解释》第四十四条的立法宗旨

《担保法解释》第四十四条规定："保证期间，人民法院受理债务人破产案件的，债权人既可以向人民法院申报债权，也可以向保证人主张权利。债权人申报债权后在破产程序中未受清偿的部分，保证人仍应当承担保证责任。债权人要求保证人承担保证责任的，应当在破产程序终结后六个月内提出。"该规定是对《担保法解释》第三十一条规定"保证期间不因任何事由发生中断、中止、延长的法律后果"的特殊弥补。在债务人进入破产程序时，破产程序期间或长或短；在已经规定保证期间为不变期间的情况下，一旦债权人参加破产债权申报未获全额清偿（通常情况下不可能获得全额清偿），而该破产程序终结时已经超过了保证人承担保证责任的保证期间，那么对于未受清偿的债权，债权人也将丧失要求保证人承担保证责任的权利。这种结果对债权人来说是不公平的，也是和《担保法》的立法原旨相悖的。所以，针对债权人的此种困境，《担保法解释》通过第四十四条规定了救济途径，即在上述情况下，即便债权人所参加的债务人的破产程序终结时已经超过了保证期间，债权人仍然可以在破产程序终结之日起六个月内向保证人主张权利。

（二）法院受理债务人破产案件的不同时间，对保证人的保证责任期间的影响

在主合同关系持续期间，债务人破产，法院受理债务人破产案件的不同时间，对保证人的保证责任期间产生不同的影响。

1. 法院受理债务人破产案件时，保证人的保证期间已经完成

根据《担保法》及《担保法解释》的规定，一般保证的债权人未在保证期间内向债务人提起诉讼或者申请仲裁的，连带保证的债权人未在保证期间内对保证人主张权利，保证人免除保证责任。如果在法院受理债务人的破产案件时，保证期间已经完成，且债权人在保证期间内未为上述行为的，保证人当然免除保证责任。债权人仅能向人民法院申报债权，无权再向保证人主

张权利，当然也不适用《担保法解释》第四十四条的规定。

2. 法院受理债务人破产案件时，债权人已在保证期间内依法主张权利，开始起算保证债务诉讼时效

债权人已在保证期间内依法主张权利，则保证期间失效，开始起算保证债务的诉讼时效。如果在保证债务的诉讼时效阶段，法院受理债务人破产案件，债务人既可以向人民法院申报债权，也可以向保证人主张权利。但是，由于此时的保证债务已经起算诉讼时效，应当适用诉讼时效的规定。尽管保证债务的诉讼时效是债权人在保证期间内经过权利主张转化而成的，但保证期间毕竟不同于诉讼时效。在诉讼时效期间内，债务人破产的，并不等于在保证期间内债务人破产，因此，《担保法解释》第四十四条规定的基础——债务人的破产发生于保证人承担保证责任的保证期间内的情形不存在，当然也就不适用《担保法解释》第四十四条的关于就未受清偿的部分可以在破产程序终结后六个月内要求保证人承担责任的规定，而应当适用诉讼时效的有关规定。即无论破产程序何时终止，只要债权人没有在两年诉讼时效期间内再向保证人主张过权利，则保证债务变为自然债务，不受法律保护。

3. 法院受理债务人破产案件时，处于保证期间内，债权人未在保证期间内依法主张权利

在保证期间内，债权人未依法主张权利，债务人破产，法院依法受理债务人破产案件，债权人既可以向人民法院申报债权，也可以向保证人主张权利。如果此时债权人仅向人民法院申报债权，而未向保证人主张权利，则根据《担保法解释》第四十四条规定，保证期间一直持续至破产程序终结之日起六个月，也就是说，若破产程序终结时，保证期间届满或者所剩余的保证期间短于六个月，则保证期间一直持续到破产程序终结之日起六个月。但如果债务人破产程序终结时，所剩余保证期间长于六个月，为了保护债权人的利益，则应当按照当事人的约定适用实际的保证期间，而不受“破产程序终结之日起六个月内”提出主张的限制。

在法院受理破产案件至破产程序终结前，如果债权人既向人民法院申报债权，又向保证人主张权利，则保证期间开始转化为诉讼时效，无论破产程序何时终结，都不适用《担保法解释》第四十四条的规定，而应当适用诉讼时效的规定。

案例指导

交通银行昆明分行诉昆明电缆厂等借款合同案①

交通银行昆明分行与中国机电设备昆明公司于1998年5月12日签订一份借款合同，约定交通银行昆明分行借款人民币1250万元（以下款项均为人民币）给中国机电设备昆明公司，还款期限为1999年3月13日。同日，昆明电缆厂向交通银行昆明分行出具担保书，表示愿意为中国机电设备昆明公司的上述贷款提供连带保证担保。并且，该担保书是持续有效、不可撤销和无条件的，有效期自签署之日起直至借款人清偿所有的贷款本息及其他有关费用。贷款到期后，中国机电设备昆明公司没有按约归还贷款本金及利息。交通银行昆明分行分别于1999年6月29日、1999年12月15日、2000年5月19日、2000年11月15日向被告昆明电缆厂发出催收此笔贷款的催款通知书，昆明电缆厂也都予以签收确认；另外，在2000年11月15日的催款通知书上，除盖有昆明电缆厂的公章外，还盖有昆明电缆股份有限公司的公章。2000年8月25日，中国机电设备昆明公司进入破产程序。交通银行昆明分行在该破产程序中最终实际获得清偿数额为42704.569元（与本案有关的份额已在另一案中扣除）。2001年12月12日，中国机电设备昆明公司的破产程序终结。交通银行昆明分行将中国机电设备昆明公司、昆明电缆厂和昆明电缆股份有限公司诉至云南省昆明市中级人民法院，提出如下诉讼请求：（1）请求判令两被告昆明电缆股份有限公司、中国机电设备昆明公司偿还贷款本金1250万元；（2）请求判令两被告昆明电缆股份有限公司、中国机电设备昆明公司承担至2000年11月25日的银行利息1736454.65元；（3）请求判令两被告昆明电缆股份有限公司、中国机电设备昆明公司承担本案诉讼费用及交通银行昆明分行实现债权的费用。

---

① 案例来源：云南省高级人民法院（2003）云高民二终字151号。

被告昆明电缆厂的答辩及其委托代理人的辩护意见：对原告主张的事实无异议。但中国机电设备昆明公司（债务人）的破产程序已于 2001 年 12 月 12 日终结，而根据《担保法解释》第四十四条第二款的规定，原告起诉本厂时，已经超过了法定的诉讼时效期间。所以，请求驳回原告的诉讼请求。

被告昆明电缆股份有限公司的答辩及其委托代理人的辩护意见：本公司确实在原告于 2000 年 11 月 15 日发出的《交通银行昆明分行逾期贷款催款通知书》上加盖了公章。但本公司并未与原告签订过贷款担保合同并建立贷款担保关系，该份催款通知书也是原告发给被告昆明电缆厂的，本公司是误盖公章，并未表示要成为担保人。其余事实本公司无异议。请求驳回原告起诉。

云南省昆明市中级人民法院根据上述事实对以下问题作了认定：

1. 关于交通银行昆明分行起诉被告昆明电缆厂时是否已经超过了法定期间的问题。法院认为被告昆明电缆厂的保证方式是连带责任保证，被告昆明电缆厂向交通银行昆明分行承诺担保书的有效期是至借款人清偿所有的贷款本息及其他有关费用，这属于担保期约定不明的情况。根据《担保法解释》第三十二条第二款的规定："保证合同约定保证人承担保证责任直至主债务本息还清时为止等类似内容的，视为约定不明，保证期间为主债务履行期届满之日起二年。"所以，被告昆明电缆厂承担连保证责任的期间应为主债务到期之日起的二年，即 1999 年 3 月 13 日起的二年。根据《担保法解释》第三十四条第二款的规定："连带责任保证的债权人在保证期间届满前要求保证人承担保证责任的，从债权人要求保证人承担保证责任之日起，开始计算保证合同的诉讼时效。"也就是说，在连带责任保证中，由于债权人在保证期间内可以直接要求保证人承担责任，因此，当债权人要求保证人承担责任后，保证期间归为消灭，开始计算保证合同的诉讼时效。

本案中，交通银行昆明分行（债权人）在 1999 年 6 月 29 日已经向负有连带保证责任的被告昆明电缆厂（保证人）发出《催款通知书》，要求被告昆明电缆厂（保证人）承担连带担保的保证责任。前面已经确定，保证期间就是从 1999 年 3 月 13 日起的二年内。所以，本案就属于连带责任保证的债权人在保证期间届满前要求保证人承担保证责任的情形，应从债权人要求保证人承担保证责任之日起，开始计算保证合同的诉讼时效。也就是说，交通银行昆明分行（债权人）向被告昆明电缆厂（保证人）主张权利（1999 年 6 月 29 日）时，保证期间已经归于消灭，而开始计算保证合同的诉讼时效。债务人中国机电设备昆明公司的破产程序开始于 2000 年 8 月 25 日，此刻被告昆明电缆厂（保证人）的保证期间已经归于消灭，保证合同则处于计算普通诉讼时效期间内，即可以因法定的事由发生中断、中止、延长的法律后果。因此，本案中被告昆明电缆厂（保证人）的保证期间只应计算至 1999 年 6 月 29 日，之后则开始计算保证合同的诉讼时效。即债务人机电设备昆明公司被法院宣告破产时，保证合同正处于计算诉讼时效的期间，而非保证期间。既然债务人中国机电设备昆明公司的破产程序并未发生在保证合同的保证期间，而是发生在保证合同的诉讼时效期间，那么当然不适用《担保法解释》第四十四条的规定。事实上，在此之后也确实发生了诉讼时效中断的法定事由（交通银行昆明分行又分别于 1999 年 12 月 15 日、2000 年 5 月 19 日、2000 年 11 月 15 日向被告昆明电缆厂发出《催款通知书》，被告昆明电缆厂也都予以签收），从最后一次诉讼时效中断的时间（2000 年 11 月 15 日）到交通银行昆明分行向法院起诉时（2002 年 8 月 21 日），并未超过二年的诉讼时效。所以，本案中交通银行昆明分行起诉要求被告昆明电缆厂（保证人）承担保证责任时没有超过法定的诉讼时效期间。

2. 关于被告昆明电缆股份有限公司是否应承担保证责任的问题。首先，保证合同具有单务、无偿、诺成以及形式多样性的法律特征。被告昆明电缆股份有限公司在该通知书担保人一栏加盖公章的行为，应认定为其愿意与被告昆明电缆厂一起成为保证担保人。其次，虽然被告昆明电缆股份有限公司与交通银行昆明分行建立保证担保的法律关系时，没有约定保证方式和保证期间，但是根据《担保法》第十九条“当事人对保证方式没有约定或者约定不明确的，按照连带责任保证承担保证责任”的规定，被告昆明电缆股份有限公司应当按照连带责任保证承担保证责任。根据《担保法》第二十六条第一款“连带责任保证的保证人与债权人未约定保证期间的，债权人有权自主债务履行期届满之日起六个月内要求保证人承担保证责任”的规定，被告昆明电缆股份有限公司的保证期间应为六个月。本案中，主债务在该通知书发出之前早已经到期，因此被告昆明电缆股份有限公司承担连带责任保证的期间应是自签订该保证合同之日起的六个月内，即自2000年11月15日起的六个月内。但是，交通银行昆明分行起诉被告昆明电缆股份有限公司的时间是2002年8月21日，已经超过了保证期间，即交通银行昆明分行并未在保证期间内要求保证人承担保证责任。所以，保证人被告昆明电缆股份有限公司已经免除了保证责任。

交通银行昆明分行与被告昆明电缆厂之间建立了保证担保的法律关系，交通银行昆明分行在保证期间内要求被告昆明电缆厂承担保证责任后，保证合同已经开始计算诉讼时效。之后由于交通银行昆明分行多次向被告昆明电缆厂主张权利，故均产生诉讼时效中断的法律后果。从本案中最后一次诉讼时效中断后重新开始计算诉讼时效至交通银行昆明分行起诉时，诉讼时效并未超过。所以，交通银行昆明分行要求被告昆明电缆厂对该笔贷款承担保证责任的诉讼请求有事实及法律依据，本院予以支持。交通银行昆明分行与被告昆明电缆股份有限公司之间也建立了保证担保的法律关系，但交通银行昆明分行没有在保证期间内要求被告昆明电缆股份有限公司承担保证责任，被告昆明电缆股份有限公司已经免除了保证责任。因此，交通银行昆明分行现要求被告昆明电缆股份有限公司承担保证责任的诉讼请求无事实及法律依据，该院不予支持。对于交通银行昆明分行主张应由两被告承担其实现债权费用的诉讼请求，因交通银行昆明分行没有提供相应证据予以佐证，该院不予支持。

云南省昆明市中级人民法院依照《民法通则》第一百三十五条、第一百四十条，《担保法》第六条、第十八条、第二十六条及《担保法解释》第二十二条、第三十一条、第三十四条第二款之规定，作出如下判决：由被告昆明电缆厂于本判决生效后十日内向交通银行昆明分行偿还借款人民币1250万元及利息（自1998年5月12日至1999年3月13日，利率按借款合同约定利率计算；自1999年3月14日至2000年11月25日，利率按照中国人民银行计收同期逾期贷款利息的利率标准计算）；驳回交通银行昆明分行的其他诉讼请求。案件受理费人民币 81192.27 元，由被告昆明电缆厂承担。

昆明电缆厂不服原审法院上述民事判决，向云南省高级人民法院提起上诉称：对一审判决认定的事实无异议。但是，《担保法解释》第四十四条第二款是债务人破产程序终结后债权人就未受清偿部分向保证人主张权利的法定期间，无论破产程序终结前保证合同是处于诉讼时效期间还是保证期间，均应从破产程序终结后开始重新计算六个月的期限。因此，请求撤销原判，驳回原审交通银行昆明分行的诉讼请求。

云南省高级人民法院经审理查明的案件事实与一审查明的事实一致。

云南省高级人民法院根据上述事实和证据认为：本案中，交通银行昆明分行债权的诉讼时效应从其向被告昆明电缆厂发出催收通知书的 1999 年 6 月 29 日开始计算，之后分别于 1999 年 12 月 15 日、2000 年 5 月 19 日及同年 11 月 15 日发生了诉讼时效中断的事由，从最后一次诉讼时效中断的日期算至起诉时的 2002 年 8 月 21 日并未超过法定诉讼时效期限。本案不适用《担保法解释》第四十四条的规定。

上诉人昆明电缆厂关于本案应适用《担保法解释》第四十四条的规定免除其保证责任的上诉主张不能成立，应予驳回，上诉人昆明电缆厂应承担保证担保责任。原审程序合法，认定事实清楚，适用法律正确，应予维持。

云南省高级人民法院依照《民法通则》第一百三十五条、第一百四十条及《民事诉讼法》第一百五十三条第一款第（一）项之规定，作出如下判决：驳回上诉，维持原判。

规范指引

《中华人民共和国民法通则》

第一百三十五条　向人民法院请求保护民事权利的诉讼时效期间为二年，法律另有规定的除外。

第一百四十条　诉讼时效因提起诉讼、当事人一方提出要求或者同意履行义务而中断。从中断时起，诉讼时效期间重新计算。

《中华人民共和国担保法》

第六条　本法所称保证，是指保证人和债权人约定，当债务人不履行债务时，保证人按照约定履行债务或者承担责任的行为。

第十八条 当事人在保证合同中约定保证人与债务人对债务承担连带责任的，为连带责任保证。

连带责任保证的债务人在主合同规定的债务履行期届满没有履行债务的，债权人可以要求债务人履行债务，也可以要求保证人在其保证范围内承担保证责任。

第十九条 当事人对保证方式没有约定或者约定不明确的，按照连带责任保证承担保证责任。

第二十六条 连带责任保证的保证人与债权人未约定保证期间的，债权人有权自主债务履行期届满之日起六个月内要求保证人承担保证责任。

在合同约定的保证期间和前款规定的保证期间，债权人未要求保证人承担保证责任的，保证人免除保证责任。

《最高人民法院关于适用〈中华人民共和国担保法〉若干问题的解释》

第二十二条 第三人单方以书面形式向债权人出具担保书，债权人接受且未提出异议的，保证合同成立。

主合同中虽然没有保证条款，但是，保证人在主合同上以保证人的身份签字或者盖章的，保证合同成立。

第三十一条 保证期间不因任何事由发生中断、中止、延长的法律后果。

第三十二条 保证合同约定的保证期间早于或者等于主债务履行期限的，视为没有约定，保证期间为主债务履行期届满之日起六个月。

保证合同约定保证人承担保证责任直至主债务本息还清时为止等类似内容的，视为约定不明，保证期间为主债务履行期届满之日起二年。

第三十四条 一般保证的债权人在保证期间届满前对债务人提起诉讼或者申请仲裁的，从判决或者仲裁裁决生效之日起，开始计算保证合同的诉讼时效。

连带责任保证的债权人在保证期间届满前要求保证人承担保证责任的，从债权人要求保证人承担保证责任之日起，开始计算保证合同的诉讼时效。

第四十四条 保证期间，人民法院受理债务人破产案件的，债权人既可以向人民法院申报债权，也可以向保证人主张权利。

债权人申报债权后在破产程序中未受清偿的部分，保证人仍应当承担保证责任。债权人要求保证人承担保证责任的，应当在破产程序终结后六个月内提出。

第三部分

抵　押

《担保法》第三章用三十个条文对抵押作出了规定。第三十三条到第三十七条是关于抵押和抵押物的规定，对抵押的概念和抵押物的范围作出了界定。第三十八条到第四十五条是关于抵押合同和抵押物登记的规定，对抵押合同的形式、内容、效力和抵押物登记的部门、程序、效力进行了规范。第四十六条到第五十二条是关于抵押效力的规定，对抵押担保的范围、孳息的收取、再抵押等予以了规定。第五十三条到第五十八条是关于抵押权实现的规定，对抵押权实现的方式、实现的顺序、追偿权、物上代位等进行了梳理。第五十九条到第六十二条是关于最高额抵押的规定，对最高额抵押的概念、特殊性、适用规则进行了明确。《担保法解释》第三章（第四十七条到第八十三条）用三十七个条文对抵押权作出了进一步的细化规定，主要包括在建工程抵押、抵押权的认定、抵押权实行期间、流押条款、抵押权的转让、抵押权的实现顺序、抵押登记的效力、抵押权的消灭方式、最高额抵押等内容。

专题一：抵押权人能否直接要求非债务人的抵押人承担债务

【核心提示】抵押财产折价或者拍卖、变卖后，价款超过债权数额的部分归抵押人所有，不足部分由债务人清偿；抵押财产折价或者拍卖、变卖后，价款低于抵押权设定时约定价值的，应当按照抵押物实现的价值进行清偿，不足部分由债务人清偿。抵押权人不能要求抵押人直接承担债务人的债务。

实务争点

抵押作为债权的一种担保方式，其本质是以特定的抵押物来保障抵押权人的债权获得优先受偿。在抵押人不是主债务人的情况下，抵押权人能否要求抵押人直接承担债务人的债务？理论界对此存在争议：第一种意见认为，虽然抵押人不是主债务人，但是既然抵押人已经自愿为主债务人向抵押权人设定了抵押担保，就表明抵押人存在承担主债务的意思表示，抵押权人自然能要求抵押人直接承担债务人的债务。第二种意见认为，抵押人与抵押权人之间仅存在抵押之债，抵押之债是从属于主债权债务的，抵押人仅以抵押物的现有价值为抵押权人提供担保，抵押权人不能要求抵押人直接承担债务人的债务。对此问题，《担保法解释》第七十三条规定："抵押物折价或者拍卖、变卖该抵押物的价款低于抵押权设定时约定价值的，应当按照抵押物实现的价值进行清偿。不足清偿的剩余部分，由债务人清偿。"

理解适用

对《担保法解释》第七十三条的理解与适用

在抵押人不是主债务人的情况下，抵押权人不能要求抵押人直接承担债务人的债务，抵押人只以特定的抵押物来担保抵押权人债权的实现。基于债的相对性，抵押权人与主债务人之间的债权债务关系不及于抵押人，抵押人只对抵押权人的抵押权负责。理论界对此存在争议的原因在于没有正确认识抵押担保的内涵以及债的相对性，且混淆了抵押与连带债务的概念。

（一）抵押人以抵押物的价值为限设定抵押

《担保法解释》第七十三条规定："抵押物折价或者拍卖、变卖该抵押物的价款低于抵押权设定时约定价值的，应当按照抵押物实现的价值进行清偿。不足清偿的剩余部分，由债务人清偿。"《担保法》第五十三条规定："债务履行期届满抵押权人未受清偿的，可以与抵押人协议以抵押物折价或者以拍卖、变卖该抵押物所得的价款受偿；协议不成的，抵押权人可以向人民法院提起诉讼。抵押物折价或者拍卖、变卖后，其价款超过债权数额的部分归抵押人所有，不足部分由债务人清偿。"因此，根据《担保法》第五十三条和《担保法解释》第七十三条的规定，抵押人仅以抵押物的现实价值为限向抵押权人承担相应的责任，这也是由抵押权客体为特定财产这一特性所决定的。当抵押人不是主债务人的时候，抵押权人不能要求抵押人直接承担债务人的债务。因为按照债的相对性理论，此时抵押人并不是主债权债务关系的当事人，主债权人的债务履行请求权的效力并不能直接及于抵押人。同时，按照连带责任之规则，某人承担连带责任必须是基于法律的明确规定或当事人的特别约定，因而，若无法律的规定和当事人的约定，抵押人并不直接承担连带责任，抵押权人无权要求抵押人直接清偿主债务人之债务。

（二）主债权债务的相对性

债的相对性为债法的基本原则。正是由于债的相对性与物权的绝对性才使得近代财产法被二分为债权法和物权法成为可能，债与物权的不同奠定了物债二分的理论基石。债的相对性是指特定债权人仅能向特定债务人请求给付。债权的效力之一为对债务人的给付请求权，并不能直接及于债务人的人身及财产。依债的相对性，债权人原则上只能向特定的债务人请求给付，不能向债务人以外的人请求给付。在抵押人并非债务人的情况下，抵押权人无权要求抵押人直接清偿债务。

债的相对性一般包括以下三个方面：（1）主体的相对性。即债的关系只能发生在特定的主体之间，只有特定的当事人一方能够向另一方提出给付请求或提起诉讼。在通常情况下，抵押人并不是其所担保的主债权债务关系的当事人，因此抵押权人不能要求抵押人直接承担主债务。（2）内容的相对性，或者说债的效力的相对性。债为特定当事人间的民事权利义务关系。在一般情况下，债仅对债权人与债务人发生效力。抵押人除负担抵押担保外，并不需要再为债的效力负责，也不能直接参与债的内容。（3）责任的相对性。即债务不履行的责任只能由债务人向债权人承担，债权人亦只能请求债务人承担债务不履行的民事责任。在主债务人不履行债务时，债权人虽然可以就抵押人的抵押物优先受偿以实现其债权，但这仅代表着抵押人为债权人之债权提供的担保得以实现，并不意味着债权人在要求抵押人直接履行主债务。

（三）抵押人不承担连带债务

连带债务乃数人共负同一债务，每个人都对债权人负全部给付义务。连带债务有利于保护债权人的利益，在经济生活中有着重要的意义。连带债务可因法律的明确规定和当事人的特别约定而发生。

法律直接规定发生连带债务，其目的在于强化债权，加重共同行为人的责任，以保护债权人或者受害人。实际上，绝大多数的连带债务都是基于法律规定而产生的。在我国，法定类型的连带债务数目繁多，散见于法律、行政法规、部门规章和地方性法规以及最高人民法院的司法解释中。我国法律在合伙、代理、共同侵权、担保等部分对法定类型的连带债务有所规定。

现需探讨的问题是，当事人作出怎样的表示才能认定其有成立连带债务的意思呢？若债务人与债权人达成合意，其将作为连带债务人和他人一起承担清偿义务，该义务自然构成连带债务。然而，在司法实务中，当事人的约定往往并未直接以“连带”字样表示，这就为认定当事人间是否有成立连带债务的意思表示带来了困难。我们赞同绝大多数学者的主张，即成立连带债务的意思表示应以明示为原则。明示的意思表示，是指以语言或者其他惯用的表达方式，直接表达内心意思的情形。在观念上可以认为，明示是一种直接宣示，他人可以直接了解表意人的外观意思。明示是以作为的方式，使相对人能够直接了解表意人所要表达的意思内容。与明示的意思表示相对的表达方式是默示的意思表示，是指以非惯用的方式进行表达，他人只能根据具体情况方能推知其所表达的外观意思的情形。默示的意思表示，其方式可以是行为默示，也可以是沉默。行为默示也可称为“意思实现”或“行为推定”，虽然不似明示那般直接表达了意思表示的内容，但仍然有所作为，可从其行为中推知意思表示的部分内容。例如，对有形物的所有权的抛弃，即为典型的行为默示。而沉默或缄默，一般不视为意思表示的方式，只在当事人有特别约定或法律有直接规定的情况下，才被视为意思表示的方式。根据我国《民法通则意见》第六十六条的规定，在司法实务中，对意思表示表达方式的划分同上述学说之区分是一致的，即将明示的意思表示界定为以语言或文字的形式表示，而将与此相对的默示的意思表示区分为作为的默示和不作为的默示。

由于我国法律没有规定抵押人要承担连带债务，所以抵押人所负担的抵押担保并非法定的连带债务。同时，若当事人在抵押合同中未明确约定抵押人要承担连带债务，则抵押人并不向抵押权人负担连带债务，抵押权人亦不能要求抵押人直接承担债务人的债务。

案例指导

中国长城资产管理公司济南办事处与中国重汽集团济南卡车股份有限公司、山东小鸭集团有限责任公司借款抵押合同纠纷案[①]

2003年9月2日至9月26日，中国工商银行济南东效支行（以下简称东郊工行）与借款人山东小鸭电器股份有限公司（以下简称小鸭股份公司）分别签订2003年东流字第0022号、第0023号、第0024号、第0026号四份流动资金借款合同和2003年东抵字第0022A号、第0022B号、第0023A号、第0023B号抵押合同，以及2003年东抵字第0024号最高额抵押合同5份抵押合同，均办理了抵押登记手续。小鸭股份公司系山东小鸭

① 案例来源：最高人民法院（2007）民二终字第25号。

集团有限责任公司（以下简称小鸭集团）设立，小鸭集团持有该公司股份。中国重型汽车集团有限公司（以下简称重汽集团）于 2003 年与小鸭集团签订了资产转让协议和资产置换协议，对小鸭股份公司进行并购重组，并作了变更登记。重组资产置换后，小鸭集团购回小鸭股份公司生产洗衣机的资产，组建小鸭电器有限公司（后更名为小鸭洗衣机分公司）。在重组过程中，小鸭股份公司要求东郊工行出具确认函，确认债权，并承诺其债权随小鸭股份公司资产转至新组建的小鸭电器有限公司。之后，东郊工行给小鸭股份公司出具一份确认函，对此内容予以确认。2004 年 1 月 18 日，小鸭股份公司的工商登记名称变更为重汽集团济南卡车股份公司（以下简称重汽济南卡车公司），将经营范围、住所地以及法定代表人均作了变更登记。2005 年 7 月 23 日，山东分行与长城公司签订债权转让协议，主要约定：山东分行转让给长城公司的债权为债务人小鸭股份公司所欠山东分行的贷款本息。

2006 年 2 月 28 日，中国长城资产管理公司济南办事处（以下简称长城公司）向山东省高级人民法院提起诉讼，请求判令重汽济南卡车公司、小鸭集团偿还借款本金 5268 万元；确认 5 笔抵押合同合法有效，长城公司对抵押物享有优先受偿权。山东省高级人民法院审理认为：原债权人东郊工行与借款人小鸭股份公司签订流动资金借款合同、抵押合同以及最高额抵押合同等 5 份抵押合同，均办理了抵押登记手续，不违反法律禁止性的规定，合法有效。长城公司合法受让取得了东郊工行的上述债权。关于重汽济南卡车公司应否对小鸭股份公司的债务承担偿还责任的问题，重汽济南卡车公司买壳上市的过程，可以证明前后两个（上市）股份公司形式上虽然是企业名称改变，但已不是同一主体。东郊工行知道并且同意小鸭股份公司的债务随同资产转移至小鸭集团、小鸭洗衣机分公司。重汽济南卡车公司未接收小鸭股份公司的任何资产，依据债务随着资产走的原则，小鸭股份公司的债务应由小鸭集团承担。重汽济南卡车公司不承担责任。据此判决：一、小鸭集团于判决生效后十日内，偿还所欠长城公司借款本金 5268 万元；二、长城公司对小鸭集团（原小鸭股份公司）抵押的房地产、设备、机器折价或者拍卖、变卖后的价款在第一项不能偿还的范围内优先受偿；三、长城公司对小鸭集团收取的拆迁补偿费，在借款本金539万元抵押担保的数额范围内优先受偿；四、驳回长城公司对重汽济南卡车公司的诉讼请求。

长城公司不服上述判决，向最高人民法院提起上诉，请求确认：（1）本案债务不发生转移。（2）不论本案债务是否转移，长城公司始终对重汽济南卡车公司享有抵押权。重汽济南卡车公司未将处置抵押物的价款用于清偿抵押物所担保的债权，应向长城公司承担偿还责任。

最高人民法院审理认为：（1）关于小鸭股份公司对东郊工行的债务是否转由小鸭集团承担的问题。依据东郊工行确认函和五方协议载明内容以及小鸭集团接收相应财产的事实，可以确认小鸭股份公司对东郊工行的债务已转由小鸭集团承担。小鸭集团承接了小鸭股份公司的债务，所以重汽济南卡车公司不应作为长城公司的主债务人在本案承担偿还借款本息的民事责任。（2）关于本案所涉抵押权的效力和相关抵押人的认定问题。本案所涉各份抵押合同因当事人对相应抵押物办理了抵押登记，故均有效成立。该各项抵押权亦随主债权的转移而转移给新的债权人即长城公司。小鸭股份公司是本案抵押担保物权设定时的抵押人，因资产置换和工商登记变更，名称现为重汽济南卡车公司，因各项抵押权设定以后，相关物权登记均未变更，故抵押担保法律关系中的抵押人名义上仍应为重汽济南卡车公司。但抵押担保是物的担保，在抵押人不是主债务人的情况下，抵押权人对抵押人只能在抵押财产范围内实现债权。抵押权人可以请求拍卖、变卖抵押财产优先受偿，但不得请求抵押人直接承担债务人的债务。因此，长城公司不得要求重汽济南卡车公司直接清偿债务，但长城公司对相应抵押物折价或拍卖、变卖后的价款或征用补偿金在小鸭集团不能清偿相关债务范围内享有优先受偿权。

综上，二审予以改判：一、小鸭集团于判决生效后十日内，偿还所欠长城公司借款本金5268万元；二、长城公司对本案所涉抵押合同项下抵押财产折价或拍卖、变卖的价款在小鸭集团不能清偿的情况下，在所欠长城公司借款本金5268万元范围内优先受偿。

规范指引

《最高人民法院关于适用〈中华人民共和国担保法〉若干问题的解释》

第七十三条 抵押物折价或者拍卖、变卖该抵押物的价款低于抵押权设定时约定价值的，应当按照抵押物实现的价值清偿。不足清偿的剩余部分，由债务人清偿。

《中华人民共和国物权法》

第一百七十条 担保物权人在债务人不履行到期债务或者发生当事人约定的实现担保物权的情形，依法享有就担保财产优先受偿的权利，但法律另有规定的除外。

第一百九十五条 债务人不履行到期债务或者发生当事人约定的实现抵押权的情形，抵押权人可以与抵押人协议以抵押财产折价或者以拍卖、变卖该抵押财产所得的价款优先受偿。协议损害其他债权人利益的，其他债权人可以在知道或者应当知道撤销事由之日起一年内请求人民法院撤销该协议。

抵押权人与抵押人未就抵押权实现方式达成协议的，抵押权人可以请求人民法院拍卖、变卖抵押财产。

抵押财产折价或者变卖的，应当参照市场价格。

《中华人民共和国担保法》

第三十三条 本法所称抵押，是指债务人或者第三人不转移对本法第三十四条所列财产的占有，将该财产作为债权的担保。债务人不履行债务时，债权人有权依照本法规定以该财产折价或者以拍卖、变卖该财产的价款优先受偿。

前款规定的债务人或者第三人为抵押人，债权人为抵押权人，提供担保的财产为抵押物。

第三十四条 下列财产可以抵押：

（一）抵押人所有的房屋和其他地上定着物；

（二）抵押人所有的机器、交通运输工具和其他财产；

（三）抵押人依法有权处分的国有的土地使用权、房屋和其他地上定着物；

（四）抵押人依法有权处分的国有的机器、交通运输工具和其他财产；

（五）抵押人依法承包并经发包方同意抵押的荒山、荒沟、荒丘、荒滩等荒地的土地使用权；

（六）依法可以抵押的其他财产。

抵押人可以将前款所列财产一并抵押。

第五十三条 债务履行期届满抵押权人未受清偿的，可以与抵押人协议以抵押物折价或者以拍卖、变卖该抵押物所得的价款受偿；协议不成的，抵押权人可以向人民法院提起诉讼。

抵押物折价或者拍卖、变卖后，其价款超过债权数额的部分归抵押人所有，不足部分由债务人清偿。

专题二：抵押物的受让人消灭抵押权的方式

【核心提示】抵押物的受让人可以通过替代清偿、代价清偿和涤除的方式来消灭抵押权，以取得没有抵押担保负担的物权。我国立法承认抵押权的追及效力，然而，现行《担保法解释》和《物权法》仅规定了替代清偿制度，并没有规定代价清偿制度和涤除制度。代价清偿是双方当事人意思自治的体现，应当受到法律的承认与保护。涤除制度是对抵押权的限制，对抵押权人不利，在法律没有明文规定时，不应予以承认。

实务争点

抵押人以其所有的特定财产设定抵押，因不转移占有，其对抵押物仍享有占有、使用、收益和处分的权利。抵押期间，抵押人在未经抵押权人同意或未告知受让人的情况下转让抵押物，受让人能否通过行使涤除权的方式来消灭抵押物上的抵押负担以使转让行为有效？《担保法》《担保法解释》和《物权法》对此作出了不同的规定，司法实践中也存在争议：第一种意见认为，抵押期间抵押人未经抵押权人同意转让抵押物，违反《担保法》的有关规定，受让人以涤除方式消灭抵押权对抵押权人极为不利，因此，抵押物的受让人不能通过行使涤除权的方式来消灭附着于抵押物上的抵押权，进而使抵押人转让抵押物的行为有效。第二种意见认为，根据《担保法解释》和《物权法》的规定，受让人可以通过行使涤除权的方式消灭抵押物上的抵押负担，从而在保障抵押权不受侵害的情况下，能够充分发挥抵押物的效用。对此问题，《担保法解释》第六十七条第一款规定："抵押权存续期间，抵押人转让抵押物未通知抵押权人或者未告知受让人的，如果抵押物已经登记的，抵押权人仍可以行使抵押权；取得抵押物所有权的受让人，可以代替债务人清偿其全部债务，使抵押权消灭。受让人清偿债务后可以向抵押人追偿。"

理解适用

对《担保法解释》第六十七条第一款的理解与适用

司法实践对该条解释的争议在于：受让人代替债务人清偿债务从而使抵押权消灭的行为，是否属于涤除权？

（一）我国法律并未规定涤除权

欲准确理解《担保法解释》第六十七条第一款的规定，首先要明晰涤除权的概念。抵押涤除即由抵押物第三取得人在债务人清偿债务或抵押权人行使抵押权之前，根据自己的估价向抵押权人提出给付一定金额（涤除金额）之请求，如抵押权人接受该请求，则可通过提前清偿或提存该金额的方式消灭抵押权；若抵押权人不接受该请求则应申请增价拍卖，否则即应承担一定的义务和责任。第三取得人提出涤除提议时，抵押权人没有相应的义务，但在抵押权人拒绝涤除之时，其应负申请增价拍卖之义务。由于涤除金额全由第三人自己估价决定，第三人在该制度中占据着主动地位。因此，涤除权是抵押物第三取得人的一项权利。抵押物第三取得人可以通过行使涤除权来阻隔抵押权的追及力，从而使其获得对抵押物的完全物权。其次要厘清涤除权的性质：一则，传统民法上的涤除权是请求权，而前述司法解释中的涤除权实为形成权；二则，传统民法上的涤除权消灭的是抵押权，对于主债务是否得以完全清偿在所不问，而《担保法解释》第六十七条第一款规定是要在受让人代替债务人清偿其全部债务后，才能使抵押权消灭；三则，传统民法上抵押物第三取得人的涤除权与抵押权人的义务和责任相对应，而前述解释并未为抵押权人设定义务和责任。因此，《担保法解释》第六十七条第一款和《物权法》第一百九十一条第二款所规定的内容并非涤除权制度，而是替代清偿制度。

（二）我国相关法律承认抵押权的追及效力

传统大陆法系民法并不限制抵押物的转让，同时，为了兼顾抵押权人的合法利益和受让人的交易安全，法律一方面赋予抵押权以追及力，另一方面又通过替代清偿、代价清偿、涤除等制度使受让人得以除去转让物上的抵押负担，从而使受让人取得无负担的物权。从总体上看，在调整因抵押物转让而引发的各方利益关系时，大陆法系民法的制度设计是以承认抵押权的追及效力为中心的，其他大陆法系国家和地区的学者对此鲜有疑问，我国却有相当部分学者对以抵押权追及力为中心的传统规制模式提出了质疑。

就我国相关立法而言，从《民法通则意见》到《物权法》，相关条文都未明确规定抵押物转让时抵押权是否具有追及力，从而导致解释论上的观点差异。有学者认为，我国法律并不承认抵押权的追及力。一方面，在抵押物转让因违反法定限制条件而无效时，抵押物所有权本不转移，抵押权无须具有追及力；另一方面，在抵押物转让不违反法定限制条件而有效时，抵押权人只能要求抵押人以转让价款提前清偿债务或者将价款提存，而不能再对受让人主张抵押权，抵押权因抵押物的有效转让而消灭。我们不同意前述学者的看法，理由在于：我国无任何法律规定受让人可以其取得的抵押物所有权对抗登记抵押权人的权利，相反，我国法在将抵押权定性为物权时，即承认了其具有追及效力，不仅学者自始至终对此予以充分肯定，司法实务也对其给予了广泛的认同。从相关法条本身来看，抵押权的追及力也洋溢在字里行间。例如，《担保法》第四十三条规定未办理登记的（动产）抵押权不得对抗第三人，对该条进行反对解释，即可得出已登记之抵押权具有对抗力（追及力）之结论。何况，《担保法解释》第六十七条还较为直接地规定即使受让人取得抵押物的所有权，抵押权也不（对受让人）消灭（只有在受让人代为清偿全部债务后，抵押权才消灭）。至于《担保法》第四十九条、《物权法》第一百九十一条规定抵押物有效转让后，抵押人应当以转让价款向抵押权人提前清偿债务或者提存，其本质上为抵押人的法定义务，若抵押人履行该法定义务，客观上有利于消除受让人取得之抵押物上所附着的抵押负担，从而间接地利于受让人对抵押物的支配。综上所述，我国法承认抵押权的追及力，涤除权的行使也具有现实意义。

（三）替代清偿制度

替代清偿是由债务人之外的第三人代替债务人清偿其对抵押权人之债务，通过消灭抵押所担保的主债务的方式达到消除抵押权之目的。替代清偿也称为“第三人清偿”，乃债的清偿中一重要制度。与《担保法》形成明显对照的是，《担保法解释》与《物权法》都增加了替代清偿制度。从本质上讲，替代清偿制度是通过消灭主债务并进而消灭抵押权使担保财产的交易免受抵押权人控制的一种方式。《担保法解释》中的替代清偿，从文本上看意指：在抵押权人不同意的情况下转让抵押财产，受让人必须替代债务人履行债务，才能使转让有效进行。易言之，若抵押权人不同意转让，受让人就只能通过替代清偿的方式，消灭抵押权所担保的主债权。根据担保法原理，此项规定还有另一层含义：若受让人提出替代清偿，则抵押权人不能拒绝。抵押权人存于抵押财产的利益仅仅是一种担保利益，设定抵押担保的目的就是保障债权能够实现，在此之外，抵押权人的任何其他利益诉求都不具有正当性。通过受让人的替代清偿，抵押权人的利益即已实现。因此，在抵押财产转让交易时，如果受让人提出了替代清偿，抵押权人不得拒绝。同时，在受让人作出替代清偿后，抵押物所担保的债权已经实现，抵押权实质上也就随之消灭，抵押权人必须配合抵押人注销抵押财产登记。换言之，替代清偿发生后抵押权和债权都不复存在，抵押权人对抵押人与受让人间的交易亦失去了进行干预的正当依据，因此抵押权人不得再对抵押人与受让人间的抵押财产转让交易实施任何形式的干预。由此可见，替代清偿的不可拒绝性及其实现所带来的强制消灭抵押权的效果，使这一制度设计在一定程度上缓和了因抵押物转让必须经抵押权人同意而带来的困难，并为抵押人与受让人对付抵押权人恶意阻碍抵押物交易开通了一条渠道。应当说，替代清偿作为消灭抵押权的一种选择完全有其存在的必要性。

抵押涤除与替代清偿乃两种截然不同之制度。首先，前者的代价是对抵押物价格的估价，受让人只需依估价进行支付，无须代替债务人清偿全部债务；而后者的代价则是抵押物上的债务全额，替代清偿时，受让人或其他人应全额清偿抵押财产所担保的债务，如此受让人始能取得无抵押负担的所有权或用益物权。其次，涤除是法律赋予抵押物受让人的一种权利，只能由抵押物第三取得人提出；而替代清偿，债务人之外的任何第三人均可提出，第三人替代清偿与债务人清偿具有同等效力。例如，甲渔业公司之渔船先抵押于丙（作为向其借债之担保），而后出卖于乙（抵押物第三取得人），倘因甲公司不能偿还丙之债务，而丙将实行抵押权时，乙可出面偿还甲对丙之债务。此种清偿即属有利害关系的第三人之替代清偿。[①] 乙之外的任何人亦可出面偿还甲对丙之债务，但无论由何者清偿均属第三人替代清偿而非行使抵押涤除权。

（四）代价清偿制度

我国法律虽然没有规定代价清偿制度，但是由于代价清偿是抵押人与抵押权人意思自治的结果，司法实务应当予以承认。代价清偿是指由抵押物第三取得人或其他人提出一个抵押权人可以接受的代价，从而使抵押权人放弃抵押权的一种清除抵押权的方式。代价清偿是抵押物取得人或其他人与抵押权人就消灭抵押权所进行的交易，抵押物取得人所提出的代价与抵押权人放弃抵押权形成一种对价。与替代清偿不同的是，该对价通常低于抵押担保的债权，只要抵押物取得人所提出的代价为抵押权人所接受即可。代价清偿并非抵押物第三取得人的权利，而是在取得抵押权人同意的情况下始可发生抵押权消灭的法律效果。抵押权人在代价清偿中居于主动地位。因此，提出代价清偿的人必须与抵押权人就代价清偿达成协议。“在代价低于担保债权时，抵押权人要求代价清偿主要是考虑到抵押权正常实现时抵押物的拍卖价格可能走低，按目前时价接受清偿可能更为有利。至于未能通过代价清偿实现的

---

① 郑玉波：《民法债编总论》，中国政法大学出版社 2004 年版，第 478 页。

那一部分债权，则伴随着抵押权的消灭而成为普通债权。”①

抵押涤除权制度与代价清偿虽有相似之处，如两者均无须抵押物受让人清偿抵押担保之全部债务，但亦存本质区别：首先，抵押涤除权仅抵押物受让人可得享有并主张之，而代价清偿无论何人均可为之，债务人、抵押人及其他任何第三人均无不可。其次，涤除权既为抵押物受让人之权利，则相对人必负有一定之义务，即抵押权人于不接受受让人所提出的涤除价额时负有增价拍卖之义务。而代价清偿则为提出代价清偿之人与抵押权人在平等自愿协商之基础上达成清偿协议，抵押权人无论是否接受该清偿代价均不负任何义务与责任。此为两者最本质之不同。

案例指导

百花公司诉浩鑫公司买卖合同纠纷案②

原告贵州百花药业有限公司（以下简称百花公司）因与被告遵义浩鑫房地产开发有限责任公司（以下简称浩鑫公司）发生买卖合同纠纷，向贵州省遵义市中级人民法院提起诉讼。

原告诉称：通过签订《资产折换协议书》，原告将下属企业原遵义市制药厂（以下简称原制药厂）的土地使用权、地上所有建筑物、附属物，等量折换 450 万元资产后转让给被告。这份《资产折换协议书》及其补充协议存在以下问题：（1）资产折换前没有征得国有资产管理部门同意，没有进行评估和招标，违反了国有资产的交易程序，造成国有资产流失；（2）资产折换前也没有取得行业主管部门的同意，以致双方签约时要追求的目的根本不能实现，合同可以解除；（3）折换的资产在转让前，已经被抵押给中国工商银行遵义营业部（以下简称遵义工行），并且办理过抵押登记。请求依照《担保法》第四十九条第一款的规定，确认原告与被告签订的《资产折换协议书》及其

① ［日］内田贵：《民法Ⅲ债权总论·担保物权》，东京大学出版会 2004 年版，第 441 页。

② 案例来源：《最高人民法院公报》2006 年第 3 期。

补充协议无效，本案诉讼费由双方共同负担。

经质证、认证，遵义市中级人民法院查明：

1996年12月18日，原制药厂与遵义工行签订《最高额抵押合同》，约定原制药厂以其房屋、机器设备、土地使用权，对其1996年12月18日至1999年12月18日之间向遵义工行的贷款在380万元限额内提供抵押担保，抵押物由工商行政管理部门办理登记。1998年5月13日，原制药厂被其上级主管部门遵义市红花岗区工业经济局（以下简称红花岗工业局）转让给瑞康公司。1998年11月5日，瑞康公司又与本案原告百花公司签订《瑞康公司出让其下属遵义市制药厂协议书》，约定：瑞康公司将收购原制药厂的全部资产（包括厂名、商标、药品批准文号、生产工艺文件、药品生产企业合格证等无形资产和土地使用权、生产厂房设备、交通工具、通信工具、办公用品等有形资产以及债权）出让给百花公司，由百花公司承担原制药厂的全部债务和经济责任。协议生效后，百花公司向遵义工行支付了原制药厂的借款利息。

1998年12月12日，原告百花公司与被告浩鑫公司签订《资产折换协议书》约定：（1）百花公司将原制药厂的土地使用权及地上所有建筑物、附属物，与浩鑫公司等量资产折换后转让给浩鑫公司。（2）浩鑫公司以450万元资产折换百花公司上述资产，折换后浩鑫公司拥有原制药厂全部土地使用权及地上建筑物、附属物的所有权。（3）签订合同时，浩鑫公司给百花公司支付20万元保证金；合同生效，双方共同办理好浩鑫公司的土地使用证并交付给浩鑫公司后，浩鑫公司再给百花公司支付130万元保证金；150万元保证金的同期银行贷款利息由百花公司承担，浩鑫公司在结算时扣除。（4）浩鑫公司新建的厂房完工后，百花公司必须在30日内将原制药厂设备搬入新厂，以便浩鑫公司进场建设；百花公司搬迁到新厂后，即与浩鑫公司组成移交小组进行资产移交。（5）一方违约必须向对方支付违约金25万元，造成损失的赔偿损失。该《资产折换协议书》签订时，百花公司既未向抵押权人遵义工行通知，也未将财产抵押情况向受让人浩鑫公司告知。

同年12月22日，百花公司与浩鑫公司签订《补充协议（一）》，约定：（1）浩鑫公司向百花公司支付的150万元保证金，百花公司只承担其中100万元的同期银行贷款利息，剩余50万元的利息由浩鑫公司自行承担。

（2）浩鑫公司对原制药厂厂址进行土地开发的一切费用，由浩鑫公司承担。

1999年2月3日，百花公司与浩鑫公司签订《补充协议（二）》，约定：（1）本补充协议签订之日，浩鑫公司应向百花公司支付300万元保证金；扣除已支付的40万元，再需支付260万元；百花公司承担其中250万元的同期同类银行贷款利息；利息从付款翌日起，每季度末由百花公司支付给浩鑫公司。（2）新建厂房保证在一年内竣工。如不能按期竣工，谁的原因谁负责。（3）自浩鑫公司新建的厂房及车间竣工交付日起30日内，百花公司如不能将原制药厂使用的土地交给浩鑫公司，则应每月向浩鑫公司交纳租赁费5万元，直到土地交付时止。之后，浩鑫公司向百花公司付款340万元，并根据百花公司提供的地籍资料申办了土地使用权预登记证，将原制药厂的4517.6平方米土地变更为浩鑫公司的住宅建设用地。

2000年11月1日，百花公司与浩鑫公司签订《补充协议（三）》，约定：（1）百花公司收取浩鑫公司的340万元，加上应承担的银行利息366172.63元，作为已支付的置换土地款。按450万元资产总价扣除前述款项后，浩鑫公司还应向百花公司支付733827.37元，此款应在本协议生效后的11月8日支付。（2）浩鑫公司付款后3个月内，百花公司必须将土地及地上建筑物、附着物全部交付给浩鑫公司。百花公司搬迁之前，须向浩鑫公司支付租金，租赁合同另行签订。（3）任何一方未按本协议条款执行，则应向另一方承担20万元违约金，并承担继续履行义务。此后，浩鑫公司向百花公司指定的账户汇入733827.37元。遵初39号判决与黔高16号判决发生法律效力后，浩鑫公司又根据这两份生效判决，代百花公司履行了偿还160万元借款及此款相应利息的义务，遵义工行的抵押权已实现。

以上事实，由《资产折换协议书》《补充协议（一）》《补充协议（二）》《补充协议书（三）》《最高额抵押合同》《抵押物登记证》、遵初39号判决书、黔高16号判决书、协助执行通知书、收条等证据证实。

遵义市中级人民法院认为：原告百花公司与被告浩鑫公司签订的《资产折换协议书》及其补充协议，是平等主体的两个法人之间自愿达成的合意，是双方当事人的真实意思表示，且不违反法律、法规的强制性规定，依法成立，受法律保护。

原告百花公司起诉主张，其向被告浩鑫公司转让财产时违反了国有资产的交易程序，这是其请求确认《资产折换协议书》及其补充协议无效的理由之一。经查，红花岗工业局向瑞康公司转让原制药厂时，其中包括土地使用权转让；而瑞康公司向百花公司转让原制药厂时，其中也包括土地使用权转让，几经转让的财产早已脱离国有资产范畴。《民事诉讼法》第六十四条第一款规定："当事人对自己提出的主张，有责任提供证据。"《最高人民法院关于民事诉讼证据的若干规定》第二条第二款规定："没有证据或者证据不足以证明当事人的事实主张的，由负有举证责任的当事人承担不利后果。"根据诉讼主张，百花公司负有证明自己是国有公司、转让财产是国有资产的举证责任。百花公司提交的证据不能证明这两个问题，应当承担不利后果。百花公司主张其转让财产违反了国有资产交易程序，该主张因没有事实根据和法律依据而不能成立。

原告百花公司起诉主张，资产折换前没有取得行业主管部门的同意，以致双方签约时要追求的目的根本不能实现，合同可以解除，这是其请求确认《资产折换协议书》及其补充协议无效的理由之二。《合同法》第九十三条规定当事人协商一致可以解除合同，当事人可以在合同中约定一方解除合同的条件，第九十四条还规定了可以解除合同的五种情形。但法律规定可以解除的合同，都是有效合同，无效合同自始就没有法律约束力，无须解除。百花公司既认为《资产折换协议书》及其补充协议是可以解除的合同，又请求确认《资产折换协议书》及其补充协议无效，请求与理由互相矛盾。

原告百花公司起诉还主张，财产在转让前已经抵押并办理过抵押登记，依照《担保法》第四十九条第一款规定转让行为无效，这是其请求确认《资产折换协议书》及其补充协议无效的理由之三。《担保法》第四十九条的立法目的是保障抵押权人享有的债权能够实现。该条第一款虽然规定了"抵押期间，抵押人转让已办理登记的抵押物的，应当通知抵押权人并告知受让人转让物已经抵押的情况；抵押人未通知抵押权人或者未告知受让人的，转让行为无效"，但《担保法解释》第六十七条第一款还规定："抵押权存续期间，抵押人转让抵押物未通知抵押权人或者未告知受让人的，如果抵押物已经登记的，抵押权人仍可以行使抵押权；取得抵押物所有权的受让人，可以代替债务人清偿其全部债务，使抵押权消灭。受让人清偿债务后可以向抵押人追偿。"据此可以认为，在未通知抵押权人或者未告知受让人的情形下，抵押人转让已办理登记的抵押物，该转让行为并非绝对无效。如果受让人代替抵押人向抵押权人清偿了全部债务，使抵押权消灭，那么转让行为可以有效。在抵押权人的债权实现后，即丧失了《担保法》第四十九条第一款的适用前提。遵初39号判决已确认《资产折换协议书》及其补充协议有效，黔高16号判决维持原判，这两份判决已发生法律效力。在本案中，受让人、被告浩鑫公司根据生效民事判决，代抵押人百花公司履行了还款义务，抵押权人遵义工行的债权得到实现，抵押权从而消灭，限制抵押财产转让的权利瑕疵不复存在，故对百花公司的这一诉讼理由不予支持。《合同法》第五十二条规定："有下列情形之一的，合同无效：（一）一方以欺诈、胁迫的手段订立合同，损害国家利益；（二）恶意串通，损害国家、集体或者第三人利益；（三）以合法形式掩盖非法目的；（四）损害社会公共利益；（五）违反法律、行政法规的强制性规定。"在浩鑫公司代百花公司履行还款义务后，《资产折换协议书》及其补充协议不存在无效合同的法定情形，应当认定有效，对双方当事人均有法律约束力。

据此，遵义市中级人民法院于2004年11月30日判决：驳回原告百花公司的诉讼请求。一审案件受理费32510元，由原告百花公司负担。

一审宣判后，百花公司不服，向贵州省高级人民法院提出上诉。

上诉人百花公司提交公司变更登记申请书和遵义市工商行政管理局红花岗区分局出具的证明，用以证明经工商行政管理机关核准，百花公司的名称已于2004年9月30日变更为雪清公司。

贵州省高级人民法院经审理，确认一审查明的事实基本属实。

二审应解决的争议焦点是：（1）上诉人的公司名称如何认定？（2）《资产折换协议书》及其补充协议的效力是否已被生效判决确认？（3）《资产折换协议书》及其补充协议是否有效？（4）抵押权消灭时间有无必要认定？（5）上诉人在抵押权未消灭时提起本案诉讼，其诉讼请求能否驳回？

贵州省高级人民法院认为：

关于第一点。上诉人百花公司在二审提交的新证据，足以证明其公司名称已变更为雪清公司，且这个变更已经工商行政管理机关核准，被上诉人浩鑫公司对此也无异议，故应当将上诉人的公司名称确定为雪清公司，原百花公司的诉权依法由雪清公司承继。在一审立案时，由于雪清公司提交的证据不能证明公司更名经过工商行政管理机关核准，故一审仍将百花公司列为本案诉讼当事人，并无不当。雪清公司关于一审认定诉讼主体不当的上诉理由不能成立，予以驳回。

关于第二点。遵初 39 号判决在解决抵押权人遵义工行和抵押人百花公司主张确认《资产折换协议书》及其补充协议无效的问题时，曾经论述："在因百花公司清偿或浩鑫公司代偿债务后，抵押权丧失，限制抵押财产转让的权利瑕疵消灭，即应认定《资产折换协议书》以及补充协议有效，故本院对前述要求确认《资产折换协议书》以及补充协议无效的主张不予采信，予以驳回。"当时，被上诉人浩鑫公司尚未代偿百花公司的债务，因此遵初 39 号判决中的这段论述，应当理解为是附条件地承认《资产折换协议书》以及补充协议的效力，并非直接确认《资产折换协议书》以及补充协议有效。遵初 39 号是一审判决，不是生效法律文书，在黔高 16 号这一生效的二审民事判决中，未提及《资产折换协议书》以及补充协议的效力问题。一审关于"遵初 39 号判决已确认《资产折换协议书》及其补充协议有效"的表述与事实不符，上诉人雪清公司的此条上诉理由应予采纳。对《资产折换协议书》以及补充协议的效力，应当在本案中确认。

关于第三点。《资产折换协议书》签订后，被上诉人浩鑫公司已根据协议，向上诉人雪清公司支付了折换款，并根据雪清公司提供的地籍资料，到遵义市红花岗区国土局申办了土地使用权预登记证。这些事实证明，签订《资产折换协议书》以及补充协议，是雪清公司与浩鑫公司的真实意思表示。《担保法》第三十三条第一款规定："本法所称抵押，是指债务人或者第三人不转移对本法第三十四条所列财产的占有，将该财产作为债权的担保。债务人不履行债务时，债权人有权依照本法规定以该财产折价或者以拍卖、变卖该财产的价款优先受偿。"据此可以认为，抵押权是以确保债务清偿为目的设立的物权，是依附于主债权而存在的从权利。主债权消灭，抵押权亦消灭。抵押权设定后，抵押人对抵押物的所有权并未丧失，而所有权中就包括了对物的处分权。抵押人并非不能向他人转让抵押物，只是应当在转让时履行通知抵押权人和告知受让人的义务。抵押人不履行通知、告知义务就转让抵押物，只要在转让后抵押人向抵押权人清偿债务，或者受让人在得知受让物上有抵押权后代抵押人清偿债务，使物上设定的抵押权消灭，转让仍可以有效。现查明，浩鑫公司已经向抵押权人遵义工行代偿了雪清公司的全部债务，从而使抵押权因债权实现而消灭，限制雪清公司向浩鑫公司转让抵押物的权利瑕疵不复存在，因此可以认定，雪清公司与浩鑫公司签订的《资产折换协议书》以及补充协议，未损害他人利益，并已实际履行完毕，应为有效。

关于第四点。一审在查明被上诉人浩鑫公司向抵押权人遵义工行代偿了上诉人雪清公司的全部债务后，认定抵押权因债权实现而消灭。雪清公司上诉认为，抵押权消灭的时间应以诉讼提起的时间为准；在其提起本案诉讼时，浩鑫公司并未代其向遵义工行履行还款义务，抵押权并未消灭，一审这一认定属认定事实错误。法律和司法解释只规定了抵押权可以因担保的债权实现而消灭，没有规定抵押权消灭以何时为准。雪清公司的这一上诉理由没有法律依据，予以驳回。

关于第五点。《担保法》第一条开宗明义地规定："为促进资金融通和商品流通，保障债权的实现，发展社会主义市场经济，制定本法。"这是《担保法》的立法目的。该法第四十九条第一款虽然规定抵押人未履行通知、告知义务的转让行为无效，但是第二款、第三款还规定"转让抵押物的价款明显低于其价值的，抵押权人可以要求抵押人提供相应的担保；抵押人不提供的，不得转让抵押物"，"抵押人转让抵押物所得的价款，应当向抵押权人提前清偿所担保的债权或者向与抵押权人约定的第三人提存。超过债权数额的部分，归抵押人所有，不足部分由债务人清偿"。综观《担保法》第四十九条可以看出，此条并非剥夺抵押人对抵押物的转让权，而是要保障抵押权人享有的债权能够实现。

法律确立公民、法人和其他组织的权利与义务，建立和规范社会秩序，最终体现的是国家整体利益。公民、法人和其他组织在法律面前一律平等。任何公民、法人和其他组织都享有法律规定的权利，同时必须履行法律规定的义务，都应当从立法本意上去理解和遵守法律，不能断章取义地利用法律。能够援引《担保法》第四十九条第一款的规定来主张转让行为无效的，应当是合法权益受到损害的抵押权人或者受让人。是否行使这一权利，应当由抵押权人或者受让人决定。在《担保法》第四十九条中，抵押人只有通知、告知、提供相应担保、清偿担保债权等义务，没有据以起诉抵押权人或者受让人的权利。只要抵押人本着诚信原则，依法履行这些义务，他人合法权益就不会受到侵害，从而也不会发生纠纷。作为抵押人，上诉人雪清公司在转让抵押财产时不履行法定的通知、告知义务，转让抵押财产后，仍然不履行清偿债权的义务，却执意援引《担保法》第四十九条第一款来主张转让无效，以达到依法不应达到的毁约目的，其行为不是维护法律。只要抵押权能消灭，无论是在消灭前还是消灭后提起本案诉讼，雪清公司的诉讼请求均不应满足。

综上，一审判决驳回上诉人雪清公司的诉讼请求，适用法律并无不当，应当维持。雪清公司的上诉理由不能成立，应予驳回。据此，贵州省高级人民法院于2005年9月28日判决：驳回上诉，维持原判。

规范指引

《中华人民共和国担保法》

第四十九条 抵押期间，抵押人转让已办理登记的抵押物的，应当通知抵押权人并告知受让人转让物已经抵押的情况；抵押人未通知抵押权人或者未告知受让人的，转让行为无效。

转让抵押物的价款明显低于其价值的，抵押权人可以要求抵押人提供相应的担保；抵押人不提供的，不得转让抵押物。

抵押人转让抵押物所得的价款，应当向抵押权人提前清偿所担保的债权或者向与抵押权人约定的第三人提存。超过债权数额的部分，归抵押人所有，不足部分由债务人清偿。

第六十七条 质押担保的范围包括主债权及利息、违约金、损害赔偿金、质物保管费用和实现质权的费用。质押合同另有约定的，按照约定。

《最高人民法院关于适用〈中华人民共和国担保法〉若干问题的解释》

第六十七条 抵押权存续期间，抵押人转让抵押物未通知抵押权人或者未告知受让人的，如果抵押物已经登记的，抵押权人仍可以行使抵押权；取得抵押物所有权的受让人，可以代替债务人清偿其全部债务，使抵押权消灭。受让人清偿债务后可以向抵押人追偿。

如果抵押物未经登记的，抵押权不得对抗受让人，因此给抵押权人造成损失的，由抵押人承担赔偿责任。

《中华人民共和国合同法》

第五十八条 合同无效或者被撤销后，因该合同取得的财产，应当予以返还；不能返还或者没有必要返还的，应当折价补偿。有过错的一方应当赔偿对方因此所受到的损失，双方都有过错的，应当各自承担相应的责任。

第一百零八条 当事人一方明确表示或者以自己的行为表明不履行合同义务的，对方可以在履行期限届满之前要求其承担违约责任。

《中华人民共和国物权法》

第十五条 当事人之间订立有关设立、变更、转让和消灭不动产物权的合同，除法律另有规定或者合同另有约定外，自合同成立时生效；未办理物权登记的，不影响合同效力。

第一百九十一条 抵押期间，抵押人经抵押权人同意转让抵押财产的，应当将转让所得的价款向抵押权人提前清偿债务或者提存。转让的价款超过债权数额的部分归抵押人所有，不足部分由债务人清偿。

抵押期间，抵押人未经抵押权人同意，不得转让抵押财产，但受让人代为清偿债务消灭抵押权的除外。

《最高人民法院关于审理涉及国有土地使用权合同纠纷案件适用法律问题的解释》

第十四条 本解释所称的合作开发房地产合同，是指当事人订立的以提供出让土地使用权、资金等作为共同投资，共享利润、共担风险合作开发房地产为基本内容的协议。

专题三：事后抵押的认定及其效力

【核心提示】债务人有多个普通债权人，在清偿债务时，债务人与其中一个债权人恶意串通，将其全部或部分财产抵押给该债权人，因此丧失履

行其他债务的能力的，受损害的其他债权人可以请求人民法院撤销该抵押行为。该抵押行为被撤销后，抵押权人就行使抵押权获得的价款没有优先受偿权；已经取得该价款的，应当依法予以返还。

实务争点

因为现有的相关法律对事后抵押原则上并无否定性的规定，所以实践中对事后抵押的效力认定存在分歧，主要存在两种见解：第一种意见认为，在有多个普通债权人的情况下，债务人将其部分财产为其中一个债权人设定抵押以担保其债权实现，且不侵犯其他债权人合法利益的，此情形下的事后抵押应当是有效的。第二种意见认为，如果债务人与其中一个债权人恶意串通，将其全部或部分财产抵押给该债权人，因此丧失履行其他债务的能力，使其他普通债权人丧失获偿机会的，该抵押行为应当认定为可撤销。对此问题，《担保法解释》第六十九条规定："债务人有多个普通债权人的，在清偿债务时，债务人与其中一个债权人恶意串通，将其全部或者部分财产抵押给该债权人，因此丧失了履行其他债务的能力，损害了其他债权人的合法权益，受损害的其他债权人可以请求人民法院撤销该抵押行为。"

理解适用

对《担保法解释》第六十九条的理解与适用

事后抵押，是指债务人有多个普通债权人，在清偿债务时，债务人与其中一个债权人恶意串通，将其全部或者部分财产抵押给该债权人，因此丧失了履行其他债务的能力，损害了其他债权人的合法权益。

（一）事后抵押的理解与认定

事后抵押的一般构成要件包括：（1）债务人有多个普通债权人；（2）债务人将全部或部分财产抵押给其中一个债权人；（3）债务人与该债权人有恶意串通行为；（4）多个债权人履行期届满，债务人均负有清偿义务，且债务人已陷入支付危机，其财产已不足以清偿全部到期债务；（5）债务人因设定抵押降低或丧失履行其他债务的能力。[①]

债务人与其中一个债权人恶意串通设定事后抵押，一般发生在债务人已经陷入支付危机即债务人濒临破产，其财产已经不足以清偿全部债务的情况下。由此，债务人在陷入支付危机后将全部有效资产抵押给一个债权人，使其他普通债权人丧失获偿机会的，系事后抵押。设定事后抵押系债务人与债权人在主观上存有恶意，该行为必然导致债务人丧失履行其他债务的能力，侵害其他普通债权人的受偿机会。

（二）事后抵押的效力

关于事后抵押的效力认定，1994 年 3 月 26 日，《最高人民法院关于债务人有多个债权人而将其全部财产抵押给其中一个债权人是否有效问题的批复》[②] 规定："债务人有多个债权人时，而将其全部财产抵押给其中一个债权人，因此丧失了履行其他债务的能力，损害了其他债权人的合法权益，根据《中华人民共和国民法通则》第四条、第五条的规定，应当认定该抵押协议无效。"但《担保法解释》第六十九条规定："债务人有多个普通债权人的，在清偿债务时，债务人与其中一个债权人恶意串通，将其全部或者部分财产抵押给该债权人，因此丧失了履行其他债务的能力，损害了其他债权人的合法权益，受损害的其他债权人可以请求人民法院撤销该抵押行为。"

以上两个条款对事后抵押效力的认定是矛盾的，前者认为事后抵押系无效行为，后者认为事后抵押系可撤销行为。对此冲突，《担保法解释》第一百三十四条规定："最高人民法院在担保法施行以前作出的有关担保问题的司法解释，与担保法和本解释相抵触的，不再适用。"由此可见，《最高人民法院关于债务人有多个债权人而将其全部财产抵押给其中一个债权人是否有效问题的批复》因与《担保法解释》相抵触而不再适用。对于事后抵押，其他合法权益受损的债权人有权申请法院撤销该抵押行为，抵押行为被撤销后自始无效。

债务人为债权人之一设定抵押侵害其他债权人利益的行为违背了诚信原

---

① 刘保玉主编：《担保纠纷裁判依据新释新解》，人民法院出版社 2014 年版，第 201 页。

② 该文件 2019 年 7 月 20 日起不再适用。

则，对事后抵押进行某种限制，维护其他债权人的合法权益，也是民法诚实信用原则和禁止权利滥用原则的应有之义。需要注意的是，《担保法解释》第六十九条对事后抵押的效力否定并不是当然的，即法院不能直接对事后抵押作出自始无效的认定，而必须经享有撤销权的债权人向法院主张撤销抵押合同，法院才能够撤销抵押合同，也只有经法院撤销后，抵押才自始无效。[①] 事后抵押行为被确认自始无效后，其产生的法律后果是抵押权人就行使抵押权获得的价款没有优先受偿权；若抵押权人已经取得该价款，应当依法予以返还。

（三）实务中应当注意的问题

根据《担保法解释》第六十九条的规定，在债务人有多个普通债权人的情况下，债务人与其中一个债权人恶意串通，将其全部或者部分财产抵押给该债权人，从而损害了其他债权人的合法权益，权利受损的债权人由此可以行使撤销权，主张撤销事后抵押合同。该条解释主要从公平原则的角度出发，认定事后抵押行为可撤销，以保护其他普通债权人合法权益不受侵犯。

需要注意的是，司法实践中对《担保法解释》第六十九条的适用也有限制，对事后抵押的认定作出了明确的限制条件，即需以债务人和债权人存在恶意串通为前提。关于恶意的判断，理论界和实务界一般有观念主义和意思主义两种标准。观念主义仅以行为人认识到行为可能会损害他人的利益为必要，意思主义则不仅要求行为人对此有认识，还要求行为人有损害他人利益的故意。[②] 实践中，认定债权人与债务人的行为是否构成事后抵押，要结合双方主观上是否有恶意进行判断。但是在某些情况下，抵押权人未必有损害其他债权人利益的故意，而仅仅是考虑自己的利益，客观上却造成了其他债权人利益受损，此种情形也应认定为可撤销。此外，债务人将财产为一个债权人设定抵押，但未给其他债权人造成损害的，则不宜认定为事后抵押，具

---

① 江必新、何东宁主编：《最高人民法院指导性案例裁判规则理解与适用》，中国法制出版社 2011 年版，第 383 页。

② 江必新、何东宁主编：《最高人民法院指导性案例裁判规则理解与适用》，中国法制出版社 2011 年版，第 383 页。

体包括以下几种情形：（1）债务人在被担保债权发生之初即为该债权设定抵押的，不属于事后抵押；（2）债务人为债权人之一设定抵押之时，其他债务尚未届履行期，债务人的清偿义务尚未产生；（3）债务人将部分财产在事后为某一债权设定抵押但仍有余力偿还其他债权人的债务的，不能认定为恶意抵押。[①]

案例指导

中国光大银行与内蒙古包头华达合资卧具装饰厂、中国农业银行包头市青山区支行、包头市青山区人民政府自由路办事处侵权纠纷案[②]

1989 年 1 月，原中国投资银行内蒙古分行向原包头市第四木器厂发放世界银行转贷款人民币 919280 元。后债务主体变更为内蒙古包头华达合资卧具装饰厂（以下简称华达装饰厂），债权主体变更为中国光大银行（以下简称光大银行）。截止到 2003 年 9 月，华达装饰厂尚欠光大银行外汇借款本息 2332778.39 美元，人民币借款本息 1470093.21 元。1999 年 9 月 30 日，中国农业银行包头市青山区支行（以下简称农行青山支行）与华达装饰厂签订了抵押担保借款合同，约定贷款金额 169 万元，借款用途为落债，贷款期限为 1999 年 9 月 30 日至 2000 年 9 月 29 日，抵押财产为房产，评估价值为 246 万元。同日，双方签订了房地产抵押合同，并于同年 10 月 6 日办理了房屋抵押登记。1999 年 10 月 18 日，农行青山支行与华达装饰厂又签订了一份抵押担保借款合同，约定贷款金额 27 万元，借款用途为落债，贷款期限为 1999 年 10 月 18 日至 2000 年 10 月 17 日，抵押财产为土地（土地类型为划拨国有土地使用权），评估价值为 66 万元，该抵押办理了抵押物登记。另外，一张中国农业银行借款借据显示，农行青山支行向华达装饰厂发放短期贷款一笔 149.4 万元，贷款期限为 1999 年 11 月 1 日至 1999 年 12 月 20 日，借款用途为落债，该笔贷款借据显示 2003 年 6 月 10 日还本金 100 万元，2003 年 7 月 10 日还

---

① 刘保玉主编：《担保纠纷裁判依据新释新解》，人民法院出版社 2014 年版，第 202 页。

② 案例来源：最高人民法院（2008）民二终字第 135 号。

本金 25 万元。2002 年 11 月 7 日，农行青山支行为实现贷款回收与华达装饰厂和正业公司签订了《房产转让协议》，欲将抵押的全部房产和土地使用权转让给正业公司。之后，正业公司通过挂牌拍卖取得了该宗土地使用权及地上附着的房产。

因华达装饰厂到期不能偿还光大银行借款，2004 年光大银行以恶意串通损害其他债权人利益为由，向内蒙古自治区高级人民法院诉请确认抵押合同无效及恢复抵押物为未抵押状态。内蒙古自治区高级人民法院作出（2005）内民二终字第 48 号民事判决，确认了华达装饰厂与农行青山支行签订的抵押合同无效，驳回了光大银行要求将抵押物恢复为未抵押状态的诉讼请求。2007 年 7 月 25 日，光大银行以华达装饰厂、农行青山支行为被告向内蒙古自治区高级人民法院提起诉讼，请求判令华达装饰厂、农行青山支行连带赔偿光大银行损失。

内蒙古自治区高级人民法院一审认为，该院（2005）内民二终字第 48 号民事判决确认抵押无效的原因是，债务人在陷入支付危机后将全部有效资产抵押给一个债权人，使其他普通债权人丧失获偿机会，基于此点主观上存在的恶意，认定当事人间的事后抵押无效。但是恶意抵押双方侵害的是其他普通债权人受偿的机会，与光大银行借款合同项下的贷款不能偿还之间并不存在直接的因果关系。华达装饰厂已经在该院生效文书中被判决承担合同还款责任，在本案中不应再承担侵权责任。判决：驳回光大银行的诉讼请求。光大银行不服向最高人民法院提起上诉，请求二审撤销原审判决，改判如一审所请。

二审法院审理认为，本案二审争议焦点为华达装饰厂和农行青山支行对光大银行的损失是否承担侵权责任。原审法院在（2005）内民二终字第 48 号民事判决查明并认定，华达装饰厂与农行青山支行的抵押行为系事后抵押，该判决已经发生法律效力。光大银行在本案中并没有提供新证据证明其主张的华达装饰厂与农行青山支行之间的债权系虚构。一审依据生效的法律文书确认本案事实并无不当。光大银行提出华达装饰厂与农行青山支行恶意串通，虚构债权设定抵押并处置抵押物的行为，与光大银行的损失之间有因果关系，应当对其债权的全部损失承担连带赔偿责任。

华达装饰厂与农行青山支行的抵押行为系事后抵押，所谓事后抵押，一般是指债务人有多个普通债权人，在清偿债务时，债务人与其中一个债权人恶意串通，将其全部或者部分财产抵押给该债权人，因此丧失了履行其他债务的能力，损害了其他债权人的合法权益。通常情况下，债务人与其中一个债权人恶意串通设定事后抵押，一般均发生在债务人已经陷入支付危机即债务人濒临破产，其财产已经不足以清偿全部债务。在该抵押行为被确认无效后，产生的法律后果是抵押权人就行使抵押权获得的价款没有优先受偿权；已经取得该价款的，应当依法予以返还。根据本案查明的事实，光大银行已就自己债权的保护在原审法院提起了借款合同纠纷与确认抵押合同无效纠纷两起诉讼，一审法院针对查明的事实，已经分别作出判决，华达装饰厂就借款合同承担违约还款责任，确认华达装饰厂与农行青山支行之间的抵押合同无效。故一审法院在本案中认定华达装饰厂已经在该院生效文书中被判决承担合同还款责任，不应再承担侵权责任并无不当。

事实上，华达装饰厂与农行青山支行之间的事后抵押行为发生时，华达装饰厂已经彻底停产，处于资不抵债状态，农行青山支行与华达装饰厂签订抵押合同时，对抵押的房产和土地均进行了评估，其价值远低于光大银行所享有的债权，农行青山支行就抵押无效所应承担的法律后果是返还其基于抵押优先受偿获得的款项。故原审法院认定农行青山支行与华达装饰厂的抵押行为，与光大银行借款合同项下的贷款不能得到清偿之间不存在直接的因果关系，该认定并无不当。光大银行提出农行青山支行应当对其全部债权损失承担连带赔偿责任的诉讼请求，没有事实依据和法律依据，原审判决认定的事实基本清楚，但部分适用法律不当，遂改判：撤销一审判决，驳回光大银行对华达装饰厂、农行青山支行的诉讼请求。

规范指引

《中华人民共和国民法通则》

第四条 民事活动应当遵循自愿、公平、等价有偿、诚实信用的原则。

第五条 公民、法人的合法的民事权益受法律保护，任何组织和个人不得侵犯。

《最高人民法院关于债务人有多个债权人而将其全部财产抵押给其中一个债权人是否有效问题的批复》（已失效）

债务人有多个债权人时，而将其全部财产抵押给其中一个债权人，因此丧失了履行其他债务的能力，损害了其他债权人的合法权益，根据《中华人民共和国民法通则》第四条、第五条的规定，应当认定该抵押协议无效。

《最高人民法院关于适用〈中华人民共和国担保法〉若干问题的解释》

第六十九条 债务人有多个普通债权人的，在清偿债务时，债务人与其中一个债权人恶意串通，将其全部或者部分财产抵押给该债权人，因此丧失了履行其他债务的能力，损害了其他债权人的合法权益，受损害的其他债权人可以请求人民法院撤销该抵押行为。

第一百三十四条 最高人民法院在担保法施行以前作出的有关担保问题的司法解释，与担保法和本解释相抵触的，不再适用。

专题四：预购商品房能否作为抵押标的

【核心提示】《担保法》《担保法解释》和《物权法》并未对预购商品房抵押作出相应的规定。但是，根据《城市房地产抵押管理办法》第三条和《房屋登记办法》第六十七条的规定，应当认定预购商品房可以作为抵押标的。在预购商品房抵押预告登记期间，抵押权尚未成立，债权人不能对抗第三人，不享有优先受偿权。

实务争点

在商品房买卖实践中，银行与购房人签订贷款合同，对预购商品房设定抵押权是普遍存在的现象。该抵押权预告登记是否等同于抵押权设立登记？即银行依据抵押权预告登记是否可直接行使抵押权？对此实践中存在不同认识：第一种意见认为，只要《个人贷款合同（抵押、保证）》是在平等、自愿的基础上缔结的，是当事人的真实意思表示，若借款人（买房人）未按照合同约定履行还贷义务，则银行可依据合同依法行使抵押权；第二种意见认为，预购商品房因尚未取得房屋权属证书，将预购商品房作为抵押标的物进行抵押权预告登记不同于抵押权设立登记，银行依据抵押权预告登记享有的是当抵押权登记条件成就或约定期限届满对预购商品房办理抵押权登记的请求权，并可对抗他人针对系争房屋的处分，而并非对系争房屋享有现实抵押权。对此问题，《担保法解释》第四十九条规定："以尚未办理权属证书的财产抵押的，在第一审法庭辩论终结前能够提供权利证书或者补办登记手续的，可以认定抵押有效。当事人未办理抵押物登记手续的，不得对抗第三人。"

理解适用

对《担保法解释》第四十九条的理解与适用

《担保法》虽未明确规定预购商品房可以作为抵押标的，但《担保法》第三十四条第（六）项已经为预购商品房可以作为抵押标的预留了空间。1997 年的《城市房地产抵押管理办法》第三条便对预购商品房贷款抵押作出了规定。在进行预购商品房抵押时，抵押人并没有取得预购商品房的所有权，因此无法进行抵押权设立登记，只能进行抵押权预告登记。根据《担保法解释》第四十九条的规定，当事人未办理抵押物登记手续的，不得对抗第三人。因此，预购商品房的抵押权人在办理抵押物登记手续前，并未实际获得抵押权，亦不享有优先受偿权。此时，抵押权人可基于抵押权预告登记而获得部分权利。《物权法》第二十条对抵押权预告登记作出了明确的规定，因此下文将主要围绕预购商品房抵押权预告登记的一系列问题展开。

（一）预购商品房的概念及其性质

商品房预购是指将建设中的商品房预先购买，由买受人按合同约定支付定金或预购款，出卖人按合同约定交付商品房的行为。[①]预购商品房抵押，是指购房者为预先购买在建的尚未取得权属证书的商品房与银行签订商品房抵押贷款合同，以该商品房作为抵押标的。预购商品房抵押表面上系以房屋这一实体上的不动产作为标的设立抵押，但在该商品房竣工验收、交付办证之前，抵押人（预购人）并未现实取得该房屋的所有权，也未取得对该房屋的实际控制权（该"房屋"的"所有权"和实际控制权都属于开发商），抵押人提供的担保实际上仅仅为通过商品房预购合同取得房屋所有权的期待权。期待权是指权利人已经取得特定权利的一部分要件，可因法律规定或当事人约定的其他要件的实现从而取得该特定权利，并受法律保护。自消极意义言，取得权利之过程尚未完成，权利尚未发生；自积极意义言，权利之取得虽未完成，但已进入完成之过程，当事人已有所期待。

（二）我国预购商品房抵押的法律规定及其变迁

我国预购商品房抵押的出现和发展有其特殊的规律和轨迹。对在建的尚未取得权属证书的房屋能否办理抵押登记之问题，《城市房地产管理法》第四十九条规定："房地产抵押，应当凭土地使用权证书、房屋所有权证书办理。"不认可未取得权属证书的预售房屋可以办理抵押登记。《担保法》第三十四条规定中列举了可供抵押的财产范围，也未将预售房屋明确列入可抵押的财产，但该条第（六）项规定的"依法可以抵押的其他财产"作为兜底性条款，为预购商品房抵押的合法性预留了空间。《城市房地产抵押管理办法》第三条规定了预购商品房贷款抵押和在建工程抵押两种新抵押种类，并在第二十七条至第三十四条规定了抵押登记的程序："以预购商品房贷款抵押的，须提交生效的预购房屋合同"；"……以预售商品房或者在建工程抵押的，登记机关应当在抵押合同上作记载。抵押的房地产在抵押期间竣工的，当事人应当在抵押人领取房地产权属证书后，重新办理房地产抵押登记。"与取得权属证书的房地产抵押登记不同的是，以预购商品房抵押的，登记机

---

① 江必新、何东宁主编：《最高人民法院指导性案例裁判规则理解与适用》，中国法制出版社2011年版，第352页。

关仅在抵押合同上加盖抵押登记专用章进行确认。

相较于《担保法》而言,《物权法》第一百八十条对可以设定抵押登记的财产范围加以扩充,该条第一款第(五)项把“正在建造的建筑物”,即《担保法解释》第四十七条中的“在建工程”规定为可以设定抵押的财产。《担保法解释》第四十七条规定:“以依法获准尚未建造的或者正在建造中的房屋或者其他建筑物抵押的,当事人办理了抵押物登记,人民法院可以认定抵押有效。”允许“在建工程”抵押的立法理由为:“实践中,建设工程往往周期长、资金缺口大,以正在建造的建筑物作为担保,对于解决建设者融资难,保证在建工程顺利完工具有重要作用。”① 故允许对尚未取得权属证书的“正在建造的建筑物”设定抵押,可解决房地产开发商融资难等问题。但是,对预购商品房能否设定抵押权、办理抵押登记,该解释却予以回避。因此,就立法层面而言,预购商品房抵押目前仅能从《城市房地产抵押管理办法》获得确定。

2008年建设部颁布《房屋登记办法》,第六十七条规定“以预购商品房设定抵押”的,当事人可以申请预告登记。第七十一条规定:“申请预购商品房抵押权预告登记,应当提交下列材料:(一)登记申请书;(二)申请人的身份证明;(三)抵押合同;(四)主债权合同;(五)预购商品房预告登记证明;(六)当事人关于预告登记的约定;(七)其他必要材料。”预告登记的效力为:“预告登记,未经预告登记的权利人书面同意,处分该房屋申请登记的,房屋登记机构应当不予办理。预告登记后,债权消灭或者自能够进行不动产登记之日起三个月内,当事人申请房屋登记的,房屋登记机构应当按照预告登记事项办理相应的登记。”至此,《房地产抵押管理办法》所规定的预购商品房贷款抵押登记被“预购商品房抵押权预告登记”所代替。《房屋登记办法》生效后,全国各地的房屋登记部门开办了预购商品房抵押权预告登记业务,通常在办理预购商品房预告登记的同时办理预购商品房抵押权预告登记。

---

① 全国人大法制工作委员会民法室:《中华人民共和国物权法条文说明、立法理由及相关规定》,北京大学出版社2007年版。

（三）预购商品房抵押权预告登记的效力

1. 物权公示效力

物权公示是指“物权的设立、变动必须依据法定的公示方法在一定范围内予以公开，使第三人能够及时了解物权的变动情况”。[①] 物权公示的效力有两点：一是公示对抗效力，是指物权一经法定的方式公示，就产生对抗第三人的效力，而未经公示不能对抗第三人；二是公信效力，是指经公示的物权权利人在法律上被推定为物的真正权利人，对于信赖该物权公示而从事交易的人，即使后来证明该物权公示是错误的，法律仍然承认该交易具有与真实交易相同的物权法律效果。预购商品房抵押权预告登记具有物权公示效力，具体是指预购商品房抵押权一经预告登记，就将该商品房将要设立抵押的事实公之于众，明确了预告登记人将会在相关条件成就时就该房屋办理抵押登记，并且根据《物权法》第二十条的规定，未经预告登记权利人的同意而处分该商品房的，不能发生物权效力。

关于预购商品房抵押权预告登记的物权公示效力，有两方面值得注意。第一，物权公示制度的法律依据一般认为是《物权法》第六条，该条规定：“不动产物权的设立、变更、转让和消灭，应当依照法律规定登记。动产物权的设立和转让，应当依照法律规定交付。”由于预购商品房抵押权预告登记并没有进行物权的设立、变更，并没有因为预告登记而产生抵押权，所以从表面上看，预购商品房抵押权预告登记并不符合物权公示制度的法律规定，但从实质上说，“预告登记”是一种特殊的公示方法，预告登记所公示的并不是物权，就预购商品房抵押权预告登记而言，其所公示的是银行将来在条件成就之时办理房屋抵押的债权，购房人与银行就房屋抵押所达成的合意因为办理了预购商品房抵押权预告登记而具有了对抗第三人的效力，这也是《物权法》第二十条的题中之意。第二，预告登记所产生的物权公示效力具有时间上的限制。“预告登记后，债权消灭或者自能够进行不动产登记之

---

① 王利明：《论我国的物权公示原则及其完善》，载《暨南大学学报（哲学社会科学版）》2009 年第 1 期。

日起三个月内未申请登记的，预告登记失效”，这就对登记权利人在时间节点上提出了要求，就预购商品房抵押权预告登记而言，如果银行不在房屋交付之日起三个月内及时办理抵押登记，那么在先的抵押权预告登记将自动失效，其公示效力也自然随之失效。

2. 保全请求权的效力

在银行与购房人签订抵押合同时，抵押物（预购商品房）尚不具备办理正式抵押的条件，无法办理抵押登记，但为了防止购房人未经银行同意转让、抵押该房屋以威胁到银行借款债权，因此需要对该抵押合同中银行对购房人办理抵押登记的请求权予以保护。所以，预购商品房抵押权预告登记所登记的内容，不是该预购房的抵押权，而是银行与购房人签订的抵押合同上抵押权人请求抵押人在条件成就时办理抵押登记的请求权，该登记的效力在于：通过预告登记，使得该请求权具有了对抗第三人的“物权效力”。该种效力并非完整意义上的物权效力，通过抵押权预告登记所获得的物权效力是对抗第三人的效力，即在预告登记之后发生的与该请求权相关的物权变动，若未经预告登记的权利人同意，则不发生物权效力。抵押权预告登记无法取代抵押登记，无法使银行获得对抵押物优先受偿的权利，银行想要获得抵押权，还必须在相关条件成就时，即自能够进行不动产抵押登记之日起三个月内及时办理抵押登记。

现实中，关于预购商品房抵押权预告登记的案例屡见不鲜，争议的焦点往往在于能否将抵押权预告登记认定为抵押登记，从而使银行获得优先受偿权。由于法律规定不够完善，不同地区的法院甚至同一地区的法院会对该问题作出截然相反的认定。这便是对抵押权预告登记的上述效力认识不清所造成的。预购商品房抵押权预告登记之所以不具有抵押登记的效力，从根本上讲是囿于物权法定原则。物权法定原则是指“物权的种类、内容、效力以及公示方法由法律规定，原则上不能由法律之外的规范性文件进行规定，也不能允许当事人自由创设物权的种类以及确定物权的内容、效力和公示方法”。[①] 我国《物权法》第五条规定：“物权的种类和内容，由法律规定。”这

① 王利明:《物权法定原则》，载《北方法学》2007 年第 1 期。

是物权法定原则在法律规定上的具体体现。根据上文中对预购商品房抵押权相关法律规制的梳理可以发现，截至目前，我国并没有从法律的层面创设一种“预告抵押权”，无论是《城市房地产抵押管理办法》还是《担保法解释》，都没有权限设定新的物权类型。我国《物权法》第二十条规定的抵押权预告登记的确是新创，但这只是一种新的登记制度而非新的物权类型，是一种特殊的公示方法而非创设一种物权。因此，将预购商品房抵押权预告登记认定为对抵押权的登记是对物权法定原则的反叛，在现行法律框架之内缺少法律依据。

3. 保全抵押顺位的效力

预购商品房抵押权预告登记还具有保全抵押顺位的效力。银行在与购房人办理预购商品房抵押权预告登记后，由于该登记并非抵押登记，自然无法起到与抵押登记等同的法律效果，因此银行仍面临着风险。例如，在该商品房办理了正式的过户登记之后，购房人在没有配合银行办理抵押登记的情况下又将该房屋抵押给其他主体，此时银行对该房屋不享有抵押权，其权益很有可能受到损害，如果此时预告登记仍然有效，抵押权预告登记的效力该如何认定？银行的权益应当如何保护？《物权法》第二十条规定：“……预告登记后，未经预告登记的权利人同意，处分该不动产的，不发生物权效力……”如此规定，就在一定程度上对银行与购房人在抵押合同中计划于将来发生的房屋抵押行为予以提前保护，暂时赋予银行第一顺位的地位，但是前提是双方应当在自能够办理抵押登记起三个月内及时办理抵押登记，否则抵押权预告登记将自动失效，保全抵押顺位的效力也随之灭失。可见，预告登记的意义在于：权利人认为其所期待的未来发生的物权变动对自己有极为重要的意义，法律也认可这种变动对权利人的意义，于是通过预告登记对该变动予以顺位上的优先保护。

然而，值得注意的是，抵押权预告登记对抵押权顺位的保护具有独特性。在一般的抵押登记中，一旦进行了抵押登记，除转让抵押物需要经抵押权人同意外，其他正常的物权处分行为，如抵押、质押等，在没有特殊约定时抵押人具有很大的自主权，但是按照《物权法》第二十条的规定，只要办理了抵押权预告登记，抵押人对抵押物任何未经预告登记权利人同意的处分，均不能发生物权效力。即只要抵押权预告登记尚在有效期内，即使抵押人已经将房屋过户，如果未经抵押权预告登记权利人的同意，不仅不可以转让房屋，也不能使抵押等物权处分行为发生效力，这与一般的抵押登记的效力明显不同。因此，抵押权预告登记赋予权利人保全抵押顺位的效力是排他性的，在抵押权预告登记的有效期内，未经权利人同意，不会出现后续的买受人、抵押权人等，即使房屋已经交付并办理了过户手续，只要抵押权预告登记仍在三个月的有效期内，那么就有且仅有抵押权预告登记权利人有权选择是否与购房人办理抵押登记。只有在抵押权预告登记权利人放弃办理抵押登记的权利或者已经办理了抵押登记抑或抵押权预告登记失效之时，购房人对于该房屋的处分行为才有可能发生物权效力。

（四）实务中应当注意的问题

1. 预购商品房抵押与按揭的区别

尽管我国目前商品房预购贷款领域广泛使用“按揭”一词，但其权利义务并非按揭，而是抵押。按揭是指购房人先期在受贷银行存入规定的购房款，再由受贷银行贷出足额购房款，由银行购得房屋交给购房人使用，购房人于约定期限还清贷款并偿还利息后，受贷银行即将房屋所有权让渡给购房人的法律行为。预售商品房抵押的标的是尚未建成或待建的房屋，其前提条件是抵押人是与房地产商签订了商品房预售合同，并按合同规定支付了到期购房款，抵押人享有的不是对预售房的所有权，而是一种期待权。[①] 虽然抵押和按揭都是在购房人占有所购房产前提下向银行贷款的法律行为，但在按揭中，银行取得了商品房的所有权，购房人只是房屋占有人和使用人，其只有在还清贷款之时才能取得房屋所有权。在抵押关系中，只有购房人到期不能清偿贷款时，银行才有权就作为抵押标的的房屋拍卖、变卖并就所得价款优先受偿。

2. 预告登记与商品房备案登记的区别

抵押预告登记是预告登记中的一种，在预告登记制度之前，我国对预购

---

① 闫宇:《预售商品房抵押登记性质》，载《经营管理研究》2008 年第 12 期。

商品房实行商品房预售合同登记备案制，许多人会将这两个概念混淆。我们认为，预告登记与商品房预售合同备案是两种不同的制度，在实际操作中也有所不同，主要体现在以下几点：第一，二者的性质不同。商品房预售合同备案是一种行政管理制度，是我国《城市房地产管理法》中规定的一项管理措施；预告登记制度属民事法律制度，是我国《物权法》确立的一种不动产登记制度。第二，二者的功能不同。商品房预售合同备案是房地产行政管理部门对期房销售市场的监管行为，其目的是保护商品房预购人的权益，同时有助于对开发商的预售行为实施监管，维护房地产市场秩序；预告登记制度的目的是保障债权人将来实现物权的权利，该权利被赋予了物权的对抗第三人效力，就预购商品房预告登记而言，是为了保障预购人将来能实现其对房屋的期待权，将预告登记顺利转为本登记以实现物权，保障功能更强。第三，二者的效力不同。商品房预售合同备案仅为一种备案，当发生不动产纠纷时，该备案不具备物权效力，无法对抗善意第三人；预告登记制度是一种不动产登记制度，具有对抗第三人的效力。第四，二者的适用范围不同。按照《城市房地产管理法》规定，只有在商品房预售活动中才适用商品房预售登记备案制度；依《物权法》规定，只要当事人签订房屋买卖或其他不动产物权的协议，都可以约定申请预告登记，即除预售商品房买卖外，其他不动产抵押、现房转移登记均可申请设立预告登记。第五，二者有无强制性不同。商品房预售合同登记备案应于商品房买卖合同签订之日起30日内，向房地产管理部门和市、县人民政府土地管理部门办理登记备案手续，应属强制性规定；预告登记是基于交易双方约定后才能申请，如未约定，任何一方不得强制要求申请办理登记。

3. 抵押预告登记与抵押登记不具有一致性

抵押预告登记与抵押登记设立都是为债权人债权得以实现提供担保，但两者之间并不能画等号，理由在于：第一，就登记针对的对象而言，抵押登记是针对已经处于完成状态的不动产物权；而抵押预告登记针对的是将来发生的不动产物权，能否最终成为现实的物权尚存在不确定性。第二，就登记本身的性质而言，房屋抵押登记属于本登记，其登记具有终局效力；抵押预告登记属于预备登记，不具备终局的物权效力，是未完成正式移转登记之前进行的一项登记，具有临时性，待物权变动的条件完全具备后，权利人需积极行使该权利而为本登记，如果请求权人届时不积极行使该权利，则会失效。第三，经登记后的权利性质亦不相同，抵押登记完成后设立的抵押权为现实的物权；而抵押预告登记作出后，并不导致不动产物权的设立或变动，只是使登记权利人取得一种请求将来进行物权登记的权利，该权利具有保全、保存顺位、破产保护的效力，能够对抗任意第三人，但本质上并非支配权，仍为一种请求权。因此，抵押预告登记既不是一种行政部门对期房交易的监管行为，又不同于能直接产生支配效力的抵押登记，其设立的重要原因在于期房买卖中，债权行为的成立和不动产的转移登记之间常常因各种原因而存在相当长时间的间隔，为平衡不动产交易中各方利益，法律赋予了抵押预告登记能够对抗第三人的物权效力，但鉴于不动产物权尚未成立，不具备法定的抵押登记条件，故不产生优先受偿的效力。

4. 预购商品房抵押登记后被查封的处理规则

根据最高人民法院、国土资源部和建设部联合发布的《关于依法规范人民法院执行和国土资源、房地产管理部门协助执行若干问题的通知》（法发〔2004〕号）第十五条、第十六条规定，被执行人购买的办理了商品房预售合同登记备案手续或者商品房预告登记的房屋，人民法院可以进行预查封，"土地、房屋权属在预查封期间登记在被执行人名下的，预查封登记自动转为查封登记，预查封转为正式查封后，查封期限从预查封之日起开始计算"。并规定国土资源部门、房地产管理部门对被人民法院预查封的房屋，在预查封期间不得办理抵押、转让等权属变更、转移登记手续；即使办理，人民法院应当依法确认其行为无效。这意味着被查封的预购商品房的预告登记权利人将无法通过办理正式的房屋抵押登记手续来获得物权保护。但是，根据2004年11月《最高人民法院关于人民法院民事执行中查封、扣押、冻结财产的规定》（法释〔2004〕15号，以下简称《查封规定》）第十七条规定："被执行人将其所有的需要办理过户登记的财产出卖给第三人，第三人已经支付部分或者全部价款并实际占有该财产，但尚未办理产权过户登记手续的，人民法院可以查封、扣押、冻结；第三人已经支付全部价款并实际占有，但尚未办理过户登记手续的，如果第三人对此没有过错，人民法院不得查封、扣押、冻结。”如果“被执行人”是房地产开发商，法院对预售的商品房进行查封时，“第三人”即购房人已通过按揭贷款的方式付清了所有的购房款并且已经占有的，法院不能对办理了抵押权预告登记的商品房采取查封措施。

5. 预购商品房抵押权预告登记与工程款优先受偿权

《合同法》第二百八十六条规定：“发包人未按照约定支付价款的，承包人可以催告发包人在合理期限内支付价款。发包人逾期不支付的，除按照建设工程的性质不宜折价、拍卖的以外，承包人可以与发包人协商将该工程折价，也可以申请人民法院将该工程依法拍卖。建设工程的价款就该工程折价或者拍卖的价款优先受偿。”该条规定自产生以来，理论界与实务界便一直对建设工程价款优先受偿权的性质及效力问题争论不休。2002年6月，最高人民法院发布《关于建设工程价款优先受偿权问题的批复》规定：建筑工程的承包人的优先受偿权优于抵押权和其他债权；建筑工程价款包括承包人为建设工程应当支付的工作人员报酬、材料款等实际支出的费用，不包括承包人因发包人违约所造成的损失。无论建设工程是否已竣工，预购商品房抵押权预告登记是否已转为房屋抵押登记，承包人对建设工程价款的优先受偿权优于抵押权和其他债权，这必然会影响到预告登记权利人权利的行使。《关于建设工程价款优先受偿权问题的批复》还规定：“消费者支付购买商品房的全部或大部分款项后，承包人就该商品房享有的工程价款优先受偿权不得对抗买受人。”有学者认为：“建设工程承包人对工程款的优先受偿权是受法律特殊保护的债权，它与经过预告登记的权利谁更优先，是一个立法选择问题。商品房预售合同的买受人与建筑工程承包人相比，往往是经济上的弱者，在寻求救济的方面也处于弱势，基于民法保护弱者的观念以及宪法赋予公民的住宅权，确定经预告登记的房屋买受人权利优先于建设工程承包人对工程款的优先受偿权似乎更为合理。”① 通过按揭贷款方式购买的商品房，显然满足“消费者支付购买商品房的全部或大部分款项”的条件，因此，附着于消费者所购商品房上的预告登记权利人对期房所享

① 潘杰：《论商品房预售合同买受人债权的保护制度——预告登记制度》，载《法律适用》2004年第9期。

有的办理房屋抵押登记的期待权利，应理解为其不受承包人建设工程价款优先受偿权行使的影响。

案例指导

中国光大银行股份有限公司上海青浦支行诉上海东鹤房地产有限公司、陈思绮保证合同纠纷案①

2010年11月17日，浦发银行无锡分行与华洛公司签订《个人住房按揭贷款合作协议书》一份，约定：浦发银行无锡分行同意对华洛公司开发建设并依法销售的无锡市洛城某园×区、×区楼宇的购房人提供按揭贷款；华洛公司同意对每一位购买无锡市洛城某园×区、×区楼宇的购房人提供无条件、不可撤销的连带责任保证；保证范围为借款本息、罚息及浦发银行无锡分行为实现债权发生的费用（包括处分抵押物费用等）；保证期间自浦发银行无锡分行与借款人签订借款合同之日起至华洛公司为购房人办妥房屋所有权证、土地使用证，并办妥房屋抵押登记，将房屋他项权证等房屋权属文件交付浦发银行无锡分行保管为止。

原告中国光大银行股份有限公司上海青浦支行（以下简称光大银行）因与被告上海东鹤房地产有限公司（以下简称东鹤公司）、被告陈思绮发生保证合同纠纷，向上海市青浦区人民法院提起诉讼。

原告光大银行诉称：2007年8月29日，其与两被告签订《个人贷款合同（抵押、保证）》1份，约定：被告陈思绮向其借款人民币37万元（以下币种均为人民币），用于购买坐落于上海市青浦区鹤如路×××弄××号×××室房屋，被告东鹤公司承担连带责任。合同签订后，原告按约发放贷款。因两被告之间的房屋买卖行为已被法院生效判决确认无效，故请求判令被告陈思绮偿付自2011年3月20日起至2011年6月20日的利息7843.86元以及自2011年6月21日起至实际清偿之日止的利息（利率按合同约定计算）；被告东鹤公司连带清偿借款本金354852.26元，偿付合同期内利息和逾期利息

① 案例来源：《最高人民法院公报》2014年第9期。

7843.86 元 (暂计至 2011 年 6 月 20 日) 及自 2011 年 6 月 21 日起至实际清偿之日止的利息 (利率按合同约定计算) ；两被告偿付原告律师代理费 15000 元；原告在抵押物处分时享有优先受偿权，不足部分由两被告连带清偿。

被告陈思绮未作答辩。

被告东鹤公司辩称：法院生效判决已经明确其与被告陈思绮签订的《商品房预售合同》无效，故系争《个人贷款合同 (抵押、保证)》也无效，东鹤公司不应承担保证责任；且东鹤公司已经向陈思绮返还房款，无须再向光大银行还款。故请求驳回光大银行对其的全部诉讼请求。

上海市青浦区人民法院一审查明：

1.2007 年 8 月 29 日，原告光大银行与被告陈思绮、东鹤公司签订《个人贷款合同 (抵押、保证)》1 份，约定陈思绮向光大银行借款 37 万元，用于购房。陈思绮以坐落于上海市青浦区鹤如路 ××× 弄 ×× 号 ××× 房屋作为抵押物提供担保，担保范围包括利息、律师费等；贷款期限自 2007 年 9 月 12 日至 2037 年 9 月 12 日，还款方式采用等额还本付息法。东鹤公司作为保证人在合同上盖章。合同签订后，光大银行和陈思绮于 2007 年 9 月 12 日办理抵押物登记手续，光大银行于同日发放贷款。

2.2010 年 12 月 28 日，上海市青浦区人民法院受理陈思绮诉东鹤公司商品房预售合同纠纷案。审理中，光大银行作为第三人参加诉讼。上海市青浦区人民法院在审理该案中认为，陈思绮和东鹤公司通过签订商品房预售合同的合法形式，掩盖了东鹤公司获得银行贷款的非法目的，该行为损害了他人的利益，故合同无效。因商品房预售合同被确认无效，贷款合同的目的已无法实现，故该贷款合同应一并予以解除。据此上海市青浦区人民法院作出 (2011) 青民三 (民) 初字第 79 号民事判决，判决合同无效；陈思绮归还光大银行借款本金 355672.35 元及截至 2011 年 3 月 29 日的利息。陈思绮不服该判决提起上诉，上海市第二中级人民法院作出 (2011) 沪二中民二 (民) 终字第 1370 号民事判决，驳回上诉，维持原判。之后，光大银行收到归还的贷款 820.09 元。

3. 光大银行为本案一审支出的律师费用为 5000 元。

上海市青浦区人民法院一审认为：

原告光大银行与被告东鹤公司、陈思绮签订的《个人贷款合同 (抵押、保证)》是当事人在平等、自愿的基础上缔结的，是其真实意思表示，合法有效。由于贷款合同被判令解除后，陈思绮未履行生效判决规定的还款义务，根据合同约定，光大银行有权行使抵押权。东鹤公司作为保证人也应承担相应的保证责任。光大银行为本案支付的律师代理费为5000元，根据合同约定，此款应由陈思绮偿付，东鹤公司承担保证责任。对光大银行主张的其他律师代理费，因非本案支出的费用，故不予支持。由于光大银行的债权既有保证又有物的担保，故东鹤公司对物的担保以外的债权承担保证责任。鉴于借款合同的有效性已在前述作了认定，故保证合同有效，东鹤公司仍应承担保证责任。陈思绮经合法传唤无正当理由拒不到庭参加诉讼，放弃了自己的抗辩权利。

综上，上海市青浦区人民法院于2012年5月30日作出判决：

一、陈思绮应于判决生效之日起十日内偿付光大银行律师代理费5000元；

二、如陈思绮未履行(2011)青民三(民)初字第79号民事判决确定的归还借款本金354852.26元(2011年6月21日后的利息按合同规定计算)以及本判决第一条确定的律师费5000元，光大银行可以与抵押人陈思绮协议，以坐落于上海市青浦区鹤如路×××弄××号×××室房屋折价，或者申请以拍卖、变卖该抵押物所得价款优先受偿。抵押物折价或者拍卖、变卖后，其价款超过债权数额的部分归抵押人陈思绮所有，不足部分由陈思绮清偿；

三、在陈思绮提供的抵押物不足以清偿全部债务时，由东鹤公司对不足部分债务承担连带清偿责任。东鹤公司承担保证责任后，有权向陈思绮追偿。

光大银行、东鹤公司均不服一审判决，向上海市第二中级人民法院提起上诉。

上诉人光大银行上诉称：（1）根据贷款合同约定，债权人为实现债权所支出的律师费应由债务人承担，保证人承担担保责任。（2）光大银行有权向被上诉人陈思绮及东鹤公司主张因逾期还款导致的自2011年3月20日起至2011年6月20日的利息7843.86元。（3）东鹤公司是贷款的实际使用人，与陈思绮构成共同侵权，应与陈思绮共同向光大银行承担连带清偿责任，不应适用“先物的担保，后人的担保”的原则。请求二审法院撤销原判第一、二、三项，改判支持其一审的诉讼请求，上诉费用由陈思绮与东鹤公司承担。

上诉人东鹤公司上诉称：（1）上诉人光大银行与被上诉人陈思绮的贷款合同已解除，东鹤公司不应承担保证责任，且光大银行并非善意，其抵押权不应受到保护。（2）生效判决认定房屋预售合同无效，系争房屋归东鹤公司所有。（3）光大银行支付的律师费不应由其承担。请求二审法院：（1）撤销原审判决，依法改判或发回重审，驳回光大银行对其的诉讼请求；（2）由光大银行与陈思绮承担本案上诉费用。

被上诉人陈思绮辩称：（1）上诉人光大银行要求其还款是合理的，且认可光大银行主张的利息，但其无力还款。（2）律师费不是合理支出，不应由其承担。（3）系争房屋是其购买的，抵押权行使后超出债权部分应归其所有。请求驳回上诉人东鹤公司的上诉。

上海市第二中级人民法院经二审，确认了一审查明的事实。另查明：

1. 上诉人光大银行和被上诉人陈思绮于 2007 年 9 月 12 日办理预告登记（预购商品房抵押）。一审对此表述欠妥，应予纠正。

2. 上诉人东鹤公司自愿为被上诉人陈思绮在贷款合同项下所产生的全部债务向上诉人光大银行提供阶段性连带责任保证，如陈思绮未按合同约定履行还款义务，东鹤公司保证向光大银行履行还款义务，保证期间从合同签署之日起至抵押人就抵押物有效设定抵押，且相关抵押物权利证明及设定抵押的相关文件交付贷款人正式执管之日止。

3. 上诉人光大银行参加被上诉人陈思绮与上诉人东鹤公司商品房预售合同纠纷案一、二审诉讼，为此支出律师费 10000 元，参加本案诉讼，支出律师费 5000 元。

4. 截至 2011 年 6 月 20 日，被上诉人陈思绮欠付的期内利息及逾期利息计 7843.86 元，其中，自 2011 年 3 月 30 日起至 2011 年 6 月 20 日止，陈思绮欠付的期内利息及逾期利息计 5263.01 元。

本案二审的争议焦点是：（1）上诉人光大银行对涉案房产能否行使抵押权；（2）上诉人东鹤公司在本案中是否承担法律责任；（3）光大银行主张的利息、逾期利息及律师费是否应予支持。

上海市第二中级人民法院二审认为：

1. 关于第一个争议焦点：上诉人光大银行对涉案房产能否行使抵押权。

二审法院认为，系争房产上设定的抵押预告登记，与抵押权设立登记具有不同的法律性质和法律效力。根据《物权法》等相关法律法规的规定，预告登记后，未经预告登记的权利人同意，处分该不动产的，不发生物权效力。预告登记后，债权消灭或者自能够进行不动产登记之日起三个月内未申请登记的，预告登记失效。即抵押权预告登记所登记的并非现实的抵押权，而是将来发生抵押权变动的请求权，该请求权具有排他效力。因此，上诉人光大银行作为系争房屋抵押权预告登记的权利人，在未办理房屋抵押权设立登记之前，享有的是当抵押登记条件成就或约定期限届满对系争房屋办理抵押权登记的请求权，并可排他性地对抗他人针对系争房屋的处分，但并非对系争房屋享有现实抵押权，一审判决对光大银行有权行使抵押权的认定有误，应予纠正。

2. 关于第二个争议焦点：上诉人东鹤公司在本案中是否承担法律责任。

二审法院认为，根据《担保法解释》第十条的规定，东鹤公司提供阶段性连带保证的主合同为系争贷款合同，现主合同虽被解除，在东鹤公司与光大银行未在保证合同中另有约定的情况下，保证人东鹤公司仍应对债务人的相关民事责任承担连带清偿的保证责任。而所谓阶段性连带保证，其本意就是让房产开发商为借款人在该阶段内(贷款合同签署之日起至抵押有效设定，相关权利证明文件交付银行执管之日止)向银行履行还款义务提供保证，亦为银行获得安全的房屋抵押担保的等待过程提供保证。一旦房屋抵押设定成功，该阶段性保证的任务完成，即阶段性保证期限届满之时便是银行获得借款人的房屋抵押担保之时。本案抵押预告登记在未变更为抵押权设立登记之前，根据物权法定原则，上诉人光大银行就抵押房屋处分并优先受偿的权利在行使要件上有所欠缺，即上诉人东鹤公司提供的阶段性连带保证的期限届满条件未成就。且该期限届满条件的未成就并非光大银行造成，而是东鹤公司与被上诉人陈思绮恶意串通，以商品房买卖为名，行东鹤公司融资之实，损害了光大银行的利益，危及银行贷款安全，陈思绮与东鹤公司具有明显过错。因此，东鹤公司应对陈思绮因贷款合同所产生的所有债务承担连带清偿责任。至于东鹤公司承担连带清偿责任之后与陈思绮之间的权利义务关系，双方可能另行存在约定，东鹤公司可与陈思绮另行解决，本案中不予处理追偿权问题。

3. 关于第三个争议焦点：上诉人光大银行主张的利息、逾期利息及律师费是否应予支持。

二审法院认为，上诉人光大银行在本案中对被上诉人陈思绮的利息主张与另案生效判决存在部分期间的重叠，故对光大银行向陈思绮主张的利息中计算重复部分不予支持，本案中陈思绮应付的利息应自 2011 年 3 月 30 日起算。对于光大银行主张的律师费，其作为第三人申请参加另案诉讼的审理，由此产生的律师费不能在本案中予以主张。至于光大银行主张因本案保证合同诉讼所产生的律师费，一审法院已阐明了支持的理由，并无不当。

综上所述，一审判决确有错误，应予改判。据此，依照《物权法》第二十条，《民事诉讼法》第一百五十三条第一款第 (一) 项、第 (二) 项、第一百五十八条的规定，上海市第二中级人民法院于 2012 年 10 月 26 日判决如下：

一、维持上海市青浦区人民法院 (2012) 青民二 (商) 初字第 457 号民事判决第一项。

二、撤销上海市青浦区人民法院 (2012) 青民二 (商) 初字第 457 号民事判决第二项、第三项。

三、被上诉人陈思绮应于本判决生效之日起十日内支付上诉人光大银行自 2011 年 3 月 30 日起至 2011 年 6 月 20 日止的期内利息及逾期利息计人民币 5263.01 元以及自 2011 年 6 月 21 日起至实际清偿完毕日止的逾期利息 (以本金人民币 354852.26 元为基数，按照合同约定的贷款执行利率基础上上浮 30% 计收)。

四、上诉人东鹤公司应连带清偿被上诉人陈思绮借款本金人民币 354852.26 元，截至 2011 年 6 月 20 日止的期内利息及逾期利息计人民币 7843.86 元以及自 2011 年 6 月 21 日起至实际清偿完毕日止的逾期利息 (以本金人民币 354852.26 元为基数，按照合同约定的贷款执行利率基础上上浮 30% 计收)。

五、上诉人东鹤公司对本判决第一项陈思绮的给付义务承担连带清偿责任；

六、驳回上诉人光大银行其他诉讼请求；

七、驳回上诉人东鹤公司的上诉请求。

本判决为终审判决。

规范指引

《中华人民共和国担保法》

第三十四条 下列财产可以抵押：

（一）抵押人所有的房屋和其他地上定着物；

（二）抵押人所有的机器、交通运输工具和其他财产；

（三）抵押人依法有权处分的国有的土地使用权、房屋和其他地上定着物；

（四）抵押人依法有权处分的国有的机器、交通运输工具和其他财产；

（五）抵押人依法承包并经发包方同意抵押的荒山、荒沟、荒丘、荒滩等荒地的土地使用权；

（六）依法可以抵押的其他财产。

抵押人可以将前款所列财产一并抵押。

《最高人民法院关于适用〈中华人民共和国担保法〉若干问题的解释》

第四十九条 以尚未办理权属证书的财产抵押的，在第一审法庭辩论终结前能够提供权利证书或者补办登记手续的，可以认定抵押有效。

当事人未办理抵押物登记手续的，不得对抗第三人。

《中华人民共和国物权法》

第二十条 当事人签订买卖房屋或者其他不动产物权的协议，为保障将来实现物权，按照约定可以向登记机构申请预告登记。预告登记后，未经预告登记的权利人同意，处分该不动产的，不发生物权效力。

预告登记后，债权消灭或者自能够进行不动产登记之日起三个月内未申请登记的，预告登记失效。

《城市房地产抵押管理办法》

第二十条 预购商品房贷款抵押的，商品房开发项目必须符合房地产转让条件并取得商品房预售许可证。

第二十七条 以预购商品房贷款抵押的，须提交生效的预购房屋合同。

专题五：抵押财产的价值能否约定

【**核心提示**】抵押财产价值的确定应以抵押权实现时的变现价值为标准，当事人对抵押财产价值的约定不得对抗《担保法解释》第五十条的规定。

实务争点

抵押权在本质上是通过变现抵押物以确保抵押权人优先受偿的权利，抵押权人的最终目的不在于取得抵押物的实体本身，而在于获得抵押物的实际经济价值从而顺利实现债权。抵押物本身价值的不确定性和市场行情的波动性等，可能导致抵押物的价值在抵押权设定与最终实现期间产生变动，进而使在抵押担保法律关系中，双方当事人对能否在抵押合同中约定抵押物的价值这一问题存在不同看法：第一种意见认为，当事人不能约定抵押物的价值，其理由在于《担保法解释》第五十条的明确规定："……抵押财产的价值在抵押权实现时予以确定。"即抵押财产的价值应以抵押物最终拍卖、变卖、折价后的实际价值为依据，故在抵押合同中约定抵押物价值无实际意义。第二种意见认为，抵押权人和抵押人可以就抵押财产的价值进行约定，这也是意思自治原则在抵押担保法律关系中的体现，但该约定不得对抗《担保法解释》第五十条关于"抵押财产的价值在抵押权实现时予以确定"的规定，即若对抵押财产所约定的价值与抵押权实现时抵押财产的实际价值发生冲突，应以后者为准。

理解适用

对《担保法解释》第五十条的理解与适用

抵押物的价值与债权的实现密切相关，这主要是因为在抵押权设定后，抵押人并不移转对抵押物的占有，抵押权人亦未取得对抵押物的实际控制，而是仅在债务人到期不履行债务或发生其他可以行使抵押权的情形时，抵押权人通过行使抵押权获得抵押物的价值，以保障其债权得以实现。因此，抵押物价值的确定对债权人实现债权具有重要意义。

（一）抵押财产价值的确定

抵押财产价值的确定，涉及对《担保法解释》第五十条的理解。该解释规定："以担保法第三十四条第一款所列财产一并抵押的，抵押财产的范围应当以登记的财产为准。抵押财产的价值在抵押权实现时予以确定。"从文义上理解，该条文包括两方面含义：第一，以不动产、特定动产以及依法可以抵押的财产设定抵押的，抵押财产范围应以登记财产为准。这主要涉及设立抵押的程序要件和登记的效力，即不动产抵押权以登记为成立要件，但未登记不影响抵押合同的效力；动产抵押随抵押合同的生效而成立，未经登记，不能对抗抵押物上存在的物权或第三人之主张。抵押财产的范围，应当以抵押登记的财产为准，抵押登记使抵押的不动产或动产具有了公信力与对抗力，对此内涵应无太大争议。第二，抵押财产价值的大小应在抵押权实现时予以确定。但在设定抵押时当事人能否对抵押财产的价值进行约定？前述条文和相关法律并未对此作出明确规定，导致司法实践中存在争议。第一种意见认为，应严格按照《担保法解释》第五十条的规定，以抵押权实现时抵押物的实际价值为准。第二种意见认为，根据意思自治原则，在不损害公共利益与第三人利益的情况下，抵押法律关系的当事人可以在设定抵押时对抵押物价值予以约定。[①]

我们认为当事人不能在设定抵押时约定抵押物的价值，抵押财产的价值只能在抵押权最终实现时予以确定。首先，从抵押物价值的状态来看，抵押物价值本身具有不确定性，其并不是一成不变的，而是处于不断变化发展的过程中。例如，抵押人在抵押期间对抵押财产进行添附、完善，可能会使抵

---

① 江必新、何东宁主编：《最高人民法院指导性案例裁判规则理解与适用——担保卷》，中国法制出版社 2011 年版，第 425 页。

押财产的价值有很大程度的提高；抵押财产如是消耗品，则其价值也会因长期使用而发生大幅度下降；抵押财产如果为房屋或土地使用权，受市场行情变化的影响，其价值在抵押权设立与实现时也会存在差别。此外，通货膨胀、市场等外在因素也会导致抵押财产的实现价值与设立时的价值有天壤之别。因此，在抵押权设定之时，抵押物的价值尚处于一种不确定的状态，到抵押权实现时抵押财产的价值难免会发生变化和波动，就这一意义而言，抵押权人与抵押人在设定抵押时，就抵押财产的价值进行约定并无实际意义。[①]

其次，就抵押权设立的目的而言，其作用在于当债务人不履行债务时，保障债权人的债权因获得充分的担保而有完全受偿的可能，其立法意图在于保护债权人的利益。根据《担保法》及相关法律规定，抵押权的实现必须具备一定条件，即只有当债务人不履行债务或不完全履行债务时，或是发生约定行使抵押权的情形时，抵押权才具有现实的必要性，如果债权债务关系处于正常发展状态，债务人如期完全履行债务，债权人受领给付，则抵押权因主债务的清偿而归于消灭，此种情况无实现之可能。如果债务人不履行债务或不完全履行债务，抵押权人也不得通过直接占有抵押物的方式获得清偿，抵押权必须通过折价、拍卖等方式才能最终得以实现，抵押权人就抵押物变现所得的价款具有优先受偿权。在变现抵押财产时，如果抵押物价格下跌，即使当初其价值超出债权额，也无法担保全部债权实现；如果抵押物价值上涨，即使当初其价值低于主债权额，也可以充分保护债权人的利益。[②] 因此，要求抵押当事人在设定抵押之时即约定抵押物价值，限制其所担保的债权额，从抵押权实现的角度来看既不必要，也不具有合理性。

最后，即使当事人可以就担保财产的价值进行约定，该约定也不能对抗《担保法解释》第五十条的规定，那么基于抵押财产价值的不确定性，当事人的约定对抵押财产的价值实现而言并无实际影响，抵押财产的价值最终还是在抵押权实现时得以体现。

---

① 刁胜先：《论抵押权的价值化》，载《东华大学学报（社会科学版）》2001 年第 6 期，第 35 页。

② 程永杰、李子宽：《从本案看抵押担保金额的确定》，载中国法院网，http://www.chinacourt.org/article/detail/2007/09/id/267856.shtml。

综上，抵押财产的价值确定应以抵押权实现时的变现价值为标准，当事人对抵押财产价值的约定不得对抗《担保法解释》第五十条的规定。

（二）抵押财产范围与担保范围的约定

虽然当事人在设定抵押权时，其对抵押财产价值的约定不能对抗《担保法解释》第五十条的规定，但抵押权是基于当事人的合意而设定的，本身属于约定担保物权而非法定担保物权，抵押人和抵押权人可就抵押财产、抵押担保范围以及其他需要约定的事项进行约定，并在抵押合同或者主债权合同的抵押条款中予以明确。例如，《担保法解释》第五十条前半段的规定，并未限制当事人对抵押财产范围的约定。因抵押权设定的目的是担保债权的实现，因此，是否设定抵押以及抵押财产范围的确定是当事人自主选择的内容，应尊重当事人的意思表示。但当事人约定抵押的财产应当在《担保法》第三十四条规定的可抵押财产范围内。同时，当事人可以就抵押物的种类、数量等进行约定，并对抵押财产予以登记，以赋予其公信力和对抗力。又如，《担保法解释》第七十四条规定："抵押物折价或者拍卖、变卖所得的价款，当事人没有约定的，按下列顺序清偿：（一）实现抵押权的费用；（二）主债权的利息；（三）主债权。"此为法律的强制性规定，根据其立法本意，抵押物实现的价值应担保主债权及其利息、抵押权实现费用等内容，并且应当按照该顺序进行清偿。此外，抵押权人和抵押人可在不违反法律强制性规定的前提下，按照意思自治约定担保的具体范围，抵押人可就抵押物折价或者拍卖、变卖所得的实际价款，按照双方约定的担保范围履行义务。

案例指导

陆某珍与凉山州农村信用联社股份有限公司等申请再审案[①]

凉山州农村信用联社股份有限公司（以下简称凉山信用联社）与陆某珍等人签订了《抵押担保借款合同》，凉山信用联社为抵押权人，在凉山信用

① 案例来源：最高人民法院（2013）民申字2306号。

联社债权未得到实现的情况下，由陆某珍等人承担抵押担保责任。《抵押担保借款合同》第二条约定，“抵押人自愿以本人依法享有所有权、处分权的土地使用权及房屋财产权，经评估后价值 90 万元，抵押额为 90 万元作为抵押物，为借款人提供抵押担保”，该条还约定，“抵押担保的范围包括贷款本金、利息、违约金、损害赔偿金和实现债权的一切费用”；第四条约定：“抵押人承诺对本合同所列抵押物依法享有所有权、处分权，本次设定抵押后不再向他人设定抵押”，“贷款人处理抵押物清偿本合同项下的贷款本息，若有不足清偿部分，本抵押人承担连带保证责任，负责用其他资金偿还”。

之后，因贷款人未按期还款，凉山信用联社向法院起诉要求陆某珍等人履行担保责任，四川省高级人民法院作出二审判决后，陆某珍不服，向最高人民法院申请再审称：二审判决未对抵押担保的抵押额为 90 万元这一事实进行认定，《抵押担保借款合同》第二条明确了抵押额为 90 万元，陆某珍的抵押物仅在 90 万元的抵押限额范围内承担抵押担保责任，二审判决未对抵押额作出认定，并径行判决凉山信用联社就借款本金 60 万元及相应利息对抵押物享有优先受偿权，但借款本金及相应利息远远超出抵押额范围，损害了陆某珍的利益。

最高人民法院再审认为：确定抵押的内容应综合合同全部条文来看，根据《抵押担保借款合同》第二条、第四条约定的抵押担保的范围是贷款本金、利息、违约金、损害赔偿金和实现债权的一切费用，若上述费用发生，很可能超出抵押物的评估值 90 万元，而抵押人不但以抵押物为担保，还承诺不再向其他人设定抵押，抵押物不足清偿部分，抵押人承担连带保证责任，抵押人的意思应是拟以全部抵押物清偿债务。因此，虽然合同第二条约定了抵押物的价值 90 万元，抵押额为 90 万元，该约定并非最高额抵押担保，凉山信用联社“合同中抵押额为 90 万元的表述，仅仅是在确定评估价值的基础上当事人对约定价值的陈述，而非为抵押合同设定最高限额”这一抗辩成立，合同第二条关于抵押 90 万元的约定应理解为全额抵押。二审判决认定凉山信用联社就借款本金及相应利息对《抵押担保借款合同》中约定的抵押物享有优先受偿权，事实上也是认定了双方的意思表示系全额抵押。综上，再审驳回了陆某珍的诉讼申请。

规范指引

《中华人民共和国担保法》

第三十四条 下列财产可以抵押：

（一）抵押人所有的房屋和其他地上定着物；

（二）抵押人所有的机器、交通运输工具和其他财产；

（三）抵押人依法有权处分的国有的土地使用权、房屋和其他地上定着物；

（四）抵押人依法有权处分的国有的机器、交通运输工具和其他财产；

（五）抵押人依法承包并经发包方同意抵押的荒山、荒沟、荒丘、荒滩等荒地的土地使用权；

（六）依法可以抵押的其他财产。

抵押人可以将前款所列财产一并抵押。

《最高人民法院关于适用〈中华人民共和国担保法〉若干问题的解释》

第五十条 以担保法第三十四条第一款所列财产一并抵押的，抵押财产的范围应当以登记的财产为准。抵押财产的价值在抵押权实现时予以确定。

第五十一条 抵押人所担保的债权超出其抵押物价值的，超出的部分不具有优先受偿的效力。

第七十四条 抵押物折价或者拍卖、变卖所得的价款，当事人没有约定的，按下列顺序清偿：（一）实现抵押权的费用；（二）主债权的利息；（三）主债权。

专题六：主债权经过诉讼时效，抵押权是否自动消灭

【核心提示】主债权经过诉讼时效，抵押权人未行使抵押权的，抵押权消灭。抵押权消灭后，人民法院可以判令解除抵押登记。

实务争点

根据《物权法》《担保法》等法律的规定，导致抵押权消灭的情况包括主债权消灭、抵押权实现、债权人放弃抵押权以及抵押财产灭失。在以上情形均未发生的情况下，抵押权的存续期间是否会随主债权经过诉讼时效而自动消灭？也即主债权经过诉讼时效，抵押权只是受债务人抗辩权的影响，还是彻底消灭？对此主要存在以下争论：第一种意见认为，抵押权所担保债权的诉讼时效期间届满后，抵押权自动消灭。理由在于抵押权作为担保物权，从属于其所担保的主债权，随主债权的存在而存在，主债权消灭，抵押权亦随之消灭。此处的抵押权存续期间应理解为除斥期间，该期间经过将导致抵押权消灭，抵押权人应当在主债权诉讼时效期间行使抵押权；未行使的，人民法院不予保护。第二种意见认为，此种期间应理解为诉讼时效期间，[①] 即主债权的诉讼时效期间届满后，主债权并没有消灭，债务人取得履行抗辩权，抵押权人丧失的是抵押权受人民法院保护的权利，而抵押权本身并没有消灭，如抵押人自愿履行担保义务，抵押权人仍可行使抵押权。对此问题，《担保法解释》第十二条规定："当事人约定的或者登记部门要求登记的担保期间，对担保物权的存续不具有法律约束力。担保物权所担保的债权的诉讼时效结束后，担保权人在诉讼时效结束后的二年内行使担保物权的，人民法院应当予以支持。"《物权法》第二百零二条规定："抵押权人应当在主债权诉讼时效期间行使抵押权；未行使的，人民法院不予保护。"

理解适用

对《担保法解释》第十二条的理解与适用

抵押权存续期间与担保法律关系中当事人的利益密切相关，《担保法解释》第十二条与《物权法》第二百零二条分别对担保物权与抵押权的存续期间作了规定。

---

① 胡康生主编：《中华人民共和国物权法释义》，法律出版社 2007 年版，第 441 页。

（一）对抵押权存续期间的理解

《担保法解释》第十二条规定："当事人约定的或者登记部门要求登记的担保期间，对担保物权的存续不具有法律约束力。担保物权所担保的债权的诉讼时效结束后，担保权人在诉讼时效结束后的二年内行使担保物权的，人民法院应当予以支持。"《物权法》对《担保法解释》第十二条的内容作出了修正，其第二百零二条规定："抵押权人应当在主债权诉讼时效期间行使抵押权；未行使的，人民法院不予保护。"因此，关于抵押权存续期间的问题，应当以《物权法》的规定为准。《物权法》第二百零二条是整部法律中唯一使用司法解释语言表述立法内容的条文，[①]学界和实务界对该条的理解一直存在分歧，争议的核心在于对"抵押权存续期间"性质的解读，即此处所指的存续期间是诉讼时效期间还是除斥期间，由此而引申的问题即主债权诉讼时效完成后抵押权是否消灭。

持其性质为诉讼时效期间的观点认为，"抵押权存续期间"应类似于《民法总则》中关于诉讼时效届满后法律后果的表述。按此观点，《物权法》中规定的抵押权司法保护期间可理解为抵押权的诉讼时效，该期间届满后，抵押权人丧失的是抵押权受人民法院保护的权利，即胜诉权，而抵押权本身并没有消灭。[②]抵押权司法保护期的期间长短取决于主债权的诉讼时效，主债权诉讼时效中断、中止、延长的，抵押权的司法保护期也同样随之中断、中止或延长。主债权经法院裁判后不再计算诉讼时效，抵押权的司法保护期也不再继续计算，抵押权将一直受法律保护。[③]如抵押人自愿履行担保义务，则抵押权人仍可以行使抵押权。

持其性质为除斥期间的观点认为，《物权法》第二百零二条规定的抵押权存续期间应当为除斥期间，即该期间经过的法律后果是抵押权消灭，或者说抵押权未及时行使的后果不仅是丧失法院的公力保护，抵押权本身也不复

---

① 最高人民法院民事审判第二庭编著：《担保案件审判指导》，法律出版社 2014 年版，第 335 页。

② 胡康生主编：《中华人民共和国物权法释义》，法律出版社 2007 年版，第 441 页。

③ 曹士兵：《中国担保制度与担保方法》，中国法制出版社 2007 年版，第 275 页。

存在。[①] 从抵押权的性质来看，其本身属于支配权而非请求权，按照民法的基本原理，抵押权不受诉讼时效的限制，因此，抵押权也不适用与其担保的债权相同的诉讼时效制度。[②]

抵押权在性质上属于物权，按照物权法定原则，抵押权的设立、变更和消灭均需以法律规定为依据，如果实践中未发生《物权法》第一百七十七条规定的情形，抵押权将一直存在。但抵押权本身又具有从属性，从属于其所担保的主债权，主债权的诉讼时效期间届满后，主债权并没有消灭，而只是债务人取得了履行抗辩权，由于主债权的存在，其抵押权也附随存在。这样一来所导致的后果可能是抵押权人长期怠于行使抵押权，不利于发挥抵押财产的经济效用和促进经济发展。因此，从抵押权行使的效果来看，宜将《物权法》第二百零二条的规定理解为主债权诉讼时效完成后，抵押权亦随之消灭。有学者认为，作此解读存在三个方面的优点：第一，维护了民法关于诉讼时效仅适用于请求权的通说；第二，符合《物权法》第四编担保物权体系的内在逻辑；第三，使抵押权因主债权诉讼时效完成而消灭，不仅简单明快，且便于操作。[③]

（二）抵押权消灭的立法依据——《物权法》第一百七十七条第（四）项

按照我国的主流观点，主债权并不因诉讼时效经过而消灭，而是沦为自然债权，债务人产生相应的抗辩权，债权的实现需要债务人主动放弃抗辩，除此以外别无他法。由于抵押权是主债权的从权利，逻辑上讲在主权利没有消灭的情况下，抵押权不能消灭，这是“存续说”的重要论据。《物权

---

① 最高人民法院物权法研究小组编著：《〈中华人民共和国物权法〉条文理解与适用》，人民法院出版社 2007 年版，第 603 页。

② 有学者认为，如抵押权适用诉讼时效，将面临一个严重问题：在主债权诉讼时效完成后，质权和留置权是否适用诉讼时效？如作肯定解释，则会因《物权法》未作明确规定而违反物权法定原则；若作否定解释，则抵押权适用诉讼时效，质权与留置权不适用诉讼时效的解释将构成对《物权法》第四编内部体系的违反。参见王闯：《冲突与创新》，载梁慧星主编：《民商法论丛》（第 40 卷），法律出版社 2008 年版。

③ 王闯：《冲突与创新》，载梁慧星主编：《民商法论丛》（第 40 卷），法律出版社 2008 年版。

法》第一百七十七条明确规定担保物权因为主债权消灭、担保物权实现、债权人放弃担保物权或者法律规定担保物权消灭的其他情形而消灭。这里法律规定的其他情形大致是因为担保合同存在问题，比如抵押合同存在《合同法》第四十七条、第四十八条、第五十一条、第五十四条的情形，抵押权虽然一度存在，但是因抵押合同最终被撤销或不被追认而消灭。虽然《物权法》第一百七十七条第（四）项规定担保物权可因法定的其他事由而消灭，但我国法律并未明确规定抵押权因为主债权的诉讼时效经过而消灭。我们认为，"存续说"主张主债权诉讼时效经过导致抵押权效力减损，这中间缺乏合理过渡，理由在于：首先，作为物权的抵押权原则上不属于诉讼时效制度的作用范围，何以主债权诉讼时效经过会对作为物权的抵押权产生影响？其次，作为物权的抵押权的实现具有强制性，这是物权具有支配性的体现，只要债权未能按时实现，抵押权人就可拍卖、变卖、折价抵押物以实现抵押权，但若按"存续说"观点，反而必须抵押人同意方能实现抵押权，这与抵押权的物权属性格格不入。最后，"存续说"的观点还表明抵押人可以对抗抵押权人的抵押权，即抵押人拥有对抗抵押权实现的抗辩权，也即抗辩权与支配权（抵押权）之间产生对抗关系，但抗辩权通常与请求权相应而生，此观点对传统民法理论颠覆过甚，难以自圆其说。可见，"存续说"除了在主从权利关系方面有据可依之外，则显得顾此失彼，捉襟见肘。再则，抵押权继续存续对抵押物转让、二次融资等产生消极作用，故我们认为应坚持"消灭说"。具体而言，可将《物权法》第二百零二条作为第一百七十七条第（四）项规定的其他消灭事由之一，这样在立法论上比较顺畅，在解释论上也无不可克服的困难，兼顾了理论自洽和交易需要。

（三）《物权法》第二百零二条与《担保法解释》第十二条的冲突与衔接

《物权法》第二百零二条与《担保法解释》第十二条分别规定了抵押权的行使期间。其中，《担保法解释》第十二条第一款主要是针对《物权法》颁布前，《担保法》等法律法规没有对抵押权的存续期间予以明确规定，实践中当事人及登记机关对担保物权约定或要求登记担保期间，特别是抵押登记机关在办理抵押物登记时，强制登记抵押期间，抵押期间届满后不重新登记，抵押权消灭等问题而规定的。[①] 该规定是对物权法定原则的重申与明确，与之后颁布的《物权法》并不冲突，在《物权法》生效后可继续适用。该条第二款规定的抵押权行使期间，则与《物权法》第二百零二条的规定不一致。二者区别在于:《物权法》第二百零二条规定了抵押权的特殊司法保护期，即抵押权应当在主债权的诉讼时效期间内行使，否则归于消灭。而根据《担保法解释》第十二条第二款的规定，担保权人仍可在所担保的主债权诉讼时效结束后的二年内行使担保物权。关于二者不一致之处如何衔接的问题，《物权法》第一百七十八条规定："担保法与本法的规定不一致的，适用本法。"因此，按照新法优于旧法的原则，抵押权的行使期间应遵循《物权法》的相关规定。在抵押期间届满后，抵押人享有注销抵押登记的请求权，法官也可主动援引《物权法》第二百零二条否定抵押权人的权利。

（四）《物权法》第二百零二条对质权和留置权不能类推适用

与《担保法解释》第十二条第二款不同，《物权法》第二百零二条仅规定了抵押权的行使期间，该条是否准用于质权与留置权？对此，参与立法的专家认为："主债权诉讼时效届满后，担保物仍在担保权人的控制之下，担保权人可凭占有处分担保物，实现自己的权利。如果规定担保物权因主债权时效届满而消灭，与债务人不得对超时效行为之履行请求返还的民法基本原理相悖。"[②] 为弥补《物权法》第二百零二条不适用于质权、留置权而造成的权利长期不行使的缺陷，《物权法》第二百二十条和第二百三十七条对出质人、债务人督促担保权人行使担保物权作了规定。这些条款是对《物权法》没有针对质权、留置权的主债权诉讼时效的规定可能带来的消极后果所采取的另

① 江必新、何东宁主编:《最高人民法院指导性案例裁判规则理解与适用——担保卷》，中国法制出版社 2011 年版，第 320 页。

② 全国人大常委会法制工作委员会民法室:《物权法（草案）参考》，中国民主法制出版社 2005 年版，第 447 页。

类解决措施。[①] 由此可见，《物权法》对主债权诉讼时效针对不同类型的担保物权的影响作了不同的规定，即质权和留置权并不受主债权诉讼时效的影响；在主债权的诉讼时效届满后，质权人和留置权人原则上仍然有权行使质权和留置权，担保人不能依据诉讼时效进行抗辩。有学者认为存在此种区分的根据在于是否移转担保物的占有，即抵押权的设立不转移担保物的占有，质权和留置权的设立则需要转移对担保物的占有。由于质权人和留置权人占有担保物，当主债权的诉讼时效届满时，如果不允许担保权人行使担保物权，而允许担保人以诉讼时效届满为由请求返还担保物，则不仅与诉讼时效制度维护现存秩序的功能相违背，对担保权人也有失公平。质权人和留置权人之所以一直没有行使债权和担保物权，可能正是考虑到自己占有着担保财产，其权利能得到充足的保障。另外，诉讼时效制度推定时效期间届满时债务人已经履行了债务，而债权人仍占有质押财产或留置财产的事实，说明债务仍未得以清偿，便推翻了诉讼时效制度的上述推定。当然，担保权人在主债权的诉讼时效届满后仍然能行使质权和留置权，意味着担保人和债务人在时效届满后实质上不能获得诉讼时效制度的保护。但是，当事人在质权和留置权设立之初便可知晓这一风险以及预知到这一结果，因此，由担保人和债务人承担该风险和结果，算不上苛刻。

案例指导

王军诉李睿抵押合同纠纷案[②]

原告王军诉称：2009 年 8 月 12 日，王军与被告李睿签订房产抵押合同及借款合同，约定用王军名下的位于北京市通州区的 A 房屋作为抵押，并办理抵押登记。款项实为案外人兰广清向李睿所借，王军仅是应兰广清要求提供房本，所有的款项均由兰广清本人偿还，与王军无关。至于李睿如何与兰

---

① 刘贵祥：《〈物权法〉关于担保物权的创新及审判实务面临的问题（下）》，载《法律适用》2007 年第 9 期。

② 案例来源：《最高人民法院公报》2017 年第 7 期。

广清进行协商，王军并不清楚。王军并未收到李睿给付的借款 50 万元。因实际借款人为兰广清，且李睿未在主债权诉讼时效期间行使抵押权，故抵押权不予保护。现诉至法院，请求判令：李睿协助王军办理注销通州区 A 房屋的抵押登记手续。

被告李睿辩称：不同意原告王军的诉讼请求。2009 年 8 月 11 日，案外人兰广清找到李睿，称王军因之前从姜苏处借款并以自己名下的房屋进行抵押，借款到期后，王军需要借款还债。故王军向李睿借款 50 万元，双方签订了借款协议，约定借款利息为月息 1.5 万元，王军收到李睿给付的借款 50 万元后，向李睿出具了收条。双方约定用王军名下的位于通州区的 A 房屋抵押，并办理抵押登记，双方之间成立借款合同关系及抵押合同关系，李睿是抵押权人。借款后，都是兰广清通过银行转账向李睿还款，但李睿一直通过打电话的方式向王军主张债权。2014 年，李睿找不到兰广清后，找到王军催要借款，王军本人表示同意还款。2015 年 8 月 3 日，王军向李睿偿还借款 0.7 万元，故涉诉债权未超过诉讼时效。

北京市通州区人民法院一审查明：

2009 年 8 月 11 日，王军（甲方）与李睿（乙方）签订协议书，约定："一、甲方从乙方处借款人民币伍拾万元，期限自 2009 年 8 月 11 日至 2009 年 9 月 10 日。期满一次性偿还全部借款。二、若借款期限届满甲方未能偿还全部债务，自期满之日起至甲方实际偿还乙方全部债务之日止按日向乙方支付借款额的 3‰作为逾期还款的利息。三、为保证乙方的权益，甲方将位于北京市通州区的 A 房屋抵押于乙方处。同时，甲方将该房屋产权证、购房合同、购房发票、房主身份证等证件交乙方保存。四、若借款期限届满甲方未能偿还全部债务。甲方除应当向乙方支付本协议第二条所规定的逾期还款利息，还应当协助乙方处分抵押物。处分所得偿还乙方债务，不足部分由甲方负责偿还。因处分抵押物产生的费用，由甲方承担……六、本协议一式二份，甲乙双方分执，具有同等法律效力。有效期自甲乙双方签字之日起至甲方偿还乙方全部债务之日止。未尽事宜，双方协商不成，由北京市通州区人民法院管辖。"王军在甲方处签字确认，李睿在乙方处签字确认。同日，从李睿的银行卡号向另一账户转款 49.72 万元。王军向李睿出具收条，写明：“今收到李睿现金人民币伍拾万元整。”2009年8月12日，王军和李睿在北京市通州区建设委员会办理了关于涉案房屋的抵押登记手续，2009年9月2日，李睿被登记为上述房屋的他项权利人，取得A房屋他项权利证书，其上记载房屋所有权人为王军，债权数额为人民币50万元。

庭审中，被告李睿陈述2009年8月兰广清找到自己，称原告王军向姜苏借款50万元，用王军自己名下的两套房产进行抵押，现还款期限将至，王军没有能力还款，故想从李睿处借款还债，并同意以王军名下的房产抵押担保。李睿考虑到王军的情况，就同意王军的要求，将49.72万元转入了王军指定的账户，并给付王军0.28万元现金。转款后，王军和李睿在房产管理部门签订上述协议书，王军向李睿出具收条。因王军所借款项均是用于偿还姜苏的借款，还款后，姜苏同意注销抵押登记。王军和李睿办理了涉案房屋的抵押登记手续，2009年9月2日，李睿被登记为上述房屋的他项权利人，取得房屋他项权利证。借款时，王军表示每个月给李睿借款利息，但具体没有说什么时候还款。其后，李睿都是打电话向王军催要还款，王军都表示和兰广清联系让兰广清还款。当时约定月利息为1.5万元，借款后，都是兰广清向李睿还款，但也不是按期支付。一直到2014年9月，李睿无法联系到兰广清，就直接找到王军要求王军还款。王军当时同意还款。2015年6月，李睿找到王军协商还款，王军带李睿一同找到李连霞，李连霞同意向李睿还款20万元，解除抵押登记。2015年8月3日，王军向李睿偿还借款0.7万元。

原告王军对被告李睿陈述的借款经过不予认可，表示李连霞是王军的学生，兰广清是李连霞的朋友。当时李连霞和兰广清一起找到王军，兰广清表示因在台湖建大棚需要向担保公司借款，但因兰广清名下没有大产权的房屋做抵押，想借用王军的房本做抵押。兰广清向姜苏借款并办理抵押登记，其后兰广清因没有钱还姜苏需要再借款，所以就向王军称再从李睿借款，办理房屋抵押手续。当时兰广清和王军说借款与手军没有任何关系，借款无须由王军偿还，仅需要王军提供房本。借款后，李睿一直都没有找过王军。一直到2015年4月左右，李睿找到王军要兰广清的联系方式，并没有向王军催要还款。直到 2015 年 9 月，李睿要求王军偿还借款，王军明确表示此借款与王军无关，不同意还款。自己从未向李睿还款 0.7 万元。

经法庭询问，被告李睿表示自己与兰广清之间另外存在其他借款事实，兰广清都是通过转账的方式向李睿转款，但兰广清并未向李睿明确表示还款系针对原告王军的借款，所以李睿也无法说清楚兰广清的还款是否针对王军的借款。

另查，北京市通州区 A 房屋的房屋所有权人为原告王军。2009 年 5 月 14 日，王军与案外人姜苏签订抵押合同，王军将上述房屋抵押给姜苏，并于 2009 年 5 月 27 日办理抵押登记手续，共贷款 35 万元整。2009 年 8 月 11 日，王军与姜苏向北京市通州区建设委员会提交解除抵押登记协议，表示 35 万元贷款于 2009 年 8 月 11 日全部还清，要求注销该笔抵押登记手续。当日，北京市通州区建设委员会注销该抵押登记。

上述事实，有协议书、收条、房产证、北京市通州区不动产登记事务中心出具的查询结果、房屋他项权利证、房屋产权登记档案材料、银行交易明细和当事人陈述意见在卷佐证。

北京市通州区人民法院一审认为：

当事人对自己提出的诉讼请求所依据的事实或者反驳对方诉讼请求所依据的事实有责任提供证据加以证明。没有证据或者证据不足以证明当事人的事实主张的，由负有举证责任的当事人承担不利后果。本案中，原告王军与被告李睿签订借款协议书和房产抵押担保合同书，王军向李睿出具收条，系双方当事人的真实意思表示，王军作为借款人应当按照约定偿还借款。借款协议中约定借款的还款期限为 2009 年 9 月 10 日，故李睿请求保护民事权利的诉讼时效期间应为 2009 年 9 月 11 日至 2011 年 9 月 10 日。李睿作为抵押权人应当在主债权的诉讼时效期间内行使抵押权。

庭审中，被告李睿称借款后，都是兰广清通过转账方式向李睿偿还借款，但是由于李睿与兰广清之间另外存在其他借款事实，兰广清在还款时并未明确说明是否是针对原告王军所借款项的还款。现李睿无法提供证据证明兰广清还款时明确作出替王军还款的意思表示，由此产生的不利后果应由李睿自行承担。故李睿陈述的兰广清的还款情况不能作为债权诉讼时效中断的事由。综合双方提供的证据，李睿未提交相关证据证明其在上述期间内向王军主张权利，亦未提交证据证明王军向李睿偿还借款。故上述债权已超过诉讼时效。因李睿作为抵押权人未在主债权诉讼时效期间内行使抵押权，故抵押权已消灭。现王军要求李睿办理解除王军名下的位于通州区 A 房屋的抵押登记手续的诉讼请求，法院予以支持。因王军与李睿签订了借款协议书和房产抵押担保合同书，即便出现借款人与实际用款人不一致的情况，也不影响借款合同的相对性和有效性。故收款的户名是否为王军不影响本案的认定，关于王军称自己并非实际借款人的意见，法院不予采信。李睿辩称自借款后自己一直向王军主张还款，2015 年 8 月 3 日王军向被告李睿偿还借款 0.7 万元，因李睿未提交相关证据予以证明，故对上述答辩意见，法院不予采信。

综上，北京市通州区人民法院依照《民法通则》第一百三十五条、《物权法》第二百零二条、《民事诉讼法》第六十四条第一款之规定，于 2016 年 6 月 13 日判决如下：原告王军与被告李睿于本判决生效之日起七日内，办理解除原告王军名下的位于通州区 A 房屋的抵押登记手续。

李睿不服一审判决，向北京市第三中级人民法院提起上诉称：被上诉人王军与李睿之间的抵押借款合同真实存在且王军并没有还清欠款，我不同意解除房屋的抵押，在诉讼时效期间我多次进行催要，王军曾归还了 7000 元，所以不存在超过诉讼时效的问题。综上，请求二审法院撤销原判，改判驳回王军的诉讼请求。

被上诉人王军答辩称：借款是兰广清借上诉人李睿的钱，我只是担保人，用我的房本来抵押，我没有向李睿借款，还款应当是兰广清还款，而且即使李睿向我主张债权也已经超过了诉讼时效，李睿并没有证据证明我还过钱，导致诉讼时效中断。综上，请求维持一审法院判决。

北京市第三中级人民法院经二审，确认了一审查明的事实。

北京市第三中级人民法院二审认为：

本案的争议焦点集中在三个方面。其一，被上诉人王军与上诉人李睿之间是否存在借贷法律关系；其二，如借贷法律关系成立，李睿享有的该主债权是否已经超过诉讼时效；其三，如主债权已过诉讼时效，则为担保主债权而设定的抵押权是否消灭，即抵押人王军主张解除抵押登记的请求应否支持。

关于争议焦点一，法院认为被上诉人王军与上诉人李睿之间的借贷法律关系成立。理由阐述如下：首先，2009年8月11日涉及借款内容的协议书显示其签订主体为王军和李睿，同日，王军向李睿出具50万元的收条，其内容亦显示收款方为王军；其次，2009年8月12日，王军以上述借款协议书为基础，用自己的房屋向相关部门申请办理了抵押权登记，将抵押权人明确为上述款项的出借人李睿；最后，出借人李睿于庭审中明确借款人为王军，王军虽称本案涉及的款项非其所借，而只是以房屋作担保为案外人兰广清借用，然王军对此并未提供反证且于法院庭审中又明确表示认可一审法院确定的法律关系，故综合法律关系的表现形式和当事人的自认，应当认定借贷法律关系发生在王军和李睿之间。

关于争议焦点二，在借贷法律关系成立的前提下，法院认为上诉人李睿的债权已经超过诉讼时效，理由阐述如下：首先，依照双方签订的协议书，被上诉人王军应当在2009年9月11日偿还借款，如王军未按时还款，则李睿的债权已自该日起遭受侵害，依照《民法通则》第一百三十七条的规定，李睿应当在2011年9月10日之前向王军主张债权，否则人民法院则不予保护。其次，李睿自认其并未在2014年之前直接找到王军催要借款，并将理由解释为2014年之前通过与王军电话沟通，由案外人兰广清替王军还款，然李睿又表示除了涉诉借款之外，其与兰广清之间尚存在其他债权债务关系，对于兰广清所偿还钱款对应何笔债务李睿也表示并不清楚，且暂搁置兰广清还款的性质不论，对于电话沟通事宜及兰广清是否曾向其还款一节李睿并未提交任何证据佐证。最后，李睿辩称王军曾于2015年8月向其偿还过5000元，对此李睿仅提交了一份录音证据，然在王军否认且录音内容缺乏明确指向的前提下，法院亦难以据此认定诉讼时效存在阻却理由。故综合上述分析，应当认定李睿在诉讼时效届满即2011年9月10日之前并未向王军积极主张债权，且不存在其他阻却诉讼时效计算的理由，故李睿已丧失就上述债权请求法院保护的权利。

关于争议焦点三，在主债权已过诉讼时效的前提下，法院认为上诉人李睿的抵押权已消灭，抵押人王军主张解除抵押登记的请求应予支持。然需特别指出的是，由于该争议焦点的本质涉及对《物权法》第二百零二条的理解，且与当事人的诉求和抗辩直接相关，故法院以法理为基，以规范为据，对于作出如上认定的理由阐释如下：

《物权法》第二百零二条规定："抵押权人应当在主债权诉讼时效期间行使抵押权，未行使的，人民法院不予保护"，该条款中"不予保护"含义的明确依赖于对诉讼时效和抵押权性质的分析。

首先，诉讼时效以请求权人怠于行使权利持续至法定期间的状态为规制对象，目的在于让罹于时效的请求权人承受不利益，以起到促使请求权人及时行使权利之作用，依民法理论通说，其适用范围限于债权请求权。而抵押权属于支配权，并非请求权的范围，更非债权请求权的范围，如将抵押权纳入诉讼时效的规制范围，无疑有违民法原理。

其次，抵押权的目的在于担保债务的履行，以确保抵押权人对抵押物的价值享有优先受偿的权利。为实现上述目的，抵押权对物之本身必将产生权能上的限制，对物的使用和转让均会发生影响。故，若对抵押权人行使抵押权的期限不进行限制，将使抵押财产的归属长期处于不稳定状态，不仅不利于保护当事人的合法权益，亦不利于物之使用和流通效能的发挥。此外，如果允许抵押权人在任何时候均可行使抵押权，则意味着在主债权经过诉讼时效且债务人因此取得抗辩权之后，债权人依然可从抵押人处获得利益，进而将抵押人和债务人之间的追偿和抗辩置于困境，换言之，也意味着抵押人将长期处于一种不利益的状态，其义务也具有不确定性，若如此，对于抵押人来说未免过于苛刻亦有失公允。

最后，从权利分类角度分析，在数项权利并存时，依据权利的相互依赖关系，有主权利与从权利之分，凡可以独立存在、不依赖于其他权利者，为主权利；必须依附于其他权利、不能独立存在的则为从权利。举例而言，在债权与为担保债的履行的抵押权并存时，债权是主权利，抵押权为从权利。在主权利已经丧失国家强制力保护的状态下，抵押物上所负担的抵押权也应消灭方能更好地发挥物的效用，亦符合物权法之担保物权体系的内在逻辑。故《物权法》第二百零二条规定抵押权行使期间的重要目的之一当在于促使抵押权人积极地行使抵押权，迅速了结债权债务关系，维系社会经济秩序的稳定。综合上述分析，应当认定在法律已设定行使期限后，抵押权人仍长期怠于行使权利时，法律对之也无特别加以保护的必要，应使抵押权消灭。具体到本案中，因上诉人李睿在主债权诉讼时效期间并未向被上诉人王军主张行使抵押权，故对李睿的抵押权，人民法院不予保护，该抵押权消灭，王军请求解除抵押登记的请求应予支持。

综上，北京市第三中级人民法院依照《民事诉讼法》第一百七十条第一款第（一）项之规定，于2016年10月25日判决如下：驳回上诉，维持原判。本判决为终审判决。

规范指引

《中华人民共和国物权法》

第一百七十七条 有下列情形之一的，担保物权消灭：

（一）主债权消灭；

（二）担保物权实现；

（三）债权人放弃担保物权；

（四）法律规定担保物权消灭的其他情形。

第一百七十八条 担保法与本法的规定不一致的，适用本法。

第二百零二条 抵押权人应当在主债权诉讼时效期间行使抵押权；未行使的，人民法院不予保护。

《最高人民法院关于适用〈中华人民共和国担保法〉若干问题的解释》

第十二条 当事人约定的或者登记部门要求登记的担保期间，对担保物权的存续不具有法律约束力。

担保物权所担保的债权的诉讼时效结束后，担保权人在诉讼时效结束后的二年内行使担保物权的，人民法院应当予以支持。

专题七：抵押人对抵押物是否享有出抵权

【核心提示】 为担保其他债权，抵押人对已设定抵押权的标的物享有出抵权，在同一标的物上再行设置抵押。数个抵押权并存时，先设定的抵押权优先于后设定的抵押权。

实务争点

抵押权的主要功能在于保障特定债权优先于普通债权获得满足，以充分维护抵押权人的利益。由于抵押权为不转移占有的担保物权，抵押人在抵押权设定后，为增加融资、促进交易，可能会在同一抵押物上再次设立抵押，该出抵行为是否有效？对此，司法实践中存在分歧：第一种意见认为，根据“一物一权”原则，同一标的物上只能设立一个抵押权，若设立数个抵押权则属于重复抵押，后设立的抵押权无效。第二种意见认为，同一标的物可以设定数个抵押权，但后设立的抵押权应为余额抵押，其抵押权人只能从标的物余额中获得清偿。第三种意见认为，同一标的物可以设定数个抵押权，抵押权人在抵押权实现时根据抵押权设定的次序获得清偿。对此问题，《担保法解释》第五十一条规定：“抵押人所担保的债权超出其抵押物价值的，超出的部分不具有优先受偿的效力。”

理解适用

对《担保法解释》第五十一条的理解与适用

抵押人对抵押物是否享有出抵权，即抵押人于抵押物上设定抵押后，是否还享有为担保其他债权而设定抵押的权利，《担保法》第三十五条规定：“抵押人所担保的债权不得超出其抵押物的价值。财产抵押后，该财产的价值大于所担保债权的余额部分，可以再次抵押，但不得超出其余额部分。”

从文义上看，该条规定对重复抵押和再抵押作了初步安排。第二款肯定了再抵押的效力，允许抵押人余额抵押。但第一款以及第二款再次抵押不得超过其余额部分的规定，彰显了《担保法》对重复抵押的否定态度，确立了禁止重复抵押的原则。[①]但《担保法解释》第五十一条修正了限额抵押，该条规定："抵押人所担保的债权超出其抵押物价值的，超过的部分不具有优先受偿的效力。"

（一）抵押权的设定

《担保法》第四十一条规定："当事人以本法第四十二条规定的财产抵押的，应当办理抵押物登记，抵押合同自登记之日起生效。"第四十二条规定："办理抵押物登记的部门如下：……（二）以城市房地产或者乡（镇）、村企业的厂房等建筑物抵押的，为县级以上地方人民政府规定的部门……"《担保法》虽没有区分担保物权合同的原因行为与登记物权变动行为，该条文也逐渐被之后的《担保法解释》及《物权法》等法律、司法解释补足、矫正，[②]但不动产抵押权登记设定原则由此确立。非经登记，不动产抵押权未设立，相应债权即为普通债权，债权人不能获得优先受偿。即便抵押合同签订在先，后经登记抵押的抵押行为不构成重复抵押或再抵押。

随着立法的逐步完善，抵押权主要包含两种类型：

1. 约定抵押权

约定抵押权指依照法律行为而取得的抵押权。法律行为主要表现为当事人订立抵押合同的行为。民法上的抵押权一般为约定抵押权，因当事人的合意而发生。依据《担保法》第三十八条"抵押人和抵押权人应当以书面形式订立抵押合同"的规定以及《物权法》第一百八十五条关于设立抵押权应采书面形式订立抵押合同的相同内容，不难发现，我国民法上的抵押权，依照

---

① 最高人民法院民事审判第二庭编著：《担保案件审判指导》，法律出版社2014年版，第19页。

② 最高人民法院民事审判第二庭编著：《担保案件审判指导》，法律出版社2014年版，第12页。

当事人订立的抵押合同而设定，是双方合意的产物。[①]

当然，抵押合同的签订和抵押权的设立并不是相同的概念，抵押权的设立必然以抵押合同的签订为前提，但最终是否设立取决于当事人是否依约依法办理了抵押登记，抵押权自抵押物登记之日起生效，但法律另有规定的除外。

2. 法定抵押权

法定抵押权指依照法律规定而取得的抵押权，其排除了当事人的意思自治，直接源于法律的规定。学者主张，《合同法》第二百八十六条“发包人未按照约定支付价款的，承包人可以催告发包人在合理期限内支付价款。发包人逾期不支付的，除按照建设工程的性质不宜折价、拍卖的以外，承包人可以与发包人协议将该工程折价，也可以申请人民法院将该工程依法拍卖。建设工程的价款就该工程折价或拍卖的价款优先受偿”即为工程承包人所享有的法定抵押权。[②]再如，《物权法》第一百八十二条关于“房随地走”和“地随房走”的相应规定，也属于典型的法定抵押权。

（二）重复抵押与再抵押的关系

1. 概念厘定

理论界对重复抵押有不同的意见。第一种意见认为，重复抵押是指债务人或第三人就同一抵押物的全部价值分别向数个债权人抵押，数个抵押权均指向同一抵押物的整体，在债务人不履行债务时，抵押权人均有权拍卖、变卖、折价抵押物以清偿自己的债务[③]。第二种意见认为，重复抵押是指以同一财产或同一财产价值分别向两个以上债权人进行抵押的行为。该重复抵押主要有三种情况：（1）同一物上设立多个抵押权；（2）同一价值设立多个抵押；（3）同一物上既设有抵押权又设有租赁关系。[④]第三种意见认为，所谓重复抵押，是指抵押人将同一抵押物设立抵押权后，又向其他

① 何志：《担保法疑难问题阐释》，中国法制出版社2011年版，第186页。

② 参见王利明：《抵押权若干问题的探讨》，载《法学》2000年第11期。

③ 常宇：《论重复抵押》，载《清华大学学报》1999年第5期。

④ 参见王志文：《试论担保中的重复抵押》，载《人民司法》1996年第3期。

抵押权人设立抵押担保的行为。重复抵押致使同一抵押物有数个抵押权人，形成数个抵押关系。[①]

再抵押指抵押人在同一标的物上设立抵押权之后，就该抵押物担保前一次债权的余额价值再设立抵押担保的行为，其担保债权价值总额限定在抵押价值以内。

2. 比较分析

重复抵押与再抵押的相同（通）之处在于：（1）抵押标的物同一；（2）在同一抵押标的物之上有数个抵押权人，形成数个抵押权并存的局面；（3）设立多个抵押权的目的是充分利用抵押物资源，以较少价值的不动产抵押物担保尽可能多的债权价值，以提高抵押物的利用效率；（4）只要符合法定的抵押条件，都产生抵押权应有的法律效力；（5）在实现抵押权时，由于抵押物都有数个抵押权人，所以应按照抵押权登记的先后顺序受偿，顺序相同的按债权比例清偿，未登记的按照合同生效时间的先后顺序清偿，顺序相同的按债权比例受偿，抵押已登记的先于未登记的受偿；（6）二者的关联性体现在由于二者都是针对抵押物的交换价值，检验后设立的抵押权系再抵押还是重复抵押的标准已经凸显。只要所设定的多个抵押权担保的债权总额没有超越抵押物价值，可视为再抵押，而一旦多个抵押权担保的债权总额已经等于抵押物价值之和，再抵押稍微往前逾越一步，便可能构成重复抵押。

二者的不同之处在于：（1）再抵押的设立，必须以不动产抵押物价值扣除所有在此之前设立的抵押权所担保的债权价值后尚有余额为前提，若无余额抵押人则不得就该抵押物进行再抵押。而重复抵押不受上述有无抵押物价值余额的限制，即使没有余额，重复抵押仍可设立。（2）抵押人设立再抵押时，其担保的债权价值不得超过不动产抵押物总价值扣除在此之前设立的抵押权所担保的债权总价值后的余额，若为超出不动产抵押物价值余额的债权部分设立的抵押就不是再抵押，而是重复抵押。意即重复抵押所担保的债权

① 何志等：《担保法判解研究与适用》，中国政法大学出版社 2000 年版，第 188 页。

总价值不以不动产抵押物总价值为限，即使超出其价值仍可设立重复抵押。[①] 因此，再抵押与重复抵押虽然都是在同一抵押标的物之上有数个抵押权人，形成数个抵押关系，但两者有本质的区别。一言以蔽之，重复抵押是同一抵押物的价值再次抵押，数个抵押权重复；而再抵押是将同一抵押物的余额进行抵押，数个抵押权不重复。

（三）实务中应当注意的问题

1.《担保法》具有体系逻辑自洽性

有观点认为，在《担保法解释》第五十一条对重复抵押态度缓和之前，《担保法》自身存在逻辑不洽，即第三十五条规定的禁止重复抵押与第五十四条的规定冲突。既然前者禁止重复抵押，则不会出现一个抵押物上数个抵押权并存的情形，后者关于清偿顺序的规定就形同虚设，无法适用。但我们认为，该观点依然没有准确理解第三十五条的相关内容。该条在禁止重复抵押的同时，对余额抵押持开放态度，允许再抵押。在此情势下，仍然可能会呈现数个抵押权并存的局面，故第五十四条可理解为对再抵押引起的数个抵押权并存时清偿顺序的安排。此安排关乎抵押权的实现，也是法律体系完整性的体现。

根据抵押合同是登记生效还是登记对抗的不同，可对抵押权并存时的受偿顺序予以明确。《担保法》第三十五条主要是基于保护抵押权人利益的考量，认为重复抵押会损害设定在后的抵押权人的利益。事实上，重复抵押并非必然会使后设定的抵押权落空。因为抵押物的价值只有在抵押权最终实现即抵押物变现时才能确定，如果设定抵押时抵押物的价值超出了所担保的债权的总额，或者在抵押权实现时，抵押物的价值因上涨能满足所有债权，此时就应该肯定重复抵押的效力，而非认定超出部分无效。另外，当在先设定的抵押权因债务人履行债务而消灭时，在后设定的抵押权所担保的债权便能得到满足。因此，法律限制同一抵押物上设定数个抵押权没有必要，相反在

---

① 参见胡志刚：《同一不动产上设立多个抵押权的效力认定》，载《房地产与法律》2005年第10期。

同一抵押物上设定数个抵押权可以充分利用物的交换价值和使用价值，促进资金融通，活跃市场。

2. 立法对重复抵押态度的逐渐缓和

从立法沿革上看，虽重复抵押被《担保法》禁止，但立法总体上呈现出缓和到最终放开之趋势，最高人民法院在《民法通则意见》中规定："抵押期间，非经债权人同意，抵押人将同一抵押物转让他人，或者就抵押物价值已设置抵押部分再作抵押的，其行为无效。"依此规定，经抵押权人同意的重复抵押有效。《担保法解释》第五十一条规定："抵押人所担保的债权超出其抵押物价值的，超出的部分不具有优先受偿的效力。"可见，对抵押人所担保的债权超出了抵押物价值的情形，重复抵押不因此被认定无效，只是超过抵押物价值的部分将从特别债权变为普通债权，丧失优先受偿性，该规定极大缓解了《担保法》禁止重复抵押的刚性规定。2002 年 1 月，人大法工委《物权法（征求意见稿）》删除了禁止重复抵押的规定，同年年底《中国民法典（草案）物权编》第二百四十二条却再次重申该原则。[①]2007 年《物权法》出台后，不再限制重复抵押，第一百九十九条对重复抵押中抵押权的清偿顺序进行了明确规定："同一财产向两个以上债权人抵押的，拍卖、变卖抵押财产所得的价款依照下列规定清偿：（一）抵押权已登记的，按照登记的先后顺序清偿；顺序相同的，按照债权比例清偿；（二）抵押权已登记的先于未登记的受偿；（三）抵押权未登记的，按照债权比例清偿。"至此确立了重复抵押的顺位清偿规则，以解决抵押权竞合问题。从社会进程上看，允许抵押权并存是对时代发展的回应。抵押权设定后，抵押物的价值并非一成不变，而是处于不断变化之中，在实现抵押权时，债权人既可能面临抵押物价值上涨，充分实现其债权的喜悦；也可能遭遇抵押物价值下跌，其债权无法实现或不能完全实现的窘境。前者显然不影响所有债权人利益的实现，至于后者，即便债务人无法清偿到期债务，也会通过受偿次序的顺位安排优先保障先设定抵押的抵押权人利益。从此视角出发，固守静态价值观的《担保法》

① 最高人民法院民事审判第二庭编著：《担保案件审判指导》，法律出版社 2014 年版，第 19 页。

第三十五条被关注抵押物动态价值观的《物权法》的相关条文取而代之，是市场经济发展的必然结果。

案例指导

中信银行股份有限公司厦门分行与福建省中科智担保投资有限公司其他合同纠纷申请再审案[①]

再审申请人中信银行股份有限公司厦门分行（以下简称中信厦门分行）因与被申请人福建省中科智担保投资有限公司（以下简称中科智公司）执行分配方案异议纠纷一案，不服福建省高级人民法院（2013）闽民终字第864号民事判决，向最高人民法院申请再审。

中信厦门分行申请再审称：（1）一、二审判决关于中科智公司在案涉抵押物上的抵押权优先于中信厦门分行的认定缺乏证据证明。中信厦门分行2008年办理的抵押权登记实为2007年3月抵押登记的连续登记，理应优先于中科智公司2007年11月取得的抵押权。2008年签订的《授信额度协议书》中明确将2007年《综合授信额度》应偿还的款项予以并入，两者项下的债权具有连续性。依据《担保法解释》第五十八条第二款的规定，中信厦门分行2008年与2007年的抵押登记应属于连续登记，应以第一次登记日期为抵押登记时间。一、二审法院未厘清2007年抵押登记被注销的法律性质。案涉抵押物的多份他项权证一致载明中信厦门分行为第一顺位抵押权人。中科智公司提交的《土地登记抵押清单签收簿》不能成为认定中科智公司为第一顺位抵押权人的依据。本案纠纷发生之前，中科智公司对中信厦门分行为案涉抵押物第一顺位抵押权人的事实是知晓且默认的。（2）一、二审判决对中科智公司第二次登记的相关事实未予审查，裁判基础存在缺陷。中科智公司在第二次领取他项权证时并未对中信厦门分行仍为第一顺位抵押权人的记载提出异议，存在放弃其第一权利顺位的可能性。（3）一、二审判决未经行政诉讼程序径自判令撤销中信厦门分行他项权证上载明的第一顺位抵押权，违

---

① 案例来源：最高人民法院（2014）民申字第697号。

反法定程序，适用法律错误。他项权证的颁发属具体行政行为，撤销或变更其上记载内容应通过行政诉讼程序。综上，一、二审判决未准确认定中信厦门分行因登记机关原因进行连续登记的事实，未注意中科智公司存在明知而放弃第一顺位的细节，认定事实不清，未经行政程序即纠正他项权证记载事项，适用法律错误，中信厦门分行依据《民事诉讼法》第二百条第（二）项、第（六）项之规定提出再审申请。

中科智公司提交意见称：（1）一、二审判决关于中科智公司在抵押物上的抵押权优先于中信厦门分行的认定，事实清楚，适用法律正确。本案不存在中信厦门分行 2008 年 5 月办理的抵押登记系其在 2007 年 3 月办理抵押登记的续押之事实。两次抵押登记为不同主债权分别设定，且中信厦门分行在本案中据以主张的债权为 2008 年 6 月 26 日至 11 月 20 日，基于（2008）厦银授字第 111 号《综合授信合同》项下发生，其并未证明 2007 年综合授信额度项下的债权未得到清偿，且 2007 年的抵押登记已被注销。本案中的多份他项权证因记载不规范，且与相应的抵押登记设立时间及登记簿的记载不符，不能作为认定抵押权顺位的依据。土地房产登记机关出具的《情况说明》不具有证明力，不能成为本案抵押权顺位的认定依据。（2）本案认定抵押权顺位的争议，无须以先行提起行政诉讼为前置程序。对他项权证记载事项是否可作为认定事实的依据，是人民法院依照民事诉讼法依职权进行证据审查的结果，并未涉及行政机关职权。综上，《物权法》明确规定，抵押权登记时间的先后是确定受偿优先顺序的唯一依据，而本案争议的两次抵押权登记中，中科智公司抵押权登记设立的时间先于中信厦门分行抵押权设立时间的事实清楚明确，依法应优先受偿。中信厦门分行在本案申请分配的 2008 年 5 月 9 日的主债权及抵押权，与此前 2007 年 3 月 30 日的抵押权不存在续贷续押关系，且中信厦门分行 2007 年 3 月 30 日设立的抵押权已被注销，因此他项权证中“权利顺序”的记载内容不能作为认定本案抵押权顺位的依据。此外，本案抵押权他项权证的记载，只是法院应予审查和认定的证据之一，并不存在本案的判决认定需以行政诉讼前置的法定情形。因此，二审判决认定事实无误，适用法律正确，请求法院驳回中信厦门分行的再审申请。

最高人民法院认为，本案双方争议的焦点为中科智公司与中信厦门分行的抵押权顺位先后问题。依据我国《物权法》第一百九十九条之规定，在抵押权均经登记而有效设立的情况下，衡量同一抵押物上抵押权实现的顺序，应以抵押权登记的时间先后作为判断的依据。本案中，中科智公司对案涉抵押物设立抵押权的时间为2007年11月21日，中信银行主张实现的抵押权则设立于2008年5月9日，显然迟于中科智公司抵押权的登记设立时间，因此中科智公司的抵押权顺位应优先于中信厦门分行。

中信厦门分行提出其于2008年5月9日设立的抵押登记实为2007年3月30日设立抵押权的续押，故其仍应为第一顺位抵押权人。最高人民法院认为中信厦门分行的主张不能成立，主要理由有三：

其一，案涉抵押物上于2007年3月30日与2008年5月9日设定的两次抵押权，系基于不同的主债权合同和相应的抵押合同，为担保不同的主债权而分别设定、独立登记，在形式上具有独立性。尽管中信厦门分行和厦门市三家乐工程机械有限公司（以下简称三家乐公司）在2008年所签订的《综合授信合同》中约定将2007年授信额度项下所发生的款项并入该合同，作为该合同项下的融资，本金也占用合同项下的授信额度，作为三家乐公司对中信厦门分行债务的组成部分，但在原合同一年履行期限届满的情形下，双方就未获清偿部分债权达成的合意系对2007年授信额度项下债务所作的清结，即以新债权取代旧债权，而非同一债权的展期。在主债权更迭的情况下，相应的担保责任必然随之发生变化，故双方需另行签订抵押合同并办理抵押登记。

其二，中信厦门分行在本案中行使抵押权所依附的债权均系在2008年的《综合授信合同》项下于2008年6月26日至11月20日发生的银行承兑汇票，而非基于2007年的协议。中信厦门分行作为专业的金融机构在授予中科智公司信用额度时即应对双方间的债务做出清理，并作为授信额度的发放依据。2008年授信协议中双方已就2007年额度项下未清偿部分债务并入后续协议达成了新的合意，后续实际发生的债权债务均产生于新的授信额度项下。即便中信厦门分行认为此前债务未得到清偿，其作为债权人却并未就2007年授信额度项下的未偿债务要求清偿，亦未就此行使抵押权，而是基于

2008年实际发生的债务主张权利，故一、二审法院以该基础法律关系认定事实并无不当。

其三，设定抵押权的根本目的在于担保主债权的实现，抵押权依附于主债权而存续，主债权对抵押权人的担保责任具有重大影响。2007年的授信协议主债权因履行期限届满双方当事人的清结而消灭，故相应的抵押权亦已归于消灭，不存在连续登记的基础。本案中两次抵押登记基于不同的主债权，而非同一债权项下的分期登记或连续登记，故并不属于《担保法解释》第五十八条第二款所规制的针对同一笔债权的抵押期间，因登记部门原因致使抵押物连续登记的情形。因此中信厦门分行提出其2008年设立的抵押登记系2007年抵押权的连续登记的主张不能成立。

中信厦门分行认为在他项权证上的抵押权人顺位与登记簿上不一致时，一、二审法院仅以登记簿上的权利注销为认定事实的依据，系未经行政诉讼程序径自判令撤销中信厦门分行在他项权证上载明的第一顺位抵押权，违反法定程序。最高人民法院认为，根据一、二审查明的事实，福建省长泰县国土资源局（以下简称长泰国土局）以《土地登记抵押清单签收簿》作为登记簿，其上清楚表明了抵押登记的先后顺序，他项权证上亦显示了抵押权设立的时间，虽他项权证上的“权利顺序”一栏记载为“中信银行股份有限公司厦门分行”，但依据物权法第十七条之规定，在无其他证据证明不动产登记簿确有错误时，不动产权属记载应以该登记簿为准。且长泰国土局在登记簿上注明中信厦门分行于2007年3月30日设立的抵押登记已注销，则2007年11月21日设立抵押登记的中科智公司按照登记时间先后成为第一顺位抵押权人，注销的原因和性质并不影响注销所产生的法律效力。一、二审法院依据查明的不动产登记簿上抵押权登记时间先后确定抵押权顺位于法有据，并无不当。长泰国土局发放的他项权证并未因本案的判决结果而撤销，只是其中的部分登记内容未被一、二审法院所采信，故并不存在中信厦门分行主张的违反法定程序情形。

此外，本案中并无证据显示中科智公司放弃其抵押权顺位，其在第二次办理抵押登记时是否明知为第二顺位抵押权人并不影响其登记在先抵押权的实现。中信厦门分行提出中科智公司自行放弃抵押权优先顺位的主张并无事实基础，法院不予支持。

综上，中信厦门分行的再审申请不符合《民事诉讼法》第二百条第（二）项、第（六）规定的情形。依照《民事诉讼法》第二百零四条第一款之规定，裁定如下：驳回中信银行股份有限公司厦门分行的再审申请。

规范指引

《中华人民共和国民法通则》

第四条 民事活动应当遵循自愿、公平、等价有偿、诚实信用的原则

第五条 公民、法人的合法的民事权益受法律保护，任何组织和个人不得侵犯。

第一百零八条 债务应当清偿。暂时无力偿还的，经债权人同意或者人民法院裁决，可以由债务人分期偿还。有能力偿还拒不偿还的，由人民法院判决强制偿还。

《中华人民共和国担保法》

第三十五条 抵押人所担保的债权不得超出其抵押物的价值。

财产抵押后，该财产的价值大于所担保债权的余额部分，可以再次抵押，但不得超出其余额部分。

第四十条 订立抵押合同时，抵押权人和抵押人在合同中不得约定在债务履行期届满抵押权人未受清偿时，抵押物的所有权转移为债权人所有。

第四十一条 当事人以本法第四十二条规定的财产抵押的，应当办理抵押物登记，抵押合同自登记之日起生效。

第四十二条 办理抵押物登记的部门如下：

……

（二）以城市房地产或者乡（镇）、村企业的厂房等建筑物抵押的，为县级以上地方人民政府规定的部门。

……

第四十六条 抵押担保的范围包括主债权及利息、违约金、损害赔偿金和实现抵押权的费用。抵押合同另有约定的，按照约定。

第五十四条 同一财产向两个以上债权人抵押的，拍卖、变卖抵押物所

得的价款按照以下规定清偿：

（一）抵押合同以登记生效的，按照抵押物登记的先后顺序清偿；顺序相同的，按照债权比例清偿；

（二）抵押合同自签订之日起生效的，该抵押物已登记的，按照本条第（一）项规定清偿；未登记的，按照合同生效时间的先后顺序清偿，顺序相同的，按照债权比例清偿。抵押物已登记的先于未登记的受偿。

《最高人民法院关于贯彻执行〈中华人民共和国民法通则〉若干问题的意见（试行）》

第一百一十五条 抵押物如由抵押人自己占有并负责保管，在抵押期间，非经债权人同意，抵押人将同一抵押物转让他人，或者就抵押物价值已设置抵押部分再作抵押的，其行为无效。

债务人以抵押物清偿债务时，如果一项抵押物有数个抵押权人的，应当按照设定抵押权的先后顺序受偿。

《最高人民法院关于适用〈中华人民共和国担保法〉若干问题的解释》

第五十一条 抵押人所担保的债权超出其抵押物价值的，超出的部分不具有优先受偿的效力。

《中华人民共和国物权法》

第一百九十九条 同一财产向两个以上债权人抵押的，拍卖、变卖抵押财产所得的价款依照下列规定清偿：

（一）抵押权已登记的，按照登记的先后顺序清偿；顺序相同的，按照债权比例清偿；

（二）抵押权已登记的先于未登记的受偿；

（三）抵押权未登记的，按照债权比例清偿。

《最高人民法院关于债务人有多个债权人将其全部财产抵押给其中一个债权人是否有效问题的批复》

山东省高级人民法院：

你院鲁高法〔1992〕70号请示收悉。关于债务人有多个债权人，将其全部财产抵押给一个债权人是否有效的问题，经研究，答复如下：

在债务人有多个债权人的情况下，债务人将其全部财产抵押给其中一个债权人，因而使该债务人丧失了履行其他债务的能力，侵犯了其他债权人的合法权益，根据《中华人民共和国民法通则》第四条、第五条的规定，应当认定该抵押协议无效。

此复。

专题八：建设用地使用权单独抵押的效力

【**核心提示**】房地产转让、抵押实行“房随地走，地随房走”的原则，也即在转让房屋所有权时即使未办理建设用地使用权变更登记，仍应认定其所占范围内的建设用地使用权一并转让，原房屋所有权和建设用地使用权人无权以该建设用地使用权单独设定抵押。由于无法构成抵押权的善意取得，如果现房屋所有权人在抵押设定后不予追认，则该抵押合同无效，已登记的抵押权应当予以注销。但是，随着不动产统一登记制度的推进，该历史遗留问题也将不复存在。

实务争点

在设定抵押权时，双方当事人一般需要签订书面抵押合同，依据法律规定为登记要件主义的还必须完成登记程序。但这是否就是抵押权设立的充要条件？围绕地上建筑物所有权转移后占用范围内的建设用地使用权抵押的效力认定问题，实践中存在不同的意见：第一种意见认为，当事人完全可以对在其名下的建设用地使用权进行抵押，抵押权人与抵押人只要在土地管理部门办理完抵押物登记，该抵押权便合法有效，在没有相反证据的情况下合法有效的抵押权不能被任意推翻。第二种意见认为，无论是登记要件主义还是登记对抗主义，都仅仅是抵押权设立的必要条件，而非充分条件。要确保抵押权依法有效设立，抵押人对抵押物应享有所有权或处分权。对此问题，《担保法》第三十六条第一款规定：“以依法取得的国有土地上的房屋抵押的，该房屋占用范围内的国有土地使用权同时抵押。”

理解适用

对《担保法》第三十六条第一款的理解与适用

在处理房屋与房屋占用范围内的土地使用权的关系上，我国一贯遵循“房随地走，地随房走”的原则。

（一）房地一并转让、抵押时的规则

早在《物权法》颁布之前，我国在相关不动产物权法规中就明确了这一原则。1994 年《城市房地产管理法》第三十一条规定：“房地产转让、抵押时，房屋的所有权和该房屋占用范围内的土地使用权同时转让、抵押”；1997 年 10 月 27 日颁布的《城市房屋权属登记管理办法》第六条规定：“房屋权属登记应当遵循房屋的所有权和该房屋占用范围内的土地使用权权利主体一致的原则”；1992 年 3 月 8 日颁布的《划拨土地使用权管理暂行办法》第十一条规定：“转让、抵押土地使用权，其地上建筑物、其他附着物所有权随之转让、抵押；转让、抵押地上建筑物、其他附着物所有权，其使用范围内的土地使用权随之转让、抵押。但地上建筑物、其他附着物作为动产转让的除外”。《担保法》第三十六条规定：“以依法取得的国有土地上的房屋抵押的，该房屋占有范围内的国有土地使用权同时抵押。以出让方式取得的国有土地使用权抵押的，应当将抵押时该国有土地上的房屋同时抵押。”

《物权法》实施后，对“地随房走，房随地走”的权利一致原则的坚持体现在第一百四十六条和第一百四十七条的规定上，即“建设用地使用权转让、互换、出资或者赠与的，附着于该土地上的建筑物、构筑物及其附属设施一并处分”和“建筑物、构筑物及其附属设施转让、互换、出资或者赠与的，该建筑物、构筑物及其附属设施占用范围内的建设用地使用权一并处分”。《物权法》第一百八十二条更明确规定：“以建筑物抵押的，该建筑物占用范围内的建设用地使用权一并抵押。以建设用地使用权抵押的，该土地上的建筑物一并抵押。抵押人未依照前款规定一并抵押的，未抵押的财产视为一并抵押。”根据“地随房走，房随地走”之原则的要求，房产转让人负有

将所售房屋占用范围内的建设用地使用权移转给受让人的义务，受让人享有请求转让人将所购房屋占用范围内建设用地使用权移转给自己的权利。在建设用地使用权变更登记完成之前，转让人为登记的名义权利人，但受让人为实质权利人，在房地产转让过程中，如果转让人只将房屋所有权变更登记于受让人名下，而未继续变更登记相应的土地使用权，则受让人有权请求将土地使用权变更至自己名下。①抵押人已转让房屋的所有权，未转移与之对应的建设用地使用权，却以该建设用地使用权作为抵押标的的，根据《合同法》第五十一条的规定："无处分权的人处分他人财产，经权利人追认或者无处分权的人订立合同后取得处分权的，该合同有效"，由于抵押人此时处于无权处分的状态，如果现房屋所有权人不予追认，则该抵押合同无效，已登记的抵押权应当予以注销。

（二）第三人无法善意取得抵押权

善意取得又称即时取得，是指无权处分人将不动产或动产转让给第三人（受让人），第三人受让该不动产或动产时出于善意，则第三人依法即时取得该不动产或动产的所有权或者其他物权的制度。在日趋频繁的商品交易中，从事交易的当事人往往不知道对方是否有权处分财产，更难以也无力对市场中的商品逐一调查。如果受让人善意取得财产以后，因为第三人的无权处分行为而使双方交易无效，且受让人须返还财产，则不仅要推翻业已形成的财产关系，而且极大地增加了市场交易的不确定性，给当事人在日后从事交易活动时带来不安全感，时常担心进行的交易活动是否有效、购买的商品是否会退还等，如此极不利于商品交换秩序的稳定。为了消除无权处分人行为在市场中造成的消极影响，稳定市场交易关系，《物权法》将善意取得制度予以明确，在第一百零六条规定："无处分权人将不动产或者动产转让给受让人的，所有权人有权追回；除法律另有规定外，符合下列情形的，受让人取得该不动产或者动产的所有权：（一）受让人受让该不动产或者动产时是善意

---

① 最高人民法院民事审判第二庭编著：《担保案件审判指导》，法律出版社2014年版，第365页。

的；（二）以合理的价格转让；（三）转让的不动产或者动产依照法律规定应当登记的已经登记，不需要登记的已经交付给受让人。受让人依照前款规定取得不动产或者动产的所有权的，原所有权人有权向无处分权人请求赔偿损失。当事人善意取得其他物权的，参照前两款规定。”我们认为，善意取得的构成要件有以下七点：（1）处分财产的让与人须是具备公示手段的无权处分人；（2）无权处分人与受让人之间存在交易行为；（3）无权处分人与受让人之间的交易行为为有偿行为；（4）无权处分人和第三人之间的交易行为符合法律行为的其他有效要件；（5）无权处分人的权利外观因真正权利人的原因而产生；（6）受让人已经完成物权变动的公示；（7）受让人取得财产时须出于善意。

当原房屋所有权与建设用地使用权人在转让、抵押该房屋所有权后，又以该建设用地使用权单独设定抵押时，第三人的善意是无法证成的。善意，即在设定抵押时，第三人不知道也不可能知道抵押人为无权处分人。抵押权人善意是其构成善意取得的主观要件，也是抵押权人获得法律保护的正当化依据。当房屋所有权已经转让并且登记后，虽然建设用地使用权还未进行变更登记，但是按照我国房地一体转让、抵押的规定，第三人有义务也有能力对建设用地使用权上的房屋所有权进行查证。虽然我国在进行不动产统一登记改革前，大部分地区实行房地产分别登记，登记机关不统一，即房屋所有权由房产管理部门负责登记，土地使用权由土地管理部门登记，但是第三人查证相关登记不会消耗过多的成本，且对之进行查证也是对其自身利益的一种维护。由于相关登记关涉其切身利益，通常情形下理性的第三人都会对此相应地查证。而且我国《不动产登记暂行条例》于 2015 年 3 月 1 日开始施行，其第四条规定：“国家实行不动产统一登记制度。”随着该制度的推进和实施，第三人对房屋所有权和建设用地使用权所登记的相关状态进行查询，更为方便快捷、清晰明了。易言之，如果第三人进行了查证，且发现作为抵押标的的建设用地使用权与其范围内的房屋的登记权利人并非一致，在相关权属没有最终明确与清晰前，理性、善意的第三人也不会接受相应的抵押，因为其将随时面临抵押合同无效、抵押权被注销的不利局面。因此，当第三人未尽到应尽的合理的查证义务时，本身即存在过错，也意味着其无法通过善意取得制度获得该建设用地使用权的抵押权。当然，随着不动产统一登记制度的全面推进，房屋所有权与建设用地使用权分属不同主体登记的怪象终将不复存在，并且在进行房屋所有权移转登记时，其范围内的建设用地使用权也将同时办理移转登记程序，权属不清的状态将不再出现，上述情况亦不再发生，本讨论作为对历史遗留问题的分析也将完成使命。

（三）实务中应当注意的问题

实践中，房屋不可能脱离土地而变为“空中楼阁”，房产与地产之间物理特性上的紧密关系决定了权利人只有取得相应的土地权利才能保障其对房屋权利的实际享有。为此，务必厘清双方的权利义务。

第一，受让人享有要求转让人将所购房屋占用范围内土地使用权移转给自己的权利，转让人也负有将所售房屋占用范围内的土地使用权移转给受让人的义务。即使转让合同中对该房产占用范围内的土地使用权没有明确约定，根据《物权法》第一百四十七条、《城市房地产管理法》第三十一条等规定，转让人负有将所购房屋占用范围内的土地使用权转移给受让人的法定义务，受让人依法享有要求转让人将所购房屋占用范围内的土地使用权转移给自己的权利。

第二，取得房屋所有权的受让人有权直接请求登记机关进行土地使用权变更登记，但需提供充足证据。设想如果受让人只享有请求转让人申请变更登记的债权请求权，一旦转让人在办理了房屋所有权变更登记后拒绝或怠于办理土地使用权移转登记，则受让人只能向转让人要求损害赔偿，就将受让人本该享有的物权转化为损害赔偿请求权，不仅违背了当事人的真实意思，也不利于保护受让人所应享有的物权权利；且债权请求权可能因权利人怠于行使而罹于诉讼时效，当时效期间届满后，转让人就可以此为由拒绝履行变更登记义务，从而在法律上造成房地产权属不统一状态长期存续，危害交易安全。

案例指导

中国信达资产管理公司西安办事处与陕西省粮油食品进出口公司西安中转冷库、陕西省粮油食品进出口公司借款担保合同纠纷案[1]

2003年3月16日，陕西省粮油食品进出口公司（以下简称粮油公司）与中国银行陕西省分行（以下简称陕西中行）签订编号为2003年陕中营借字022号《人民币借款合同》一份，约定粮油公司向陕西中行借款2560万元，借款期限12个月，借款用途为借新还旧，借款利率为年利率5.31%，由陕西省粮油食品进出口公司西安中转冷库（以下简称中转冷库）提供抵押担保。如粮油公司未按约定期限还款，逾期部分按每日万分之二点一计收利息。逾期利率遇利率调整分段计息。同日，中转冷库与陕西中行签订了编号为2003年陕中营抵字022号《抵押合同》，中转冷库以其44.46亩土地使用权作价4106.55万元为粮油公司2560万元借款提供抵押担保。抵押合同第二条约定，借款合同双方协议变更合同内容的，除增加借款金额外，无须征得抵押人的同意，抵押人应按照变更后的债权范围承担担保责任。借款合同双方未经抵押人同意而增加借款金额的，抵押人仍在原借款金额内承担保证责任。抵押权人将借款合同项下的债权转让给第三人的，抵押物继续担保，该债权优先受偿。同年3月17日，陕西中行向粮油公司发放贷款2560万元，粮油公司清偿了在陕西中行的旧贷款。

2003年3月28日，西安市国土资源和房屋管理局就中转冷库同意继续用土地及地面建筑物进行贷款抵押的致函作了批复，该批复称："你单位报来《关于同意继续用土地及地面建筑物进行贷款抵押的函》及你单位与中国银行陕西省分行签订的编号为2003年陕中营抵字022号抵押合同、陕西省粮油食品进出口公司与中国银行陕西省分行签订的编号为2003年陕中营借字022号人民币借款合同等附件收悉。根据《中华人民共和国城市房地产管理法》及建设部《城市房地产抵押管理办法》的规定，经研究，同意你单位

[1] 案例来源：最高人民法院（2007）民二终字第222号。

以位于西安市未央区辛家庙土地使用权在中国银行陕西省分行设定抵押，为陕西省粮油食品进出口公司提供担保，贷款2560万元整，抵押期限为自登记之日起12个月，抵押证件为西未国用（2000）字第979号、西未国用（2001）字第299号国有土地使用证。根据有关规定，在抵押期间，未经抵押权人同意，土地使用权及地上建筑物、附着物所有权不得转让。”

2004年6月25日，陕西中行与中国信达资产管理公司西安办事处（以下简称信达西安办）签订《债权转让协议》，陕西中行将其对粮油公司享有的2560万债权及从权利转让给了信达西安办。同年11月10日，陕西中行和信达西安办在《陕西日报》刊登“债权转让暨催收公告”，向粮油公司通知了债权转让的事宜，同时受让人信达西安办向粮油公司主张了权利。2006年6月18日，信达西安办又在《陕西日报》刊登公告，向粮油公司主张权利。

另查明，中转冷库提供的44.46亩国有划拨土地使用权抵押中，有13.265亩为中转冷库的福利区，即职工住宅区。该宗土地使用证号为西未国用（2000）字第979号。

粮油公司与中转冷库未履行还款义务，信达西安办向陕西高院提起诉讼，请求判令粮油公司清偿借款本金2560万元及利息7046315.64元（计算至2006年9月20日），中转冷库对上述借款本息承担担保责任，信达西安办对中转冷库提供的抵押物处置价款优先受偿，粮油公司与中转冷库承担诉讼费用。

陕西省高级人民法院认为：粮油公司与陕西中行签订的编号2003年陕中营借字022号《人民币借款合同》及陕西中行与信达西安办签订的《债权转让协议》，系各方当事人的真实意思表示，且不违反法律、行政法规强制性规定，应为有效。粮油公司未按合同约定履行还款义务，已构成违约，依法应承担相应的民事责任。中转冷库与陕西中行签订的编号为2003年陕中营抵字022号《抵押合同》，除中转冷库提供的西未国用（2000）字第979号土地使用证项下的13.265亩土地使用权因存在争议而违反了《担保法》第三十七条第一款第（四）项“所有权、使用权不明或者有争议的财产不得抵押”的规定无效外，其余部分符合《担保法》第三十四条第一款第（三）项“抵押人依法有权处分的国有土地使用权、房屋和其他地上定着物可以抵押”

的规定，应为有效。中转冷库应按抵押合同中有效部分的约定，对粮油公司所欠债务依法承担抵押担保责任。对于部分无效抵押，陕西中行和中转冷库均有过错，根据《担保法解释》第七条“主合同有效而担保合同无效，债权人无过错的，担保人与债务人对主合同债权人的经济损失，承担连带赔偿责任；债权人、担保人有过错的，担保人承担民事责任的部分，不应超过债务人不能清偿部分的二分之一”的规定，抵押人中转冷库在抵押权人信达西安办对有效抵押部分实现抵押权后，对粮油公司仍不能清偿的部分承担三分之一的赔偿责任。

根据本案查明的事实，粮油公司 2560 万元的借款期限届满日为 2004 年 3 月 16 日，诉讼时效的届满日为 2006 年 3 月 16 日。信达西安办受让该债权后，分别于 2004 年 11 月 10 日、2006 年 6 月 18 日在《陕西日报》刊登催收公告，向粮油公司主张了权利，依据《最高人民法院关于审理涉及金融资产管理公司收购、管理、处置国有银行不良贷款形成的资产的案件适用法律若干问题的规定》第十条“原债权银行在全国或省级有影响的报纸上发布的债权转让公告或通知中，有催收债务内容的，该公告或通知可以作为诉讼时效中断的证据”的规定，本案借款的诉讼时效因债权人信达西安办主张权利发生中断，故粮油公司关于本案借款已过诉讼时效的抗辩理由不能成立。

本案借款虽系借新还旧，但根据 2003 年 3 月 28 日，西安市国土资源和房屋管理局给中转冷库“关于房地产抵押登记展期的批复”证明，中转冷库持有粮油公司与陕西中行签订的 2003 年陕中营借字 022 号“借新还旧”的借款合同，由此证明其知道本案借款系“借新还旧”，故中转冷库辩称其不知道本案借款系“借新还旧”与事实不符，其主张抵押担保无效，应免除其担保责任的理由不能成立。

西安市国土资源和房屋管理局给中转冷库抵押登记展期的批复中载明抵押期限自登记之日起 12 个月，期限届满后，中转冷库再未续登，但根据《担保法解释》第十二条第一款之规定：“当事人约定的或者登记部门要求登记的担保期间，对担保物权的存续不具有法律约束力”，中转冷库关于抵押期限届满后未办展期，抵押无效的抗辩理由亦不能成立。

本案所涉及的抵押物，除中转冷库提供的西未国用（2000）字第 979 号土地使用证项下的 13.265 亩土地使用权因违反《担保法》第三十七条第一款第（四）项之规定无效外，中转冷库对西未国用（2001）字第 299 号土地使用证项下的 31.201 亩土地使用权独自享有，本案抵押物不存在共有的问题，故中转冷库关于抵押担保未经共有人同意而无效的抗辩理由不能成立。其辩称本案已过诉讼时效，亦与事实不符，其抗辩理由不能成立。虽然信达西安办两次报纸公告没有中转冷库的名称，但根据《担保法》第五十二条的规定："抵押权与其担保的债权同时存在，债权消灭的，抵押权也消灭。"因本案债权并未消灭，故信达西安办的抵押权依然存在。

据此，法院判决如下：一、陕西中行与粮油公司签订的编号为 2003 年陕中营借字 022 号《人民币借款合同》及陕西中行与信达西安办签订的《债权转让协议》有效；陕西中行与中转冷库签订的编号为 2003 年陕中营抵字 022 号《抵押合同》中，除西未国用（2000）字第 979 号土地证项下的 13.265 亩土地使用权抵押无效外，其余部分有效；二、粮油公司在本判决生效后 10 日内向信达西安办偿还借款本金 2560 万人民币及利息（借款合同期内的利息按照借款合同约定的利率计付，逾期部分的利息按照中国人民银行规定的同期逾期罚息计算标准计付至给付之日）；三、粮油公司不履行上述给付义务时，信达西安办有权就中转冷库提供的抵押物西未国用（2001）字第 299 号土地使用证项下的 31.201 亩土地使用权折价或者以拍卖、变卖该财产的价款优先受偿；四、上述二、三项给付义务执行完毕后，如信达西安办仍有部分债权未受清偿，中转冷库对粮油公司不能清偿的部分承担三分之一的赔偿责任；五、中转冷库履行担保义务后，有权向粮油公司追偿。如果未按本判决指定的期间履行给付金钱义务，应当依照《民事诉讼法》第二百三十二条之规定，加倍支付迟延履行期间的债务利息。案件受理费 86621 元，保全费 81616 元，由粮油公司承担。

原审原告即信达西安办不服一审判决，向最高人民法院提起上诉。理由是：

1. 一审判决认定事实不清，证据不足，信达西安办对西未国用（2000）字 979 号土地证项下的 13.265 亩土地使用权享有合法的抵押权。根据《担保法》之规定，当事人完全可以对在其名下的国有土地使用权进行抵押，抵押权人与抵押人只要在土地管理部门办理完成抵押物登记，该抵押权就是合法有效的，在没有相反证据的情况下合法有效的抵押权并不能被任意推翻。原债权银行与中转冷库签订了西未国用（2000）字第979号土地使用权抵押合同，又于同年3月28日在西安市国土资源和房屋管理局办理了抵押权登记，登记机构核发了市国土房管发（2003）109号抵押批复，信达西安办与中转冷库签订了抵押合同，又依法办理了抵押权登记手续，双方行为完全符合《担保法》及相关法规之规定。信达西安办对上述土地使用权享有的抵押权是完全合法有效的。

2. 一审判决适用法律错误，西未国用（2000）字第979号国有土地使用权属中转冷库享有，并不存在权属争议。信达西安办出示的多份证据足以证明西未国用（2000）字第979号国有土地使用权在法律上属于中转冷库享有，该幅土地使用权权属清楚，并无任何争议，中转冷库完全有权利在其上设定抵押权，一审认定上述土地使用权系所有权、使用权不明或者有争议的财产是适用法律错误。

3. 一审法院仅以抵押土地上先前已有职工住宅为由即认定上诉人享有抵押权的土地使用权存在争议，明显证据不足。中转冷库用以抵押的13.265亩土地，在1992年即已经陕西省对外经济贸易委员会及其他相关部门批准，集资建了三栋职工家属楼共计46户，并于2001年5月9日领取了房产证，但土地性质仍为划拨土地，在此情况下中转冷库以该土地使用权设定了抵押，一审判决据此即认定信达西安办享有抵押权的土地使用权存在争议而认为抵押权无效，该认定是不能成立的。原因在于，《担保法》所指的使用权不明或有争议的财产，仅指双方对使用权有争议，正由司法部门或者行政部门进行解决的情况，在这种情况下由于该土地使用权是否存在争议正由相关部门处理，因此法律不允许此种土地使用权进行抵押。本案中西未国用（2000）字第979号国有土地使用权从档案中看在中转冷库名下，没有任何单位或者个人与中转冷库就该土地使用权发生争议。虽中转冷库职工在该土地上建有住宅，但并不能以此否定上诉人已经土地管理部门登记的抵押权，因此一审判决信达西安办抵押权部分无效明显证据不足。

综上，一审判决认定事实不清，证据不足，适用法律错误，上诉人对西未国用（2000）字第979号国有土地使用权享有的抵押权合法有效。请求：（1）撤销陕西省高级人民法院（2007）陕民二初字第2号民事判决书第一、三、四项，改判确认信达西安办对中转冷库抵押的两宗土地均享有抵押权，中转冷库应承担担保责任，信达西安办有权处置中转冷库享有的西未国用（2000）字第979号、西未国用（2001）字第299号国有土地使用权，从抵押物处置价款中优先受偿。（2）由粮油公司和中转冷库承担本案全部诉讼费用。

被上诉人中转冷库答辩称：一审判决认定事实清楚，证据充分，适用法律得当，依法应当维持，请求驳回信达西安办的上诉请求，维持原审判决。（1）西未国用（2000）字第979号土地证项下的13.265亩土地抵押无效。信达西安办一审没有出示他项权利证书，应承担举证不能的法律后果。抵押合同未经其他共有人同意，抵押无效。中转冷库为解决职工住宅楼问题，于1992年9月8日贷资盖楼，经省经贸委（1992）349号文件批准，并报省纪委、省建行、市规划局、市房地局、市土地局等有关部门备案，共46户职工在2001年5月9日领取了房屋所有权证，产权界定为私有。一审庭审中，信达西安办承认其在办理抵押时去现场查看过，知道有三幢职工家属集资楼的共有人。本案土地抵押没有经过共有人同意，抵押行为无效。（2）一审判决适用法律得当，西未国用（2000）字第979号国有土地存在严重的权属问题。首先，46户职工办理房产证在先，抵押行为在后。46户职工于2001年5月9日在西安市房产管理局办理的房屋所有权证，46户房屋所有权人享有西未国用（2000）字第979号13.265亩地的使用权；其次，国家政策没有关于国家职工集资房和国有土地大证分割的政策，故中转冷库无法办理；最后，信达西安办知道抵押土地上有三幢职工集资楼，职工已办理合法有效的房产证，还置法律于不顾，于2003年3月28日行使抵押无效行为。即使信达西安办对抵押物的所有权状态不知，也不能取得抵押权。（3）信达西安办在该案中有严重过错，应当自行承担法律责任。原债权银行在办理抵押时，明知抵押物上有三幢职工集资楼，46户职工有房产证，明知抵押土地存在所有权、使用权不明问题，强行办理无效抵押合同。信达西安办作为专业机构应当自行承担法律后果。抵押登记期满未办理展期，抵押已无效。信达西安办起诉中转冷库时已经超过诉讼时效，依法应裁定驳回起诉。根据《物权法》第二百零二条的规定，“抵押人应当在主债权诉讼时效期间内行使抵押权；未行使的，人民法院不予保护”，这两块抵押土地信达西安办没有在主债权诉讼时效期间内行使抵押权，人民法院都不应当保护。（4）信达西安办明知抵押权无效，又申请法院查封原抵押的土地，该土地上持有房产的46户职工，几百名家属强烈不满，要上访反映，严重影响社会的安定和谐。

原审被告粮油公司陈述称：（1）信达西安办一审的诉讼请求不能成立，没有依据支持。信达西安办要求粮油公司偿还借款2560万元没有依据。（2）抵押行为无效，中转冷库不承担担保责任。办理借款合同时，原债权银行已明知粮油公司无力偿还借款，而严重违反商业法的有关规定，让粮油公司拿着空白抵押合同找中转冷库盖章。抵押合同是盖完章后，银行才填写的内容，中转冷库根本不知是借新还旧。原债权银行始终没有和中转冷库见面商谈合同，中转冷库是独立法人，从未给粮油公司授权。抵押行为未经共有人许可，是无效行为。抵押已过期限，未办理展期，应失效。根据《物权法》第二百零二条规定，信达西安办未在主债权诉讼时效期间内行使抵押权，不应当保护。（3）粮油公司贷款是计划经济时期为完成国家下达的外汇指标任务而形成的，属于政策性挂账亏损。粮油公司已经处于资不抵债的破产状况。信达西安办对粮油公司财务经营状况清楚，签订借款合同中存在严重过错，应当自行承担法律后果。

最高人民法院经二审审理，除认定原审法院查明的事实外，另查明：西未国用（2000）字第979号土地上有职工住宅楼，其中46户职工持有西安市房产管理局颁发的《房屋所有权证》，填发日期部分为2001年5月21日，部分为5月22日，房产所有权证中房屋分层分户平面图下标时间为2001年5月9日。中转冷库与陕西中行签订的2003年陕中营抵字022号《抵押合同》第五条“抵押财产”中约定：“抵押财产净值为人民币4106.55万元，有关情况详见抵押财产清单”，该合同所附抵押财产清单中载明“抵押财产名称”为“土地、房产”。

西安市房屋管理局2008年7月18日出具《关于陕西省粮油食品进出口公司西安中转冷库土地权抵押登记的复函》（市房函〔2008〕101号），载明：

"经核实，陕西省粮油食品进出口公司西安中转冷库西未国用（2000）字第979号、西未国用（2001）字第299号国有土地使用证，在我局办理过抵押登记手续，初次登记时间为2001年3月6日，展期登记时间为2003年3月28日。以上两块土地证载用途为仓储用地。""在2002年机构改革以前，市房产局与市土地局都有土地使用权抵押登记业务。市房产局办理抵押登记时，暂存土地使用证原件，直至抵押登记注销。机构改革以后，两局合并，经局领导研究，两局合并之前原房产局办理的抵押登记业务，作为遗留问题，由产权市场处办理展期和注销登记。按照该决定，两局合并以后，市场处办理的抵押登记业务都是原来的遗留问题，登记备案证明抄送地籍地政处、房地产交易管理中心和房屋产权产籍管理中心。2005年机构改革后，两局分设，该遗留问题仍由我局办理。""陕西省粮油食品进出口公司西安中转冷库所建房屋产权登记总共有三处，其中两处为职工住宅，证号为1150112018-15-19、1150112018-15-3，已房改分户，发证日期为1998年9月；一处为办公，证号为1150112018-15-2，发证日期为1998年9月，提交的土地证为：未国用（95）字1321 #、1322 #。三处房产登记均看不出与西未国用（2000）字第979号土地证有关联。"

西安市国土资源局所存西未国用（2000）字第979号土地档案中土地登记审批表显示该宗土地"申报建筑物权属"为"本单位所有"，"建筑物类型"为"平房、楼房"，"土地用途"为"仓储"，并载明"该宗土地由陕西省粮油食品进出口公司西安中转冷库使用，持有未国用（1995）字第1321号《国有土地使用证》，证载土地面积为11236.59平方米。经未央区土地局地籍调查，土地面积为13.265亩，用途为住宅。注销原颁发的未国用（1995）字第1321号《国有土地使用证》。同意换发新证"。

最高人民法院认为：本案当事人二审争议的焦点是西未国用（2000）字第979号国有土地使用权抵押效力问题。《城市房地产管理法》第三十一条[①]规定："房地产转让、抵押时，房屋的所有权和该房屋占用范围内的土地使用权同时转让、抵押"，中华人民共和国建设部1997年10月27日颁布的《城

---

① 对应现行《城市房地产管理法》第三十二条。

市房屋权属登记管理办法》第六条规定："房屋权属登记应当遵循房屋的所有权和该房屋占用范围内的土地使用权权利主体一致的原则"，中华人民共和国土地管理局1992年3月8日颁布的《划拨土地使用权管理暂行办法》第十一条规定："转让、抵押土地使用权，其地上建筑物、其他附着物所有权随之转让、抵押；转让、抵押地上建筑物、其他附着物所有权，其使用范围内的土地使用权随之转让、抵押。但地上建筑物、其他附着物作为动产转让的除外。""地随房走，房随地走"的权利合一原则是我国房地产权属的一贯原则。房产转让人负有将所售房屋占用范围内的土地使用权移转给受让人的义务，受让人享有要求将所购房屋占用范围内土地使用权移转给自己的权利。在土地使用权变更登记完成之前，转让人为登记的名义权利人，但受让人为实质权利人，可以请求将土地使用权变更至自己名下。

陕中营抵字022号《抵押合同》中约定了抵押物名称为"土地、房产"，中转冷库2003年向西安市国土资源和房屋管理局报送的也为《关于同意继续用土地及地面建筑物进行贷款抵押的函》。因此，虽然抵押登记只针对西未国用（2000）字第979号国有土地使用权，但应视为当事人约定土地使用权与地面建筑物所有权一并抵押。然而地上建筑物中职工住宅楼的所有权已经移转给购房职工所有，中转冷库并无权利处分。根据《合同法》第五十一条之规定："无处分权的人处分他人财产，经权利人追认或者无处分权的人订立合同后取得处分权的，该合同有效"，该抵押合同未经地上建筑物所有权人购房职工追认；且西未国用（2000）字第979号土地使用权证书中已经标明该宗土地上存有地上建筑物，并标明为中转冷库的福利区，地上建筑物中职工住宅楼所有权已经登记移转至购房职工名下，而原债权银行却未查明地上建筑物实际权属即接受抵押，也存在过错，因此抵押合同无效，依据该合同设立的抵押权也相应无效。

本案中职工住宅楼虽然没有占用西未国用（2000）字第979号全部13.265亩土地，但于该土地使用权上设定的抵押权无效及于该宗土地全部，西未国用（2000）字第979号国有土地使用权抵押无效。信达西安办关于其对上述国有土地使用权享有抵押权的上诉理由不能成立，最高人民法院不予采纳。原审判决关于造成该部分抵押无效，陕西中行和中转冷库均有过错，中转冷库在信达西安办对有效抵押部分实现抵押权后，对粮油公司仍不能清偿的部分需承担部分赔偿责任的认定正确，但其关于中转冷库就此承担三分之一赔偿责任的比例认定偏低。虽然陕西中行对造成上述国有土地使用权抵押无效的后果存在过错，但中转冷库的无权处分行为亦是导致抵押无效的主要原因，因此，该院将中转冷库上述赔偿责任比例调整为二分之一。

综上，原审判决除对中转冷库承担赔偿责任比例认定偏低以外，其余部分判决结果并无不当，应予维持。据此，最高人民法院判决：一、维持陕西省高级人民法院（2007）陕民二初字第2号民事判决第一、二、三、五项；二、变更上述判决主文第四项为"上述二、三项给付义务执行完毕后，如中国信达资产管理公司西安办事处仍有部分债权未受清偿，陕西省粮油食品进出口公司西安中转冷库对陕西省粮油食品进出口公司不能清偿的部分承担二分之一的赔偿责任"。一审案件受理费、诉讼保全费按照一审判决执行。二审案件受理费102515.79元，由上诉人信达西安办承担68343.86元，被上诉人中转冷库承担34171.93元。

规范指引

《中华人民共和国民法通则》

第八十四条 债是按照合同的约定或者依照法律的规定，在当事人之间产生的特定的权利和义务关系，享有权利的人是债权人，负有义务的人是债务人。

债权人有权要求债务人按照合同的约定或者依照法律的规定履行义务。

第一百零六条 公民、法人违反合同或者不履行其他义务的，应当承担民事责任。

公民、法人由于过错侵害国家的、集体的财产，侵害他人财产、人身的，应当承担民事责任。

没有过错，但法律规定应当承担民事责任的，应当承担民事责任。

第一百零八条 债务应当清偿。暂时无力偿还的，经债权人同意或者人民法院裁决，可以由债务人分期偿还。有能力偿还拒不偿还的，由人民法院判决强制偿还。

第一百四十条 诉讼时效因提起诉讼、当事人一方提出要求或者同意履行义务而中断。从中断时起，诉讼时效期间重新计算。

《中华人民共和国物权法》

第二百零二条 抵押权人应当在主债权诉讼时效期间行使抵押权；未行使的，人民法院不予保护。

《中华人民共和国合同法》

第五十一条 无处分权的人处分他人财产，经权利人追认或者无处分权的人订立合同后取得处分权的，该合同有效。

第二百零七条 借款人未按照约定的期限返还借款的，应当按照约定或者国家有关规定支付逾期利息。

《中华人民共和国担保法》

第三十三条 本法所称抵押，是指债务人或者第三人不转移对本法第三十四条所列财产的占有，将该财产作为债权的担保。债务人不履行债务时，债权人有权依照本法规定以该财产折价或者以拍卖、变卖该财产的价款优先受偿。

前款规定的债务人或者第三人为抵押人，债权人为抵押权人，提供担保的财产为抵押物。

第三十四条 下列财产可以抵押：

（一）抵押人所有的房屋和其他地上定着物；

（二）抵押人所有的机器、交通运输工具和其他财产；

（三）抵押人依法有权处分的国有的土地使用权、房屋和其他地上定着物；

（四）抵押人依法有权处分的国有的机器、交通运输工具和其他财产；

（五）抵押人依法承包并经发包方同意抵押的荒山、荒沟、荒丘、荒滩等荒地的土地使用权；

（六）依法可以抵押的其他财产。

抵押人可以将前款所列财产一并抵押。

第三十七条 下列财产不得抵押：

（一）土地所有权；

（二）耕地、宅基地、自留地、自留山等集体所有的土地使用权，但本法第三十四条第（五）项、第三十六条第三款规定的除外；

（三）学校、幼儿园、医院等以公益为目的的事业单位、社会团体的教育设施、医疗卫生设施和其他社会公益设施；

（四）所有权、使用权不明或者有争议的财产；

（五）依法被查封、扣押、监管的财产；

（六）依法不得抵押的其他财产。

第四十一条 当事人以本法第四十二条规定的财产抵押的，应当办理抵押物登记，抵押合同自登记之日起生效。

第五十二条 抵押权与其担保的债权同时存在，债权消灭的，抵押权也消灭。

第五十三条 债务履行期届满抵押权人未受清偿的，可以与抵押人协议以抵押物折价或者以拍卖、变卖该抵押物所得的价款受偿；协议不成的，抵押权人可以向人民法院提起诉讼。

抵押物折价或者拍卖、变卖后，其价款超过债权数额的部分归抵押人所有，不足部分由债务人清偿。

第五十七条 为债务人抵押担保的第三人，在抵押权人实现抵押权后，有权向债务人追偿。

《最高人民法院关于适用〈中华人民共和国担保法〉若干问题的解释》

第七条 主合同有效而担保合同无效，债权人无过错的，担保人与债务人对主合同债权人的经济损失，承担连带赔偿责任；债权人、担保人有过错的，担保人承担民事责任的部分，不应超过债务人不能清偿部分的二分之一。

第十二条 当事人约定的或者登记部门要求登记的担保期间，对担保物权的存续不具有法律约束力。

担保物权所担保的债权的诉讼时效结束后，担保权人在诉讼时效结束后的二年内行使担保物权的，人民法院应当予以支持。

《最高人民法院关于审理涉及金融资产管理公司收购、管理、处置国有银行不良贷款形成的资产的案件适用法律若干问题的规定》

第十条 原债权银行在全国或省级有影响的报纸上发布的债权转让公告或通知中，有催收债务内容的，该公告或通知可以作为诉讼时效中断的证据。

《中华人民共和国城市房地产管理法》

第三十二条 房地产转让、抵押时，房屋的所有权和该房屋占用范围内的土地使用权同时转让、抵押。

《城市房屋权属登记管理办法》

第六条 房屋权属登记应当遵循房屋的所有权和该房屋占用范围内的土地使用权权利主体一致的原则。

《划拨土地使用权管理暂行办法》

第十一条 转让、抵押土地使用权，其地上建筑物、其他附着物所有权随之转让、抵押；转让、抵押地上建筑物、其他附着物所有权，其使用范围内的土地使用权随之转让、抵押。但地上建筑物、其他附着物作为动产转让的除外。

《中华人民共和国民事诉讼法》

第一百五十三条 人民法院审理案件，其中一部分事实已经清楚，可以就该部分先行判决。

专题九：抵押权是否具有追及效力

【核心提示】抵押权具有追及效力。抵押权存续期间，若未经抵押权人同意，抵押人转让抵押物，只要受让人代为清偿债务，抵押物转让合同的效力以及该转让行为不受影响。抵押人未经抵押权人同意转让抵押物的，抵押权人可以追及物之所在行使抵押权。

实务争点

创设抵押权等担保物权，目的在于充分利用抵押物的交换价值，以担保债权的实现。但因为抵押并不转移抵押物的占有，在抵押人对标的物享有占有、收益等权益的同时，也出现了不少超越其权益范围的私自处分行为，如未经抵押权人同意的转让行为。抵押人未经抵押权人同意转让抵押物的行为之效力如何？理论界与实务界对此存在争议：第一种意见认为，抵押权不具有追及效力，抵押人私自转让抵押物的行为无效。第二种意见认为，抵押权具有追及效力，但只要受让人代为清偿债务，即便未经抵押权人同意，抵押物转让合同及转让行为依然有效。对此问题，《担保法解释》第六十七条规定："抵押权存续期间，抵押人转让抵押物未通知抵押权人或者未告知受让人的，如果抵押物已经登记的，抵押权人仍可以行使抵押权；取得抵押物所有权的受让人，可以代替债务人清偿其全部债务，使抵押权消灭。受让人清偿债务后可以向抵押人追偿。如果抵押物未经登记的，抵押权不得对抗受让人，因此给抵押权人造成损失的，由抵押人承担赔偿责任。"

理解适用

对《担保法解释》第六十七条的理解与适用

在我国，抵押权追及效力的确立经历了曲折的发展过程。在改革开放之后的相当长一段时期内，由于我国民法学界对抵押权之追及效力缺乏足够的认识，不少人担心允许抵押人自由转让抵押物会危及抵押权人的交易安全，因此，在《民法通则》并未就抵押物的转让问题作明确规定的情况下，相关司法意见将未经抵押权人同意之抵押物转让行为认定为无效。在《担保法》通过之前，这一观点获得了当时最高人民法院相关司法政策的支持。1988 年制定的《民法通则意见》第一百一十五条第一款规定："抵押物如由抵押人自己占有并负责保管，在抵押期间，非经债权人同意，抵押人将同一抵押物转让他人，或者就抵押物价值已设置抵押部分再作抵押的，其行为无效。"可见，《担保法》通过之前的司法政策不仅限制抵押人转让抵押物，也限制抵押人就同一财产的相同价值设置多个抵押权。

（一）抵押权之追及效力在我国的确立[1]

将抵押权人的同意作为抵押物转让行为有效的前提能够在一定程度上实

---

① 参见刘桂祥、吴光荣：《论未经抵押权人同意之抵押物转让的效力》，载《比较法研究》2013 年第 5 期。

现对抵押权人利益的保护，但这一司法政策既阻碍对物的利用，也损害到买受人的交易安全。随着人们对此认识日益深刻和物权公示制度的逐渐确立，放宽对抵押物转让限制的呼声也日渐高涨。1995 年实施的《担保法》虽然表面上放宽了对抵押物转让的限制，但实际上并不彻底。《担保法》虽未明确规定抵押物的转让须经抵押权人同意，亦未规定未经抵押权人同意的转让行为无效，但从文义上看，抵押物的转让必须以通知抵押权人并告知受让人为条件，在未通知抵押权人或者未告知受让人的情况下，转让行为将被认定为无效。然而多数学者认为，以登记为抵押权之生效要件或对抗要件的物权公示原则足以实现对受让人的保护，而通过承认担保物权的追及效力，也可达到对抵押权人进行保护的目的，因而并无限制抵押物转让的必要。正因为如此，2000 年颁布的《担保法解释》在借鉴其他国家法律的基础上，于第六十七条规定："抵押权存续期间，抵押人转让抵押物未通知抵押权人或者未告知受让人的，如果抵押物已经登记的，抵押权人仍可以行使抵押权；取得抵押物所有权的受让人，可以代替债务人清偿其全部债务，使抵押权消灭。受让人清偿债务后可以向抵押人追偿。如果抵押物未经登记的，抵押权不得对抗受让人，因此给抵押权人造成损失的，由抵押人承担赔偿责任。"可见，在最高人民法院看来，《担保法》并未对抵押物的转让设置限制，法律兼顾对抵押权人和抵押物受让人两者的保护，乃是通过赋予抵押权以追及效力并通过规定抵押权之涤除制度来实现的。因此，即使抵押人在转让抵押物时未通知抵押权人或者未告知受让人，也不影响抵押物转让行为的效力。

《担保法解释》在采抵押权之追及效力的同时允许抵押人自由转让抵押物，既可实现对抵押权人的保护，又可实现物尽其用，且强调只有已经登记的抵押权才具有追及效力，也不至于影响买受人的交易安全，因而受到学界与实务界的一致好评。[①] 但是，也有人提出，从法条的字面意义理解，《担保法》与《担保法解释》关于抵押物转让的规定大相径庭，相互之间存在冲突，在此背景下，应将《担保法》的规定适用于抵押人作出通知和告知的情形，

---

① 王闯：《冲突与创新——以物权法与担保法及其解释的比较为中心而展开》，载梁慧星主编：《民商法论丛》（第 40 卷），法律出版社 2008 年版，第 299~300 页。

而司法解释则适用于抵押人未为上述行为的情形，不过如此解释又将陷入严重的诚信悖论：在诚信的抵押人通知抵押权人并告知受让人时，须将转让所得价金提前清偿债务或者提存，故无法获得资金融通的利益，但在承认抵押权之追及效力的情形下，不通知抵押权或不告知受让人的非诚信的抵押人却可以获得资金融通的利益，与常情有悖。此外，还有人质疑《担保法解释》第六十七条的正当性，认为该条造成了《担保法》的相关规定在事实上被废除，系司法权篡夺立法权的表现。

我们认为，上述观点都对司法解释的地位和作用存在误解：其一，最高人民法院的司法解释只是代表最高人民法院对相关法律所作的理解，属于法律解释的范畴，因而不能认为司法解释与所解释的法律之间存在冲突，更不能认为司法解释废除了所解释的法律；其二，在对法律进行解释时，存在文义解释、体系解释、历史解释以及目的解释等多种方法，若依照文义进行解释所获得的结论无法与体系解释、历史解释、目的解释相互契合，自然不能单依文义对法律进行解释。在如何对待抵押物转让行为效力的问题上，虽然从文义上看，《担保法》在一定程度上对抵押物的转让设置了条件，因而限制了抵押人转让抵押物的自由，但根据文义解释所得出的结论却经不起法政策的考量，并造成法律体系内部的诸多矛盾和冲突，因此，最高人民法院在综合运用多种解释方法的基础上，借鉴其他国家处理类似问题的经验，对抵押物转让问题作出了自己的理解，自难谓没有正当性。相反，如果法律解释必须拘泥于文字，则法律的发展除通过立法予以实现外，将别无他途，此既与世界各国的实践不符，也与人们对判例与学说的期待严重相悖，自不可取。

需要指出的是，尽管早在《物权法》通过之前，无论是理论界还是实务界，都已就抵押物的转让问题达成了共识，即法律在允许抵押物自由转让的同时，通过抵押权的追及效力对抵押权人进行保护。但遗憾的是，在《物权法》通过之后，仍有一种意见认为我国《物权法》并未承认抵押权的追及效力，进而认为法律是通过严格限制抵押物的转让以实现对抵押权人的保护，并据此认为未经抵押权人同意之抵押物转让行为应为无效，理由在于：其一，强化对抵押权人的保护。如果允许抵押物可以自由转让，而在抵押人不将转让所得价款用于清偿债务，且受让人又无足够的财产来清偿抵押人债务之时，即使宣告转让行为无效，抵押财产也难以追回，从而对抵押权人极为不利。其二，防止欺诈，维护交易安全和秩序。我国社会处于转型时期，信用体系尚不健全，欺诈现象比较严重，如房地产开发商以在建工程向银行进行抵押贷款，然后再进行商品房预售，如果承认抵押权的追及效力，就意味着抵押权人在开发商不能清偿到期债务时可以将房屋拍卖或者变卖从而实现抵押权，而预售商品房可能已经被业主购买了，这就有可能发生欺诈。①显然，上述观点认为只有通过严格限制抵押物转让的方式，才能保护抵押权人的利益并防止抵押人实施欺诈。在《物权法》通过后，不断有人对这一观点的逻辑思路提出批评。有学者指出，这一思路不仅有悖于抵押权和财产所有权的基本理论，对抵押人而言，亦过于严苛；也有学者指出，限制抵押物的转让虽然有利于抵押权人，但代价太大，即如果认定未经抵押权人同意的抵押物转让行为无效，一则与交易安全原则产生冲突，二则易使受让人遭受不测之损害。还有学者从这一思路的不科学性、不经济性以及对各方当事人保护的不均衡性等方面提出了批评。我们亦认为，虽然上述思路与《物权法》第一百九十一条的文义最为接近，却不可取，因为这一思路同样误解了抵押权之追及效力在保护抵押权人方面的功能以及物权公示制度在保护受让人交易安全方面的作用。若法律承认抵押权之追及效力并确立物权公示制度，不仅抵押权人的利益不会因抵押物的转让而受到影响，买受人的交易安全更不至于因抵押物的转让而有不测之风险。

（二）《担保法解释》第六十七条的适用空间②

我们认为，在《物权法》通过并实施后，《担保法解释》关于抵押物转

---

① 姚红主编：《中华人民共和国物权法精解》，人民出版社2007年版，第337页。相同观点还可参见胡康生主编：《中华人民共和国物权法释义》，法律出版社2007年版，第418~419页；王胜明主编：《中华人民共和国物权法解读》，中国法制出版社2007年版，第414页；全国人大常委会法制工作委员会民法室主编：《中华人民共和国物权法条文说明、立法理由及相关规定》，北京大学出版社2007年版，第349页。

② 参见刘桂祥、吴光荣：《论未经抵押人同意之抵押物转让的效力》，载《比较法研究》2013年第5期。

让的规定仍有适用的空间。理由如下：

第一，司法解释在位阶上是否低于法律，在发生规范冲突时是否应依“上位法优于下位法”的规则来选择所应适用的法律规范？我们认为，最高人民法院发布的司法解释并非立法，而是对法律所作的解释，即代表最高人民法院对特定法律的理解，因此，司法解释的位阶应根据所解释的法律而定，自身并不属于特定位阶的法律，因而我们既不能得出司法解释与法律规定之间存在规范冲突的结论，更不能根据“上位法优于下位法”的法律适用规则来决定是否适用司法解释。例如，我们不能说《担保法解释》与《担保法》之间存在规范冲突，因为《担保法解释》就是最高人民法院对《担保法》的理解并据此作出的解释，二者之间既不可能发生规范冲突，也不是上位法与下位法的关系（否则司法解释就没有制定的必要）；同时，我们也不能说《担保法解释》与《物权法》之间存在规范冲突，因为《担保法解释》是对《担保法》的解释，即使二者之间有所冲突，也是《担保法》与《物权法》之间存在规范冲突。据此，在《物权法》通过并实施后，《担保法解释》关于抵押物转让的规定是否仍有适用的空间，应取决于《担保法》与《物权法》分别关于抵押物转让的规定是否存在规范冲突，而不能根据“上位法优于下位法”的法律适用规则直接作出否定性的判断。

第二，《担保法》与《物权法》关于抵押物转让的规定是否存在冲突？从字面上看，《担保法》第四十九条与《物权法》第一百九十一条都对抵押物的转让进行了限制，但限制的程度似乎有所不同，如前者规定“应当通知抵押权人”，后者规定“经抵押权人同意”，但我们认为，前述两者的规定在对抵押物转让限制的程度上究竟存在多大差异，要取决于我们如何理解《物权法》第一百九十一条规定的“经抵押权人同意”。如果将其理解为抵押权人放弃抵押权，将导致相关制度被架空，进而严重影响到对抵押物的利用。因此有一种观点认为，应将“抵押权人同意”理解为仅仅是抵押物不受抵押权追及的要件，并不对抵押物转让行为的效力发生影响：抵押权人同意转让时，在第一百九十一条第一款之下，受让人取得的是无抵押负担的抵押物的所有权；未经抵押权人同意时，在第一百九十一条第二款之下，转让行为并不因此而无效，只是受让人所取得的是有抵押负担的抵押物的所有权，在物权公示公信原则之下，受让人知道或应当知道抵押物上存在担保负担而仍愿意受让，理应受抵押物上既有担保负担的约束。我们认为，这种理解以承认抵押权的追及效力为基础，有利于平衡对抵押权人的保护与对受让人交易安全的保护，因而具有相当的合理性。然而，将“抵押权人同意”理解为抵押权人放弃抵押权的追及效力，则可能会导致抵押权人因担心利益受损而不同意转让抵押物，进而影响这一条文的实际价值。

正因如此，另一种观点认为，抵押权人的同意并非针对抵押物的转让行为，而是对提前清偿或者提存的同意，易言之，在抵押权人同意抵押物转让时，其可以选择接受抵押物转让价款来清偿债务或将价款提存，也可以主张继续对抵押物享有抵押权；如果抵押物没有经抵押权人同意而转让，转让对抵押权不产生影响，抵押权人仍可以行使抵押权。显然，这一解释有利于维护抵押权的追及效力，并尽可能地弱化了“抵押权人同意”对抵押物转让所带来的负面影响，但问题是，如果抵押权人同意抵押物转让还可以给其带来额外的利益，似乎也不符合正常的逻辑思维，因为抵押人无论是以抵押物转让价款提前清偿债务还是提存，都更加符合抵押权人的利益，而不符合抵押人的利益。因此，我们认为，唯一合理的解释是，所谓“抵押权人同意”并非指对抵押物转让本身表示同意，而是指抵押权人同意通过抵押权的追及效力来行使抵押权，即抵押权人同意转让抵押物，仅仅意味着抵押权人同意在债权未获全部清偿时向抵押物的受让人而非抵押人主张抵押权，以保障债权的实现。若依此理解“抵押权人同意”，我们便不能否认《物权法》第一百九十一条承认了抵押权的追及效力。同时，也只有如此理解方可彻底打消抵押权人的顾虑，而使《物权法》关于抵押权人同意的规定得到广泛适用，避免其成为一纸空文，因为对“抵押权人同意”的此种理解与《担保法》第四十九条所规定的“通知抵押权人”均旨在约束抵押人，而非限制转让抵押物，因而两者在限制程度上的差异被大大缩小，“抵押权人同意”的可能性也就大大提高了。

第三，《物权法》第一百九十一条与《担保法》第四十九条之间是否存在冲突，不应仅从文义上理解，还应从指导思想和规范目的上解读。我们认为，《物权法》与《担保法》关于抵押物转让规定的差异不似其字面所显示的那般巨大，二者在内在精神上并无实质冲突。如前所述，虽从字面上看，《担保法》第四十九条限制了抵押物的转让，但《担保法解释》在确认《担保法》已承认并规定了抵押权之追及效力的基础上，彻底放开了对抵押物转让的限制。在对《物权法》第一百九十一条进行评论时，最高人民法院物权法研究小组亦明确指出："综观本条两款之规定，可以看到本法在抵押物转移制度的设计上，从物尽其用和利益平衡的角度出发，充分发挥价金物上代位制度的优点，并通过追及效力来弥补其局限性，从而实现了制度的最优组合：以转让价金物上代位为主导、抵押权追及效力为补充的抵押物转让制度，从而既贯彻了物权法上'物尽其用'之原则，又平衡了抵押权人、抵押人和受让人的利益。"[①] 可见，在最高人民法院物权法研究小组看来，《物权法》是在坚持转让价金物上代位的基础上，采取抵押权的追及效力和替代清偿制度来保护抵押权人与受让人的交易安全，从而实现允许抵押物自由转让的目的。就此而言，从指导思想和规范目的上看，《物权法》与《担保法》一脉相承，并无冲突。既然《担保法》与《物权法》关于抵押物转让的规定并无冲突，故无《物权法》第一百七十八条"担保法与本法的规定不一致的，适用本法"之适用余地，在当事人对抵押物转让行为的效力发生争议时，自应根据最高人民法院对担保法的解释来理解《物权法》第一百九十一条的规定，因为《担保法解释》是对《担保法》的阐释，既然《担保法》与《物权法》并不冲突，那么《担保法》与《担保法解释》对此问题便有适用的空间。也正因如此，最高人民法院物权法研究小组进一步指出："《物权法》为了适应我国市场经济条件下对物的流通的需求，总结并借鉴了其他国家的立法长处，仍然对抵押物转让的限制保持比较宽松的立法态度，将价金物上代位主义和抵押权追及效力以及替代清偿权制度进行整合，设计出目前这个比较宽松和利益平衡的抵押物移转制度。"[②]

---

① 最高人民法院物权法研究小组：《〈中华人民共和国物权法〉条文理解与适用》，人民法院出版社 2007 年版，第 573 页。

② 最高人民法院物权法研究小组：《〈中华人民共和国物权法〉条文理解与适用》，人民法院出版社 2007 年版，第 574 页。

（三）实务中应当注意的问题

第一，未经抵押权人同意的“转让”指的是物权变动的结果，且不影响转让合同的效力。《物权法》第十五条规定：“当事人之间订立有关设立、变更、转让和消灭不动产物权的合同，除法律另有规定或者合同另有约定外，自合同成立时生效；未办理物权登记的，不影响合同效力。”该规定确定了不动产物权变动的原因与结果相区分的原则。物权转让行为不能成就，并不必然导致物权转让合同无效。因此，对于司法实务中出现的下列案例，应肯定转让合同的效力：为消除知晓标的物已抵押的受让人的顾虑，抵押人可以与受让人约定将解除抵押权以合同义务的方式分配给其自身承担，此约定并不违反法律的强制性规定，该自愿的负担行为，符合意思自治和合同自由原则，应获得法律支持。[①]《物权法》实施三年多后，最高人民法院民一庭在《民事审判指导与参考》中总结实践经验时，充分肯定了类似案例对司法裁判的引领作用，认为《物权法》第一百九十一条第二款规定，“抵押期间，抵押人未经抵押权人同意，不得转让抵押财产，但受让人代为清偿债务消灭抵押权的除外”，就不动产物权变动而言，这里的转让指的是不动产物权变动的结果，而不是原因。引起不动产变动的原因行为即合同，不受抵押权人是否同意转让抵押物的影响。[②] 随后，最高人民法院办公厅印发的2011年《全国民事审判工作会议纪要》（法办〔2011〕442号）中更是明确指出：“《物权法》第一百九十一条第二款并非针对抵押财产转让合同的效力性强制性规定，当事人仅以转让抵押房地产未经抵押权人同意为由，请求确认转让合同无效的，不应予以支持。受让人因抵押登记未涂销无法办理物权转移登记而请求解除合同的，可予以支持；受让人要求转让人承担相应民事责任的，应考虑

---

① 刘保玉主编：《担保纠纷裁判依据新释新解》，人民法院出版社2014年版，第206页。

② 最高人民法院民一庭：《未经抵押权人同意是否影响转让不动产合同的效力》，杨永清执笔，载最高人民法院民事审判第一庭编：《民事审判指导与参考》（2010年第2集），法律出版社2011年版，第152~153页。

当事人的过错程度等因素进行处理。”①

第二，抵押物的追及效力同样适用于动产抵押。实践中存在这样一种观点，认为抵押权的追及效力仅限于不动产，而对动产不适用。②该观点主张这与抵押权设立制度即不动产登记设立、动产登记对抗有关。不动产与动产相区别的抵押权设立制度带来的后果是：在转让不动产抵押物时，第三人可以在相关登记机构查询到标的物上是否存在权利负担；而在动产抵押物转让中，尤其是在没有抵押登记、抵押人隐瞒动产抵押事实的情况下，受让人无从知晓交易标的物上是否存在抵押权。易言之，基于第三人对已存在的抵押权是否知情不同，法律对其保护也应有所区别，即对于不动产抵押中已经知情的第三人，法律无特别保护的必要，而对于动产抵押中并不知情的善意第三人，法律就应该予以特别保护，其没有理由承受日后抵押权行使的不利后果，所以动产抵押权人不能行使追及效力。我们认为，该认识过于片面。首先，从概念入手，所谓物权的追及效力指的是物权成立后，不论标的物辗转至何处，物权人均可追及至物之所在。反映在抵押担保上为抵押权人对抵押物的追及效力，而动产抵押显然属于抵押范畴，故动产抵押权人对抵押物的追及效力具备法理正当性基础。其次，从抵押权设立的角度分析。虽然动产抵押权随抵押合同的生效而设立，但双方可通过办理登记获得对抗第三人的效力。因此，对办理了抵押登记的动产抵押而言，在受让人从抵押人处受让抵押物时，同样可通过查询其登记状态的方式知晓是否存在在先的抵押权，从而作出理性经济人的选择。再次，若动产抵押物没有办理登记，抵押人也未将标的物抵押情况告知受让人，则受让人可基于善意取得制度取得标的物的相应权利。最后，需要强调的是，在物权法定原则下，一般动产物权的转让以交付为原则，在权利外观上，动产受让人获悉标的物被抵押的难度大大高于不动产受让人，特别是抵押人故意隐瞒不告知的，将阻断受让人知晓真实权利现状的可能性，故存在适用善意取得的可能性。而不动产物权转让适用严格的登记生效主义原则，受让人在为转让变更登记时，必然知晓该抵押

① 刘保玉主编：《担保纠纷裁判依据新释新解》，人民法院出版社2014年版，第204页。

② 参见何莉萍：《动产抵押权不应有追及效力》，载《人民法院报》2007年1月22日。

物上权利负担现状，故无善意取得制度适用的余地。因此，不能否认动产抵押权人的追及效力。只是在抵押物未登记时，受让人得依据善意取得制度获得相应权利。这一点已为我国《担保法解释》第六十七条第二款所明确，即如果抵押物未经登记，抵押权不得对抗受让人，因此给抵押权人造成损失的，由抵押人承担赔偿责任。

案例指导

重庆索特盐化股份有限公司与重庆新万基房地产开发有限公司土地使用权转让合同纠纷案[①]

重庆索特盐化股份有限公司（以下简称索特公司）在重庆市万州区观音岩1号拥有四块商服用地使用权，并将上述土地抵押给相关银行用于贷款担保，抵押期限自2005年至2011年。2005年12月1日，重庆新万基房地产开发有限公司（以下简称新万基公司）与索特公司签订了《金三峡花园联合开发协议》（以下简称《联合开发协议》），在上述土地上联合开发金三峡花园。约定：第一条，索特公司现已将上述土地抵押给某银行融资贷款，同意在约定时间内将该土地的抵押权解除；第二条，以新万基公司出资、索特公司出土地使用权，共同投资、共享利润的方式，共同进行房地产开发；第四条至第十条具体约定了双方的其他权利和义务，其中索特公司承诺，本项目所涉及的土地已办理的抵押手续应在不影响开发进度的前提下办理解除抵押的相关手续，并保证不存在其他权利瑕疵，也没有被司法机关查封或被行政机关限制。若第三人对该地块权益提出主张，或权属手续不完善，或有权属障碍，由索特公司负责解决，并独自承担其费用，由此给新万基公司造成的损失，索特公司应承担违约责任。

同年12月1日，双方又签订了《联合开发协议之补充协议（一）》（以下简称《补充协议》）。同年12月5日，新万基公司向索特公司发出《金三峡花园联合开发项目开发进度表（一）》载明，为推进各项工作的顺利进行，

---

① 案例来源：最高人民法院（2008）民一终字第122号。

请索特公司在相应时间内配合完成项目前期开发工作，于2006年1月20日前办理好土地解押手续，并要求索特公司予以确认回复。索特公司未予回复。当月25日，新万基公司与中冶赛迪工程技术股份有限公司签订了《建设工程设计合同（一）》，此外，从2005年12月到2006年4月10日，新万基公司举示为筹备合同履行所支出的费用明细及与索特公司就合同义务履行的往来函件等。

索特公司2007年12月20日向重庆市高级人民法院起诉称，其与新万基公司签订《联合开发协议》和《补充协议》后，新万基公司并未按照合同约定履行相应义务，致使联建工作无法进行，联合开发的目的无法实现。据此，请求法院判决：（1）解除双方签订的《联合开发协议》及《补充协议》；（2）新万基公司向索特公司支付违约金1000万元；（3）新万基公司承担本案诉讼费。

重庆市高级人民法院认为：

1. 双方当事人之间法律关系的性质。根据《最高人民法院关于审理涉及国有土地使用权合同纠纷案件适用法律问题的解释》第十四条的规定，合作开发房地产合同以共同投资、共享利润、共担风险为构成要件。本案中，对于双方在金三峡花园项目开发中的利益分配与风险承担，《联合开发协议》并未作出明确约定，而是由《补充协议》进行了规定。从《补充协议》第四条、第五条确定的权利义务来看，索特公司并不承担项目的经营风险。因此，双方当事人之间法律关系不具备共担风险这一要件，在法律性质上不属于合作开发房地产，其实质是土地使用权转让，即索特公司是土地转让人，新万基公司是受让人。

2. 转让行为的法律效力。该土地使用权转让行为违反法律规定，应属无效。首先，《担保法》第四十九条第一款规定：“抵押期间，抵押人转让已办理登记的抵押物的，应当通知抵押权人并告知受让人转让物已经抵押的情况；抵押人未通知抵押权人或者未告知受让人的，转让行为无效。”本案中，没有证据证明索特公司将转让行为通知了建设银行与工商银行，根据上述规定，该转让行为应属无效。其次，《担保法解释》第六十七条第一款规定：“抵押权存续期间，抵押人转让抵押物未通知抵押权人或者未告知受让人的，如果抵押物已经登记的，抵押权人仍可以行使抵押权；取得抵押物所有权的受让人，可以代替债务人清偿其全部债务，使抵押权消灭。受让人清偿债务后可以向抵押人追偿。”由于新万基公司受让的标的物上存在抵押权，根据该款规定，新万基公司可以通过行使涤除权消灭该抵押权，从而对转让行为的效力予以补正，但新万基公司并未行使涤除权，该转让行为的效力未能得到补正。索特公司请求解除双方签订的《联合开发协议》及其《补充协议》，这一诉讼请求不能成立。所谓合同的解除，是使合法有效的合同的法律效力归于消灭，而《联合开发协议》及其《补充协议》系无效合同，故不存在解除的问题。

3. 转让行为无效的法律责任。根据《合同法》第五十八条的规定，无效合同的法律后果是返还财产及赔偿损失。本案中，双方当事人之间并无财产交付、转移行为，故不存在返还的问题。至于损失，新万基公司为履行合同，先后做的准备共花费 79320.5 元。上述款项系新万基公司因履行合同而遭受的损失，应当按照当事人的过错确定赔偿责任。本案合同无效的原因是未将土地转让的情况通知抵押权人。根据《担保法》第四十九条第一款的规定，应当由抵押人履行该通知义务。因此，系索特公司单方的过错导致了合同无效，新万基公司因此遭受的损失应由索特公司承担赔偿责任。虽然根据《担保法解释》第六十七条第一款的规定，也可由受让人行使涤除权消灭抵押权，从而使转让行为生效，但对受让人而言，该规定系权利的赋予，受让人作为权利人不行使权利，并不构成法律上的过错；新万基公司提出，其与索特旅游公司签订了《借款协议》借出款项 143 万元，属于为履行合同而支出的费用。既然是借款，则借款人负有归还的义务，新万基公司有要求借款人返还的权利。因此，该协议约定的借款金额不应视为新万基公司受的损失；对新万基公司称支出的 313334 元及交通费、差旅费、招待费等费用支出，因其举示的证据无法证明这些费用与“金三峡花园”项目的关联性，法院不予支持。

4. 双方当事人诉请的违约责任。在本诉中，索特公司要求新万基公司支付违约金 1000 万元。在反诉中，新万基公司要求索特公司支付违约金 6000 万元，这两项诉讼请求均不能成立。违约金属于违约责任范畴，而违约责任是因违反有效合同导致的法律责任，以存在合法有效的合同关系为基础。本案中，《联合开发协议》及《补充协议》无效，故不存在违约的问题，亦不会引发违约责任的承担。

综上，一审法院作出判决：一、《联合开发协议》及《补充协议》无效；二、自本判决生效之日起十日内索特公司向新万基公司赔偿损失 79320.5 元；三、驳回索特公司的诉讼请求；四、驳回新万基公司的反诉请求。

新万基公司不服一审判决，向最高人民法院上诉称：（1）一审判决认定双方签订的土地使用权转让合同为无效合同，适用法律错误。根据《担保法解释》第六十七条、《物权法》第一百九十一条的规定，在未告知抵押权人的情况下，转让抵押物的行为并不当然无效。（2）索特公司在合同签订后，经新万基公司多次敦促，迟迟不履行解除转让土地抵押的先履行义务，主动提起诉端，以谋求土地升值的巨大利益，有违诚信。索特公司应为此承担违约责任。（3）索特公司应按合同约定承担违约金 6000 万元。

该院二审查明的其他事实，与一审法院查明的基本事实一致。

根据当事人双方上诉请求及答辩情况，本案争议焦点为：第一，《联合开发协议》及其《补充协议》的效力问题。第二，索特公司是否应向新万基公司支付违约金。

1. 关于《联合开发协议》及其《补充协议》的效力问题。《担保法》第四十九条、《担保法司法解释》第六十七条、《物权法》第一百九十一条的立法目的都是确保抵押权人的利益不受侵害。尤其是《物权法》第一百九十一条规定，未经通知或者未经抵押权人同意转让抵押物的，如受让方代为清偿债务消灭抵押权的，转让有效。即受让人通过行使涤除权涤除转让标的物上的抵押权负担的，转让行为有效。上述法律和司法解释的规定体现了相关立法和司法解释的指导思想是要在抵押权人和抵押人、受让抵押标的物的第三人之间实现利益平衡，既充分保障抵押权不受侵害，又不过分妨碍财产的自由流转，充分发挥物的效益。本案双方当事人在《联合开发协议》中约定由索特公司在不影响开发进度的前提下办理解除抵押的相关手续，即以约定的方式将先行解除本案所涉土地上的抵押权负担的义务赋予了索特公司；该约定既保障了抵押权人的利益，也不妨害抵押人和受让土地的第三人的利益，与《担保法》《物权法》以及《担保法解释》保障各方当事人利益平衡的立法精神并不相悖，不违反法律规定。从合同法的角度看，转让方对转让标的负有权利瑕疵担保责任，其主动告知转让土地上的权利负担，并承诺由其在不影响开发进度的前提下先行解除抵押，该承诺构成合同中的负担行为，即承担义务的行为，符合意思自治和合同自由原则，且确保了抵押权人的利益不受侵害，与《担保法》《物权法》和《担保法解释》的立法本意和制度设计不相抵触。因此两份协议有效，双方应按照合同诚信履行，索特公司有义务解除该转让土地上的抵押权负担。

其次，根据《物权法》第十五条的规定，当事人之间订立有关设立、变更、转让和消灭不动产物权的合同，除法律另有规定或者合同另有约定外，自合同成立时生效；未办理物权登记的，不影响合同效力。该规定确定了不动产物权变动的原因与结果相区分的原则。物权转让行为不能成就，并不必然导致物权转让的原因即债权合同无效。双方签订的《联合开发协议》及《补充协议》作为讼争土地使用权转让的原因行为，是一种债权形成行为，并非该块土地使用权转让的物权变动行为。相关法律关于未经通知抵押权人而导致物权转让行为无效的规定，其效力不应及于物权变动行为的原因行为。因为当事人可以在合同约定中完善物权转让的条件，使其转让行为符合法律规定。本案即属此种情形。

综上，双方当事人签订的《联合开发协议》未违反法律强制性规定，应为有效合同。一审判决对此问题的认定适用法律不当，应予纠正。

2. 索特公司是否应向新万基公司支付违约金。一审判决根据双方签订的《联合开发协议》及《补充协议》约定的权利义务内容，确定双方的协议为土地使用权转让协议，此认定事实清楚，适用法律正确，双方当事人亦无异议，该院予以确认。土地使用权转让协议作为一项双务合同，要求出让方首先提供具有使用权无瑕疵的土地，受让方依约支付转让款。索特公司违反了《联合开发协议》第一条关于双方共同确定项目开发进度表的义务性规定，未能按协议约定适时解除转让土地上设定的抵押，提供无权利瑕疵的土地，此种消极不履行合同的行为，已构成违约。索特公司的沉默行为，引起新万基公司对合同继续履行的正当信赖，导致新万基公司与中冶赛迪工程技术股份有限公司等第三方签订了工程设计等一系列与项目开发实施行为有关的合同。在此情况下，索特公司提起诉讼请求解除《联合开发协议》及《补充协议》，根据《合同法》第一百零八条规定，应认定其构成根本违约。结合涉案土地已经大幅升值的实际情况，以及双方在土地使用权转让过程中的利益平衡，索特公司应按《联合开发协议》第十条的约定承担违约责任。通过计算，索特公司应向新万基公司承担4038万元的违约金。新万基公司以其计划开发投入的总投资数额为依据主张索特公司应给付6000万元违约金的请求，系以合作开发为前提，与本案事实不符，该院不予支持。鉴于新万基公司认为索特公司不履行合同义务已构成根本违约，该院对此也予以确认，且索特公司在一审诉讼中请求解除双方所签订的合同，故双方签订的《联合开发协议》及其《补充协议》应予解除。

据此，最高人民法院根据《民事诉讼法》第一百五十三条第一款第（二）项、第（三）项之规定，判决如下：一、撤销重庆市高级人民法院（2008）渝高法民初字第2号民事判决；二、《联合开发协议》及《补充协议》有效；三、解除双方签订的《联合开发协议》及《补充协议》；四、索特公司自本判决生效之日起十日内向新万基公司支付违约金4038万元；五、驳回新万基公司其他上诉请求。

规范指引

《中华人民共和国合同法》

第四条 当事人依法享有自愿订立合同的权利，任何单位和个人不得非法干预。

第六条 当事人行使权利、履行义务应当遵循诚实信用原则。

第五十八条 合同无效或者被撤销后，因该合同取得的财产，应当予以返还；不能返还或者没有必要返还的，应当折价补偿。有过错的一方应当赔偿对方因此所受到的损失，双方都有过错的，应当各自承担相应的责任。

《中华人民共和国担保法》

第四十九条 抵押期间，抵押人转让已办理登记的抵押物的，应当通知抵押权人并告知受让人转让物已经抵押的情况；抵押人未通知抵押权人或者未告知受让人的，转让行为无效。

转让抵押物的价款明显低于其价值的，抵押权人可以要求抵押人提供相应的担保；抵押人不提供的，不得转让抵押物。

抵押人转让抵押物所得的价款，应当向抵押权人提前清偿所担保的债权或者向与抵押权人约定的第三人提存。超过债权数额的部分，归抵押人所有，不足部分由债务人清偿。

《最高人民法院关于适用〈中华人民共和国担保法〉若干问题的解释》

第六十七条 抵押权存续期间，抵押人转让抵押物未通知抵押权人或者未告知受让人的，如果抵押物已经登记的，抵押权人仍可以行使抵押权；取得抵押物所有权的受让人，可以代替债务人清偿其全部债务，使抵押权消灭。受让人清偿债务后可以向抵押人追偿。

如果抵押物未经登记的，抵押权不得对抗受让人，因此给抵押权人造成损失的，由抵押人承担赔偿责任。

《最高人民法院关于审理涉及国有土地使用权合同纠纷案件适用法律问题的解释》

第十四条 本解释所称的合作开发房地产合同，是指当事人订立的以提供出让土地使用权、资金等作为共同投资，共享利润、共担风险合作开发房地产为基本内容的协议。

《中华人民共和国物权法》

第十五条 当事人之间订立有关设立、变更、转让和消灭不动产物权的合同，除法律另有规定或者合同另有约定外，自合同成立时生效；未办理物权登记的，不影响合同效力。

第三十四条 无权占有不动产或者动产的，权利人可以请求返还原物。

第一百九十一条 抵押期间，抵押人经抵押权人同意转让抵押财产的，应当将转让所得的价款向抵押权人提前清偿债务或者提存。转让的价款超过债权数额的部分归抵押人所有，不足部分由债务人清偿。

抵押期间，抵押人未经抵押权人同意，不得转让抵押财产，但受让人代为清偿债务消灭抵押权的除外。

专题十：流押条款与买卖型担保的区分与效力

【核心提示】当事人在抵押合同中约定，债务履行期届满抵押权人未受清偿时，抵押物的所有权转移为债权人所有的内容无效。但双方事先签订被抵押的房屋买卖合同，约定在债务人不能履行债务时履行该房屋买卖合同的，由于此约定不符合流押条款的构成要件，因此不属于流押条款。

实务争点

双方事先签订被抵押的房屋买卖合同，约定在债务人不能履行债务时履行该房屋买卖合同的，此约定是否属于流押条款，理论界存在不同的见解。第一种意见认为，此约定应当认定为流押条款，因为如果债务履行期届满债务人不能履行债务，抵押权人将获得被抵押的房屋所有权，其效果与流押条款一致，应当予以禁止。第二种意见认为，此约定不符合流押条款的构成要件，故不应当认定为流押条款。当事人所签订的买卖合同对房屋的买卖价款作出了约定，这是双方意思表示一致的结果，完全不同于流押条款不问房屋价值直接将房屋所有权归抵押权人所有的约定。对此问题，《担保法解释》第五十七条第一款规定："当事人在抵押合同中约定，债务履行期届满抵押权人未受清偿时，抵押物的所有权转移为债权人所有的内容无效。该内容的无效不影响抵押合同其他部分内容的效力。"

理解适用

对《担保法解释》第五十七条第一款的理解与适用

我国法律对流押条款禁止的规定比较完善，《担保法》第四十条规定："订立抵押合同时，抵押权人和抵押人在合同中不得约定在债务履行期届满抵押权人未受清偿时，抵押物的所有权转移为债权人所有。"《担保法解释》

第五十七条第一款明确:“当事人在抵押合同中约定,债务履行期届满抵押权人未受清偿时,抵押物的所有权转移为债权人所有的内容无效。该内容的无效不影响抵押合同其他部分内容的效力。”《物权法》第一百八十六条规定:“抵押权人在债务履行期届满前,不得与抵押人约定债务人不履行到期债务时抵押财产归债权人所有。”

(一)流押条款的法律定位

流押条款的构成要件主要包括:第一,前提条件。当事人之间存在抵押担保法律关系,若抵押关系未成立,便不可能出现流押条款。第二,实质内容。双方约定债务清偿不能时,抵押物直接归属债权人所有,这也是流押条款最明显的特点——排除清算程序,不考量抵押物的价值。且大多数情况下,流押条款中抵押物的价值都高于所担保的债权价值,这也是其最受诟病之处。第三,时间条件。流押条款须在债务履行期限届满之前约定。凡是在债权已届清偿期后达成的协议,为抵押财产折价协议;相反,凡是在债权尚未届清偿期之前达成的以债务人不履行债务时直接转移抵押财产所有权为内容的协议均为流押条款。[①]

通过分析流押条款的构成要件,我们可以明确,“排除清算程序,不考量抵押物的价值”,特定条件成就时抵押物直接归债权人所有,为流押条款最明显的特征,也是最核心的构成要件。此特点之所以备受诟病,是因为条款签订时抵押人处于极端不利的境地,即抵押物的价值往往由于无法进行讨价还价而处于被低估的状态,对抵押人来说是显失公平的,其合法利益极易受到损害。而双方事先签订被抵押的房屋买卖合同时,情况则不一样。既然是房屋买卖合同,那么此时房屋的价值应当是双方当事人意思表示一致的结果。即使合同出现显失公平的情况,也应通过合同撤销、变更制度予以救济,无须强制性地认定无效。基于对流押条款立法理由的分析与批判,流押条款作用是有限的,甚至是矫枉过正的,故其适用应当严格化、限缩化。因此,在严格适用流押条款的情况下,不应将“双方事先签订被抵押的房屋买卖合

① 高圣平:《物权法担保物权编》,中国人民大学出版社2007年版,第142页。

同，约定在债务人不能履行债务时履行该房屋买卖合同的情形”认定为流押条款。

（二）流押条款的主要立法理由及其批判[①]

流押条款的主要立法理由为保护抵押人的利益。该观点认为债务人常于急迫窘困之时而借债，其为获得债权人的融资而与债权人缔结法律关系，但由于债务人往往在交易过程中处于被动地位，致使债权人常利用其窘境而提出种种苛刻的条件。同时，债务人在缔结合同时，往往会对自己的偿债能力作不切实际的过于乐观的估计，从而给债权人提出苛刻要求提供了可乘之机。在债务人本人提供抵押时，为了获得急需之资金，自然很容易在债权人的外部压力和对自身偿债能力盲目乐观的内部动力的双重驱使下，孤注一掷地以价值甚高之物担保价值较低之债权，并约定不能偿债时直接以抵押物冲抵债务。有学者将此情景描述为：“债务人与债权人，从来就是经济生活中两大对立的阵营，二者相较，债权人之经济地位往往较债务人为优，即债务人系经济上的弱者，而债权人则通常为经济上的强者。债务人之借贷，每每为急迫困窘之时，债权人多利用债务人此一时穷迫，未遑熟虑之机，借助契约自由主义，逼使订立流质契约。”[②] 即便是物上保证人提供抵押担保，由于物上保证人和债务人多存在亲缘和友情上的关系，为助自己的亲友获得融资，特别是基于对债务人偿债能力和个人信誉的信赖，也会应债权人的要求而签订于己重大不利的流押条款。不仅如此，在物上保证人签订流押条款后，若债务人与债权人恶意串通，债务人到期故意不履行债务从而使债权人取得抵押物的所有权，如果物上保证人再不能及时、有效地对债务人行使追偿权，其利益则会遭受巨大的损害。

我们认为，前述禁止流押条款的立法理由很难成立，主要理由如下：

第一，抵押物的价值未必高于担保债权的数额。在实践中，抵押物的价值一般大于担保债权的数额，但这并非绝对，仍有抵押权在设定时，其抵押

---

① 参见孙鹏、王勤劳：《流质条款效力论》，载《法学》2008 年第 1 期。

② 梁慧星、陈华彬：《物权法》，法律出版社 1997 年版，第 332 页。

物的价值低于（或等于）担保债权的数额。即便抵押物的价值在抵押权设定时高于债权额，但若在抵押权存续期间发生抵押物自然损耗或价格降低等情况，仍可出现债务履行期限届满时，抵押物价值小于或等于担保债权额的情形。又或者，在行使抵押权时，抵押物的评估价值仍高于担保债权额，但为了将抵押物快速变现，其后所得也往往低于该评估价值，况且还要从变现所得中扣除实现抵押权所支出的成本。并且我国《担保法》第五十三条与《物权法》第一百九十八条规定，抵押物折价、拍卖、变卖后，其价款超过债权数额的部分归抵押人所有，不足部分由债务人清偿。否定流押条款的观点往往片面强调以较高价值之抵押物担保较小数额之债权时对抵押人（以及抵押人的其他债权人）不利的情形，而对两者价值相当，或以较小价值之抵押物担保数额较高之债权，又或抵押物价值在抵押期间下降等情形避而不谈。当抵押物价值小于担保债权额时，具有流押条款的抵押合同尚且不能充分保障其所担保的债权人的利益，更遑论该流押条款会损害抵押人和抵押人的其他债权人之利益。

第二，债务人未必届期不履行债务。即便抵押物价值远高于担保债权额，抑或是流押条款的生效会损害抵押人以及抵押人的其他债权人之利益，但流押条款只有在债务人届期不履行债务时才能发生效力，若债务人按期清偿全部债务，则抵押人和抵押物均能从债权人的压迫下解放出来，也不可能损害抵押人及其债权人的利益。也就是说，流押条款仅仅给予债权人对抵押物所有权的期待，这种期待能否实现则主要取决于债务人能否如期履行债务。在债的履行方面，债务人始终处于有利或主动地位，特别是在面临对抵押人重大不利的流押条款的压力时，债务人往往会选择主动履行债务，甚至不惜采取“拆东墙补西墙”的方式以阻止流押条款的生效。

第三，债务人借债未必都出于急迫窘困。禁止流押条款的一项重要理由是使债务人免因一时之急迫而（使抵押人以及抵押人的其他债权人）蒙受重大之不利。该观点认为债务人多在急迫窘困之时借债，债权人乃利用此机会逼迫其订立流押契约，以价值甚高之物担保小额之债权，希冀债务人届期不能偿债时，取得其所有权以获非分之利益。事实上，债务人出于急迫窘困而借债的情形，常发生在商品经济不甚发达的地区和时代。在如今工商业异常发达的社会中，借贷通常发生在工商企业与银行等金融机构之间。同时，民间借贷中有相当部分是为了满足生产和营业之需，在社会普通民众日趋富裕，且日益完善的社会保障制度和劳动就业制度能解决贫困者基本生活需要之时，借贷已然超越了其在自然经济条件下多为解决日常急需之功能。现实生活中，为解决急需而借款者（未必是经济上的弱者）有之，为赚取利息发放贷款或储蓄供贷者有之，企业向个人借款者也有之。当今经济生活条件下的借贷，实在很难说是债权人对债务人趁火打劫或豪取强夺，还是经济地位强弱的两大对立阵营之间的较量。若债务人借债并非出于急迫窘困，债权人又何以能逼使债务人举债？债务人又怎会没有深思熟虑？流押条款之订立乃双方斟酌衡量的结果，焉能武断地指责其乃债权人对债务人和担保人欺压强迫的产物？

（三）流押条款不能扩张适用

既然流押条款不一定损害抵押人以及抵押人的其他债权人之利益，那么立法上以其可能对相关当事人造成损害为由，断然禁止流押条款的规定过于轻率，无异于因噎废食。就逻辑层面而言，立法上当然否定流押条款的效力，应当建立在该条款必然损害而非可能损害，或至少应是在绝大多数情况下将损害抵押人等利益的判断基础之上。只要立法上不能认定流押条款必然损害或者在绝大多数情况下将损害抵押人等的利益，则应将是否会受到损害交由当事人作出判断，而事实上抵押人等自己根据现实情况作出的判断才更为准确。尤其重要的是，即便抵押人等知晓自身利益将受到流押条款之损害，且客观证据也能证明流押条款的确会损害抵押人以及抵押人的其他债权人之利益（即假定的条件在事实上全部成就），仍然不能直接宣告流押条款无效。诚如一些学者所指出的那样，只有当抵押物的价值过分超过其所担保的债权额时，抵押人的利益才有受损害之可能；而对抵押人的其他债权人而言，只有抵押物价值过分超过抵押的债权额且抵押人没有其他财产来偿债时，其利益才会受到损害。但无论是抵押人还是抵押人的其他债权人，在其利益因流押条款而受损时，都可以通过现行法的有关规定获得救济。在流押条款对抵押人造成重大不利时，客观上表现为抵押权人和抵押人之间利益上的显失公平，主观上多为债权人利用债务人的急迫窘困和轻率，明显构成显失公平或乘人之危，然此两种情形根据《民法总则》《合同法》之规定，均为可变更、可撤销的行为，当事人（抵押人）可诉请人民法院或仲裁机构予以变更或撤销。而在抵押人和抵押权人恶意串通，通过流押条款危害抵押人的其他债权人利益时，其他债权人可类推适用《合同法》第七十五条行使债权人撤销权，撤销双方所施行为，并迫使抵押权人按通常的（清算）方式实现其抵押权，从而尽可能保全抵押人的责任财产。

需要明确的是，既然《担保法》《担保法解释》和《物权法》都明文规定流押条款无效，那么基于对现行法的遵守，在司法实务中判决流押条款无效是毫无争议的。但是，基于对流押条款的立法理由的批判，我们能清晰地发现流押条款一厢情愿与矫枉过正的不足之处。因此，我们认为，司法实践必须严格按照流押条款的构成要件进行认定，不能对流押条款进行扩张性适用。这也是我们认为"双方事先签订被抵押的房屋买卖合同，约定在债务人不能履行债务时履行该房屋买卖合同的情形"不属于流押条款的重要原因，即使房屋所有权最终仍可能由抵押权人取得。

此外，若当事人事先未以房屋买卖合同作为抵押，而是在债务人无法按时清偿其债务时，经过与债权人协商一致，双方同意终止借款合同中的权利义务关系，并建立新的房屋买卖合同关系，同时约定将前后法律关系的权利义务进行转化，也即债务人在借贷法律关系中的借款本金及利息转化为房屋买卖关系中的购房款，如此借款关系便被认定为已合法变更为房屋买卖关系，不属于物权法禁止流押条款的规定，也不存在其他违反法律、行政法规的强制性规定。

案例指导

汤龙、刘新龙、马忠太、王洪刚诉新疆鄂尔多斯彦海房地产开发有限公司商品房买卖合同纠纷案[①]

原告汤龙、刘新龙、马忠太、王洪刚诉称：根据双方合同约定，新疆鄂

① 案例来源：最高人民法院（2015）民一终字第180号，载《最高人民法院指导性案例》第72号。

尔多斯彦海房地产开发有限公司（以下简称彦海公司）应于2014年9月30日向四人交付符合合同约定的房屋。但至今为止，彦海公司拒不履行房屋交付义务。故请求判令：一、彦海公司向汤龙、刘新龙、马忠太、王洪刚支付违约金6000万元；二、彦海公司承担汤龙、刘新龙、马忠太、王洪刚主张权利过程中的损失费用416300元；三、彦海公司承担本案的全部诉讼费用。

被告彦海公司辩称：汤龙、刘新龙、马忠太、王洪刚应分案起诉。四人与彦海公司没有购买和出售房屋的意思表示，双方之间房屋买卖合同名为买卖实为借贷，该商品房买卖合同系为借贷合同的担保，该约定违反了《担保法》第四十条、《物权法》第一百八十六条的规定无效。双方签订的商品房买卖合同存在显失公平、乘人之危的情况。四人要求的违约金及损失费用亦无事实依据。

法院经审理查明：汤龙、刘新龙、马忠太、王洪刚与彦海公司于2013年先后签订多份借款合同，通过实际出借并接受他人债权转让，取得对彦海公司合计2.6亿元借款的债权。为担保该借款合同履行，四人与彦海公司分别签订多份商品房预售合同，并向当地房屋产权交易管理中心办理了备案登记。该债权陆续到期后，因彦海公司未偿还借款本息，双方经对账，确认彦海公司尚欠四人借款本息361398017.78元。双方随后重新签订商品房买卖合同，约定彦海公司将其名下房屋出售给四人，上述欠款本息转为已付购房款，剩余购房款38601982.22元，待办理完毕全部标的物产权转移登记后一次性支付给彦海公司。汤龙等四人提交与彦海公司对账表显示，双方之间的借款利息系分别按照月利率3%和4%、逾期利率10%计算，并计算复利。

新疆维吾尔自治区高级人民法院于2015年4月27日作出（2015）新民一初字第2号民事判决，判令：一、彦海公司向汤龙、马忠太、刘新龙、王洪刚支付违约金9275057.23元；二、彦海公司向汤龙、马忠太、刘新龙、王洪刚支付律师费416300元；三、驳回汤龙、马忠太、刘新龙、王洪刚的其他诉讼请求。上述款项，应于判决生效后十日内一次性付清。宣判后，彦海公司以双方之间买卖合同系借款合同的担保，并非双方真实意思表示，且欠款金额包含高利等为由，提起上诉。最高人民法院于2015年10月8日作出（2015）民一终字第180号民事判决：一、撤销新疆维吾尔自治区高级人民法院（2015）新民一初字第2号民事判决；二、驳回汤龙、刘新龙、马忠太、王洪刚的诉讼请求。

法院生效裁判认为：本案争议的商品房买卖合同签订前，彦海公司与汤龙等四人之间确实存在借款合同关系，且为履行借款合同，双方签订了相应的商品房预售合同，并办理了预购商品房预告登记。但双方系争商品房买卖合同是在彦海公司未偿还借款本息的情况下，经重新协商并对账，将借款合同关系转变为商品房买卖合同关系，将借款本息转为已付购房款，并对房屋交付、尾款支付、违约责任等权利义务作出了约定。民事法律关系的产生、变更、消灭，除基于法律特别规定，需要通过法律关系参与主体的意思表示一致形成。民事交易活动中，当事人意思表示发生变化并不鲜见，该意思表示的变化，除为法律特别规定所禁止外，均应予以准许。本案双方经协商一致终止借款合同关系，建立商品房买卖合同关系，并非为双方之间的借款合同履行提供担保，而是借款合同到期彦海公司难以清偿债务时，通过将彦海公司所有的商品房出售给汤龙等四位债权人的方式，实现双方权利义务平衡的一种交易安排。该交易安排并未违反法律、行政法规的强制性规定，不属于《物权法》第一百八十六条规定禁止的情形，亦不适用《最高人民法院关于审理民间借贷案件适用法律若干问题的规定》第二十四条规定。尊重当事人嗣后形成的变更法律关系性质的一致意思表示，是贯彻合同自由原则的题中应有之义。彦海公司所持本案商品房买卖合同无效的主张，不予采信。

但在确认商品房买卖合同合法有效的情况下，由于双方当事人均认可该合同项下已付购房款系由原借款本息转来，且彦海公司提出该欠款数额包含高额利息；在当事人请求司法确认和保护购房者合同权利时，人民法院对基于借款合同的实际履行而形成的借款本金及利息数额应当予以审查，以避免当事人通过签订商品房买卖合同等方式，将违法高息合法化。经审查，双方之间借款利息的计算方法，已经超出法律规定的民间借贷利率保护上限。对双方当事人包含高额利息的欠款数额，依法不能予以确认。由于法律保护的借款利率明显低于当事人对账确认的借款利率，故应当认为汤龙等四人作为购房人，尚未足额支付合同约定的购房款，彦海公司未按照约定时间交付房屋，不应视为违约。汤龙等四人以彦海公司逾期交付房屋构成违约为事实依据，要求彦海公司支付违约金及律师费，缺乏事实和法律依据。一审判决判令彦海公司承担支付违约金及律师费的违约责任错误，本院对此予以纠正。

规范指引

《中华人民共和国合同法》

第六条 当事人行使权利、履行义务应当遵循诚实信用原则。

第三十二条 当事人采用合同书形式订立合同的，自双方当事人签字或者盖章时合同成立。

第四十四条 依法成立的合同，自成立时生效。

法律、行政法规规定应当办理批准、登记等手续生效的，依照其规定。

第五十四条 下列合同，当事人一方有权请求人民法院或者仲裁机构变更或者撤销：

（一）因重大误解订立的；

（二）在订立合同时显失公平的。

一方以欺诈、胁迫的手段或者乘人之危，使对方在违背真实意思的情况下订立的合同，受损害方有权请求人民法院或者仲裁机构变更或者撤销。

当事人请求变更的，人民法院或者仲裁机构不得撤销。

第五十五条 有下列情形之一的，撤销权消灭：

（一）具有撤销权的当事人自知道或者应当知道撤销事由之日起一年内没有行使撤销权；

（二）具有撤销权的当事人知道撤销事由后明确表示或者以自己的行为放弃撤销权。

《中华人民共和国担保法》

第四十条 订立抵押合同时，抵押权人和抵押人在合同中不得约定在债务履行期届满抵押权人未受清偿时，抵押物的所有权转移为债权人所有。

第四十一条 当事人以本法第四十二条规定的财产抵押的，应当办理抵押物登记，抵押合同自登记之日起生效。

第四十二条 办理抵押物登记的部门如下：

（一）以无地上定着物的土地使用权抵押的，为核发土地使用权证书的土地管理部门；

（二）以城市房地产或者乡（镇）、村企业的厂房等建筑物抵押的，为县级以上地方人民政府规定的部门；

（三）以林木抵押的，为县级以上林木主管部门；

（四）以航空器、船舶、车辆抵押的，为运输工具的登记部门；

（五）以企业的设备和其他动产抵押的，为财产所在地的工商行政管理部门。

《最高人民法院关于适用〈中华人民共和国担保法〉若干问题的解释》

第五十七条 当事人在抵押合同中约定，债务履行期届满抵押权人未受清偿时，抵押物的所有权转移为债权人所有的内容无效。该内容的无效不影响抵押合同其他部分内容的效力。

……

《中华人民共和国物权法》

第一百八十六条 抵押权人在债务履行期届满前，不得与抵押人约定债务人不履行到期债务时抵押财产归债权人所有。

专题十一：所有权保留中取回权与抵押权受偿顺序的制度甄别

【核心提示】所有权保留中的取回权和抵押权是根据不同的民事法律制度而产生的两种权利，当二者因共存于同一动产而产生权利冲突时，应当首先对抵押权的可保护性进行界定，当抵押权构成“善意取得”并进行了登记时，抵押权人享有优先受偿权；否则，所有权保留中的出卖人可以根据取回权取得无抵押权负担的动产所有权。

实务争点

《担保法》《担保法解释》及《物权法》对抵押权、质权、留置权并存时的受偿顺序进行了关注。但对在同一动产上，所有权保留后的取回权与抵押权并存时的受偿顺序没有明确。对此，司法实践中存在一定的争议：第一种意见认为，若所有权保留约定在先，出卖人皆可取回无负担的动产所有权；第二种意见认为，若抵押权人取得的抵押权符合善意取得的构成要件且进行了登记，抵押权人享有优先受偿权，否则，所有权保留中的出卖人可以根据取回权取得无抵押权负担的动产所有权。对此问题，《担保法》第五十四条规定："同一财产向两个以上债权人抵押的，拍卖、变卖抵押物所得的价款按照以下规定清偿：……（二）抵押合同自签订之日起生效的，该抵押物已登记的，按照本条第（一）项规定清偿；未登记的，按照合同生效时间的先后顺序清偿，顺序相同的，按照债权比例清偿。抵押物已登记的先于未登记的受偿。"

理解适用

对《担保法》第五十四条的理解与适用

所有权保留源于当事人的约定，其本身不创设物权，能起到担保作用的是保留下来的买卖标的物的所有权，出卖人在买受人不履行合同义务时，可以标的物所有权人的身份收回标的物。

（一）所有权保留

当事人通过合同约定即可成立所有权保留，无须登记或其他公示手段。[①]《合同法》第一百三十四条规定："当事人可以在买卖合同中约定买受人未履行支付价款或者其他义务的，标的物的所有权属于出卖人。"《最高人民法院关于审理买卖合同纠纷案件适用法律问题的解释》（以下简称《买卖合同司法解释》）第三十四条、第三十五条、第三十六条和第三十七条对所有权保留制度进行了进一步的细化规定。所有权保留条款的设定目的在于保护出卖人的利益，防止买受人在支付全部价款前，擅自处分标的物，导致出卖人利益受损。为了充分发挥所有权保留制度的担保功能，并保障出卖人权利的实

---

① 曹士兵：《对非典型担保的司法态度》，载《人民法院报》2005年8月31日。

现，法律通常承认出卖人享有取回权。但《买卖合同司法解释》对取回权未作界定。所谓取回权，就是指在买受人违约的情形下，出卖人享有取回标的物的权利。详言之，在所有权保留的合同中，标的物已实际交付，在买受人不按约定履行义务进而损害出卖人权益的情况下，出卖人有权取回标的物。当商品价值不大或易损耗时，出卖人取回权的作用确实有限，但如果标的物价值较大，且不易损耗，出卖人享有的取回权在经济上就具有重要意义。买受人不于一定期间内履行合同以回赎标的物的，出卖人有权将该标的物再行出卖。[①]

（二）动产抵押权的善意取得[②]

当所有权保留中的取回权与抵押权竞合时，抵押权的取得应是基于善意取得。因此，我们认为有必要对动产抵押权的善意取得作一定的阐释。根据《物权法》第一百零六条第三款的规定，善意取得制度可以适用于其他物权，显然包括动产抵押权在内。《物权法》第一百零六条规定了所有权善意取得的三个条件，即受让人受让不动产或动产时是善意的；以合理的价格转让；转让的不动产或者动产依照法律规定应当登记的已经登记，不需要登记的已经交付给受让人。但是，由于抵押权的设立不以支付对价为要件，所以抵押权的善意取得也不需“有合理价格转让”这一条件。同理，由于抵押权本身不以交付为要件，抵押物为动产的，抵押权不需要经过登记便能设立，所以，动产抵押的善意取得也不需要满足“依照法律规定应当登记的已经登记，不需要登记的已经交付给受让人”这一条件。如此，动产抵押权善意取得的成立要件仅此一项，即“权利人在取得动产抵押权时是善意的”。易言之，构成动产抵押权的善意取得仅需满足权利人订立动产抵押合同时主观善意即可。

---

① 王利明：《所有权保留制度若干问题探讨——兼评〈买卖合同司法解释〉相关规定》，载《法学评论》2014 年第 1 期。

② 参见曹士兵：《物权法关于物权善意取得的规定与检讨——以抵押权的善意取得为核心》，载《法律适用》2014 年第 8 期。

（三）动产抵押登记的效力

《物权法》颁布之前的司法实践便一直承认动产抵押登记具备公信力。《担保法解释》第六十一条明确规定："抵押物登记记载的内容与抵押合同约定的内容不一致的，以登记记载的内容为准。"这意味着司法解释不区分不动产和动产，均赋予抵押权登记以公信力。抵押行为公示的目的通常在于保障交易安全，取得权利一方在交易时可以借助公示载体、登记或者占有等状态来识别对方是否为权利人，而且权利取得方应当能够信赖公示载体上所记载的信息。在我国动产抵押登记实行对抗主义的立法模式下，动产抵押权登记具有三种功能：一是公示动产上的权利负担。与债务人（抵押人）从事交易的第三人可以通过查询动产抵押登记簿，了解特定动产之上的权利负担，从而预知风险、保障交易安全。二是确定竞存权利之间的优先顺序。在登记对抗主义模式下，抵押权之设立时间依抵押合同生效之先后，但抵押权之优先顺位，应依登记时间的先后。三是赋予动产登记簿以公信力。因信赖动产抵押登记簿所载权利外观信息而为交易的主体，其信赖利益应受保护。①

（四）已登记的抵押权优先于取回权

我们认为，当所有权保留中的买受人将标的物抵押给第三人时，虽然抵押权人通过善意取得制度获得了合法有效的抵押权，但是动产抵押本身缺乏公示效果，在动产抵押权没有登记的情况下，基于所有权而产生之取回权的效力优先于抵押权。因为抵押权性质上属于他物权，尤其是仅仅基于抵押合同便可以成立的动产抵押权，其公示公信力是极为欠缺的。在没有公示公信力的情况下若直接赋予未登记的动产抵押权以优先效力，这便是对担保物权具有优先受偿力这一原理的背离。按照通说，抵押的优先性是基于登记的公示力，质押的优先性是基于占有的公示力。因此，我们有理由认为，所有权保留后的取回权优先于未登记的抵押权。

由于我国目前并未建立所有权保留登记制度，因此，当未登记的所有权

---

① 陈发源：《动产担保制度精要》，知识产权出版社 2015 年版，第 44 页。

保留取回权与已登记的抵押权竞存时，应当赋予抵押权以优先效力。《担保法》第五十四条第（二）项规定，“抵押物已登记的先于未登记的受偿。《物权法》第一百九十九条规定：“同一财产向两个以上债权人抵押的，拍卖、变卖抵押财产所得的价款依照下列规定清偿：……（二）抵押权已登记的先于未登记的受偿……”如同上文对抵押权登记效力的论述，《担保法》和《物权法》都对已登记的抵押权赋予了优先受偿力，这也是立法对登记公示效力的明确肯定。再者，《担保法解释》第六十七条规定：“抵押权存续期间，抵押人转让抵押物未通知抵押权人或者未告知受让人的，如果抵押物已经登记的，抵押权人仍可以行使抵押权”。基于抵押权的追及效力，已登记的抵押权可以追及第三人，即使第三人已经取得了标的物所有权。因此，虽然目前法律没有明文规定未登记的所有权保留取回权与已登记的抵押权竞存时的处理规则，但是基于对登记强大公示公信力的肯定，由公示效果而产生的对抗力将赋予已登记的抵押权以优先效力。因此，即使出卖人基于所有权保留制度取回了出卖标的物的所有权，该标的物此时负担着抵押权，抵押权人仍可以根据抵押权的追及效力主张对该出卖物的权利。

（五）实务中应当注意的问题

第一，所有权保留具有其自身特征：（1）在担保内容上，所有权保留是以债务人（买受人）不享有某项权利为担保内容，既不是人的担保，也不是物的担保，而是在债权人本应享有的某种权利上设定担保，突破了典型担保方式以人和物为担保对象的范围；（2）在提供担保义务上，所有权保留不像典型担保那样由担保人负有提供担保义务，而是双方约定保留债权人应有的权利（即限制债务人取得权利）实现对债权的担保，从另一个角度上讲，债务人是以不作为的形式承受担保义务，这种不作为就是其暂不享有财产所有权；（3）在适用债的范围上，所有权保留担保方式一般只适用于分期付款买卖合同产生的债，适用范围较小，不像典型担保中保证、抵押等担保方式可以广泛地适用于各类合同产生的债；（4）在设定担保程序上，所有权保留直接在标的物的所有权上设定担保，而典型的担保则是求助于标的物之外的载体（人或物）担保，前者具有直接性，可以说是一种静态的担保行为，显然在设定担保程序上更加便捷；（5）在担保的效力上，所有权保留触发出卖人的取回权时，发生所有权不转移的担保效力，直接导致交易合同的解除，而典型性担保是为已生效成立的合同产生的债提供的担保，其效力导致债权人向担保人或担保物行使担保物权。对于保障债权的实现来说，前者具有事前预防的作用，后者则具有事后救济的功能。①

第二，取回权的行使的条件。一般而言，出卖人在何种条件下可以行使取回权，应当在合同中约定；若合同中没有明确约定，在实践中应当按照《买卖合同司法解释》第三十五条和第三十六条的规定处理。《买卖合同司法解释》第三十五条规定："当事人约定所有权保留，在标的物所有权转移前，买受人有下列情形之一，对出卖人造成损害，出卖人主张取回标的物的，人民法院应予支持：（一）未按约定支付价款的；（二）未按约定完成特定条件的；（三）将标的物出卖、出质或者作出其他不当处分的。取回的标的物价值显著减少，出卖人要求买受人赔偿损失的，人民法院应予支持。"第三十六条第一款规定："买受人已经支付标的物总价款的百分之七十五以上，出卖人主张取回标的物的，人民法院不予支持。"这两条规定分别从正面和反面确定了取回权的行使条件。但是，法律和司法解释都没有对迟延履行债务以及出卖人在行使取回权时是否应当事先对买受人进行催告等问题予以明确。我们认为，在迟延履行的情况下，并不能当然无限制地赋予出卖人取回权，而应当区分不同情况予以相应处理：（1）迟延履行时间较短且未造成损失时，若出卖人直接取回标的物并解除合同，对买受人来说显然不公平。在这种情况下，出卖人应当及时催告买受人履行债务，在催告后合理期间内买受人仍不履行债务的，出卖人可以行使取回权。（2）在迟延履行比较严重，构成根本违约的情况下，出卖人可以不经催告而直接行使取回权。因此，有必要借鉴《合同法》第九十四条关于根本违约的规定，对取回权的行使条件加以限制。

第三，无权处分人在占有的动产上设立抵押权，抵押权人仅凭善意即可取得动产抵押权，这对动产权利人影响甚巨，因此应对此严格限制。如果无

---

① 何志：《担保法疑难问题阐释》，中国法制出版社 2011 年版，第 47~48 页。

权处分人无占有动产的外观事实，则无善意取得制度的适用；若抵押的动产标的物违法，不具有可流通性，或者被查封、扣押、受破产宣告（包括置于破产管理人控制之下），亦不得适用善意取得。同时，对于无权处分人恶意占有的动产，如盗、抢物是否适用善意取得，我国《物权法》无明文规定，依善意取得制度的一般法理要求，即应当以无权处分人合法占有动产为条件，故恶意占有不适用善意取得。

案例指导

广东联钢薄板有限公司等诉佛山市南海区乘盛电器实业有限公司等买卖合同纠纷案①

广东联钢薄板有限公司（以下简称联钢公司）与佛山市南海区乘盛电器实业有限公司（以下简称乘盛公司）、佛山市南海盐步华盛家用电器厂（以下简称华盛厂）多年来一直有业务往来，联钢公司长期向乘盛公司、华盛厂供应钢材。除联钢公司外，乘盛公司、华盛厂原本还有其他的钢材卷板供应商，但后期基本由联钢公司独家供应，现存放于乘盛公司、华盛厂的钢材卷板均由联钢公司供应。联钢公司与乘盛公司于2013年8月、9月签订的6份购销合同中约定，在未付清货物全额货款前，货物的权属仍归联钢公司所有。2013年10月16日，乘盛公司、华盛厂为欠款人，黎毅某、黎伟某为担保人，向联钢公司出具三张欠据，确认共欠联钢公司货款25510466.88元。2013年10月21日，联钢公司以乘盛公司、华盛厂、黎毅某、黎伟某、黎思某为被告诉至广东省佛山市南海区人民法院（以下简称原审法院），请求判令乘盛公司、华盛厂偿还上述货款25510466.88元及违约金，确认乘盛公司、华盛厂向联钢公司提供的以物抵债协议有效，黎毅某、黎伟某、黎思某承担连带清偿责任等。该案的案号为（2013）佛南法沥民二初字第374号。经审理，原审法院判决乘盛公司、华盛厂应向联钢公司偿还货款及违约金，黎毅某、黎伟某、黎思某承担连带清偿责任，并驳回了联钢公司以物抵债协议有效的

① 案例来源：广东省佛山市中级人民法院（2014）佛中法民二终字第565号。

诉讼请求，该判决现已发生法律效力。

2013 年 9 月底至 10 月初，乘盛公司、华盛厂经营状况严重恶化，工人欠薪上访。至 10 月中旬，乘盛公司、华盛厂已全面停工并遣散员工，众多债权人诉至法院，其中广发银行诉至佛山市禅城区人民法院，起诉债权本金 2 亿多元，原审法院受理的诉讼案件至今已有 20 余件，标的除本案外近亿元。乘盛公司、华盛厂的财产已被原审法院和佛山市禅城区人民法院于 2013 年 10 月下旬陆续查封。

另查明，广发银行向佛山市禅城区人民法院起诉的两案件，分别是（2013）佛城法民三初字第 1487 号、（2013）佛城法民三初字第 1489 号，已经作出判决，判决均确认广发银行与乘盛公司、华盛厂于 2013 年 9 月 4 日设立的抵押有效，广发银行对乘盛公司、华盛厂提供的属于其所有的、现有的全部原材料、半成品、成品享有优先受偿权。判决同时认定，关于动产质押部分，其一是乘盛公司、华盛厂享有所有权的动产，已包含在抵押部分，广发银行享有优先受偿权；其二是乘盛公司、华盛厂不享有所有权但由其占有的动产，因其没有所有权，故质押给广发银行的行为属于无权处分，且该部分质押动产没有进行登记，广发银行不存在善意取得质权的情形，故广发银行不享有优先受偿权。现该两份判决已发生法律效力。

原审法院认为，联钢公司与乘盛公司在购销合同中约定，在未付清货物全额货款前，货物的权属仍归联钢公司所有，是与所有权保留有关的约定，该约定有效。本案争议的焦点是该保留所有权与广发银行抵押权、质押权的冲突。

佛山市禅城区人民法院（2013）佛城法民三初字第 1487 号、（2013）佛城法民三初字第 1489 号民事判决均认定，乘盛公司、华盛厂不享有所有权但由其占有的动产，广发银行不享有优先受偿权。现联钢公司于本案主张所有权的钢材卷板，即上述判决认定的乘盛公司、华盛厂不享有所有权但由其占有的动产，广发银行不享有优先受偿权。

上述关于所有权保留的约定，仅在联钢公司与乘盛公司订立的购销合同中，联钢公司与华盛厂并无此约定。因此，联钢公司请求确认于乘盛公司处的钢材卷板所有权保留，法院予以支持；对联钢公司就华盛厂处的钢材卷板的所有权保留主张，法院不予采纳。

原审法院经审理，依照《合同法》第一百三十四条、《民事诉讼法》第六十四条第一款的规定，作出如下判决：一、在未付清货款前，现存放于乘盛公司的钢材卷板的所有权属于联钢公司；二、驳回联钢公司的其他诉讼请求。案件受理费减半收取 6900 元，由联钢公司负担 3450 元，乘盛公司、华盛厂、黎毅某、黎思某担 3450 元。

上诉人联钢公司上诉提出：乘盛公司与华盛厂之间为家族关联企业，在经营管理上实为混合经营。原审法院以联钢公司未与华盛厂签订购销合同并约定所有权保留为由，驳回联钢公司关于在未付清货款前，现存放于华盛厂的钢材卷板的所有权属于联钢公司的诉请，有欠妥当，亦与原审认定的事实不符。事实上，联钢公司与乘盛公司签订购销合同，并按其要求将钢材卷板分别送至乘盛公司和华盛厂，且联钢公司是乘盛公司和华盛厂的唯一供货商，对此事实，乘盛公司和华盛厂均无异议。原审庭审时，乘盛公司和华盛厂亦确认现存放于其两者处的钢材卷板均由联钢公司供应并保留所有权。

据此请求：（1）判决确认在未付清货款前，现存放于华盛厂的钢材卷板所有权属于联钢公司；（2）本案一、二审诉讼费由联钢公司、华盛厂、黎毅某、黎思某承担。

被上诉人乘盛公司、华盛厂、黎毅某、黎思某在二审期间未作答辩。

原审第三人广发银行述称：联钢公司的上诉请求不应得到支持。联钢公司与乘盛公司签订的购销合同中是否有所有权保留的约定存疑。原审中，联钢公司未能提供购销合同的原件，送货清单亦无乘盛公司和华盛厂的盖章确认，且合同显示的传真日期与合同的签订日期明显不一致，故不能排除购销合同的虚假性。另，联钢公司无法提供其与华盛厂载有所有权保留约定内容的合同，因此，联钢公司关于现存放于华盛厂的钢材卷板所有权属于其司的主张，于理无据。乘盛公司和华盛厂的全部资产均已抵押给广发银行，即使所有权保留有效，亦不能对抗登记在先的抵押权。

广东省佛山市中级人民法院二审审理查明：佛山市禅城区人民法院在审理（2013）佛城法民三初字第 1487 号、（2013）佛城法民三初字第 1489 号广发银行与乘盛公司、华盛厂、黎伟某、黎毅某、何某文、黎某韵、黎某明、吴某荣、吴某华、聚盛公司、硕盛公司金融借款合同纠纷两案中，根据广发银行一方的申请作出诉讼财产保全，查封了存放在乘盛公司、华盛厂内的包括本案案涉钢材卷板的财产，查封时间为2013年10月22日。佛山市禅城区人民法院于2013年12月11日作出（2013）佛城法民三初字第1487号、（2013）佛城法民三初字第1489号民事判决书，判决乘盛公司、华盛厂向广发银行偿还贷款本金及利息等，前述判决均已于2014年1月2日生效。

该院认为：联钢公司在本案中基于其对涉案钢材卷板享有所有权而起诉乘盛公司、华盛厂、黎毅某、黎思某，但涉案钢材卷板已在广发银行与乘盛公司、华盛厂、黎伟某、黎毅某、何某文、黎某韵、黎某明、吴某荣、吴某华、聚盛公司、硕盛公司融借款合同纠纷两案中，被佛山市禅城区人民法院查封，该两案已审结并进入强制执行程序。根据《民事诉讼法》第二百二十七条“执行过程中，案外人对执行标的提出书面异议的，人民法院应当自收到书面异议之日起十五日内审查，理由成立的，裁定中止对该标的的执行；理由不成立的，裁定驳回。案外人、当事人对裁定不服，认为原判决、裁定错误的，依照审判监督程序办理；与原判决、裁定无关的，可以自裁定送达之日起十五日内向人民法院提起诉讼”的规定，联钢公司应向佛山市禅城区人民法院提起案外人执行异议之诉，其在本案中以买卖合同纠纷起诉乘盛公司、华盛厂、黎毅某、黎思某缺乏法律依据，联钢公司的起诉应予驳回，原审法院予以受理并作出实体判决不当，该院予以纠正。

依照《民事诉讼法》第一百七十条第一款第（二）项的规定，裁定如下：一、撤销广东省佛山市南海区人民法院（2013）佛南法沥民二初字第455号民事判决；二、驳回广东联钢薄板有限公司的起诉。

规范指引

《中华人民共和国合同法》

第六条 当事人行使权利、履行义务应当遵循诚实信用原则。

第一百三十四条 当事人可以在买卖合同中约定买受人未履行支付价款或者其他义务的，标的物所有权属于出卖人。

《最高人民法院关于审理买卖合同纠纷案件适用法律问题的解释》

第三十四条 买卖合同当事人主张合同法第一百三十四条关于标的物所有权保留的规定适用于不动产的，人民法院不予支持。

第三十五条 当事人约定所有权保留，在标的物所有权转移前，买受人有下列情形之一，对出卖人造成损害，出卖人主张取回标的物的，人民法院应予支持：

（一）未按约定支付价款的；

（二）未按约定完成特定条件的；

（三）将标的物出卖、出质或者作出其他不当处分的。

取回的标的物价值显著减少，出卖人要求买受人赔偿损失的，人民法院应予支持。

第三十六条 买受人已经支付标的物总价款的百分之七十五以上，出卖人主张取回标的物的，人民法院不予支持。

在本解释第三十五条第一款第（三）项情形下，第三人依据物权法第一百零六条的规定已经善意取得标的物所有权或者其他物权，出卖人主张取回标的物的，人民法院不予支持。

第三十七条 出卖人取回标的物后，买受人在双方约定的或者出卖人指定的回赎期间内，消除出卖人取回标的物的事由，主张回赎标的物的，人民法院应予支持。

买受人在回赎期间内没有回赎标的物的，出卖人可以另行出卖标的物。

出卖人另行出卖标的物的，出卖所得价款依次扣除取回和保管费用、再交易费用、利息、未清偿的价金后仍有剩余的，应返还原买受人；如有不足，出卖人要求原买受人清偿的，人民法院应予支持，但原买受人有证据证明出卖人另行出卖的价格明显低于市场价格的除外。

《最高人民法院关于适用〈中华人民共和国担保法〉若干问题的解释》

第六十七条 抵押权存续期间，抵押人转让抵押物未通知抵押权人或者未告知受让人的，如果抵押物已经登记的，抵押权人仍可以行使抵押权；取得抵押物所有权的受让人，可以代替债务人清偿全部债务，使抵押权消灭。受让人清偿债务后可以向抵押人追偿。

如果抵押物未经登记的，抵押权不得对抗受让人，因此给抵押权人造成损失的，由抵押人承担赔偿责任。

《中华人民共和国物权法》

第三十四条 无权占有不动产或者动产的，权利人可以请求返还原物。

第一百零六条 无处分权人将不动产或者动产转让给受让人的，所有权人有权追回；除法律另有规定外，符合下列情形的，受让人取得该不动产或者动产的所有权：

（一）受让人受让该不动产或者动产时是善意的；

（二）以合理的价格转让；

（三）转让的不动产或者动产依照法律规定应当登记的已经登记，不需要登记的已经交付给受让人。

受让人依照前款规定取得不动产或者动产的所有权的，原所有权人有权向无处分权人请求赔偿损失。

当事人善意取得其他物权的，参照前两款规定。

第一百零七条 所有权人或者其他权利人有权追回遗失物。该遗失物通过转让被他人占有的，权利人有权向无处分权人请求损害赔偿，或者自知道或者应当知道受让人之日起二年内向受让人请求返还原物，但受让人通过拍卖或者向具有经营资格的经营者购得该遗失物的，权利人请求返还原物时应当支付受让人所付的费用。权利人向受让人支付所付费用后，有权向无处分权人追偿。

专题十二：抵押与让与担保的制度区分

【核心提示】为担保债务人的债务，债务人自身或者第三人与债权人约定，先将担保标的物的所有权移转于债权人，若债务获得履行，标的物所有权返还于债务人或第三人；若债务未获（完全）履行时，债权人就该标的物优先受偿，该担保方式不符合抵押特质，实为让与担保。但由于我国法律并未规定让与担保制度，根据物权法定原则，当事人关于让与担保的约定原则上应视为无效。

实务争点

为担保债务之履行，在传统担保形式之外，债务人或第三人能否与债权人约定，先将担保标的物的所有权移转于债权人，若债务获得履行，标的物所有权返还于债务人或第三人；若债务未获履行，债权人就该标的物优先受偿？对此，理论上存在分歧：一种意见认为，根据诚实信用原则和意思自治原则，只要双方约定的内容没有违反法律法规的效力性强制性规定，没有违反公序良俗原则，则约定有效；另一种意见认为，根据物权法定原则，物权的种类和物权创设的方式都已为法律所明定，当事人不得在法定担保方式之外再行创设新的担保模式。前述见解的不统一反映为现行担保制度相关立法与不断发展的新型担保方式需求之间的冲突。我国《担保法》第二条第二款规定："本法规定的担保方式为保证、抵押、质押、留置和定金。"

理解适用

对《担保法》第二条第二款的理解与适用

物权法定原则是指物权的类型、内容、取得，均由法律直接规定，禁止任何人创设法律没有规定的物权。《担保法》第二条第二款规定："本法规定的担保方式为保证、抵押、质押、留置和定金。"《物权法》第五条规定："物权的种类和内容，由法律规定。"具体而言，物权法定的内容包括：（1）类型法定，即物权种类由法律规定，当事人无权自己创设新的物权类型；（2）内容法定，每一物权的具体内容和效力由法律直接规定，禁止当事人自由改变法定物权的内容；（3）变动法定，法律直接规定各类物权的变动方式，非依法定形式不产生物权变动的法律效果。无论是《担保法》还是《物权法》都未对让与担保制度作出规定，基于对物权法定原则的遵守，我们认为当事人关于让与担保的约定原则上无效。虽然我国现行法并未规定让与担保制度，但对该制度进行深入分析实属必要，尤其是将其与抵押进行对比，对司法实践亦有所裨益。

（一）让与担保的厘定

1. 让与担保的内涵

让与担保，有广义和狭义之分。广义的让与担保是指当事人通过转让供作担保的财产以达成信用授受目的的担保制度。狭义的让与担保是指债务人或第三人为担保债务人的债务，将担保标的物的所有权移转于债权人，于债务清偿后，标的物返还于债务人或第三人，于债务不履行时，担保权人可就该标的物优先受偿。[①] 另外，根据担保物权利（一般为所有权）移转于担保物权人时间的不同，学者将让与担保区分为先让与担保和后让与担保（如商品房买卖合同担保）。[②] 即前者在签订相应合同后就移转相应权利，后者的权利并不立即移转，而是在债务履行期届满，债务人不履行债务时方移转权利。

2. 让与担保的主要类型

让与担保的主要类型表现为附让与担保内容的资产转让返租协议，此类业务多存在于小额贷款公司和个人房贷者之中。该担保类型通常采取合同的方式订立，债权人以受让资产的“所有权”对抗其他债权人对该资产可能享有的按比例分配的权利，从而最大限度地保护自身的债权免受损害。其操作模式是：当事人双方通过签订资产转让返租协议，将借贷关系转换成买卖关系，放贷人（即债权人）受让资产（通常为厂房设备）但不移转占有，债务人定期支付“租金”清偿债务。在债务人按约偿债后，债权人将该动产或不动产返还债务人，使债务人的所有权得以恢复；债务人到期不能偿债时，债权人取得动产或不动产的所有权。[③]

---

① 梁慧星：《中国物权法草案建议稿》，社会科学文献出版社2000年版。

② 杨立新：《后让与担保：一个正在形成的习惯法担保物权》，载《中国法学》2013年第3期。

③ 最高人民法院民事审判第二庭编著：《担保案件审判指导》，法律出版社2014年版，第32~33页。

（二）让与担保与类似法律制度的甄别

1. 与后让与担保的区别

先与后相伴而生，与先让与担保紧密相关的就是后让与担保。二者虽一字之差，但又有着明显区别，两者的核心区别主要体现在：第一，时间的先后有别。从担保物权利转移的时间来看，先让与担保是在担保设定之初就将担保物的所有权等权利转移于担保权人，而后让与担保则是在担保设定后而债务人未依约履行债务时才将权利移转给担保权人。第二，既得权与期待权的不同。从担保权人就担保物所取得的权利状态来看，先让与担保权人实际取得了担保物权利，其对担保物所享有的权利处于既得状态，虽然这种权利具有从属性、暂时性和受限制性。而后让与担保权人基于后让与担保仅取得期待权，即期待后让与担保约定的条件成就时担保人转移担保物权利的权利，而非现实物权，其对担保物所享有的权利处于期待状态。①

2. 与抵押的区别

《担保法》第三十三条第一款规定："本法所称抵押，是指债务人或者第三人不转移对本法第三十四条所列财产的占有，将该财产作为债权的担保。债务人不履行债务时，债权人有权依照本法规定以该财产折价或者以拍卖、变卖该财产的价款优先受偿。"《物权法》第一百七十九条第一款规定："为担保债务的履行，债务人或者第三人不转移财产的占有，将该财产抵押给债权人的，债务人不履行到期债务或者发生当事人约定的实现抵押权的情形，债权人有权就该财产优先受偿。"可见，抵押权的设定必须同时满足下列四个条件：第一，抵押权是典型担保物权，且和质押、留置、定金等皆属于法定担保物权，其设立必须依照法律规定；第二，抵押标的物是债务人或第三人所有的或者有权处分的特定财产，对自己无所有权也不具处分权的财产不得设定抵押权；第三，抵押标的物并不移转占有给抵押权人；第四，抵押权的实现条件成就时，抵押权人有权就抵押财产折价或以拍卖、变卖所得价款优

---

① 袁士增、马艳华：《后让与担保权人不能直接以物抵债》，载《人民司法》2014年第16期。

先受偿。较之抵押权不转移对抵押物的占有，更不转移抵押物所有权的本质特征，让与担保的特征比较明显。让与担保为非典型担保物权，设定让与担保后，为了使债务人或第三人享有对标的物使用收益的权益，债权人往往与债务人或第三人再签订使用借贷合同或租赁合同，由债权人将担保标的物出借或出租给债务人或第三人使用。故二者的本质区别在于：是否转移抵押物的所有权。具言之：第一，是否移转所有权。让与担保合同成立后，债务人或者第三人就担保所提供标的物的所有权必须转移到债权人名下。而抵押合同设立后，其标的物的所有权并不发生转移，所有权主体仍为原权利人所有。第二，对标的物的处分权限不同。虽然让与担保的标的物已过户给债权人，但在债务人的履行期限到来前，债权人无权将该标的物进行处分。而抵押权设定后，抵押人可在债务履行之前对标的物进行部分处分，如可以将超过债权数额的部分再次抵押，还可以将标的物（如房屋、商铺）进行出租等。第三，标的物范围不同。动产、不动产及其他财产权利均可成为让与担保的标的物，而抵押的标的物仅限于动产和不动产，也即让与担保标的物范围比抵押标的物更为宽泛。第四，债务履行后债权人对抵押人或第三人所负返还义务不同。让与担保的债权人在债务人履行债务后需将标的物返还给债务人，并办理过户手续，将所有权转移至债务人名下，还原到让与担保设立之前的状态。而抵押物本来在抵押权设立时就未移转标的物的所有权，因此在债务人履行债务后，债权人基于抵押享有的抵押权消灭，抵押物上的权利负担也随之消失，故不存在返还标的物的问题。

案例指导

方元公司诉地普公司建设工程施工合同纠纷案[①]

2003年2月20日，地普公司（以下简称地普公司）（甲方）与杨凌示范区建设工程有限公司（乙方，2005年3月11日更名为方元公司，以下简称

① 案例来源：陕西省高级人民法院（2008）陕民一终字第7号。

方元公司）签订《建设工程施工合同》约定，方元公司承建地普公司“银鑫商务大厦”及“A 区营业房”工程。工期自 2003 年 1 月 25 日起至 2004 年 7 月 25 日止，合同价款 7840000 元。工程款支付方式和时间按工程形象分段支付：工程施工至 ±0.00 以下主体完工付进度总造价的 30%，工程施工进度三层主体封顶支付进度总造价的 20%，工程施工进度至主体封顶付进度总造价的 20%，竣工后付至工程决算总价的 75%，竣工后一月内双方决算结束，付至决算总造价的 97%，剩余 3% 作为保修金，保修期内根据各分项分期付清。工程变更以设计变更通知单、甲方代表签字为准。工程竣工验收交付后一月内进行工程结算，结算方式按合同第六条 23.2 执行，即价款采用可调价格合同。合同价款调整方法为：按工程实际发生工程量、施工图纸、会审纪要、现场签证、有关通知、变更等确定工程量，依据招标预算取费程序，套用《1999 土建综合定额》《2001 安装价目表》及有关配套费用定额及相关文件，相应取费，进行工程决算，以决算价格含税造价下浮 8%（不含安装主材及甲供料）最终确定决算实际含税造价。该合同于 2003 年 6 月 24 日经杨凌工商行政管理局审查鉴证。

合同签订后，方元公司依约完成了施工任务，所建工程于 2005 年 4 月 30 日经竣工验收合格。2005 年 7 月 27 日，双方签订《银鑫商务大厦等工程款支付核对结算书》，确认工程造价为 10154584.62 元，截至 2005 年 6 月 30 日实际已支付工程款 3314874.80 元，代扣款及暂扣款项：（1）由支付方出具代扣税款完税证后代扣税款 325072.06 元；（2）暂扣保修金 286828.27 元（含屋面保修金 7928.53 元）。因该工程拖延工期较长，双方商定自竣工验收之日起保修期为一年（屋面四年），一年保修期满后，一次返还保修金 278899.74 元，剩余 7928.53 元保修金待屋面保修期满后一次返还。以上两项扣款合计 611900.33 元，综上，目前应付工程款为 6227809.49 元。同年 8 月 5 日，甲方（地普公司）与乙方（方元公司）签订《银鑫商务大厦等工程款项支付协议书》载明，由于该工程在施工过程中甲方未能按合同约定支付工程进度款，造成工程中途多次停工延误工期。竣工后双方确认决算工程总造价为 10154584.62 元，截至 2005 年 6 月 30 日，实际支付工程款 3314874.80 元，下欠工程款 6839709.82 元。经双方核算除代扣税和暂扣款外，目前应付工程款6227809.49元。

经双方充分协商，就甲方支付拖欠工程款及乙方交付工程事宜达成如下协议：“一、甲方承诺对拖欠乙方的6839709.82元（含代扣税325072.06元、暂扣款286828.27元）工程款分期支付。具体还款时间为：2005年8月25日前支付120万元；2005年10月20日前支付150万元；2006年5月30日前支付150万元；2006年10月30日前余下欠款全部付清（除屋面保修金7928.53元按支付核对结算书执行外）。若甲方未按上述时间及金额支付即视为违约，甲方应向乙方承担违约金，违约金数额按应付款的万分之四/天计付。二、由于甲方在该工程施工中未按工程进度付款而形成拖欠，致使乙方遭受到重大的经济损失和不良社会影响，甲方承担应付款6227809.49元的利息自2005年6月22日起计时，利率按年率12%计付。三、为确保商厦正常运营，归还工程款有所保障，双方同意以甲方所属的‘山普大厦’（总建筑面积4766.43平方米，不含地下室每平方米作价800元，共计3813144元）整栋楼（包括地下室及附表所属房产证包含内容，其中一层房产证S20040×××号甲方已抵押给别人，由甲方在超市运营后二十天内向乙方办理过户手续，若未能按时办理视为甲方违约）房产过户给乙方抵押作为支付拖欠工程款的担保。甲方如按协议约定时间付清全部欠款后，由乙方退回抵押房产手续，甲方承担相关费用。若甲方不能按该协议约定的时间及数额支付欠款，产权自行归属乙方所有，乙方进行出售或拍卖作为工程款……五、本协议签订后，甲方为乙方办理完抵押房产的过户手续，乙方同意甲方进行银鑫大厦装修和室外工程施工，但楼内不得营业，待甲方付清本协议第一条约定的第一笔120万元工程款后，乙方向甲方移交银鑫大厦工程。六、本协议一式四份，甲乙双方各执两份，经甲乙双方签字盖章成立，依法办理房产抵押过户手续；2005年8月25日前付清120万元（第一笔款）后生效。”

2005年8月25日前，地普公司支付了第一笔款120万元。同年8月11日，经方元公司认可同意，双方将“山普大厦”的产权过户至方元公司第五分公司第二项目部经理李旭的名下，并办理了房产过户手续，房产证注明面积为4766.43平方米。2005年8月4日至2006年3月1日，地普公司共支付方元公司工程款1703286.73元（含塑钢门窗抵款85605元）。2006年1月19日及同年5月20日，地普公司分别签章确认欠付方元公司工程款的违约金及利息共计656168.33元。同年10月26日，地普公司向方元公司整体移交了“山普大厦”。此后，地普公司再未向方元公司支付过工程款，方元公司遂向咸阳市中级人民法院提起诉讼，称其所建工程在2005年4月30日已竣工验收合格，双方当事人也已达成工程款支付协议书，确认了欠款数额及具体还款时间，但地普公司仅按照协议书约定支付了第一笔120万元，并将“山普大厦”抵顶给其公司，之后再未付过款，经其多次催要未果。请求判令地普公司：（1）支付拖欠工程款912602.03元；（2）支付拖欠的工程款的利息903185.51元；（3）支付违约金386992.87元；（4）承担本案的诉讼费用。地普公司答辩称：方元公司未按期完工，地普公司受胁迫签订了工程款支付协议书，该协议书显失公平，利息约定过高，抵押担保的约定因违反法律禁止性规定而无效。同时，地普公司反诉请求：（1）确认《银鑫商务大厦等工程款项支付协议书》中的抵押担保约定无效；（2）由方元公司向其返还“山普大厦”房产（当时折价3813144元）；（3）由方元公司赔偿其损失512907.15元。针对地普公司的反诉，方元公司答辩称：其在履行《银鑫商务大厦等工程款项支付协议书》时没有违约，相反，地普公司有违约行为。协议书中对“山普大厦”的抵押应为让与担保，请求驳回地普公司的反诉。

陕西省咸阳市中级人民法院认为：方元公司与地普公司在平等、自愿的基础上签订的《建设工程施工合同》，未违反法律的禁止性规定，为有效合同。因在施工过程中建设方地普公司未能按合同约定支付工程进度款，造成工程中途多次停工延误工期，经双方协议，确定工程决算总价格为10154584.62元，地普公司认可除代扣税和暂扣款外应付工程款为6227809.49元，并约定了分期付款期限，该约定合法有效。为了确保按期归还工程款，双方又约定将地普公司所属的“山普大厦”房产过户给方元公司抵押作为拖欠工程款支付的担保，并办理了产权过户手续。但该抵押担保未在房地产管理部门办理登记手续，该抵押担保未生效。故“甲方不能按该协议约定的时间及数额支付欠款，产权自行归属乙方所有，乙方进行出售或拍卖作为工程款”的约定因抵押担保未生效亦未生效。后地普公司未按约定支付工程款，双方对约定抵押房产进行了移交并抵偿了部分工程款，该“移交抵偿”行为并非实施无效抵押担保约定的“产权自行归乙方所有”，而是双方当事人重新以房产抵偿工程款的合意行为，且已办理了房产过户手续，人民法院应当认定其有效。以房产抵偿工程款后，地普公司尚欠方元公司工程款本金 912602.03 元。地普公司确认至 2006 年 5 月 20 日的违约金及利息共计 656168.33 元。方元公司的起诉事实清楚，证据充分，其要求地普公司支付拖欠工程款本金的诉讼请求应予支持。地普公司应支付未付工程款的利息及相应违约金。

反诉原告地普公司提出的方元公司在履行施工合同时有故意违约行为，导致反诉人的状况发生严重困难，付款协议书约定了违背反诉人真实意思表示的利息条款的理由，因其在双方签订《银鑫商务大厦等工程款项支付协议书》中已认可自己未能按合同约定支付工程进度款，造成工程中途多次停工延误工期，故地普公司自认是违约方，其又未能在法定期间内对付款协议行使撤销权，故其反诉理由不能成立。反诉人地普公司提出的双方在《银鑫商务大厦等工程款项支付协议书》中约定了违反国家强制性规定的无效房产抵押担保条款的理由，因该抵押担保未生效，该约定也未生效。但之后双方对房产过户并以房产抵偿工程款的行为，不违反《民法通则》的基本原则，且实际履行后至本院受理之日反诉人一直未提异议，故该反诉理由亦不能成立，其要求返还“山普大厦”房产及赔偿损失的诉讼请求因缺乏法律依据及证据的支持，不予采纳，对其反诉请求应予驳回。

咸阳市中级人民法院依据《合同法》第三条、第四条、第二百七十九条和《担保法》第四十条、第四十一条之规定，判决：一、方元公司与地普公司签订的《建设工程施工合同》有效，《银鑫商务大厦等工程款项支付协议书》中第三条有关“抵押担保”和“若甲方不能按该协议约定的时间及数额支付欠款，产权自行归属乙方所有，乙方进行出售或拍卖作为工程款”的约定未生效，其余条款有效；二、被告地普公司在本判决生效后十日内向原告方元公司支付工程款 912602.03 元及违约金和利息（至 2006 年 5 月 20 日的违约金及利息计 656168.33 元，2006 年 5 月 20 日至 2007 年 4 月 26 日的利息按年率 12% 计付，2006 年 5 月 20 日至 2007 年 4 月 26 日的违约金按万分之四 / 天计付，2007 年 4 月 27 日至款还清之日的利息按中国人民银行同期同类贷款利率计付）；三、驳回原告方元公司的其他诉讼请求；四、驳回反诉原告地普公司的反诉请求。如果未按本判决指定的期间履行给付金钱义务，应当依照《民事诉讼法》第二百三十二条之规定，加倍支付迟延履行期间的债务利息。案件受理费24420元、保全费5000元，反诉费20700元，共计50120元，由被告地普公司承担。

一审宣判后，地普公司不服，向陕西省高级人民法院提起上诉，认为《银鑫商务大厦等工程款项支付协议书》中的抵押担保条款系流质担保形式，违反国家强制性规定应属无效。一审判决却认定该“抵押担保”的约定未生效，请求二审法院依法改判：（1）上述协议书中的抵押担保条款无效，由方元公司返还依据该无效条款取得的“山普大厦”，并赔偿其损失。（2）改判一审判决第二项的违约金和未付款利息利率，未付款的利息按原《建设工程施工合同》有关条款执行。方元公司答辩称，一审判决认定事实清楚，适用法律正确，请求维持一审判决，驳回地普公司的上诉请求。

陕西省高级人民法院在审理期间主持双方当事人调解，双方均同意方元公司返还“山普大厦”给地普公司，地普公司支付方元公司全部剩余工程款。方元公司提交其关于拖欠工程款的利息及违约金计算清单，其中利息自2006年5月20日至2008年8月31日，按照农村信用合作联社贷款利率计算，共计1293116.94元，违约金自2006年5月20日至2007年4月26日，按照日万分之四计算，共计528328.60元。对方元公司主张的利息及违约金，地普公司主张的损失问题，双方未达成一致意见。

陕西省高级人民法院认为：方元公司与地普公司签订的《建设工程施工合同》，系双方当事人真实意思表示，内容不违反法律、行政法规的强制性规定，合法有效，一审判决认定该合同效力正确，予以维持。2005年7月27日和同年8月5日双方所签订的《银鑫商务大厦等工程款支付核对结算书》及《银鑫商务大厦等工程款项支付协议书》中，均对工程总价款、地普公司已付和未付款项进行了确认。且《银鑫商务大厦等工程款项支付协议书》对余下款项的支付时间和违约责任等作出了明确的约定。地普公司上诉主张其受胁迫签订上述协议书，无证据证明。对于地普公司上诉主张协议书第三条约定违反了《担保法》的禁止性规定，属于流质契约，该协议无效，该院认为，该协议书第三条的约定应为让与担保，但因该种非典型性担保形式无论在《担保法》及《物权法》中都未作规定，该约定违反了民法物权法定的原则，故《银鑫商务大厦等工程款项支付协议书》第三条约定的让与担保无效。该条款无效，并不影响协议书中其他条款的效力。一审判决认定《银鑫商务大厦等工程款项支付协议书》中第三条有关“抵押担保”和“若甲方不能按该协议约定的时间及数额支付欠款，产权自行归属乙方所有，乙方进行出售或拍卖作为工程款”的约定未生效，其余条款有效，显属不当，该院予以纠正。

该院二审中，主持双方当事人调解时，双方均明确表示依据合同无效时的双返原则，方元公司向地普公司返还依此条款所取得的“山普大厦”；地普公司向方元公司支付其拖欠的全部剩余工程款。对此，该院予以确认。根据协议书约定，屋面保修金 7928.53 元按支付核对结算书执行。该笔屋面保修金 7982.53 元的保修期为四年，至今保修期未满，一审判决予以支持不妥。方元公司可待保修期满后另行主张权利。故地普公司应支付方元公司工程款为一审判决认定的 912602.03 元 -7982.53 元 +3813144 元，共计 4717763.50 元，并应根据协议约定支付违约金及利息。并且方元公司在所担保的债权范围内，对坐落于杨凌区公园路东段的“山普大厦”的房产享有优先受偿权。关于地普公司上诉主张违约金及利息过高的问题，地普公司拖欠方元公司工程款，对方元公司造成损失。对于地普公司已经两次签章确认其应支付的 2006 年 5 月 20 日之前的违约金及利息共计 656168.33 元，该院予以确认。但协议书中既约定了地普公司逾期付款承担日万分之四的违约责任，又约定利率按年息 12% 计付。现地普公司上诉主张约定的违约金及利息过高，请求二审予以核减，根据《合同法》第一百一十四条“约定的违约金过分高于造成的损失的，当事人可以请求人民法院或者仲裁机构予以适当减少”的规定，该院予以适当核减。由地普公司按照中国人民银行同期同类贷款利率从 2006 年 5 月 21 日起向方元公司支付利息。依照方元公司向本院提交的计算单载明的违约金数额，由地普公司酌情赔偿方元公司违约金 30 万元。一审判决对违约金和利息的认定有误，该院予以纠正。地普公司上诉主张由方元公司赔偿其损失，但其未提供证据证明其存在损失，对其该项上诉请求，该院不予支持。

综上，原审认定部分事实不清，适用法律不当，应予纠正。陕西省高级人民法院依照《民事诉讼法》第一百五十三条第一款第（一）项、第（三）项之规定，判决如下：一、维持咸阳市中级人民法院（2007）咸民初字第00034号民事判决第三项、第四项。二、撤销咸阳市中级人民法院（2007）咸民初字第00034号民事判决第二项。三、变更咸阳市中级人民法院（2007）咸民初字第00034号民事判决第一项为：方元公司与地普公司签订的《建设工程施工合同》有效；《银鑫商务大厦等工程款项支付协议书》除第三条无效、约定利息及违约金标准过高予以核减外，其余条款有效。四、方元公司于本判决生效后十日内，将坐落于杨凌区公园路东段的“山普大厦”返还地普公司。五、方元公司在所担保的债权范围内，对坐落于杨凌区公园路东段的“山普大厦”享有优先受偿权。六、地普公司在本判决生效后十日内向方元公司支付工程款4717763.50元及利息（2006年5月20日之前的违约金及利息计656168.33元，2006年5月21日至给付之日的利息按中国人民银行同期同类贷款利率计付）、违约金30万元。如果未按本判决指定的期间履行给付金钱义务，应当依照《民事诉讼法》第二百二十九条之规定，加倍支付迟延履行期间的债务利息。一审案件受理费、反诉费、保全费按一审判决执行，二审案件受理费20700元，由地普公司负担12420元，由方元公司负担8280元。

规范指引

《中华人民共和国民法通则》

第四条 民事活动应当遵循自愿、公平、等价有偿、诚实信用的原则

第五条 公民、法人的合法的民事权益受法律保护，任何组织和个人不得侵犯。

《中华人民共和国合同法》

第四十四条 依法成立的合同，自成立时生效。

法律、行政法规规定应当办理批准、登记等手续生效的，依照其规定。

《中华人民共和国担保法》

第三十三条 本法所称抵押，是指债务人或者第三人不转移对本法第三十四条所列财产的占有，将该财产作为债权的担保。债务人不履行债务时，债权人有权依照本法规定以该财产折价或者以拍卖、变卖该财产的价款优先受偿。

……

第四十条 订立抵押合同时，抵押权人和抵押人在合同中不得约定在债务履行期届满抵押权人未受清偿时，抵押物的所有权转移为债权人所有。

《中华人民共和国物权法》

第六条 不动产物权的设立、变更、转让和消灭，应当依照法律规定登记。动产物权的设立和转让，应当依照法律规定交付。

第一百七十九条 为担保债务的履行，债务人或者第三人不转移财产的占有，将该财产抵押给债权人的，债务人不履行到期债务或者发生当事人约定的实现抵押权的情形，债权人有权就该财产优先受偿。

……

专题十三：最高额抵押中被担保债权的范围变更

【核心提示】最高额抵押是为一定期间内将要连续发生的债权提供的担保，但在此期间之前的债务能否纳入该最高额抵押的范围，以及是否需要登记等问题，法学理论及司法实践存在争议。有鉴于此，最高人民法院指导案例第 95 号对前述诸问题进行了回应，即只要转入的债权数额仍在该最高额抵押担保的最高债权额限度内，即使未对该最高额抵押权办理变更登记手续，该最高额抵押权的效力仍然及于被转入的债权，但不得对第三人产生不利影响。

实务争点

最高额抵押担保针对的是一定范围之内不特定的债权，债权数额处于动态变化之中，但无论如何变化，均在约定之期间内产生，不超过其最高限额。但实践中不乏当事人通过约定，将最高额抵押期间之前发生的债权转入最高额抵押担保的范围。对当事人而言，这本为意思自治应给予尊重；但就债务人的其他债权人而言，此行为会造成其债权难以受偿或受偿金额降低的风险，因此必须对该问题予以明确化。此外，当事人之间将最高额抵押担保之前之债权转入最高额担保范围的约定是否需要登记，采登记生效主义抑或登记对抗主义，诸此问题，立法并未给予明确回应。

理解适用

对《担保法解释》第八十二条、《物权法》第二百零五条的理解与适用

《担保法解释》第八十二条规定："当事人对最高额抵押合同的最高限额、最高额抵押期间进行变更，以其变更对抗顺序在后的抵押权人的，人民法院不予支持。"《物权法》第二百零五条亦作类似规定："最高额抵押担保的债权确定前，抵押权人与抵押人可以通过协议变更债权确定的期间、债权范围以及最高债权额，但变更的内容不得对其他抵押权人产生不利影响。"

（一）关于最高额抵押担保债权范围变更的法律解释

1. 基础关系之外债权能否纳入最高额抵押担保范围

关于基础关系之外债权能否纳入最高额抵押担保债权范围，学理上存在争议。我国台湾地区学者谢在全认为，最高额抵押担保之债权虽以将来之债权为常态，但当事人亦可依双方约定将基础关系之外债权列入最高额抵押担保范围；同时有观点认为最高额抵押担保具有无回溯性，只能担保现在及将来之债权，而不能追溯至过去的债权；还有学者认为，过去发生之债权，因其非基于最高额抵押担保的基础关系产生，因而不得划入最高额抵押担保之

范围[①]。

最高额抵押是当事人设定最高额担保限额于特定财产，以担保将来一定期间内连续发生的不特定债权的担保方式。不同于一般抵押已有确定的债权，最高额抵押系为不特定的且连续发生的债权提供担保，在最高额抵押权与被担保债权之间不具有一一对应性。在市场交易关系中，各商事主体之间的连续性交易行为较为常见，每次交易都通过登记设立抵押权十分繁琐，而一次性登记设立最高额抵押权使得被担保债权的发生不必分别就同一抵押物重复登记，不仅简便了手续，也满足了市场需求。结合上述特性，最高额抵押权设立后，任何新增债权当然地归属于最高额抵押担保的范围，而将在先债权转入最高额抵押担保的债权范围内，其本质上与最高额抵押权设立后新发生一笔债权并无差别，故可以纳入最高额抵押担保的债权额度内。

2. 最高额抵押担保债权范围变更是否需要登记

（1）学理争议分歧

关于最高额抵押担保的债权范围变更是否需要登记的问题，争议较大。

一种观点认为，根据《物权法》第六条“不动产物权的设立、变更、转让和消灭，应当依照法律规定登记”；第九条第一款“不动产物权的设立、变更、转让和消灭，经依法登记，发生效力；未经登记，不发生效力，但法律另有规定的除外”；第十四条“不动产物权的设立、变更、转让和消灭，依照法律规定应当登记的，自记载于不动产登记簿时发生效力”；以及《担保法解释》第六十一条“抵押物登记记载的内容与抵押合同约定的内容不一致的，以登记记载的内容为准”的规定，最高额抵押担保办理抵押登记之后，债权人与抵押人合意将既存债权转入最高额抵押权担保范围的，债权范围已经发生变更，当事人理应申请办理抵押变更登记才具有法律效力。

亦有学者持类似观点，认为债权范围的变更仅为债权基础法律关系的变更而非最高债权额的增减，在最高额度内的当事人合意变更无须取得后顺位的抵押权人或其他利害关系人的同意，因为对其受偿权并未产生不利影响。虽然

---

① 屠世超、郑雨尧:《论最高额抵押担保债权的范围》，载《商业研究》2002年总第251期。

《房屋登记办法》规定，最高额抵押权登记事项中并无“债权范围”一项，但在债权范围变更时应进行登记，否则不能对抗善意第三人[①]。

另一种观点认为，从我国立法来看，最高额抵押担保的债权确定前，抵押权人与抵押人可以通过协议变更债权确定的时间、债权范围以及最高债权额；但在同一抵押财产上还有其他抵押权人，特别是后顺位的抵押权人时，变更的内容可能对他们产生一定的影响，甚至损害他们的合法权益。所以《物权法》第二百零五条以但书的形式特别规定：变更的内容不得对其他抵押权人产生不利影响。根据这一规定，抵押权人与抵押人的变更对其他抵押权人产生不利影响的，该变更无效。由此看来，在当事人通过协议变更债权范围之时，《担保法解释》和《物权法》的规定对是否要求登记立法未置可否，只通过但书“但变更的内容不得对其他抵押权人产生不利影响”来对变更的影响力作限制，在该变更行为对其他抵押权人产生不利影响，使其不能受偿或受偿数额减少之时，该变更之效力便遭受质疑。

此观点被最高人民法院第95号指导案例予以肯定，认为当事人另行达成协议将最高额抵押权设立前已经存在的债权转入该最高额抵押担保的债权范围，只要转入的债权数额仍在该最高额抵押担保的最高债权额限度内，即使未对该最高额抵押权办理变更登记手续，该最高额抵押权的效力仍然及于被转入的债权，但不得对第三人产生不利影响。

从比较法上来看，日本民法本着对最高额抵押从属性的认定，认为其只应担保衍生于基本合同的债权，在此范围之外均不能担保。故在最开始日本民法并不认可最高额抵押担保范围的变更，且对于基本合同的补正、修改等一律不予认可[②]。但是，现行的日本民法不再以基本合同作为必要条件，日本民法第三百九十九条之四规定，设立最高额抵押之时当事人可根据交易情况变更被担保债权范围及债务人，且依据本条第二项规定，其决

① 陈文学、高圣平：《试论最高额动产抵押融资中的登记制度》，载《西南民族大学学报（人文社会科学版）》2010年第8期。

② ［日］清水湛：《最高额抵押中被担保责权范围的限定方法》，载［日］加藤一郎、米仓明编：《民法之争议点1：总则、物权、亲属、继承（学者增刊，法学之争议点系列丛书3-1）》，有斐阁1985年版，第86页。

定基准只能由最高额抵押权人及设立人合意变更[①]。此外，被担保债权变更时，变更后的债权范围替代原债权范围成为新的被担保物权[②]。在设立最高额抵押之时，依据日本民法第三百九十八条之二的基准规定被担保债权的范围即可，甚至若经济界有需要，依据本条规定，自由变更被担保债权的范围也无不可。再者，《日本民法典》第三百九十八条之四第三项规定，变更最高额抵押担保的债权范围时，必须在最高额抵押权确定时间点之前进行登记，否则就不产生变更的效果[③]。因此，在对最高额抵押担保的担保范围作出变更时，需要进行登记才发生效力。当事人之间以及债务人的其他债权人之间的法律关系会因为债权范围的变更而发生变化，在此情形下，需要通过一定的对外公示手段将此种变化公之于外，即将登记视为发挥效力的必要条件。故此，即使当事人之间达成了将最高额抵押期间之前的债权转入最高额抵押的合意，在未进行登记的情况下，被担保债权仍按照未进行变更的基准来确定。

此种立法价值取向亦得到了德国民法的认同，其第一千一百八十条规定：设定抵押权的债权得以其他债权代替之，最高额抵押的债权，经土地所有人和债权人的一致同意并为登记也得更换，不仅各个债权得以他债权更换，而且得将整个债权范围更换。由德、日的规定可见，最高额抵押担保债权范围的变更无须征得其他任何第三人的同意，经登记后即具有对抗一切第三人的效力，包括变更前成立的同一抵押物上的其他担保物权人。

（2）司法裁判混乱

从司法裁判来看，结果亦不甚统一。在中国农业银行股份有限公司浦江县支行（以下简称农行浦江支行）与浦江神环锁业有限公司、浙江兰天

① ［日］椿寿夫等：《现代民法讲义 3》，法律文化社 1993 年版，第 128 页。

② ［日］篠塚昭次、前田達明编：《新·判例注解民法 4 担保物权 295–398 条之 22·预告登记担保法·第二编物件索引》，三省堂 1991 年版，第 216 页。

③ 渠涛编译：《日本民法典》，法律出版社 2006 年版，第 84 页。

纸业有限公司等金融借款合同案[①]中，法院认为：《房地产余值抵押补充协议》变更了原《最高额抵押合同》约定的主债权存续期间，应当办理最高额抵押权变更登记，因农行浦江支行未提供已办理变更登记的依据，故支持原审法院的判决，驳回农行浦江支行的诉讼请求。兴业银行股份有限公司泉州分行（以下简称兴业泉州分行）与贵州湘企（独山）置业有限公司（以下简称湘企公司）金融借款合同纠纷案[②]中，法院持同样裁判观点：最高额抵押权担保办理抵押登记之后，兴业泉州分行与湘企公司双方同意将最高额抵押权设立前的既存债权转入最高额抵押担保的债权范围，此时债权范围已发生变更，当事人应申请最高额抵押权变更登记，才能发生法律效力。

而在最高人民法院第95号指导案例中，裁判走向了相反的方向，认为债权范围的变更不需要变更登记亦可，理由包括：第一，在最高额抵押设立合法且经登记之时，债权人取得抵押权；第二，债权人与债务人签订的《补充协议》依法成立并有效，其作为原最高额抵押合同的组成部分，与原最高额抵押合同具有同等法律效力，故《补充协议》所设债权已转入前述最高额抵押权所担保的主债权范围内；第三，是否需要对前述最高额抵押权办理相应的变更登记手续，《物权法》没有明确规定，应当结合最高额抵押权的特点及相关法律规定来判定。其一，最高额抵押权设立时所担保的具体债权一般尚未确定，基于尊重当事人意思自治原则，《物权法》第二百零三条第二款对前款作了但书规定，但此并非重新设立最高额抵押权，也非《物权法》第二百零五条规定的最高额抵押权变更的内容。同理，根据《房屋登记办法》第五十三条的规定，当事人将最高额抵押权设立前已存在债权转入最高额抵押担保的债权范围，不是最高抵押权设立登记的他项权利证书及房屋登记簿的必要记载事项，故亦非应当申请最高额抵押权变更登记的法定情形。只要转入的债权仍在该最高额抵押担保的最高债权额限度内，该转入的确定债权

---

① 参见（2015）浙金商终字第2071号中国农业银行股份有限公司浦江县支行与浦江神环锁业有限公司、浙江兰天纸业有限公司等金融借款合同纠纷案。

② 参见（2017）闽民终939号兴业银行股份有限公司泉州分行、贵州湘企（独山）置业有限公司金融借款合同纠纷案。

并非最高抵押权设立登记的他项权利证书及房屋登记簿的必要记载事项，在不会对其他抵押权人产生不利影响的前提下，对于该意思自治行为，应当予以尊重。其二，法无禁止即可为，即在法律规定不明确时，不应强加给市场交易主体准用严格交易规则的义务。《补充协议》是债权人与债务人真实意思表示，必须办理最高额抵押权变更登记才能设立抵押权的观点不仅缺乏法律依据，也有悖诚实信用原则。

（二）实务中应当注意的问题

最高人民法院虽然通过第95号指导案例明确了其关于最高额抵押担保范围变化相关问题的观点，即当事人另行达成协议将最高额抵押权设立前已经存在的债权转入该最高额抵押担保的债权范围，只要转入的债权数额仍在该最高额抵押担保的最高债权额限度内，即使未对该最高额抵押权办理变更登记手续，该最高额抵押权的效力仍然及于被转入的债权，但不得对第三人产生不利影响。但对实际操作来说可能会产生消极作用。我国已经建立了不动产的统一登记制度，民法典的编纂也在积极提倡并进行动产担保的统一登记。最高额抵押作为一种担保方式，具有克服担保僵化刻板的优势，但是此种优势不能被无限扩大化。最高额抵押担保的债权债务人将担保期间之前的债务转入该最高额抵押的，哪怕该数额仍属于最高额抵押担保的最高债权额限度内，仍会对某些“第三人”产生不利影响。第三人可预见的只是最高额抵押权人权利的“可能”范围和自己权利可实现的“可能”范围和程度，最高额抵押确定时，实际发生的债权额可能低于最高限额，则自己权利可实现的范围和程度要超过原先的预见。故最高额抵押担保债权范围的变更，对与最高额抵押人进行交易的第三人将产生重大的利害关系[①]。但无论立法还是司法裁判，均未对此处的“第三人”进行明确，无论是故意逃避还是无意为之，不能否认的是此种态度对问题的解决无益，需尽快明晰化。

---

① 屠世超:《论最高额抵押的设立及变更的对抗力》，载《广西政法管理干部学院学报》2003年第4期。

此外，最高人民法院第 95 号指导案例从促进交易开展和维护交易安全的角度来看具有正面的影响，却在一定程度上突破了现行法的规定。

第一，债权范围不仅包括同一笔债权的不同内容，而且包括并列的不同债权。变更同一笔债权的不同内容或增加并列债权，都属于债权范围的变更。虽然该案中最高额抵押担保的最高债权额没有发生变化，但是最高额抵押担保的债权范围扩大了，这应属于《物权法》第二百零五条所称的协议变更最高额抵押担保债权范围的情形，最高人民法院指导案例 95 号认为非《物权法》第二百零五条规定的最高额抵押变更的裁判理由不能成立。

第二，《房屋登记办法》第五十二条规定，当事人将最高额抵押权设立前已存在债权转入最高额抵押担保的债权范围，申请登记的，应当提交下列材料：（1）已存在债权的合同或者其他登记原因证明材料；（2）抵押人与抵押权人同意将该债权纳入最高额抵押权担保范围的书面材料。《房屋登记办法》虽然并未强制规定将最高额抵押权设立之前存在的债权转入最高额抵押担保债权范围必须登记，但是在客观上可以办理登记手续，根据上位法《物权法》关于物权登记生效的规定，也应办理登记手续。

第三，2016 年 1 月 1 日实施的《不动产登记暂行实施细则》第七十二条规定，债权范围变更的，当事人应当持不动产登记证明、最高额抵押权发生变更的材料等必要材料，申请最高额抵押权变更登记。其已把“当事人将最高额抵押权设立前已存在债权转入最高额抵押担保债权范围”规定为应当申请登记事项，这与《物权法》关于物权登记生效的意见一致。因此，最高人民法院指导案例 95 号中当事人将最高额抵押权设立前已存在债权转入最高额抵押担保债权范围，与《不动产登记暂行实施细则》第七十二条冲突。

由此看来，最高人民法院第 95 号指导案例并不能达到定分止争之效。故综上，为了减少不必要的纠纷和诉累，在实务中，变更抵押债权范围后应及时到不动产登记中心办理抵押变更登记。

案例指导

中国工商银行股份有限公司宣城龙首支行诉宣城柏冠贸易有限公司、江苏凯盛置业有限公司等金融借款合同纠纷案[①]

2012 年 4 月 20 日，中国工商银行股份有限公司宣城龙首支行（以下简称工行宣城龙首支行）与宣城柏冠贸易有限公司（以下简称柏冠公司）签订《小企业借款合同》，约定柏冠公司向工行宣城龙首支行借款 300 万元，借款期限为 7 个月，自实际提款日起算，2012 年 11 月 1 日还 100 万元，2012 年 11 月 17 日还 200 万元。涉案合同还对借款利率、保证金等作了约定。同年 4 月 24 日，工行宣城龙首支行向柏冠公司发放了上述借款。

2012 年 10 月 16 日，江苏凯盛置业有限公司（以下简称凯盛公司）股东会决议决定，同意将该公司位于江苏省宿迁市宿豫区江山大道 118 号 – 宿迁红星凯盛国际家居广场（房号：B–201、产权证号：宿豫字第 201104767）房产，抵押于工行宣城龙首支行，用于亿荣达公司商户柏冠公司、闽航公司、航嘉公司、金亿达公司四户企业在工行宣城龙首支行办理融资抵押，因此产生一切经济纠纷均由凯盛公司承担。同年 10 月 23 日，凯盛公司向工行宣城龙首支行出具一份房产抵押担保的承诺函，同意以上述房产为上述四户企业在工行宣城龙首支行融资提供抵押担保，并承诺如该四户企业不能按期履行工行宣城龙首支行的债务，上述抵押物在处置后的价值又不足以偿还全部债务，凯盛公司同意用其他财产偿还剩余债务。该承诺函及上述股东会决议均经凯盛公司全体股东签名及加盖凯盛公司公章。2012 年 10 月 24 日，工行宣城龙首支行与凯盛公司签订《最高额抵押合同》，约定凯盛公司以宿房权证宿豫字第 201104767 号房地产权证项下的商铺为自 2012 年 10 月 19 日至 2015 年 10 月 19 日，在 4000 万元的最高余额内，工行宣城龙首支行依据与柏冠公司、闽航公司、航嘉公司、金亿达公司签订的借款合同等主合同而享有对债务人的债

---

① 案例来源：最高人民法院指导案例第 95 号、宣城市中级人民法院（2013）宣中民二初字第 00080 号、安徽省高级人民法院（2014）皖民二终字第 00395 号。

权，无论该债权在上述期间届满时是否已到期，也无论该债权是否在最高额抵押权设立之前已经产生，提供抵押担保，担保的范围包括主债权本金、利息、实现债权的费用等。同日，双方对该抵押房产依法办理了抵押登记，工行宣城龙首支行取得宿房他证宿豫第 201204387 号房地产他项权证。2012 年 11 月 3 日，凯盛公司再次经过股东会决议，并同时向工行宣城龙首支行出具房产抵押承诺函，股东会决议与承诺函的内容及签名盖章均与前述相同。当日，凯盛公司与工行宣城龙首支行签订《补充协议》，明确双方签订的《最高额抵押合同》担保范围包括 2012 年 4 月 20 日工行宣城龙首支行与柏冠公司、闽航公司、航嘉公司和金亿达公司签订的四份贷款合同项下的债权。

柏冠公司未按期偿还涉案借款，工行宣城龙首支行诉至宣城市中级人民法院，请求判令柏冠公司偿还借款本息及实现债权的费用，并要求凯盛公司以其抵押的宿房权证宿豫字第 201104767 号房地产权证项下的房地产承担抵押担保责任。

宣城市中级人民法院于 2013 年 11 月 10 日作出（2013）宣中民二初字第 00080 号民事判决：一、柏冠公司于判决生效之日起五日内给付工行宣城龙首支行借款本金 300 万元及利息……四、如柏冠公司未在判决确定的期限内履行上述第一项给付义务，工行宣城龙首支行以凯盛公司提供的宿房权证宿豫字第 201104767 号房地产权证项下的房产折价或者以拍卖、变卖该房产所得的价款优先受偿……宣判后，凯盛公司以涉案《补充协议》约定的事项未办理最高额抵押权变更登记为由，向安徽省高级人民法院提起上诉。该院于 2014 年 10 月 21 日作出（2014）皖民二终字第 00395 号民事判决：驳回上诉，维持原判。

法院生效裁判认为：凯盛公司与工行宣城龙首支行于 2012 年 10 月 24 日签订《最高额抵押合同》，约定凯盛公司自愿以其名下的房产作为抵押物，自 2012 年 10 月 19 日至 2015 年 10 月 19 日，在 4000 万元的最高余额内，为柏冠公司在工行宣城龙首支行所借贷款本息提供最高额抵押担保，并办理了抵押登记，工行宣城龙首支行依法取得涉案房产的抵押权。2012 年 11 月 3 日，凯盛公司与工行宣城龙首支行又签订《补充协议》，约定前述最高额抵押合同中述及抵押担保的主债权及于 2012 年 4 月 20 日工行宣城龙首支行与柏冠公司所签《小企业借款合同》项下的债权。该《补充协议》不仅有双方当事人的签字盖章，也与凯盛公司的股东会决议及其出具的房产抵押担保承诺函相印证，故该《补充协议》应系凯盛公司的真实意思表示，且所约定内容符合《物权法》第二百零三条第二款的规定，也不违反法律、行政法规的强制性规定，依法成立并有效，其作为原最高额抵押合同的组成部分，与原最高额抵押合同具有同等法律效力。由此，本案所涉2012年4月20日《小企业借款合同》项下的债权已转入前述最高额抵押权所担保的最高额为4000万元的主债权范围内。就该《补充协议》约定事项，是否需要对前述最高额抵押权办理相应的变更登记手续，《物权法》没有明确规定，应当结合最高额抵押权的特点及相关法律规定来判定。

根据《物权法》第二百零三条第一款的规定，最高额抵押权有两个显著特点：一是最高额抵押权所担保的债权额有一个确定的最高额度限制，但实际发生的债权额是不确定的；二是最高额抵押权是对一定期间内将要连续发生的债权提供担保。由此，最高额抵押权设立时所担保的具体债权一般尚未确定，基于尊重当事人意思自治原则，《物权法》第二百零三条第二款对前款作了但书规定，即允许经当事人同意，将最高额抵押权设立前已经存在的债权转入最高额抵押担保的债权范围，但此并非重新设立最高额抵押权，也非《物权法》第二百零五条规定的最高额抵押权变更的内容。同理，根据《房屋登记办法》第五十三条的规定，当事人将最高额抵押权设立前已存在债权转入最高额抵押担保的债权范围，不是最高抵押权设立登记的他项权利证书及房屋登记簿的必要记载事项，故亦非应当申请最高额抵押权变更登记的法定情形。

本案中，工行宣城龙首支行和凯盛公司仅通过另行达成补充协议的方式，将上述最高额抵押权设立前已经存在的债权转入该最高额抵押权所担保的债权范围内，转入的涉案债权数额仍在该最高额抵押担保的4000万元最高债权额限度内，该转入的确定债权并非最高抵押权设立登记的他项权利证书及房屋登记簿的必要记载事项，在不会对其他抵押权人产生不利影响的前提下，对于该意思自治行为，应当予以尊重。此外，根据商事交易规则，法无禁止即可为，即在法律规定不明确时，不应强加给市场交易主体准用严格交易规则的义务。况且，就涉案2012年4月20日借款合同项下的债权转入最高额抵押担保的债权范围，凯盛公司不仅形成了股东会决议，出具了房产抵押担保承诺函，且和工行宣城龙首支行达成了《补充协议》，明确将已经存在的涉案借款转入前述最高额抵押权所担保的最高额为4000万元的主债权范围内。现凯盛公司上诉认为该《补充协议》约定事项必须办理最高额抵押权变更登记才能设立抵押权，不仅缺乏法律依据，也有悖诚实信用原则。

综上，工行宣城龙首支行和凯盛公司达成《补充协议》，将涉案2012年4月20日借款合同项下的债权转入前述最高额抵押权所担保的主债权范围内，虽未办理最高额抵押权变更登记，但最高额抵押权的效力仍然及于被转入的涉案借款合同项下的债权。

规范指引

《房屋登记办法》

第五十三条 对符合规定条件的最高额抵押权设立登记，除本办法第四十四条所列事项外，登记机构还应当将最高债权额、债权确定的期间记载于房屋登记簿，并明确记载其为最高额抵押权。

第四十四条 对符合规定条件的抵押权设立登记，房屋登记机构应当将下列事项记载于房屋登记簿：（一）抵押当事人、债务人的姓名或者名称；（二）被担保债权的数额；（三）登记时间。

《中华人民共和国物权法》

第二百零三条 为担保债务的履行，债务人或者第三人对一定期间内将要连续发生的债权提供担保财产的，债务人不履行到期债务或者发生当事人约定的实现抵押权的情形，抵押权人有权在最高债权额限度内就该担保财产优先受偿。最高额抵押权设立前已经存在的债权，经当事人同意，可以转入最高额抵押担保的债权范围。

第二百零五条 最高额抵押担保的债权确定前，抵押权人与抵押人可以通过协议变更债权确定的期间、债权范围以及最高债权额，但变更的内容不得对其他抵押权人产生不利影响。

第四部分

质 押

质押是一种古老的担保方式，也是最典型的动产担保形式。中华人民共和国成立后的很长一段时间，我国民商事法律并未规定质押制度，直到 1995 年《担保法》才首次将其纳入。《担保法解释》则针对现实生活和司法实践中的热难点问题，诸如金钱质押、转质、质权的行使、权利质押等方面的司法处理作出了阐释。质押的基本特征有二：一是要求质物特定，不允许随意更换；二是质权人通过直接占有确保对质物之支配与控制。仅就担保力而言，动产质押实乃保障担保权人利益的最强手段，此种制度优势曾一度让抵押望尘莫及。于是动产质押在消费性融资领域内，乃是消费性融资之主要手段，自古至今，一直占有王者地位，实非无因。[①] 然而，动产质押以占有质物为成立要件，导致出质人占有、

① 谢在全：《民法物权论》，中国政法大学出版社 2011 年版，第 964 页。

使用、收益、处分质物的权利被剥夺，质权人虽占有质物但其非但不能使用、收益、处分质物，反而负担保管质物之义务，如此对出质人与质权人均有所不便。质言之，伴随投资性融资需求日益旺盛，动产质押的规则缺陷日益明显，其引以为傲的制度优势几乎被架空，存在空间被极大压缩。为了克服动产质押在融资担保中的制度弊端并充分发挥动产质押的制度优势，近年来，银行、物流公司、生产经营型企业共同发展了一种动产担保融资的创新模式——动产动态质押，其融合了动产静态质押与动产浮动抵押的制度优势，规避了二者的规则缺陷，在未来的融资担保中必将处于优越地位。此外，随着经济发展与社会变迁，融资实践与司法实务中出现的营业质权问题、保证金质押问题、可出质权利的范围、应收账款质权的设定规则、收益权质押等问题亦值得进一步重视。

专题一：账户质押的效力

【核心提示】在民事合同履行过程中，双方约定一方向另一方指定的银行账户内转款，并以该账户内款项作为合同履行的质押担保，在资金转出一方违约时，若该账户符合质押标的特定化及其他质押权设立的要求，则非违约方有权就该账户内资金优先受偿。

实务争点

在民事活动和民事审判中，当质押标的物为普通动产时，在该动产上能否成立质权，通过其名称、数量、质量、状况等因素相对容易判断；但当质押标的物为金钱这一特殊动产时，在该金钱上能否成立质权，尤其在涉及利用银行系统服务设定金钱质押时，则判断较为困难。解决这一问题的关键在于对理论上质押标的物必须特定化地理解。对此有不同观点：第一种观点认为，银行账户内的资金本质虽为货币，但无法像现金那样进行物理上的封存或者记录货币编号而实现特定化，因此不能成立质押权。第二种观点认为，银行账户内的资金只是在事实上要将其特定化相对比较困难，但并非法律直接拒绝了特定化的可能，因此，在综合账户名称、账户内资金流动性、接收保证金一方对账户的实际控制力等多种因素的基础上进行是否特定化的判断，一定条件下能够成立质权。对此问题，《担保法解释》第八十五条规定："债务人或者第三人将其金钱以特户、封金、保证金等形式特定化后，移交债权人占有作为债权的担保，债务人不履行债务时，债权人可以以该金钱优先受偿。"

理解适用

对《担保法解释》第八十五条的理解与适用

解决账户质押的法律问题，应首先把握其内涵与外延，然后以此为基础分析账户质押成立要件中的标的物特定化问题，才能在实务中作出正确判断。

（一）账户质押的内涵与外延

账户质押是指为担保债务的履行，债务人或者第三人将其在银行开立的账户出质给债权人托管，债务人不履行到期债务或者发生当事人约定实现质权的情形，债权人就该账户内的存款优先受偿[①]。在现行法律上尚无“账户质押”的明确概念，但其已在司法解释中崭露头角[②]，在商业活动和司法实践中也频频出现，其中以资金账户质押最为典型。

账户质押面临的司法困境包括：第一，现行立法留白。因“金钱占有即所有”之理论，在账户质押中，债务人已然失去其对该金钱的占有，故不符合《担保法》第六十三条、《物权法》第二百零八条关于动产质押之规定。第二，法律性质模糊。关于账户质押的性质，有“权利质押说”“金钱质押说”“抵销预约说”，等等。第三，执行困难。有人认为账户质押涉嫌违反《担保法》和《物权法》禁止流质条款的规定，不应被支持。尤其在债务人还对第三人负有债务时，第三人常在执行程序中以账户质押不成立或违反禁止流质条款为由提出执行异议，导致执行遭遇重重困难。

（二）对质押权成立要件中质物特定化的理解

质权的成立，包括设立行为和交付质物两个前后相继的要件（步骤），但仅满足这两个要件，并不能当然使质权成立，若质物不确定，则操作层面上无法将质权设定于具体的标的物上，交付质物也丧失其前提条件，法律层

---

① 罗小红：《账户质押法律问题研究》，载《法学杂志》2008 年第 4 期。

② 参见《最高人民法院关于审理出口退税托管账户质押贷款案件有关问题的规定》（法释〔2004〕18 号）。

面上质权人行使质权时也不知应以何物的价值优先受偿，因此，质物的特定化亦成为质权成立的重要条件。《物权法》第二百一十条第二款规定“质权合同一般包括下列条款：（一）被担保债权的种类和数额；（二）债务人履行债务的期限；（三）质押财产的名称、数量、质量、状况；（四）担保的范围；（五）质押财产交付的时间”，也旨在将质物特定化，满足质权特定性的要求[①]。金钱作为物，不仅为种类物，且为特殊的种类物，其占有与所有往往是同时发生和存续的，金钱的占有人即金钱的所有权人，故其非经严格的特定化处理一般不能作为质押财产。如何将金钱特定化而使其成为质物，是一个法律上和技术上的难题。为此，《担保法解释》第八十五条规定“债务人或者第三人将其金钱以特户、封金、保证金等形式特定化后，移交债权人占有作为债权的担保，债务人不履行债务时，债权人可以以该金钱优先受偿”，这里明确了金钱的三种特定化方式。但是，这三种方式中有两种方式都存在一定的困扰：第一，“特户”的概念不明确，若按文义上的理解，即“特定的账户”，这一概念显然不能满足账户质押标的特定化的要求，因为任何独立的账户都可称为“特定的账户”；第二，保证金形式多种多样，有的保证金在履约过程中已转化为预付款，有的保证金在资金往来过程中已被抵销，还有的保证金所在账户内资金有较强的流动性，账户内资金一直处在变化中，这些都导致以保证金形式将金钱特定化的作用被削弱甚至消解。

因此，我们应在《物权法》《担保法》的基础上，进一步加深对《担保法解释》第八十五条的理解，这要求进一步探求账户特定化的条件。资金账户的特定化，首先体现为账户内资金数额特定，所以，质押的资金数额必须有明确约定，或虽无明确约定但能够通过其他合理方式确定；其次，存放资金的账户也应特定，这要求该账户在功能上应区别于承载一般结算业务和存取款业务的账户；最后，账户内资金的流通性必须受到限制，通常方法是使账户处于冻结状态，或者引入商业银行进行第三方监管。此外，特定账户应由质权人或者质权人指定的人实际控制，这才能满足质权人占

---

① 崔建远：《物权规范与学说——以物权法的解释论为中心》，清华大学出版社 2011 年版，第 870 页。

有质物之要件。值得注意的是，账户特定化虽然要求账户内资金数额特定，但不等同于账户内资金数额固定，根据市场交易的需要，应当允许账户内资金具有一定的浮动性，这更加符合现实需求。例如，房地产开发商与银行合作办理房地产按揭贷款，房地产开发商提供阶段性连带责任保证，双方约定开发商按照授信额度的 10% 向银行提供保证金质押，若借款人不按期偿还贷款本息，银行有权直接从保证金账户中扣划相应数额的资金用以偿还贷款本息，如果实际办理按揭贷款 9000 万元，则开发商应存入保证金 900 万元，再经购房人偿还贷款后，剩余按揭贷款余额变为 4000 万元，开发商应存保证金则为 400 万元，此时商业银行应当将超出的 500 万元差额退还开发商。[①]可见，账户质押中的账户内资金额度不一定是完全确定的，可能存在一定的浮动性，但该浮动不是没有原则的浮动，而是依据一定比例或在合理范围内的浮动。

（三）实务中应当注意的问题

1. 认定账户质押是否成立的逻辑顺序

在判断账户质押是否成立时，应依循一定的法律思维和逻辑顺序。首先，考察是否对涉案账户作出了设立质押的行为，这主要通过质押人是否出具保函、双方是否订立了设立质押的合同条款等因素辨识；其次，查明质押人账户是否已交由质押权人占有，若质押人不能支取或者未经质押权人同意不得支取该账户内资金，又或者该账户交由质押权人认可的第三方监管且质押人失去对账户的支配力，则可认定为质押权人已取得账户的占有；再次，应判别账户的名称、功能、性质，即判别账户是否特定化，如账户名为“某某项目保证金专用账户”，性质上不能由账户所有权人随意支取，则应作为认定账户特定化的重要因素；最后，应考察账户内资金的流动性如何，即资金是否特定化，若资金金额基本保持不变或与其担保额度基本保持约定比例，则可认定资金已特定化。上述考虑的因素并未涵盖

① 此处开发商提供的阶段性连带保证的行为兼具保证与质押两种担保形式的性质，应理解为既是有限额的保证，又是账户质押。

账户质押认定的全过程，还应根据实际案情对其他因素酌情考虑，最终综合判断得出结论。

2. 账户质押权的实现

在实践中，由于账户质押权人实际控制着质押账户，并对债务人享有债权，因此在债权清偿期限已届满而未获清偿时，存在大量债权人直接扣划账户内资金的现象（尤其是在质押人与债务人同一的场合），有人主张这一扣划行为违反了《担保法》第六十六条“出质人和质权人在合同中不得约定在债务履行期届满质权人未受清偿时，质物的所有权转移为质权人所有”的规定①，从该条文的立法目的上看，禁止流质条款旨在避免质物不经变价即抵偿质押权人债权，质物价值可能超出债权本身的数额而对质押人不利。但是，在资金账户质押案件中，质物本身即金钱，而金钱无须变价，不存在《担保法》第六十六条指向的对质押人不利的问题。因此，直接扣划质押账户内资金的行为不违反该条文的规定，若舍弃账户质押权上这种特有的实现质权的优势，将徒增诉讼成本且无益于当事人利益。

账户质权成立后，质权人对账户内资金享有优先受偿权。但在质权人行使质权前，第三人可以冻结账户内资金，理由是：第一，质权行使前，不能排除质权因债权通过其他途径获得清偿而消灭的可能，第三人享有将来就账户内资金受偿的期待；第二，冻结账户仅仅是对账户资金的限制而非处分，本质上不影响质权人质权。第三，根据《最高人民法院关于人民法院执行工作若干问题的规定（试行）》第四十条的规定：“人民法院对被执行人所有的其他人享有抵押权、质押权或留置权的财产，可以采取查封、扣押措施。财产拍卖、变卖后所得价款，应当在抵押权人、质押权人或留置权人优先受偿后，其余额部分用于清偿申请执行人的债权”，既然账户质押性质上属于动产质押，那么涉及动产质押财产的规定理应也适用于账户质押。②

---

① 参见广东省东莞市第一人民法院（2012）东一法执外异字第12号。

② 陈龙吟:《账户质押效力论》，载《北方法学》2017年第3期。

案例指导

中国农业发展银行安徽省分行诉张大标、安徽长江融资担保集团有限公司保证金质权确认之诉案[①]

原告中国农业发展银行安徽省分行（以下简称农发行安徽分行）诉称：2009年4月7日，农发行安徽分行与第三人安徽长江融资担保集团有限公司（以下简称长江担保公司）签订《信贷担保业务合作协议》，约定长江担保公司在农发行安徽分行开立担保保证金专户，长江担保公司将具体担保业务约定的保证金存入该担保保证金专户，缴存的保证金不低于所担保贷款额度的10%，未经农发行安徽分行同意，长江担保公司不得动用担保保证金专户内的资金。

上述合作协议签订后，农发行安徽分行同长江担保公司就信贷担保业务按约进行了合作。

2011年12月19日，安徽省合肥市中级人民法院在审理被告张大标诉安徽省六本食品有限责任公司、长江担保公司等民间借贷纠纷一案过程中，根据张大标的申请，对长江担保公司上述保证金账户内的资金进行了保全并在该案判决生效后，将上述保证金账户内的资金1338.313257万元划至法院账户。后安徽省合肥市中级人民法院又裁定驳回了农发行安徽分行的执行异议。

农发行安徽分行认为，上述账户内的资金实际系长江担保公司向农发行安徽分行提供的质押担保，人民法院对该账户内的资金不得进行强制执行。请求判令：农发行安徽分行对长江担保公司在农发行安徽分行处开设的担保保证金账户内的资金享有质权，人民法院对该账户内资金停止强制执行，案件受理费由张大标承担。

被告张大标辩称：原告农发行安徽分行与第三人长江担保公司之间的

---

① 案例来源：最高人民法院（2014）民申字第1239号，载《最高人民法院公报》2015年第1期（总第219期）。

《贷款担保业务合作协议》没有质押的意思表示；长江担保公司在农发行安徽分行处开设的账户不符合中国人民银行规定的人民币专用账户开户条件，不构成账户的特定化；农发行安徽分行为长江担保公司开设的账户资金本身是浮动的，不符合特定化的要求，故请求驳回农发行安徽分行的诉讼请求。

第三人长江担保公司认可原告农发行安徽分行对账户资金享有质权的意见。

合肥市中级人民法院认为本案一审的争议焦点为：第三人长江担保公司在账号2033×××××××××××××××9511存入的保证金是不是对原告农发行安徽分行债权的质押担保。

根据《担保法》第六十三条、第六十四条及《担保法解释》第八十五条的规定，质押合同成立并生效须符合两个条件，一是签订书面的质押合同，二是完成质押物的交付。金钱作为特殊的动产质押须具备以下要件：一是双方当事人要签订质押合同，有将金钱作为质押的意思表示；二是要对质押物的金钱进行特定化，并移交债权人占有。

首先，第三人长江担保公司与原告农发行安徽分行签订的是合作协议，并非质押合同，且约定的保证方式为连带责任保证，整个合同行文中没有质押条款，由此表明双方并无将金钱作为质押的意思表示。其次，合作协议中虽然约定长江担保公司向约定账户存入一定数额的保证金，但没有约定农发行安徽分行就保证金在债务人不清偿到期债务时享有优先受偿权的相关内容。再次，保证金账户是由长江担保公司开立，该行为在形式上不符合法定的“移交债权人占有”这一质权构成要件。最后，涉案保证金账户多次出现进出账的情形，账户内的资金数额不断浮动，不符合法律规定的特定化的要件。上述事实表明，长江担保公司并无就账号为2033×××××××××××××××9511中的资金提供质押担保的意思表示。农发行安徽分行主张其与长江担保公司存在质押担保法律关系，对账号为2033×××××××××××××××9511中的资金享有优先受偿权的理由不能成立，对其诉讼请求不予支持。

综上，合肥市中级人民法院依照《最高人民法院关于民事诉讼证据的若干规定》第二条,《担保法》第六十三条、第六十四条、第六十五条,《担保法解释》第八十五条之规定，于2013年3月28日判决：驳回农发行安徽分行的诉讼请求。

农发行安徽分行不服一审判决，向安徽省高级人民法院提起上诉，安徽省高级人民法院经二审，确认了一审查明的事实。

安徽省高级人民法院二审认为,《物权法》第二百一十条规定："设立质权，当事人应当采取书面形式订立质权合同。质权合同一般包括下列条款：(一)被担保债权的种类和数额;(二)债务人履行债务的期限;(三)质押财产的名称、数量、质量、状况;(四)担保的范围;(五)质押财产交付的时间。"第二百一十二条规定："质权自出质人交付质押财产时设立。"《担保法解释》第八十五条规定："债务人或者第三人将其金钱以特户、封金、保证金等形式特定化后，移交债权人占有作为债权的担保，债务人不履行债务时，债权人可以以该金钱优先受偿。"

依照上述法律及司法解释的规定，金钱作为一种特殊的动产，具备一定形式要件后，可以用于质押。本案中，上诉人农发行安徽分行主张其对案涉账户内的资金享有质权，应当从农发行安徽分行与原审第三人长江担保公司之间是否存在质押合意以及质权是否设立两个方面进行审查。

1. 上诉人农发行安徽分行与原审第三人长江担保公司之间是否存在质押合意。案涉《贷款担保业务合作协议》约定，上诉人农发行安徽分行与原审第三人长江担保公司之间合作开展面向中小企业的担保贷款业务。从长江担保公司提供担保的方式看，依据协议第三条"担保方式及担保责任"的约定，长江担保公司为借款企业的借款向农发行安徽分行提供了保证担保，对此双方当事人均无争议。双方存在争议的是长江担保公司是否向农发行安徽分行提供了质押担保。

经审查，依据该协议第四条"担保保证金"约定"甲方(长江担保公司)在乙方(农发行安徽分行)开立担保保证金专户；担保保证金专户行为农发行安徽分行营业部，账号2033××××××××××××××9511；甲方需将具体担保业务约定的保证金，在《保证合同》签订前将担保基金存入在乙方开立的担保保证金专户，甲方需缴存的保证金不低于贷款额度的10%；未经乙方同意甲方不得动用担保保证金专户内的资金”、第八条“违约责任”约定“甲方违反本协议第六条的约定，没有按时履行保证责任的，乙方有权从甲方在其开立的担保基金专户或其他任一账户中扣划相应的款项；甲方在乙方处开立的担保专户的余额无论因任何原因而小于约定的额度时，甲方应在接到乙方通知后三个工作日内补足，补足前乙方可以中止本协议项下的业务”的内容，农发行安徽分行与长江担保公司之间协商一致，约定：对长江担保公司为担保业务所缴存的保证金设立担保保证金专户，长江担保公司按照贷款额度的一定比例缴存保证金；农发行安徽分行作为开户行对长江担保公司存入该账户的保证金取得控制权，长江担保公司不能自由使用该账户内的资金；长江担保公司未履行保证责任时，农发行安徽分行有权从该账户中扣划相应款项并优先受偿。

该合意具备质押合同的一般要件，符合《担保法解释》第八十五条关于金钱质押的规定。一审判决关于双方当事人之间无将金钱作为质押的意思表示及协议中没有优先受偿权内容的认定不当。

2. 案涉质权是否成立。依照《物权法》第二百一十二条“质权自出质人交付质押财产时设立”的规定，交付行为应被视为设立动产质权的生效条件。金钱质押作为特殊的动产质押，不同于不动产抵押和权利质押，依照《担保法解释》第八十五条之规定，金钱质押生效的条件包括金钱特定化和移交债权人占有两个方面。

（1）原审第三人长江担保公司于2009年4月3日在上诉人农发行安徽分行开户，设立账号2033××××××××××××××9511，与案涉《贷款担保业务合作协议》约定的账号一致，即双方当事人已经按照协议约定为出质金钱开立了担保保证金专用账户。

保证金专户开立后，长江担保公司按照每次担保贷款额度的一定比例向该账户缴存保证金，该账户亦未作日常结算使用，故符合《担保法解释》第八十五条规定的金钱以特户形式特定化的要求。另占有是指对物进行控制和管理的事实状态，因案涉账户开立在上诉人农发行安徽分行系统内，农发行安徽分行作为质权人，取得对该账户的控制权，实际控制和管理着该账户，符合出质金钱移交债权人占有的要求。故案涉质权依法已经设立。

至于“405 保证金存款”与“40196 其他单位存款”会计科目同属于银行内部的会计核算方式，而《担保法解释》第八十五条对特户的外在形式也未作出规定，故不能以上述会计科目是否为保证金科目判断质权是否成立。

（2）关于账户资金浮动的问题。保证金以专户形式特定化并不等于固定化。案涉账户在使用过程中，账户内的资金根据业务发生情况虽处于浮动状态，但均与保证金业务相对应，除缴存的保证金外，支出的款项均用于保证金的退还和扣划，未用于非保证金业务的日常结算，即上诉人农发行安徽分行可以控制该账户，原审第三人长江担保公司对该账户内的资金使用受到限制，故该账户资金的浮动仍符合金钱作为质权的特定化和移交占有的要求。

被上诉人张大标辩称，2011 年 12 月 26 日从该账户转出 6151562.76 元，表明长江担保公司对该账户资金享有处置权。因该笔款项是农发行安徽分行在贷款逾期未还时予以扣划用以清偿债务的款项，故应当属于实现质权的情形。

农发行安徽分行与长江担保公司之间虽约定按贷款额度的一定比例缴存保证金，但长江担保公司所缴存的保证金并非为具体某一笔借款提供质押担保，农发行安徽分行对进入该账户内的资金均依法享有质权。故不能理解为农发行安徽分行在长江担保公司未履行担保责任时只能按缴存的保证金数额扣划，否则协议关于担保专户余额小于约定额度时，长江担保公司应予补足的约定就没有实际意义。据此，张大标的此辩解理由不能成立。

综上，一审判决认定事实清楚，但适用法律不当。据此，安徽省高级人民法院依照《民事诉讼法》第一百七十条第一款第（二）项之规定，于 2013 年 11 月 19 日判决：一、撤销安徽省合肥市中级人民法院（2012）合民一初字第 00505 号民事判决；二、农发行安徽分行对长江担保公司账户（账号：2033×××××××××××××9511）内的 13383132.57 元资金享有质权。

规范指引

《中华人民共和国物权法》

第二百零八条 为担保债务的履行，债务人或者第三人将其动产出质给债权人占有的，债务人不履行到期债务或者发生当事人约定的实现质权的情形，债权人有权就该动产优先受偿。

前款规定的债务人或者第三人为出质人，债权人为质权人，交付的动产为质押财产。

第二百一十条 设立质权，当事人应当采取书面形式订立质权合同。

质权合同一般包括下列条款：

（一）被担保债权的种类和数额；

（二）债务人履行债务的期限；

（三）质押财产的名称、数量、质量、状况；

（四）担保的范围；

（五）质押财产交付的时间。

《中华人民共和国担保法》

第六十三条 本法所称动产质押，是指债务人或者第三人将其动产移交债权人占有，将该动产作为债权的担保。债务人不履行债务时，债权人有权依照本法规定以该动产折价或者以拍卖、变卖该动产的价款优先受偿。

……

第六十五条 质押合同应当包括以下内容：

（一）被担保的主债权种类、数额；

（二）债务人履行债务的期限；

（三）质物的名称、数量、质量、状况；

（四）质押担保的范围；

（五）质物移交的时间；

（六）当事人认为需要约定的其他事项。

质押合同不完全具备前款规定内容的，可以补正。

《最高人民法院关于适用〈中华人民共和国担保法〉若干问题的解释》

第八十五条 债务人或者第三人将其金钱以特户、封金、保证金等形式特定化后，移交债权人占有作为债权的担保，债务人不履行债务时，债权人可以以该金钱优先受偿。

专题二：动产质押合同为实践性合同还是诺成性合同

【核心提示】《物权法》生效后，基于该法第二百一十条、第二百一十二条之规定，动产质押合同的订立和履行过程中，质押财产的交付应属于出质人应履行的合同义务而非先合同义务，质物的交付仅为质权设立的要件而非质押合同成立或生效的要件，故应当认为动产质押合同属于诺成性合同，并非实践性合同（或称要物合同）。质押合同自成立时生效，而“质权自出质人交付质押财产时设立”。

实务争点

《担保法》第六十四条第二款规定，“质押合同自质物移交于质权人占有时生效”，因此，长期以来质押合同被认为是实践性合同。但是，质押合同作为实践性合同，既在理论上缺乏强有力的支撑，又对实际的民事活动造成诸多不便。例如，出质人在质押借款合同签订后，已获得融资，但不积极履行交付质物义务，这将导致“质权人”无法依据有效的质押借款合同要求质押人履行质物的交付义务从而享有质权，并且存在有关借款、利息、违约等其他非质押条款亦被认定为未生效条款的法律风险。又如，在质物交付不方便或者交付可能产生较大经济成本和时间成本时，双方通常约定由质押人代为占有质物，但根据《担保法解释》第八十七条之规定，“出质人代质权人占有质物的，质押合同不生效；质权人将质物返还于出质人后，以其质权对抗第三人的，人民法院不予支持”，此类质押合同亦属未生效力，质权也不成立，质权人的担保利益及主债权债务关系中的利益均难获有力保障。《物权法》颁布后，对质押合同性质的争议形成两种截然对立的观点：一种观点认为，《物权法》第二百一十二条规定“质权自出质人交付质押财产时设立”，是对《担保法》第六十四条第二款的否定，理由在于《物权法》明确了质物的交付仅是质权的成立要件，并非质押合同的生效要件，又基于《合同法》第四十四条“依法成立的合同，自成立时生效”的规定，质押合同应自合同成立时生效，属于诺成性合同。另一种观点认为，《物权法》第二百一十二条仅仅明确了质权的成立要件，却没有“质物的交付不影响质押合同效力”相关的直接立法表达，故仍依据《担保法》第六十四条第二款认定质押合同为实践性合同。对此问题，《担保法解释》第八十七条规定：“出质人代质权人占有质物的，质押合同不生效；质权人将质物返还于出质人后，以其质权对抗第三人的，人民法院不予支持。因不可归责于质权人的事由而丧失对质物的占有，质权人可以向不当占有人请求停止侵害、恢复原状、返还质物。”

理解适用

对《担保法解释》第八十七条的理解与适用

质押合同是实践性合同还是诺成性合同没有明确的法律规定，只能通过法律解释进行判断，这一性质的判断结果与质权人权利是否得到充分保护密切相关。

（一）对质押合同实践性与诺成性的辨析

诺成合同，“是仅依当事人的意思表示一致即可成立的合同，或称‘一诺即成’的合同”[①]；实践合同又称为要物合同，“指除当事人双方意思表示一致外，尚需交付标的物或完成其他现实给付才能成立的合同”[②]。基于前述概念，又根据《担保法》第六十四条第二款之规定，“质押合同自质物移交于质权人占有时生效”，可知在《担保法》中质押合同为实践性合同，因此在

---

① 韩世远：《合同法总论》，法律出版社 2011 年版，第 58 页。

② 韩世远：《合同法总论》，法律出版社 2011 年版，第 58 页。

长期以来的审判实践中，质物未交付时，质押合同都被认定为无效或不成立。但将质押合同定性为实践性合同容易造成不公，典型的现象即借款合同中借款人获得借款后不向出借人交付质物，则此时出借人因质押合同未生效而不能依据质押合同取得质权，其期待的有质押担保的债权沦为普通债权，这样的制度设计不仅使债权人利益受到严重损害，也助长了债务人的不诚信行为。事实上，不仅是质押合同，整个实践性合同本身的合理性也受到世界各国法官、学者的质疑[①]，如有人认为“要物契约为法制史上的残留物，不具实质意义，应有检讨的余地，此在消费借贷，尤有必要，因金钱借贷在现代社会经济活动，殊为重要，于标的物交付前，多订有保证契约或设定担保物权，要物性的要求，有碍交易安全，应经由解释或立法缓和其要物性”[②]。《物权法》第二百一十条规定：“……（五）质押财产交付的时间”，将质押财产的交付理解为合同义务，应于质押合同成立生效后履行，该法第二百一十二条又进一步规定：“质权自出质人交付质押财产时设立”，可知《物权法》虽规定交付为质权的取得要件，但并未规定交付为质押合同的成立或生效要件，据此，可以认为我国立法已将质押合同转变为诺成性合同。

第一，《担保法》第六十四条规定交付为质押合同的生效要件，而《物权法》第二百一十二条规定交付为质权的取得要件，虽然条文的表述上二者没有必然的冲突，但经体系解释可知其实是有冲突的，理由在于：结合《担保法》第六十三条的规定，《担保法》上交付既是质权的取得要件，同时也是质押合同的生效要件，《物权法》在制定时，立法机关显然知晓《担保法》第六十三条和第六十四条的规定，但《物权法》第二百一十条却仅仅规定交付是质权取得的要件，若立法机关无意改变《担保法》的规则，就无须对交付是质权取得的要件进行重复规定，若立法机关要在《物权法》中强调《担保法》的规定，则没有理由“厚此薄彼”，仅强调交付是质权的取得要件，而不规定交付是质押合同的生效要件。所以，《物权法》第二百一十条的立

---

① 参见王洪：《要物合同的存与废——兼论我国〈民法典〉的立法抉择》，载《上海师范大学学报（哲学社会科学版）》2007年第4期。

② 王泽鉴：《债法原理》，北京大学出版社2009年版，第98页。

法目的应是遵循时代和社会发展的需求，废止《担保法》第六十四条第二款，纠正《物权法》颁布前将质押合同定性为实践性合同的不恰当规定。

第二，《物权法》第十五条区分原则可通过《物权法》第二百一十二条扩展适用于质押合同。《物权法》第十五条规定了区分原则，即物权未变动不影响变动物权的合同之效力，但根据该条前段的规定，区分原则仅适用于"当事人之间有关设立、变更、转让和消灭不动产物权的合同"，对动产物权合同是否适用区分原则不置可否。但是，《物权法》第二百一十二条的规定，秉承了《物权法》第十五条的精神，规定质押合同作为设定动产物权之合同，其质物是否交付仅影响质权是否设立，概言之，可归结为与《物权法》第十五条类似的表述：当事人之间有关设立、变更、转让和消灭质权的合同，除法律规定或者合同另有约定外，自合同成立时生效；未交付质物的，不影响合同效力。再结合《物权法》第二百一十条对质权合同一般条款内容的规定，应认定《担保法》第六十四条第二款已被废止。事实上，在经济交往和司法实践中，区分原则也被实际运用于变动动产物权的合同中，这也与我国民法理论的通说相一致。

第三，《合同法》第四十四条第一款应适用于质押合同。依前述，既然《担保法》第六十四条第二款已被废止，那应如何回答质押合同何时生效这一问题？《合同法》第三十二条规定，"当事人采用合同书形式订立合同的，自双方当事人签字或者盖章时合同成立"，以及第四十四条第一款规定，"依法成立的合同，自成立时生效"，故书面的质押合同应于双方签字或者盖章时成立并生效，非书面质押合同，如无特别约定，自受要约人承诺生效时成立并生效。

（二）实务中应当注意的问题

1. 出质人代质权人占有质物的质押合同效力以及质权是否成立的问题

《担保法解释》第八十七条第一款规定，"出质人代质权人占有质物的，质押合同不生效，质权人将质物返还于出质人后，以其质权对抗第三人的，人民法院不予支持"，该条解释已被废止，理由在于：依据前文关于《担保法》第六十四条被废止的论述，可推知本条解释亦基于相同原因被废止，而出质人代质权人占有质物，可被解释为当事人约定以占有改定方式交付质物，此时质押合同有效，但质权不成立。此外，值得提出的是，双方签订质押合同，出质人事实上没有交付质物而代质权人占有的，在一定条件下可认定为动产抵押合同，也就没有适用本条解释的空间。如债务人一方为企业，以其现有的生产设备、原材料、半成品、产品作为担保物，与债权人签订质押合同且未交付上述标的物，此时符合《物权法》第一百八十一条之规定，成立动产浮动抵押法律关系。

2. 区分原则下质押合同与质权设立的关系

区分原则下，质押合同为诺成性合同，其是否生效应依据《合同法》的相关规定进行判断，而不能以质权是否设立作为判断质押合同效力的标准。此时，若质押合同不违反《合同法》的效力性强制性规定，则在出质人未交付质物时，债权人有权依据质押合同请求出质人交付质物，若出质人逾期不交付质物，则可依据质押合同的违约责任条款或《合同法》相关规定向出质人主张违约损害赔偿。由此，质物不交付时债权人权利的救济，从质押合同无效时的缔约过失责任转向了质押合同有效时的违约责任，救济强度更大，范围更全面。

案例指导

河南省纵横汽车电器厂与辉县市华信典当有限责任公司典当合同纠纷申请再审案[①]

申请再审人河南纵横汽车电器厂（以下简称纵横汽车厂）因与被申请人辉县市华信典当有限责任公司（以下简称华信典当行）典当合同纠纷一案，不服河南省新乡市中级人民法院（2009）新民二终字第41号民事判决，向河南省高级人民法院申请再审，河南省高级人民法院于2009年10月9日作出（2009）豫法民申字第01115号民事裁定，指令新乡市人民法院再审本案。

2008年1月28日，一审原告华信典当行起诉至辉县市人民法院称，

① 案例来源：河南省新乡市中级人民法院（2010）新中民再字第14号。

1999年1月15日，纵横汽车厂以动产质押形式向其借款35万元，双方约定了还款期限、费率，后纵横汽车厂拒不偿还，请求判令该厂偿还本息费用989397.50元。被告纵横汽车厂辩称，原告的请求没有法律依据，且超过诉讼时效，请求驳回。

原审法院经审理查明：1999年1月15日，华信典当行与纵横汽车厂分别签订了质押典当合同、质押物保管协议和质押物清单各一份，双方约定，典当行向纵横汽车厂发放贷款350000元人民币，贷款期限自1999年1月15日至1999年4月15日止；双方共同封存由纵横汽车厂提供仓库并指定专人保管的质押物。同日，典当行出具了当票，向电器厂发放了贷款350000元人民币，双方约定，月利率为4.56‰，费率为12.54‰。合同到期后，纵横汽车厂支付了典当行双方约定的合同期限内的利息及费用，本金未付。借款到期后，华信典当行分别于2001年8月21日和8月22日书面催收该贷款，并在每年由华信典当行工作人员向纵横汽车厂催收该贷款，纵横汽车厂答应用房产和汽车抵顶贷款但均未实现。辉县市华信典当行于2002年4月变更为辉县市华信典当有限责任公司，从1999年4月16日起至2008年1月23日纵横汽车厂共欠华信典当行本金350000元，利息170506元，费用468891.50元，至今分文未付。

原审法院认为：华信典当行与纵横汽车厂签订的质押典当合同，虽质押物未交付，质押合同未生效，但并不影响合同其他条款的效力。纵横汽车厂取得贷款后应依约到期返还借款并支付利息和费用，但纵横汽车厂仅支付了借款期限内的利息和费用，其应继续履行返还本金和剩余利息及费用共计989397.50元的义务，故对华信典当行要求纵横汽车厂支付本息及费用989397.50元的诉讼请求予以支持。关于纵横汽车厂辩解其与华信典当行签订的是动产质押典当合同，借款到期后，华信典当行应处理当物，直接消灭债权债务关系，华信典当行另行起诉没有法律依据之辩解意见，原审法院认为只要纵横汽车厂没有全部履行返还借款并支付利息和费用的义务，就不能消灭双方的债权债务关系，纵横汽车厂该辩解意见没有事实根据和法律依据，故对纵横汽车厂的该辩解意见不予采纳。关于纵横汽车厂辩解该案已超过法定的诉讼时效，应依法驳回华信典当行诉讼请求的意见，原审法院认为该款到期后，华信典当行的工作人员每年都进行催收，有录音和证人证言佐证，该案诉讼时效中断。华信典当行起诉时并未超过法定的诉讼时效期间，故对纵横汽车厂的该辩解意见不予采纳。依据《合同法》第一百九十六条、第二百零七条、第一百零七条，《担保法》第六十四条第二款，《民法通则》第一百四十条之规定，河南省辉县市人民法院作出（2008）辉经初字第148号民事判决：纵横汽车厂应于判决生效后十日内给付华信典当行本金、利息、费用共计989397.50元。

纵横汽车厂不服原审判决，向新乡市中级人民法院提起上诉称：本案中，当物实际已交付，一审法院认定“质押物未交付，合同未生效”是错误的。综上，请求二审法院查明事实，依法改判。

华信典当行辩称：一审认定当物没有实际交付，质押合同不生效及判令纵横汽车厂支付350000元本金和合同到期后的利息170506元和费息468891.50元是正确的，本案应当驳回上诉，维持原判。

新乡市中级人民法院二审查明的事实与原审法院认定的事实基本一致。

该院二审认为：所谓典当，是指当户将其动产、财产权利作为当物质押或者将其房地产作为当物抵押给典当行，交付一定比例费用，取得当金，并在约定期限内支付当金利息、偿还当金、赎回当物的行为。本案中，纵横汽车厂和华信典当行于1999年1月15日签订了动产质押（典当）合同，该合同属双方真实意思表示，并不违反法律规定，依法成立并生效。双方虽然对质押物进行了约定和清点，但并没有实际交给华信典当行占有，依照《担保法》第六十四条第二款、《担保法解释》第八十七条第一款之规定，质押合同的成立必须以质押物的交付为要件，出质人代质权人占有质物的，质押合同不生效，因此纵横汽车厂和华信典当行签订的动产质押（典当）合同中质押合同不生效。依据《合同法》第五十六条之规定，合同部分无效，不影响其他部分效力的，其他部分仍然有效，本案中，质押合同不生效，但并不影响主借款合同的效力，因此一审法院认定质押合同没有生效但借款合同依然有效并无不当。合同签订后，华信典当行按约定将350000元借款交付给纵横汽车厂，已履行了贷款人的合同义务，纵横汽车厂在合同到期后应当按照合同约定履行支付借款本金、利息和费用的义务，纵横汽车厂仅仅偿还了借款合同约定期间的利息和费用，对350000元借款本金拒不偿还构成违约。华信典当行要求其清偿借款本金及合同到期后的利息的诉讼请求并无不当，纵横汽车厂上诉称华信典当行只能请求执行典当物，因本案中当物没有交付，典当合同没有成立，本案中并不存在符合法律规定要件的当物，故该上诉理由不能成立。因双方签订的动产质押（典当）合同是一种特殊的动产质押借款合同，依照当时规范典当合同的《典当行管理暂行办法》之规定，典当借款的期限最长为3个月，且只能续当一次。综上，原审法院查明事实清楚，但对华信典当行的利息损失的数额认定错误，该院予以纠正；纵横汽车厂的其他上诉理由不能成立，该院予以驳回。依照《民事诉讼法》第一百五十三条第一款第（二）项之规定，二审判决：变更河南省辉县市人民法院（2008）辉经初字第148号民事判决。

纵横汽车厂申请再审称，原审将典当合同直接等同于质押合同并由此给申请人造成极大的损失和不公平；认定“质押物未实际交付，合同未生效”是错误的。请求撤销原判，驳回华信典当行的诉讼请求。

华信典当行辩称，原审判决认定事实清楚，适用法律正确，请求驳回申诉，维持原判。

再审查明的事实与新乡市中级人民法院二审认定的一致。

再审认为，根据国务院相关行政法规的规定，所谓典当，是指当户将其动产、财产权利作为当物质押或者将其房地产作为当物抵押给典当行，交付一定比例费用，取得当金，并在约定期限内支付当金利息、偿还当金、赎回当物的行为。本案中，纵横汽车厂和华信典当行于1999年1月15日签订了动产质押（典当）合同，该合同属双方真实意思表示，并不违反法律、行政法规的强制性规定，依法成立。但是双方对质押物仅仅进行了约定和清点，并没有实际交付给华信典当行占有，依照《担保法》第六十四条第二款、《担保法解释》第八十七条第一款之规定，质押合同的成立必须以质押物的交付为要件，出质人代质权人占有质物的，质押合同不生效，因此纵横汽车厂和华信典当行签订的动产质押（典当）合同中质押合同不生效。合同部分无效的，不影响其他部分的效力。合同中其他的条款对双方当事人仍然具有法律效力。辉县市人民法院对此的认定符合本案的实际，适用法律正确。申请人所称的“原审将典当合同直接等同于质押合同并由此给申请人造成极大的损失和不公平”缺乏事实与法律依据，再审法院依法不予支持。

综上所述，新乡市中级人民法院的二审判决认定事实基本清楚，适用法律正确，判决并无不当，依法应予维持。

案例评析：本案中，主审法院没有意识到《物权法》第二百一十条和第二百一十二条已将《担保法》第六十四条和《担保法解释》第八十七条废止，仍然对这两个条文予以适用，质押合同仍被认定为实践性合同，但主审法院已感到因质物未交付而认定质押合同无效的后续问题难以处理，故在判决主文中载明“动产质押（典当）合同中质押合同不生效。合同部分无效的，不影响其他部分的效力。合同中其他的条款对双方当事人仍然具有法律效力”，以缓和质押合同无效对债权人产生的消极影响。若主审法院纠正错误观念，将质押合同认定为诺成性合同，则本案中的质押合同不因质物交付的问题而受影响，仍然有效，所得出的判决结果将更符合当事人利益，使法律效果与社会效果更加统一。值得注意的是，假设质权合同由实践性合同转变为诺成性合同的规定在二审判决后颁布，再审程序中亦不能够适用后颁布的法律，因为无论是案件的当事人还是二审的法官，都不能够预见新法的颁布对案件的影响，这不仅是维持民事诉讼判决既判力的需要，也是对当事人公平利益的保障。

规范指引

《中华人民共和国物权法》

第十五条 当事人之间订立有关设立、变更、转让和消灭不动产物权的合同，除法律另有规定或者合同另有约定外，自合同成立时生效；未办理物权登记的，不影响合同效力。

第二百一十条 设立质权，当事人应当采取书面形式订立质权合同。

质权合同一般包括下列条款：

（一）被担保债权的种类和数额；

（二）债务人履行债务的期限；

（三）质押财产的名称、数量、质量、状况；

（四）担保的范围；

（五）质押财产交付的时间。

第二百一十二条 质权自出质人交付质押财产时设立。

《中华人民共和国合同法》

第四十四条 依法成立的合同，自成立时生效。

……

《中华人民共和国担保法》

第六十四条 出质人和质权人应当以书面形式订立质押合同。

质押合同自质物移交于质权人占有时生效。

第六十五条 质押合同应当包括以下内容：

（一）被担保的主债权种类、数额；

（二）债务人履行债务的期限；

（三）质物的名称、数量、质量、状况；

（四）质押担保的范围；

（五）质物移交的时间；

（六）当事人认为需要约定的其他事项。

质押合同不完全具备前款规定内容的，可以补正。

《最高人民法院关于适用〈中华人民共和国担保法〉若干问题的解释》

第八十七条 出质人代质权人占有质物的，质押合同不生效；质权人将质物返还于出质人后，以其质权对抗第三人的，人民法院不予支持。

……

专题三：以质物抵债协议的效力

【核心提示】在我国现行法下，以物抵债协议具有现实性和经济合理性，此类协议应认定为诺成性合同，在不违反法律的效力性强制性规定的前提下应认定为有效。

实务争点

在质押关系中，若出质人到期不履行债务，质权人有权就质物进行折价或以拍卖、变卖质物的价款优先受偿。由于质物拍卖、变卖通常由法院或者质权人主导，出质人对拍卖、变卖所得价款未必满意，因此出现了质权人与出质人签订以质物抵偿债务的协议，一则为了尽快完成债权债务的清偿，二则节约了诉讼成本，三则一定程度上避免因质物变卖、拍卖的价格不符合当事人的要求而拖延质权的实现。但是，对以质物抵债协议的效力问题，实务中产生了不同的意见：第一种意见认为，以质物抵债协议由当事人自愿达成，系双方当事人真实意思表示，不违反法律规定，应当予以确认；第二种意见认为，以质物抵债协议违反了《担保法》第六十六条和《物权法》第二百一十一条关于禁止流质契约的规定，应属无效；第三种意见认为，在债权期限届满后签订的以质物抵债的协议有效，在债权期限届满前签订的以质物抵债的协议因违反禁止流质契约条款而无效。对此问题，《担保法解释》第九十五条规定："债务履行期届满质权人未受清偿的，质权人可以继续留置质物，并以质物的全部行使权利。出质人清偿所担保的债权后，质权人应当返还质物。债务履行期届满，出质人请求质权人及时行使权利，而质权人怠于行使权利致使质物价格下跌的，由此造成的损失，质权人应当承担赔偿责任。"

理解适用

对《担保法解释》第九十五条的理解与适用

以质物抵债本质上就是以物抵债，因此要先一般性地把握以物抵债的概念、类型，再具体研究以质物抵债的特殊法律问题。

（一）以质物抵债协议的效力分析

1. 以物抵债的概念及类型

"以物抵债，在法律行为的层面，是指当事人双方达成以他种给付替代原定给付的协议"，[①]"从类型化的角度分析，以物抵债可以分为未届清偿期

---

① 崔建远：《以物抵债的理论与实践》，载《河北法学》2012年第3期。

与已届清偿期的以物抵债协议以及执行中的以物抵债”。[①] 以物抵债的比较典型的形式是代物清偿、让与担保和流质契约，除此之外，以质物抵债协议还可能表现为新债清偿、专为清偿和债之更改等多种形式。所谓新债清偿，又称新债抵旧、间接清偿、旧债新偿或间接给付，是指债务人为清偿旧债务，而与债权人成立负担新债务的合同[②]，新债清偿合同成立旧债务并不因此而消灭，债务人不履行新债务时旧债务亦不消灭，故一般认为此时质权仍然存在，只是中止行使。所谓专为清偿，是指这样的现象：债务人虽然交付了不同于原给付的他种给付，但原债并不因此而当然消灭，仅仅是债权人首先努力以该他种给付实现自己的债权，但未果时，债权人仍有权请求债务人清偿原债权[③]。所谓债的更改，又称为债之更新，是指成立新债务的同时消灭旧债务的契约，更改的结果是成立新债务而使旧债消灭，就旧债务而言，该契约为其消灭之原因[④]。

2. 以担保物抵债的概念及其经济合理性

实践中，在负有担保物权的债权债务关系中，债务人或为债务人提供担保物的担保人与债权人考虑到债务人当时无力清偿或者将来可能无力清偿债务，常与债权人达成以担保物（包括质物、抵押物等）作价抵偿债务人债务的协议，形成了以物抵债中的以担保物抵债的法律关系。

以担保物抵债的产生，存在其独有的经济合理性，举以质物抵债为例：质押关系的法律设计是以质权为核心构建的，但质权的权利行使也背负着一定的义务，这一点在《担保法解释》第九十五条有较为突出的表现，该条第一款前段规定“债务履行期届满质权人未受清偿的，质权人可以继续留置质物，并以质物的全部行使权利”，赋予了质权人留置质物的权利（并非留置权）；该条第二款同时又规定“债务履行期届满，出质人请求质权人及时行使权利，而质权人怠于行使权利致使质物价格下跌的，由此造成的损失，质

① 夏正芳、潘军锋：《以物抵债的性质及法律规制》，载《人民司法》2013 年第 21 期。

② 崔建远：《以物抵债的理论与实践》，载《河北法学》2012 年第 3 期。

③ 崔建远：《以物抵债的理论与实践》，载《河北法学》2012 年第 3 期。

④ 林诚二：《民法债编总论——体系化解说》，中国人民大学出版社 2003 年版，第 539 页。

权人应当承担赔偿责任"，这使得质权人在债务履行期限届满而未获债务人清偿时，一方面被质权的留置效力所保护，另一方面也被积极行使质权的义务所督促。从经济理性的角度出发，此时质权人将会基于债权获得清偿和避免因怠于行使债权而承担赔偿责任两大因素，寻求最快捷的方式实现其质权。但是，非诉讼程序中很多情况下出质人难以认同质权人拍卖、变卖的价格，而诉讼程序中变卖、拍卖通常需要经过时间较长的诉讼，在我国司法实践中还存在执行难的问题，并且要先行承担律师费、诉讼费，因此质权人常常不会首选这些途径实现其质权，此时以质物抵债协议便应运而生，质权人与出质人订立抵偿协议（或其他以物抵债协议），约定以质物抵偿质权人债权，有效绕开了以拍卖、变卖质物的方式实现质权的困扰。

正因如此，可以认为以担保物抵债协议的出现具有现实性和必然性，在立法和司法的价值取向上不宜一味否定它，而应在法理和法律允许的范围内尽可能地予以保护。

3. 以质物抵债协议的类型及其效力

（1）代物清偿合同

所谓代物清偿，是指债权人受领他种给付以代替原定给付，而使债之关系归于消灭的合同[①]。在我国现行法上，代物清偿合同属于无名合同，没有法律专门规定，在传统理论上这类合同属于实践性合同，必须交付标的物后合同方能成立。就以质物抵债协议而言，其性质是否为实践性合同的讨论的现实价值较小，因为若以质物抵债协议为实践性合同，由于债权人本就占有了质物，所以以质物抵债协议一经达成，质物的简易交付便已完成，协议当然地成立并生效。因此，一般情况下实践性合同与诺成性合同在以质物抵债协议上的差别并不明显。

（2）流质契约

在债务履行期限届满前，出质人与质权人在质押合同中约定，债权已届清偿期而未受清偿，质物的所有权就直接转为质权人所有，这种约定学理上称为流质契约。流质契约的订立时间非常重要，必须是在债务履行期限届满

① 史尚宽：《债法总论》，中国政法大学出版社2000年版，第814页。

前，本质上是出质人与质权人对债权届期未受清偿时质权实现方式的预设，但由于在质权关系中出质人常处于劣势地位，质物所有权的直接移转可能使质权人获得价值上的超额清偿，而出质人为了融资在谈判中难以提出反对意见，故法律规定流质契约无效以保护出质人利益。不过，若在债务履行期限届满时或者届满后约定质物所有权直接移转为质权人所有，则不属于流质契约，应认定为有效合同。无论何时订立的在债权已届清偿期而未受清偿时，质物的所有权直接转为质权人所有的合同，都属于以质物抵债的协议。值得注意的是，流质契约具有从属性，必依附于被担保的债权，若无这一特性，亦不为流质契约，当为有效。

（3）让与担保协议

让与担保是指债务人或者第三人为担保债务人的债务，将担保标的物的所有权等权利转移于担保权人，而使担保权人在不超过担保之目的范围内，于债务清偿后，担保标的物应返还于债务人或者第三人，债务不履行时，担保权人得就该标的物优先受偿的非典型担保物权[①]。实务中，让与担保常以回购协议的形式出现，双方约定出质人将质物卖与质权人，质物价格一般低于或者等于债权额，并约定出质人须在一定时间内向质权人买回质物，否则质权人有权任意处置质物。对于让与担保，我国司法界普遍存在三种观点：第一种观点以非典型担保没有法律规定为由，否定其合法性和有效性，并进而否定担保合同的效力；第二种观点以尊重意思自治为核心，不仅承认担保合同的效力，而且承认具有物权内容的非典型担保的完全物权效力；第三种观点认为，当没有法律、法规强制性规定时，应承认非典型担保的合同效力，但根据物权法定原则，并不因此承认其具有物权担保效力，不能产生物权，除法律、法规、司法解释明确承认外，非典型担保仅为债权担保方式，不具有对抗第三人的效力[②]。根据物权法定原则，除非法律特别准许，当事人不能随意创设物权法没有规定的物权类型和内容，因此上述第二种观点违背了物

---

① 谢在全：《民法物权论》，台湾新学林出版股份有限公司 2010 年版，第 393 页。

② 高圣平、张尧：《中国担保物权制度的发展与非典型担保的命运》，载《中国人民大学学报》2010 年第 5 期。

权法定原则，并不足取。不过，物权法定原则在经济社会迅速发展的时代已显现出其僵化的一面，严守物权法定原则将限制新形态的物权发展，因此理论界已经提出缓和物权法定原则的观点且这一观点已成为通说，这一现象称为物权法定原则的软化。当前物权法定原则缓和的主要方式包括承认习惯物权的效力、对物权法的非强行性规范准许以协议的形式变更、通过扩张解释现行法定物权以囊括新物权等。上述第一种观点无视物权法定原则软化背景下对非典型担保物权的宽容性，过于武断，亦不足取。第三种观点既不违背现行法律，又符合实际，殊值赞同，具体到前述质物的回购协议上，即应在不违背强行法的前提下认定该类协议有效。

需要注意的是，以上以质物抵债的类型可能互有交叉，但在不违反法律效力性强制性规定的情形下一般应承认其有效。

（二）实务中应当注意的问题

在以质物抵债领域，虽然诺成性合同与实践性合同的区分意义不大，因为质物都已经交付质权人，而以质物抵债的协议将交付的意思从当初出质人仅移转质物占有的意思转化为移转质物所有权的意思。但在债权人未受领交付担保物的场合下，以担保物抵债协议是诺成性合同还是实践性合同，对双方当事人利益具有重大影响，二者间法律效果差别甚巨。要回答这一问题，首先应解决以担保物抵债协议的上位概念——以物抵债协议的效力问题，“中国实务中的以物抵债，可分为两种情形，一种是当事人双方之间已就以物抵债达成了协议，且已经将该抵债之物现实地交付给了债权人，符合德国、日本、中国台湾地区的民法所说的代物清偿；另一种是只有双方当事人就以物抵债达成了一致意见，却没有现实地交付该物的行为，表现为诺成性。就普遍性、常见性来讲，后者在中国实务中最为常见，代物清偿在中国的实务中倒不占多数”①。我们认为，无论以物抵债协议的标的物是否交付，协议都应成立并生效，理由在于：第一，在我国合同法上以物抵债协议是无名合同，其成立或生效没有法律的专门规定，而合同具有诺成性是我国合同

---

① 崔建远：《以物抵债的理论与实践》，载《河北法学》2012 年第 3 期。

法的原则性立场，若认定某类合同为实践性合同，必须法律有明确的例外规定（如自然人之间的借款合同），故认定以物抵债协议为实践性合同缺乏现行法上的依据。第二，根据《合同法》第二章关于要约和承诺的规定以及第一百七十四条关于法律没有规定的有偿合同应参照买卖合同规则的规定，以物抵债协议依法应认定为诺成性合同。第三，若将以物抵债协议认定为实践性合同，在标的物未交付时，债权人利益得不到有效保护。第四，从现代合同法的发展历程来看，实践性合同呈现出逐渐减少的趋势，这是因为实践性合同不仅理论上受到诸多质疑，实践中也削弱了当事人的意思自治。因此，以质物抵债的协议应认定为诺成性合同，如无相反规定或约定，一经签订即成立生效。

案例指导

石河子市三永建材有限公司与刘某度、李某明买卖合同纠纷案[①]

一审法院石河子市人民法院审理查明：龙某明系原告石河子市三永建材有限公司（以下简称三永公司）的业务员。2012年8月8日，原审被告刘某度向原告出具欠条一份，内容为“今欠龙某明砼款96000元，在8月20日前付50%，在9月15日前付清砼款，如不能按期付款，则每超一天承担违约金500元”。欠条下方由欠款人刘某度、担保人李某明（原审被告）签名。2012年12月20日，龙某明向被告出具了由其签名的收条一份，内容为“今收到刘某度挂车一辆规格13米长，2.5米宽，1.6米高，中型侧翻半挂车，保轮胎、桥，本车单价107000元，作为抵押物品”。原告认为该半挂车仅是抵押物品，因该车没有手续不能卖，不能折抵货款96000元，但被告刘某度认为该半挂车价值107000元已经冲抵了货款96000元。

原告三永公司于2013年9月29日向原审法院提起诉讼称：2012年6月，原告应被告的要求向其销售商品混凝土。2012年8月8日，经核算被告刘某度给原告出具了欠砼款96000元的欠条一份。被告李某明为该欠款提供担保。

---

① 案例来源：新疆生产建设兵团第八师中级人民法院（2014）兵八民二终字第163号。

此款经原告多次索要未果。故原告诉至法院，要求被告支付货款 96000 元，赔偿违约金 96000 元，并承担案件受理费及送达费。

被告刘某度辩称：被告刘某度拉原告的混凝土欠 96000 元属实，但因汇鑫挂车厂没钱给其支付，造成其拖延付款。2012 年年底，原告从金河沟拉走了一辆挂车，被告刘某度与原告公司的董事长、龙某明商量挂车价值为 107000 元，折抵货款 96000 元，剩余的 10000 多元原告让被告刘某度拉混凝土进行折抵，但被告刘某度没有拉。该挂车目前在原告处。故被告刘某度不同意给付原告货款 96000 元，同时被告李某明也不承担责任。

被告李某明辩称：被告刘某度在汇鑫挂车厂干地坪的活儿，被告刘某度认识龙某明，就给他们牵线，被告李某明不清楚他们的具体情况，也不同意承担责任。

原审法院审理认为：原告三永公司为被告刘某度提供混凝土，双方形成了事实上的买卖合同关系，系双方当事人自愿、真实意思表示，不违反法律、行政法规的强制性规定，合法有效。原、被告均应依约履行相应的义务。原告已履行供货义务，被告应当及时支付价款。原告与被告刘某度约定 2012 年 9 月 15 日债务履行期届满。被告未依约支付价款的行为构成违约，应依法承担相应的违约责任。2012 年 8 月 8 日，被告李某明作为保证人在欠条上签名，但原、被告并没有对保证方式进行约定，应视为被告李某明承担连带责任保证。2012 年 12 月 20 日，被告刘某度向原告提供半挂车作为质押物，提供物的担保，龙某明系原告公司的业务员，其出具收到质物收条的行为，系履行职务行为，应由原告承担相应的民事责任。原告与被告刘某度商定质押物价值为 107000 元。同时，根据《担保法》第七十一条的规定，“债务履行期届满质权人未受清偿的，可以与出质人协议以质物折价，也可以依法拍卖、变卖质物。质物折价或者拍卖、变卖后，其价款超过债权数额的部分归出质人所有，不足部分由债务人清偿”。结合本案查明的事实，原告与被告刘某度均认可半挂车作为质物，应以该质物的价值折抵被告刘某度尚欠的货款。原告要求被告刘某度给付货款 96000 元，事实清楚，证据充分，该院予以支持。原告要求被告赔偿违约金 96000 元，结合原告的履约情形及被告的违约程度，该院酌定为 13000 元为宜。根据《担保法》第二十八条第一款之规定，“同一债权既有保证又有物的担保的，保证人对物的担保以外的债权承担保证责任”。本案中，原告与被告刘某度商定的半挂车价值为107000元，质物折价后价款不足部分应由债务人清偿。保证责任的范围包括违约金，故被告李某明应对质物半挂车折价后不足部分2000元承担连带保证责任。依照《合同法》第六十条、第一百零七条，《担保法》第二十一条、第二十八条、第七十一条之规定，判决：一、被告刘某度给付原告三永公司货款96000元；二、被告刘某度赔偿原告三永公司违约金13000元；三、被告刘某度以其质物半挂车折价107000元折抵应给付原告三永公司的上述部分款项；四、被告李某明对质物折价后不足部分2000元承担连带责任。

三永公司不服原审法院上述民事判决，向新疆生产建设兵团第八师中级人民法院提起上诉称：（1）原审判决认定事实错误。原审判决认定上诉人与被上诉人之间存在质押关系并表述“原告与被告商定质押物价值107000元”，不符合案件事实。上诉人收取被上诉人的半挂车向其出具收条的目的是督促被上诉人及时偿还欠款。从收条的内容来看，不能认定双方建立质押关系。在形式上，质押关系应当有双方当事人对质押事项和相关债务及质押物的处置等条款的明确约定，上诉人工作人员单方签字的收条不能作为质押关系成立的依据，且收条中没有以质押物抵偿债务进行处置的明确约定，收条中“作为抵押物品”的意思是在确认被上诉人的债务后，在变现阶段由双方或执行局对该抵押物进行评估作价。质押物价值107000元仅是被上诉人书写好的内容，没有任何证据证实其价值107000元，被上诉人亦未提供该半挂车的合法来源及价值依据，更没有双方对其价值的协商记载和确定的依据。（2）原审判决适用法律错误。原审判决依据《担保法》第七十一条的规定作出判决的前提应当是质押关系成立且明确，上诉人收取半挂车的目的是抵押，是为了督促被上诉人偿还债务。设立质权，当事人应当采取书面形式订立质权合同，原审判决依据收条确认质押关系不符合法律规定。（3）被上诉人提供的半挂车没有任何手续，其生产厂家、出厂日期、生产许可及产品合格证书、新旧程度等相关情况均不明确，上诉人无法将其变现或办理车辆手续进行使用，将其作为质押物抵偿上诉人债权的行为损害了上诉人的合法权益。综上，请求撤销原审判决第三项、第四项，改判被上诉人李某明对原审判决第一项、第二项判决承担连带责任，并由被上诉人承担案件受理费。

被上诉人刘某度未作书面陈述，在庭审中口头辩称：被上诉人刘某度对拖欠上诉人 96000 元的混凝土货款无异议。因汇鑫挂车厂业主周某银拖欠被上诉人刘某度工程款，周某银用其半挂车抵偿拖欠被上诉人刘某度的工程款。之后，被上诉人刘某度与上诉人工作人员龙某明协商半挂车的价值为 107000 元，用半挂车折抵上诉人拖欠的混凝土货款 96000 元，余款 11000 元用混凝土来折抵。原审判决认定事实清楚，适用法律正确，请求驳回上诉，维持原判。

被上诉人李某明未作书面陈述，在庭审中口头辩称：上诉人工作人员龙某明与被上诉人刘某度协商以车抵款时，证人芦某在场。如上诉人认为不能折抵，应该及时提出，上诉人拉走半挂车已近两年，该半挂车应折抵货款。原审判决正确，请求驳回上诉，维持原判。

新疆市生产建设兵团第八师中级人民法院二审查明的事实与原审法院查明的事实一致，双方当事人亦无异议。

该院认为：根据上诉人的上诉理由和被上诉人的答辩意见，本案的争议焦点为：（1）上诉人三永公司与被上诉人刘某度是否形成质押合同关系；（2）被上诉人刘某度是否能以半挂车 107000 元折抵拖欠上诉人的货款及违约金。

关于焦点一，抵押是指债务人或者第三人不转移对财产的占有，将该财产作为债权的担保。动产质押是指债务人或者第三人将其动产移交债权人占有，将该动产作为债权的担保。上诉人三永公司与被上诉人刘某度虽然在 2012 年 12 月 20 日收条中记载半挂车作为抵押物品，但实际履行中被上诉人刘某度将半挂车交付给了上诉人。从该收条的内容及实际履行情况可见，上诉人与被上诉人形成质押合同关系。上诉人称其与被上诉人未形成质押合同关系的上诉理由与事实不符，该院不予采信。

关于焦点二，《担保法》第七十一条第二款、第三款规定："债务履行期届满质权人未受清偿的，可以与出质人协议以质物折价，也可以依法拍卖、变卖质物。质物折价或者拍卖、变卖后，其价款超过债权数额的部分归出质人所有，不足部分由债务人清偿。"《担保法》第二十八条第一款规定："同一债权既有保证又有物的担保的，保证人对物的担保以外的债权承担保证责任。”被上诉人刘某度提供给上诉人三永公司的半挂车为质物，上诉人在2012年12月20日的收条中也认可半挂车的价值为107000元，故应以该质物的价值107000元折抵被上诉人刘某度欠上诉人的货款及违约金。上诉人称不应以半挂车冲抵货款及违约金的上诉理由不能成立，法院不予支持。

综上，原审判决认定事实清楚，适用法律正确，依照《民事诉讼法》第一百七十条第一款第（一）项之规定，判决如下：驳回上诉，维持原判。

规范指引

《中华人民共和国合同法》

第二十五条　承诺生效时合同成立。

第一百七十四条　法律对其他有偿合同有规定的，依照其规定；没有规定的，参照买卖合同的有关规定。

《中华人民共和国物权法》

第二百一十一条　质权人在债务履行期届满前，不得与出质人约定债务人不履行到期债务时质押财产归债权人所有。

《中华人民共和国担保法》

第六十六条　出质人和质权人在合同中不得约定在债务履行期届满质权人未受清偿时，质物的所有权转移为质权人所有。

第六十九条　质权人负有妥善保管质物的义务。因保管不善致使质物灭失或者毁损的，质权人应当承担民事责任。

质权人不能妥善保管质物可能致使其灭失或者毁损的，出质人可以要求质权人将质物提存，或者要求提前清偿债权而返还质物。

《最高人民法院关于适用〈中华人民共和国担保法〉若干问题的解释》

第九十五条　债务履行期届满质权人未受清偿的，质权人可以继续留置质物，并以质物的全部行使权利。出质人清偿所担保的债权后，质权人应当返还质物。

……

专题四：未背书“质押”字样的票据质押效力

【核心提示】票据（此处指汇票、支票、本票）质押应当背书记载“质押”字样，但是没有背书记载的并不必然无效；如果质押的票据已经交付质权人，且签订了书面质押协议，则质权人取得质押权；但是这一质押权不能对抗善意第三人。因此，票据上未背书记载“质押”字样，而是另行签订书面质押协议且汇票已经交付给质押权人的，票据质押权人可以要求付款义务人兑付票据。

实务争点

基于各种原因，在票据融资交易过程中，即便质押人与质权人意欲以票据为主合同关系设定质押担保，但票据未背书“质押”字样的情况也时有发生。对于此类票据质押的效力，存在不同的理解：肯定意见认为，虽然《票据法》第三十五条第二款规定“汇票可以设定质押；质押时应当以背书记载‘质押’字样。被背书人依法实现其质权时，可以行使汇票权利”，但没有规定不背书“质押”字样时票据质押无效，再结合《担保法》第七十六条和《担保法解释》第九十八条的规定，只要票据已经交付给质权人，质权即成立，只是质权人不得以该票据的出质对抗善意第三人；否定意见认为，在认定票据质押关系是否成立的问题上，《票据法》相对于《担保法》来说属于特别法，按特别法优于普通法的法律适用原则，在认定汇票质押成立要件上，应优先适用《票据法》及有关司法解释，而依据《票据法》第三十五条第二款、《支付结算办法》第二十九条、《最高人民法院关于审理票据纠纷案件若干问题的规定》（以下简称《票据法解释》）第五十五条，票据质押是一种要式行为，以票据质押时必须在票据上为质押背书，否则不构成票据质押。对此问题，《担保法解释》第九十八条规定：“以汇票、支票、本票出质，出质人与质权人没有背书记载‘质押’字样，以票据出质对抗善意第三人的，人民法院不予支持。”

理解适用

对《担保法解释》第九十八条的体系性理解与适用

要研究未背书“质押”字样的票据质押效力，首先要明确背书“质押”在票据法、担保法上具有何种功能和效力，再进行实务操作。

（一）票据质押中背书“质押”字样的法律效力

《票据法》第二条第二款规定：“本法所称票据，是指汇票、本票和支票。”汇票是出票人签发的，委托付款人在见票时或者在指定日期无条件支付确定的金额给收款人或者持票人的票据。本票是出票人签发的，承诺自己在见票时无条件支付确定的金额给收款人或者持票人的票据。支票是出票人签发的，委托办理支票存款业务的银行或者其他金融机构在见票时无条件支付确定的金额给收款人或者持票人的票据[①]。《票据法》第三十五条第二款规定，“汇票可以设定质押；质押时应当以背书记载‘质押’字样。被背书人依法实现其质权时，可以行使汇票权利”，有人据此反向解释，认为汇票设定质押时，未以背书载明“质押”字样，票据质押无效。事实上，未背书“质押”字样的票据质押仍然有效，理由在于：

第一，票据质权设立的要件不包括背书“质押”字样。《担保法》第六十三条第一款前段规定，“本法所称动产质押，是指债务人或者第三人将其动产移交债权人占有，将该动产作为债权的担保”，《物权法》第二百零八条第一款亦有极为相近的表述，由此可知，一般而言，现行法上质权设立的要件包括设立质权的行为和移转质物的占有两项，票据上背书“质押”既不属于设立质权的行为，也不属于移转质物的占有，故依法不能影响质权的成立。

第二，以《票据法》第三十五条是《担保法》和《物权法》相关规定的

---

① 李国光等：《最高人民法院关于适用〈中华人民共和国担保法〉若干问题的解释理解与适用》，吉林人民出版社 2004 年版，第 348 页。

特别法为由主张其具有适用上的优先性的观点难以成立。虽然《担保法》与《票据法》都由全国人民代表大会常务委员会通过，且《票据法》颁布在后，似乎《票据法》应优先适用于《担保法》，但并非这两部法律之间所有存在冲突的条文《票据法》都要优先适用。因为，《物权法》中存在对《担保法》部分条文进行纠正或强调的条文，这部分条文的效力位阶便相较于之前获得了提升，典型的例子即《物权法》第二百零八条与《担保法》第六十三条关于动产质押的定义，《物权法》作为民事基本法，由全国人民代表大会制定，其效力位阶应高于《担保法》和《票据法》。《立法法》第九十二条规定，"同一机关制定的法律、行政法规、地方性法规、自治条例和单行条例、规章，特别规定与一般规定不一致的，适用特别规定；新的规定与旧的规定不一致的，适用新的规定"，故《票据法》第三十四条不能优先于《物权法》第二百零八条适用。因此，根据现行法律的体系解释，是否背书"质押"字样，不能成为质权设立的要件。

第三，《担保法解释》第九十八条的规定相较于《票据法》第三十五条、《票据法解释》具有更强的合法性和合理性。最高人民法院民二庭庭务会议对《担保法解释》与《票据法解释》关于票据质押规定的不同生效条件这一问题研究后也认为，两个司法解释存在矛盾，认定质押背书是票据质权的生效要件无法律根据，主要理由是：其一，《担保法》未规定质押背书是票据质权的取得要件，《票据法》也未规定没有质押背书时票据质押无效；其二，《票据法》并未规定质押背书是票据质权的取得要件，而且依据《票据法》第三十一条的规定，即"非经背书转让，而以其他合法方式取得汇票的，依法举证，证明其汇票权利"，可认定背书也不是取得票据权利的绝对形式要件；其三，"书面质押合同与质押背书在票据质权的取得上有相同的证据效力"，即在当事人另行签有书面质押合同的情况下，该质押合同是票据持有人证明其享有票据质权的合法证据，持票人得依据《票据法》第三十一条的规定主张票据权利[①]。

---

① 刘保玉主编：《担保法原理精要与实务指南》，人民法院出版社2008年版，第565~566页。

（二）实务中应当注意的问题

1. 票据质押时应重视背书“质押”字样的法律效力

质押背书虽然不是票据质押的生效要件，但并非没有任何法律效力，《担保法解释》第九十八条规定，“以汇票、支票、本票出质，出质人与质权人没有背书记载‘质押’字样，以票据出质对抗善意第三人的，人民法院不予支持”，因此，票据质押背书具有对抗效力，即票据质押背书后，票据义务人不得以不合理的理由拒绝付款；当票据权利被第三人持有时，第三人不得向票据义务人主张履行付款义务。反之，若没有质押背书，则质权人行使时，票据的付款人可以拒绝付款，如票据被第三人善意取得并持有，善意第三人将取得票据权利，质权人无法以享有票据质押权为由对抗善意第三人，其质权也因善意取得被消灭。因此，质押背书在票据质押活动中是降低风险、提高交易效率的重要保障。

2. 无“质押”字样背书的银行汇票质押在何种情况下方可认定为质押成立

若当事人之间虽有票据质押的合意，但出质人没有在票据上背书“质押”字样，那应如何认定票据质押权的存在？对此，现行法律没有专门规定，但根据《票据法》第三十一条第一款“以背书转让的汇票，背书应当连续。持票人以背书的连续，证明其汇票权利；非经背书转让，而以其他合法方式取得汇票的，依法举证，证明其汇票权利”的规定，背书并非取得汇票权利的唯一途径，通过“其他合法方式”取得汇票权利的，若能够举证证明该合法方式的存在，则其质权能够获得法院支持。典型的合法方式即签订票据质押合同，若有其他方式能够证明质押合同关系的存在亦可。

案例指导

滕州市城郊信用社诉中国建设银行枣庄市薛城区支行票据纠纷案[①]

原告滕州市城郊信用社（以下简称城郊信用社）因与被告中国建设银行

① 案例来源：《最高人民法院公报》2004 年第 11 期（总第 97 期）。

枣庄市薛城区支行（以下简称薛城区建行）发生票据纠纷，向山东省枣庄市中级人民法院提起诉讼。

原告诉称：滕州市金利来洗煤厂（以下简称洗煤厂）以被告所属陶庄办事处签发的金额为75万元的银行汇票为质押凭证，向原告借款75万元。借款到期后，洗煤厂没有偿还借款，原告将洗煤厂质押的银行汇票存入滕州市人民银行进行票据交换时，被告拒不履行付款义务，致使原告的75万元贷款至今不能收回。请求判令被告支付票款75万元，并支付相应利息。

被告辩称：原告据以主张权利的银行汇票，是在洗煤厂没有交付款项的情况下，由被告原陶庄办事处副主任渠某栋非法出具的。根据渠某栋非法出具的票证，持票人应为洗煤厂，而不是原告，原告不享有票据权利，无权请求我行支付票款。

山东省枣庄市中级人民法院经审理查明：

1997年5月，洗煤厂的业务员张某乾请求被告薛城区建行所属陶庄办事处副主任渠某栋为其提供贷款担保，并许诺给予好处费。5月28日，渠某栋利用担任陶庄办事处副主任之便，在没有收到任何款项的情况下，签发了编号为VIV×××××××5的银行汇票（以下简称5号汇票），次日收到洗煤厂的法定代表人刘某廷和业务员张某乾出具的借条一张，内容为：借薛城区建行陶庄办事处汇票一张75万元，借款人刘某廷、张某乾，并加盖洗煤厂财务专章。该银行汇票记载的出票单位为陶庄办事处，收款人为洗煤厂，金额为75万元。同日，洗煤厂与原告城郊信用社签订一份质押借款合同，约定：洗煤厂向城郊信用社借款75万元，期限1个月，质物为“汇票”。合同签订后，洗煤厂向城郊信用社交付5号汇票和一份《权利质物质押声明书》，其上加盖了汇票签发行陶庄办事处和汇票收款人洗煤厂的印章，载明的主要内容为洗煤厂以其所有的5号汇票作为向城郊信用社借款的权利质押凭证，城郊信用社据此向洗煤厂发放贷款75万元。同年6月26日，借款期限即将届满时，渠某栋担心如果洗煤厂不能按期归还，城郊信用社一旦行使质权，将暴露其非法出具银行汇票的事实，于是在没有收到任何款项的情况下，又签发了编号为VIV×××××××8的银行汇票（以下简称8号汇票）。洗煤厂持8号汇票向城郊信用社换回了5号汇票，同时交付城郊信用社一份注明权利质押凭证为8号汇票的《权利质物质押声明书》。8号汇票记载的出票单位亦为陶庄办事处，收款人为洗煤厂，金额为75万元，出票日期为1997年6月26日。该汇票的背书人栏内加盖了洗煤厂的财务专章及法定代表人刘某廷的印章，但被背书人栏内空白。该汇票的“持票人向银行提示付款签章”处加盖了“滕州市金利来洗煤厂财务专章”和法定代表人“刘某廷”印章，并书写有“委托城郊信用社收款”。洗煤厂在借款到期后未能偿还借款，城郊信用社于1997年7月17日将8号汇票提交滕州市人民银行，通过票据交换系统向薛城区建行收取75万元票款。薛城区建行见票后，通知陶庄办事处办理解付，原陶庄办事处副主任渠某栋收到汇票后，携票潜逃，薛城区建行遂向检察机关报案，并拒绝向城郊信用社支付票款。渠某栋潜逃三天后，将该汇票寄回薛城区建行，薛城区建行将该汇票退回城郊信用社，但仍拒付票款。在本案的审理过程中，薛城区建行向城郊信用社出具退票理由书，明确退票理由：一是洗煤厂以恶意取得票据，二是该票据实际结算金额没有套写。

又查明：渠某栋非法出具金融票证一案，已经枣庄市薛城区人民法院判决。

以上事实，有银行5号汇票和8号汇票、借款合同、《权利质物质押声明书》、退票理由书、薛城区人民法院（2001）薛刑初字第63号刑事判决书和双方当事人陈述等证据予以证实。证据经质证、认证，可以作为认定本案事实的根据。

山东省枣庄市中级人民法院认为：

《担保法》第七十六条规定：“以汇票、支票、本票、债券、存款单、仓单、提单出质的，应当在合同约定的期限内将权利凭证交付质权人。质押合同自权利凭证交付之日起生效。”本案中，原告城郊信用社据以主张权利的8号汇票，是被告薛城区建行所属陶庄办事处签发的，该银行汇票记载事项齐全，记载内容清楚、明确，是有效的银行汇票。洗煤厂作为银行汇票的持票人，与城郊信用社签订的以5号汇票为权利质押凭证的质押借款合同，是双方当事人的真实意思表示。该合同内容明确、合法，汇票已交付，该质押借款合同属有效合同。借款期限即将届满，洗煤厂以8号汇票换回5号汇票时，交付城郊信用社一份注明权利质押凭证为8号汇票的声明书，故洗煤厂以8号汇票继续用作权利质押凭证的意思表示真实，以8号汇票成立的权利质押仍为有效质押。

《支付结算办法》第三十七条第一款规定："通过委托收款银行或者通过票据交换系统向付款人或代理付款人提示付款的，视同持票人提示付款；其提示付款日期以持票人向开户银行提交票据日为准。"第二款规定："付款人或代理付款人应于见票当日足额付款。"本案中，城郊信用社作为持票人洗煤厂的开户行，在洗煤厂委托其收取8号汇票票款的情况下，有向出票行薛城区建行收取票款的权利。又因城郊信用社与洗煤厂之间就8号汇票的质押关系有效成立，城郊信用社对洗煤厂提示付款的汇票的票款享有质权，即所收8号汇票的票款应优先偿还洗煤厂的欠款，故城郊信用社有权向薛城区建行主张支付票款。薛城区建行作为汇票的出票行，是汇票的付款人，有见票无条件付款的义务。城郊信用社诉讼请求合法，法院予以支持，薛城区建行答辩理由不能成立，不予采纳。

据此，山东省枣庄市中级人民法院于2002年4月2日判决：被告于本判决生效后10日内向原告支付票款75万元及相应利息（利息按中国人民银行规定的同期贷款利率从1997年7月17日计算至本判决生效之日）。

宣判后，薛城区建行不服，向山东省高级人民法院提出上诉。理由是：（1）8号汇票背面的"持票人向银行提示付款签章处"已加盖了洗煤厂财务章及法定代表人印章并记载了"委托城郊信用社收款"字样，因此，8号汇票已由持票人洗煤厂作委托收款使用，在客观上已不能再用来进行质押。（2）依据《票据法》第三十五条第二款、《支付结算办法》第二十九条、《票据法解释》第五十五条的规定，票据质押是一种要式行为，以票据质押时必须在票据上为质押背书，否则不构成票据质押。在认定票据质押关系是否成立的问题上，《票据法》相对于《担保法》来说属于特别法，按特别法优于普通法的法律适用原则，本案在认定汇票质押成立要件上，应优先适用《票据法》及有关司法解释，原审判决依据担保法认定城郊信用社享有票据质权是错误的。（3）原审判决认定"所收8号汇票的票款应优先偿还洗煤厂欠款"，原审判决既然承认洗煤厂是票据权利人，城郊信用社只是对票款有优先权，则只能由洗煤厂行使票据权利取得票款后再行使优先权，上诉人拒付票款也只能由洗煤厂来主张支付票款，原审判决认定城郊信用社对洗煤厂票款的优先权转化为对上诉人的支付票款请求权缺乏依据。综上，洗煤厂与城郊信用社在8号汇票上没有形成有效的质押关系。城郊信用社不是8号汇票的票据权利人，其对8号汇票不享有票据权利，无权请求上诉人支付票款。一审判决驳回上诉人的诉讼请求是错误的，应当改判。

被上诉人城郊信用社答辩称：（1）票据法虽规定汇票质押应背书并记载“质押”字样，但并未否定以其他方式质押汇票的效力。原审判决认定票据质押有效是正确的。（2）上诉人所属陶庄办事处两次向洗煤厂签发银行汇票，并两次签章认定《权利质物质押声明书》。因此，上诉人对以8号汇票作为权利质押凭证既是明知的，又是积极认可的，其既证实了8号汇票的真实有效性，又认可以该汇票作为洗煤厂贷款时向我方设定的质押担保，是对质权人实现质权的承诺。当洗煤厂不履行债务时，我方有权为实现质权而行使票据权利。洗煤厂是8号汇票的收款人，对上诉人享有绝对的汇票结算权利。上诉人负有见票即付的支付结算义务，不得以其与洗煤厂之间的抗辩事由抗辩我方的票据权利。一审判决正确，应当维持。

山东省高级人民法院经审理，除确认一审认定的事实属实外，还查明：薛城区建行所属陶庄办事处与洗煤厂均在1997年6月26日的《权利质物质押声明书》上盖章，该声明书载明：“本人（出质人）对下列有价证券滕州金利来洗煤厂汇票金额柒拾伍万元VIV×××××××8有所有权，现已向城郊信用社（贷款社名称）办理质押担保贷款。借款人滕州金利来洗煤厂，贷款金额柒拾伍万元整，期限从1997年6月26日至1997年7月25日。自即日起，对上述有价单证请停止挂失。贷款偿清后，请凭贷款社背书办理支付。如贷款到期借款人不能清偿，贷款社可凭抵押协议、催收贷款通知书及本声明支付本息（或办理转让手续）。请予认定。”

山东省高级人民法院认为，双方当事人争议的焦点问题为：城郊信用社与洗煤厂之间是否就8号汇票形成有效的质押关系，薛城区建行应否向城郊信用社支付票款。

洗煤厂既在 8 号银行汇票的背面作了委托收款背书，又在该汇票上设定了质押，因其是票据权利人，在票据上进行了委托收款背书之后，委托收款行为完成之前，其有权取消委托而再对汇票进行质押处分。因此，上诉人关于票据作了委托收款背书之后不能再为质押的上诉理由不能成立。

关于城郊信用社与洗煤厂之间是否形成有效的质押关系，既应适用《票据法》《担保法》，也应适用《担保法解释》和《票据法解释》。《票据法》第三十五条第二款规定，汇票质押时应当以背书记载“质押”字样，但并未规定如果未记载“质押”字样的，质押不生效或无效。《担保法》第七十六条规定：“以汇票、支票、本票、债券、存款单、仓单、提单出质的，应当在合同约定的期限内将权利凭证交付质权人。质押合同自权利凭证交付之日起生效。”因此，背书质押不是设定票据质权的唯一方式，订立质押合同、交付票据也可以设定票据质权。《票据法》第三十一条第一款规定：“以背书转让的汇票，背书应当连续。持票人以背书的连续，证明其汇票权利；非经背书转让，而以其他合法方式取得汇票的，依法举证，证明其汇票权利。”以票据出质的，质押背书是表明票据持有人享有票据质权的直接证据，如果无质押背书，书面的质押合同就是票据持有人证明其享有票据质权的合法证据。在票据持有人持有票据，并有书面质押合同的情况下，应当认定持有人享有票据质权。《担保法解释》第九十八条规定：“以汇票、支票、本票出质，出质人与质权人没有背书记载‘质押’字样，以票据出质对抗善意第三人的，人民法院不予支持。”由此，背书“质押”字样不是票据质权的取得要件，仅是票据质权的对抗要件。虽然《票据法解释》第五十五条规定，“依照票据法第三十五条第二款的规定，以汇票设定质押时……或者出质人未在汇票、粘单上记载‘质押’字样而另行签订质押合同、质押条款的，不构成票据质押”，但因该规定的颁布时间早于《担保法解释》，故对本案应适用《担保法解释》中的规定。综上，本案城郊信用社与洗煤厂间订有质押合同、洗煤厂将银行汇票交付城郊信用社占有，双方在 8 号银行汇票上成立了有效的票据质押关系，城郊信用社取得票据质权。

洗煤厂未支付对价而取得银行汇票，作为出票人的薛城区建行可以对洗煤厂进行抗辩，城郊信用社以签订质押合同、交付权利凭证的方式取得的票据质权，本应继受出质人洗煤厂的票据权利瑕疵。薛城区建行本可以向城郊信用社行使抗辩权，但因陶庄办事处在载有“如贷款到期借款人不能清偿，贷款社可凭抵押协议，催收贷款通知书及本声明书支取本息”内容的《权利质物质押声明书》上签章，该行为表明其已以明示的方式放弃抗辩权，是对城郊信用社质权实现的承诺，所以薛城区建行在城郊信用社向其行使质权时，应按照其承诺向城郊信用社支付票款本息。薛城区建行关于城郊信用社无权请求其支付票款的上诉理由不能成立。

综上，薛城区建行的上诉理由不能成立，不予支持。一审判决正确，应予维持。据此，山东省高级人民法院依照《民事诉讼法》第一百五十三条第一款第（一）项的规定，于2002年6月18日判决：驳回上诉，维持原判。

规范指引

《中华人民共和国票据法》

第三十一条 以背书转让的汇票，背书应当连续。持票人以背书的连续，证明其汇票权利；非经背书转让，而以其他合法方式取得汇票的，依法举证，证明其汇票权利。

……

第三十五条 背书记载“委托收款”字样的，被背书人有权代背书人行使被委托的汇票权利。但是，被背书人不得再以背书转让汇票权利。

汇票可以设定质押；质押时应当以背书记载“质押”字样。被背书人依法实现其质权时，可以行使汇票权利。

《中华人民共和国担保法》

第六十七条 质押担保的范围包括主债权及利息、违约金、损害赔偿金、质物保管费用和实现质权的费用。质押合同另有约定的，按照约定。

第七十五条 下列权利可以质押：

（一）汇票、支票、本票、债券、存款单、仓单、提单；

（二）依法可以转让的股份、股票；

（三）依法可以转让的商标专用权，专利权、著作权中的财产权；

（四）依法可以质押的其他权利。

第七十六条 以汇票、支票、本票、债券、存款单、仓单、提单出质的，应当在合同约定的期限内将权利凭证交付质权人。质押合同自权利凭证交付之日起生效。

《最高人民法院关于适用〈中华人民共和国担保法〉若干问题的解释》

第九十八条 以汇票、支票、本票出质，出质人与质权人没有背书记载“质押”字样，以票据出质对抗善意第三人的，人民法院不予支持。

《最高人民法院关于审理票据纠纷案件若干问题的规定》

第五十五条 依照票据法第三十五条第二款的规定，以汇票设定质押时，出质人在汇票上只记载了“质押”字样未在票据上签章的，或者出质人未在汇票、粘单上记载“质押”字样而另行签订质押合同、质押条款的，不构成票据质押。

《支付结算办法》

第二十九条 票据背书转让时，由背书人在票据背面签章、记载被背书人名称和背书日期。背书未记载日期的，视为在票据到期日前背书。

持票人委托银行收款或以票据质押的，除按上款规定记载背书外，还应在背书人栏记载“委托收款”或“质押”字样。

专题五：特许经营权质押的效力及其实现

【核心提示】特许经营权质押中，若除出质人以外，其他民事主体在法律上和事实上不能获得该特许经营权，则该特许经营权不具有可转让性，但一定情形下可被认定为特许经营权所涉及的收益权质押。因此，在特定条件下特许经营权质押并非当然无效，其虽不能通过特许经营权本身的拍卖、变卖、折价实现，但可将所涉收益归入质权人优先受偿的范围。

实务争点

无论动产质押还是权利质押，能否成立质权的关键都包括质押标的是否具有可转让性，但对有些物或权利是否具有可转让性的问题上，当事人在民事活动中并不能够正确判断，尤其是在权利质押领域，其典型表现之一是特许经营权质押相关案件。通常情况下，特许经营权不具有可转让性，但是否仅依其不具有可转让性就一概否定质权人的质权，存在两种不同的理解：第一种观点认为，根据《担保法》第七十五条的规定和《物权法》第二百零九条、第二百二十三条的规定之精神，质权标的必须具有可转让性，这是法律的强制性规定，特许经营权质押违反相关规定，因此当事人意欲设定的质权不能成立，质权人自然也不能通过拍卖、变卖等方式实现其优先受偿权；第二种观点认为，仅依据不具有可转让性就直接否定特许经营权质押中质权人的权利未免太过不公，此外，特许经营权的价值构成应分为特许经营资格和特许经营产生的收益两部分，特许经营资格确实不具可转让性，但特许经营产生的收益并非不能转让，故在一定条件下将特许经营权质押认定为特许经营权产生的收益权质押，允许质权人优先受偿，既符合公平正义的理念亦符合法律的规定，可谓两全。对此问题，《担保法解释》第九十七条规定：“以公路桥梁、公路隧道或者公路渡口等不动产收益权出质的，按照担保法第七十五条第（四）项的规定处理。”

理解适用

对《担保法解释》第九十七条的理解与适用

特许经营权质押问题之所以成为实务难点，是因为特许经营权本身具有特殊性，把握好特许经营权本身的内容，是分析特许经营权质押问题的关键。

（一）特许经营权质押的效力分析

特许经营权可分为政府对私人授权的特许经营权和私人就其拥有的排他性权利对其他私人授权的特许经营权，前者如市政公用事业特许经营权，后者如商业特许经营权。由于后者在多数情况下可以自由转让，其质押的效力与一般质押的效力并无二致，故此处仅讨论前一类特许经营权质押的效力问题。

《市政公用事业特许经营管理办法》第二条规定，“本办法所称市政公用事业特许经营，是指政府按照有关法律、法规规定，通过市场竞争机制选择市政公用事业投资者或者经营者，明确其在一定期限和范围内经营某项市政公用事业产品或者提供某项服务的制度。城市供水、供气、供热、公共交通、污水处理、垃圾处理等行业，依法实施特许经营的，适用本办法”，该法第十八条又规定，“获得特许经营权的企业在特许经营期间有下列行为之一的，主管部门应当依法终止特许经营协议，取消其特许经营权，并可以实施临时接管：（一）擅自转让、出租特许经营权的；（二）擅自将所经营的财产进行处置或者抵押的……”可见，虽然这类特许经营权没有明确被禁止抵押，但由于不能擅自转让，其质押效力的认定因特许经营权交换价值无法实现而受到影响。然而，特许经营权质押的效力不宜被简单而武断地否定，理由在于：第一，特许经营权在实践中广泛存在，法律应正视社会现实；第二，特许经营权本身的确具有极大价值，在企业融资渠道狭窄时，若能够利用特许经营权融资，对企业的发展具有重大意义；第三，现行法律并没有明确规定特许经营权的质押行为无效。既然特许经营权质押具有现实的必要性，那么，法律上有没有将特许经营权质押认定为有效的路径？通过体系解释、类推解释的方法，可以得出这样的几个结论：

第一，在特定主体之间，特许经营权能够被估值时存在可转让性。为了取得特许经营权（尤其是市政公用事业特许经营权），申请人必须符合诸多法定条件，其主体资格具有严格的特定性，也正是因为特许经营权必须由特定的主体取得，导致了特许经营权可转让性被极大降低。但是，若特许经营权质押的质权人亦符合特许经营权主体资格，特许经营权的可转让性则得以发挥。例如，同一地区的A污水处理厂向B污水处理厂设定污水处理经营权质押，此时由于B污水处理厂本身具有污水处理的经营资格，应认定A的污水处理经营权在A、B之间具有可转让性，进而认定污水处理经营权质押的有效性。进一步讲，即便A、B之间不存在上述所谓的可转让性，若A的特许经营权能够拍卖给第三人，该第三人享有特许经营主体的资格，A的特许经营权也能够转让，从这一角度而言，特许经营权似乎都具有可转让性，只是该转让性仅局限在特定的主体范围内。不过，在实践中，虽然特许经营权每年的经营所得或每年的收费收入都是可以用货币来衡量的，但鉴于特许经营项目一般工程庞大、资金投入较多、跨时较长、法律关系复杂，且存在多种价值评估方式等因素，特许经营权评估价值有时较难确定，这使得特许经营权的交换价值无法确定，从根本上影响了特许经营权的可转让性。

第二，特许经营权质押可能转化为特许经营的收益权质押，而特许经营的收益权具有可转让性。特许经营权实际上可分为特许经营资格（或者说特许经营许可）和特许经营收益权两大内容，特许经营资格与特许经营权人主体资格相结合，在法律上具有不可分割性，价值也难以估定，因此不能转让，对其设定质押也无效，而特许经营收益权是使特许经营产生的利益归属于自身的权利，本身并不与特定的主体资格相联系，其价值也容易计算，因此具有可转让性。最高人民法院也有类似的观点，在《物权法》颁布前，1998年第2期《最高人民法院公报》公布的案例“汇通支行诉富利达公司用益物权抵押合同纠纷案”指出：“富利达公司以其对地下商贸城的管理权、出租权（实际上是经营权）抵押给汇通支行，到期未能还贷，汇通支行诉至法院，法院认为，富利达公司对地下商贸城享有用益物权，将这种用益物权用于抵押，担保法虽无明文许可，但也未明文禁止，且富利达公司与汇通支行在自愿、公平、等价有偿基础上签订的用益物权抵押合同，意思表示真实，既不违反法律规定，也不损害国家、社会公共利益和其他人的合法权益，应为有效合同。”[①] 所以，即便特许经营权不具有可转让性，也不能以此直接认定质押无效，应再考虑特许经营收益权质押的有效性。

第三，特许经营的收益权质押一定条件下可适用《担保法解释》第九十七条。《担保法解释》第九十七条规定，“以公路桥梁、公路隧道或者公路渡口等不动产收益权出质的，按照担保法第七十五条第（四）项的规定处理”，而特许经营的收益权属于不动产收益权时，与以公路桥梁、公路隧道或者公路渡口等不动产收益权没有本质差别，《担保法解释》第九十七条本

---

① 参见《最高人民法院公报》1998年第2期。

来也是不完全列举，故其他不动产收益权可以归为《担保法》第七十五条第（四）项规定的可以质押的财产。

第四，特许经营的收益权在一定条件下可认定为应收账款。《应收账款质押登记办法》第四条规定，“本办法所称的应收账款是指权利人因提供一定的货物、服务或设施而获得的要求义务人付款的权利，包括现有的和未来的金钱债权及其产生的收益，但不包括因票据或其他有价证券而产生的付款请求权。本办法所称的应收账款包括下列权利：（一）销售产生的债权，包括销售货物，供应水、电、气、暖，知识产权的许可使用等；（二）出租产生的债权，包括出租动产或不动产；（三）提供服务产生的债权；（四）公路、桥梁、隧道、渡口等不动产收费权；（五）提供贷款或其他信用产生的债权”，而特许经营权的收益大都通过销售特许经营而生产的货物、提供特许经营的服务、特许经营的不动产收费权等方式获取，故特许经营权的收益权在符合《应收账款质押登记办法》第四条之规定的情形时可认定为应收账款，成为被法律明确认可的可质押权利。

综上所述：特许经营权在价值较为容易评估时，在取得特许经营主体资格的特定主体之间具有可转让性，属于可质押的权利；特许经营权在价值难以评估时，宜认定为特许经营收益权的质押，特许经营收益权符合应收账款定义的，应依照应收账款质押的相关规定进行质押，不符合应收账款定义的，可依据《担保法解释》第七十五条认定为可质押的财产。

（二）最高人民法院指导案例的理解与适用

2015 年 11 月 19 日，最高人民法院发布了指导案例 53 号“福建海峡银行股份有限公司福州五一支行诉长乐亚新污水处理有限公司、福州市政工程有限公司金融借款合同纠纷案”。因目前我国关于特定项目收益权质押的问题并无明确的法律规定，故指导性案例 53 号的裁判思路可为解决此类案件提供有益借鉴。

指导性案例 53 号明确了一下要点：（1）特许经营权的收益权可以质押，并可作为应收账款进行出质登记。（2）特许经营权的收益权依其性质不宜折价、拍卖或变卖，质权人主张优先受偿权的，人民法院可以判令出质债权的债务人将收益权的应收账款优先支付质权人。[①]

第一，关于特许经营权之收益权能否出质。最高人民法院合议庭认为具备以下条件的收益权可以质押：一是政策上允许该收益权质押，并且不损害公共利益，如国务院办公厅曾发文鼓励扩大基础设施项目收益权质押贷款，包括污水处理项目收益权质押；二是收益权特定化，即收益权行使期间特定、收益金额相对确定，确保收益权可作为特定化的财产权利；三是该收益权可以纳入现行法律规定的涵盖范围，如物权法中的应收账款可以涵盖收益权。

第二，关于特许经营权之收益权质权的实现方式。特许经营收益权属于金钱债权，质权人可以通过直接收取的方式行使优先受偿权，无须通过拍卖、变卖方式转换为金钱价款后，再行使优先权。

（三）实务中应当注意的问题

1. 特许经营权质押和特许经营收益权质押的公示

质押的成立要件之一是公示，一般动产质押的公示方法为交付，权利质押的公示方法包括交付权利凭证（如票据质押）和登记（如股权质押）两种。就权利特性而言，特许经营权或特许经营收益权的公示不能是交付，理由在于：首先，特许经营权或特许经营收益权不是普通动产，不能在物理上交付质押财产；其次，特许经营权或特许经营收益权的权利凭证通常是政府的许可文件，该文件不能够背书“质押”字样，并且即便占有该文件，在法律上和社会观念上也不能够像票据质押那样直接表彰质押权的存在。

因此，特许经营权质押或特许经营收益权质押的公示方法应采登记为宜。依照其他以登记为质权公示方法的权利的规定，应向有关主管部门进行质权登记，但法律并未明文规定特许经营权主管部门具体是哪一机构，这为特许经营权质押或特许经营收益权质押的公示带来了不便。此问题应分两种情况处理，第一种情形：由信贷征信机构办理出质登记，《物权法》第

---

① 最高人民法院案例指导工作办公室：《〈福建海峡银行股份有限公司福州五一支行诉长乐亚新污水处理有限公司、福州市政工程有限公司金融借款合同纠纷案〉的理解与参照——特许经营的收益权可以质押》，载《人民司法》2017年第11期。

二百二十八条第一款规定“以应收账款出质的，当事人应当订立书面合同。质权自信贷征信机构办理出质登记时设立”，故特许经营收益权质押符合应收账款质押条件的，由信贷征信机构办理出质登记。第二种情形：由特许经营权许可部门进行登记，无论是特许经营权质押还是特许经营收益权的质押，都由特许经营权许可部门登记，这些部门实际上通常是特许经营权的主管部门。未在上述机构登记的特许经营权质押或特许经营收益权质押，即便质押标的具有可转让性，其质权也不能成立。

2. 特许经营权质押和特许经营收益权质押的实现方式

根据《物权法》第二百二十九条之规定，“权利质权除适用本节规定外，适用本章第一节动产质权的规定”，而《物权法》第二百一十九条第二款规定，“债务人不履行到期债务或者发生当事人约定的实现质权的情形，质权人可以与出质人协议以质押财产折价，也可以就拍卖、变卖质押财产所得的价款优先受偿”，《担保法》也有类似的规定。所以，特许经营权质权和特许经营权收益权质权的实现，可分为两种基本途径：第一种途径是由质权人与出质人达成特许经营权或特许经营收益权的折价抵偿协议；第二种途径是由质权人向法院申请拍卖、变卖质押财产，并就所得价款优先受偿。第一种途径中特许经营权的折价应当注意质权人必须具有特许经营的主体资格，否则该特许经营权在出质人与质权人之间缺乏可转让性，折价抵偿协议不能获得实际履行；第二种途径中，竞买特许经营权的人必须具有特许经营的主体资格，否则也可能产生特许经营权转让合同不能实际履行的问题。至于特许经营收益权的实现，则没有前述两种法律风险。

案例指导

福建海峡银行股份有限公司福州五一支行诉长乐亚新污水处理有限公司等借款合同纠纷案[1]

原告福建海峡银行股份有限公司福州五一支行（以下简称海峡银行五一

---

① 案例来源：福建省福州市中级人民法院（2012）榕民初字第661号。

支行）诉称，2005 年 3 月 24 日，原告与被告长乐亚新污水处理有限公司（以下简称长乐亚新公司）签订《单位借款合同》，被告长乐亚新公司向原告借款人民币 3000 万元，双方约定采用分期还本方式偿还借款本金。同日，原告与被告福州市政工程有限公司（以下简称福州市政公司）签订了《保证合同》，被告福州市政公司为被告长乐亚新公司的上述借款承担连带责任保证。同时，原告还与被告长乐亚新公司、福州市政公司以及案外人长乐市建设局签订了《特许经营权质押担保协议》，被告福州市政公司自愿以长乐市城区污水处理厂的特许经营权为被告长乐亚新公司的借款提供质押担保，长乐市建设局同意该担保。原告已依约向被告长乐亚新公司发放贷款 3000 万元。但自 2007 年 10 月 21 日起，被告长乐亚新公司未按约还本付息，原告多次催促其归还逾期贷款，两被告对原告历次催款函中所载其所欠贷款本金和利息金额均予以承认，也明确愿意承担相应的违约金、损害赔偿金及原告实现债权的有关费用，但被告长乐亚新公司至今未能归还逾期贷款本金和利息，被告福州市政公司也未依约履行担保义务。

原告海峡银行五一支行请求：判令被告长乐亚新公司偿还原告借款本金人民币 28714764.43 元以及利息人民币 2142597.6 元；确认原告与两被告以及长乐市建设局签订的《特许经营权质押担保协议》合法有效，判令拍卖、变卖《特许经营权质押担保协议》项下的质物，同时原告有权以上述质物变现所得优先受偿；判令将长乐市建设局支付给两被告的污水处理服务费优先用于清偿应偿还原告的所有款项；判令被告福州市政公司对被告长乐亚新公司应偿还原告的所有款项承担连带清偿责任。

被告福州市政公司辩称，长乐市城区污水处理厂特许经营权，并非法定的可以质押的权利，且该特许经营权并未办理质押登记，故原告诉请拍卖、变卖长乐市城区污水处理厂特许经营权，于法无据。

根据本案现有证据，福州市中级人民法院确认如下事实：

2003 年，长乐市建设局为让与方、福州市政公司为受让方、长乐市财政局为见证方，三方签订《长乐市城区污水处理厂特许建设经营合同》，合同约定：长乐市建设局授予福州市政公司投资、建设、运营和维护长乐市城区污水处理厂项目及其附属设施的特许权；项目的建设及试运行期为 2003 年 1

月1日至2005年4月30日止；项目的运营期（运营、维护项目的年限）从2005年5月1日至2030年4月30日；福州市政公司可将本合同授予的特许经营权作为本项目的融资抵押或担保，但不得转让他方；福州市政公司不得将建成后本项目的固定资产作为融资抵押和担保；福州市政公司全权负责项目的运营和维护，可由其组建的项目公司，也可由其委托专业的运营公司负责本项目的运营和维护；福州市政公司的收益来源于长乐市建设局支付的污水处理费；合同到期后，福州市政公司应将项目全部资产完好地、无偿地按时移交给长乐市建设局。合同还就项目特许权、双方的责任、项目建设标准、项目设计和建设、项目的融资、项目运营和维护、项目的计量计费及调价、项目的移交等其他有关重要事项作出约定。

2005年3月24日，福州市商业银行五一支行与长乐亚新公司签订《单位借款合同》，合同约定：长乐亚新公司向福州市商业银行五一支行借款人民币3000万元；借款用途为长乐市城区污水处理厂BOT项目；借款期限为13年，自2005年3月25日至2018年3月25日止。

同日，福州市商业银行五一支行与被告福州市政公司签订了《保证合同》，福州市政公司为被告长乐亚新公司的上述借款承担连带责任保证。

福州市商业银行五一支行与长乐亚新公司、福州市政公司、长乐市建设局亦于同日共同签订《特许经营权质押担保协议》，协议约定：福州市政公司以《长乐市城区污水处理厂特许建设经营协议》授予的特许经营权为长乐亚新公司向福州市商业银行五一支行的借款提供质押担保，长乐市建设局同意该担保；福州市政公司同意将特许经营权收益优先用于清偿借款合同项下的长乐亚新公司的债务，长乐市建设局和福州市政公司同意将污水处理费优先用于清偿借款合同项下的长乐亚新公司的债务；为加强对项目资金和收益的监控，长乐亚新公司同意在福州市商业银行五一支行设立融资控制账户；项目资金的支出和收入必须通过融资控制账户结算，福州市商业银行五一支行有权对项目资金的支出进行审查和监控；特许协议项下由长乐市建设局支付给福州市政公司的污水处理服务费以及福州市政公司从长乐市建设局获得的其他款项均由长乐市建设局直接划入融资控制账户；未经福州市商业银行五一支行和长乐市建设局一致书面同意，前述污水处理服务费等款项不得划入其他账户，若长乐市建设局违反上述约定应承担赔偿责任；福州市商业银行五一支行未受清偿的，有权依法通过拍卖等方式处分质押权利等；福州市商业银行五一支行处分质押权利时，同意与其他方友好协商，在同等条件下优先考虑将质押权利转让给长乐市建设局推荐的第三人；长乐市建设局同意为福州市商业银行五一支行和福州市政公司办理质押权利出质登记手续，质押权利担保的债务得以清偿后，福州市商业银行五一支行和福州市政公司应及时到长乐市建设局办理出质登记注销手续。

上述合同签订后，福州市商业银行五一支行于2005年3月25日向被告长乐亚新公司发放贷款2500万元，于同月30日发放200万元，于同年4月28日发放300万元，共计发放3000万元。被告长乐亚新公司于2007年10月21日起未依约按期足额还本付息，原告曾多次向被告长乐亚新公司、福州市政公司催收借款本金及利息。

经审理，福州市中级人民法院归纳本案的争议焦点有三，其中两点为：（1）长乐市城区污水处理厂特许经营权能否质押；（2）质权如何实现。对上述焦点问题，该院分析如下：

1. 长乐市城区污水处理厂特许经营权质押问题。

该院认为，特许经营权是对污水处理厂进行运营和维护，并获得收益的权利。污水处理厂的运营和维护，属于经营权人的义务；而污水处理厂的收益权，则属于经营权人所享有的权利。由于对污水处理厂的运营和维护并不属于可转让的权利因此讼争的特许经营权的出质，实质上系指收益权的出质。

对于污水处理的收益权，我国法律并未将其列为独立的财产权利，但《物权法》第二百二十三第一款第（六）项规定了“应收账款”属于可出质的权利。中国人民银行《应收账款质押登记办法》第四条亦规定：“本办法所称的应收账款是指权利人因提供一定的货物、服务或设施而获得的要求义务人付款的权利，包括现有的和未来的金钱债权及其产生的收益，但不包括因票据或其他有价证券而产生的付款请求权。本办法所称的应收账款包括下列权利：（一）销售产生的债权，包括销售货物，供应水、电、气、暖，知识产权的许可使用等；（二）出租产生的债权，包括出租动产或不动产；（三）提供服务产生的债权；（四）公路、桥梁、隧道、渡口等不动产收费权；

（五）提供贷款或其他信用产生的债权。”由于污水处理的收益权系基于提供污水处理服务而产生的债权，故属于应收账款。但本案讼争的污水处理厂特许经营权质押担保协议签订于2005年，当时《物权法》尚未颁布，因此应适用当时法律之规定，即应适用《担保法》关于权利质押之规定。

《担保法》第七十五条规定：“下列权利可以质押：（一）汇票、支票、本票、债券、存款单、仓单、提单；（二）依法可以转让的股份、股票；（三）依法可以转让的商标专用权，专利权、著作权中的财产权；（四）依法可以质押的其他权利。”《担保法解释》第九十七条规定：“以公路桥梁、公路隧道或者公路渡口等不动产收益权出质的，按照担保法第七十五条第（四）项的规定处理。”上述规定并未涉及污水处理厂等环保设施的收益权质押问题。但污水处理厂的收益权与公路收益权同属于债权，且两者性质上相类似，公路收益权属于依法可质押的其他权利，则污水处理收益权亦应允许出质。并且，2001年9月29日，《国务院办公厅转发国务院西部开发办关于西部大开发若干政策措施的实施意见》（国办发〔2001〕73号）第五部分“加大金融信贷支持”第（十三）项关于“对具有一定还贷能力的水利开发项目和城市环保项目（如城市污水处理和垃圾处理等），探索逐步开办以项目收益权或收费权为质押发放贷款的业务”的规定，首次明确可试行将污水处理项目的收益权进行质押。因此，在《物权法》实施之前，本案讼争特许经营的收益权亦属于可出质的权利。

污水处理的收益权，性质上属于债权，对于债权质押，系以特定债权担保其他债权，故出质的债权应具备确定性的特征。若出质的债权不确定，以其质押贷款，则出质的债权因不确定而具有无法实现的风险，从而影响其担保功能的发挥，极易引发金融信贷风险；出质人若可将不特定债权进行质押，出质人的其他债权人对出质人的履行债务的能力将难以预见，亦将损害出质人的其他债权人的利益。因此，可作为出质标的物的债权应当是确定的债权。而债权除已确定产生之现有债权外，还包括将来债权。对于将来债权，因存在基础关系而确定其将来会产生。并且，债权不限于单一之债权，还包括在一定期间内连续产生之集合债权。污水处理项目的收益权，经营权人系基于提供污水处理项目的经营服务而持续产生向付款义务方请求支付污水处理服务费的权利，故该债权属于集合性的将来债权。该收益权因存在特许经营的基础关系而在一定期限内产生，且债权金额亦可根据污水处理服务费的价格、提供服务的范围和对象等因素而得以预见，故从其产生原因、期间、债权金额三方面可判断其具备债权的确定性的特征，可成为质押标的物。本案讼争的特许经营收益权系因提供长乐市城区的污水处理服务而产生，其运营期至 2030 年 4 月 30 日，且收益金额亦可预期，故其属于确定之债权，可作为担保其他债权的质权标的物。

此外，将污水处理项目收益权出质，还应当具备担保物权成立的形式要件，即出质人和质权人应通过订立书面合同的方式达成设立质权的意思表示，并对质权进行公示。我国《物权法》第二百二十八条第一款规定“以应收账款出质的，当事人应当订立书面合同。质权自信贷征信机构办理出质登记时设立”，为此，应收账款质权的设立，双方应订立书面合同，并应在中国人民银行征信中心的应收账款质押登记公示系统进行出质登记，质权才依法成立。《物权法》于 2007 年 10 月 1 日开始施行，由于公路收益权、污水处理收益权等收益权均属《物权法》规定的应收账款，故于 2007 年 10 月 1 日之后出质的，均应依法在征信中心的应收账款质押登记公示系统上予以登记公示。但在《物权法》施行前，对于污水处理项目收益权质押，并无统一的登记公示的规定，故参照当时公路收费权质押登记的规定，由其主管部门进行备案登记，有关利害关系人可通过其主管部门了解该收益权是否存在质押之情况，该权利即具备物权公示的效果。

本案中，出质人福州市政公司已与质权人达成书面协议，该质押担保协议签订于 2005 年，在《物权法》施行之前，故污水处理特许经营收益权的质押公示方式不适用《物权法》关于应收账款的统一登记制度。讼争的质权在主管部门登记备案，质权即依法成立并生效。本案讼争的长乐市城区污水处理项目的主管部门系特许权的转让方长乐市建设局，由于长乐市建设局在《特许经营权质押担保协议》上盖章，且协议第七条明确约定“长乐市建设局同意为原告和福州市政公司办理质押登记出质登记手续”，故可认定讼争污水处理项目的主管部门已知晓并认可该权利质押情况，有关利害关系人亦可通过长乐市建设局查询了解讼争污水处理厂的有关权利质押的情况。因此，本案讼争的权利质押已具备公示之要件，长乐市城区污水处理厂特许经营收益权的权利质权已成立并生效。

2. 污水处理厂特许经营收益权质权的实现问题。

该院认为，被告长乐亚新公司未偿还借款，原告依法有权行使质权。我国《担保法》和《物权法》均未具体规定权利质权的实现方法，仅就质权的实现作了一般性的规定，即《担保法》第七十一条第二款规定，“债务履行期届满质权人未受清偿的，可以与出质人协议以质物折价，也可以依法拍卖、变卖质物”，以及《物权法》第二百一十九条第二款规定：“债务人不履行到期债务或者发生当事人约定的实现质权的情形，质权人可以与出质人协议以质押财产折价，也可以就拍卖、变卖质押财产所得的价款优先受偿。”根据上述规定，质权人在行使质权时，可通过协商将质押财产折价或拍卖、变卖质押财产等方式取得相应价款的优先受偿权。由于可质押的财产（包括动产和权利）通常并非直接体现为金钱价款，需通过转让的方式才可获得对价款，故我国法律规定了变价受偿的质权实现的一般方法。但收益权属于将来获得的金钱债权，其可通过直接向第三债务人收取金钱的方式实现质权，故无须采取折价或拍卖、变卖之方式。并且，收益权均附有一定之负担，其经营主体的特定性以及经营过程中经营主体所应承担之义务，均非可转让的财产权利，依其性质均非可以折价或拍卖、变卖的对象。本案长乐市城区污水处理厂特许经营权的经营主体为福州市政公司及其成立的项目公司长乐亚新公司，由于福州市政公司及长乐亚新公司投资建设污水处理厂，其在经营期间对相关不动产、设备享有所有权，其亦雇用人员具体负责污水处理厂的运营管理，故在实现质权时，该收益权依其性质不能采取拍卖、变卖的方式予以处置。因此，原告请求将《特许经营权质押担保协议》项下的质物予以拍卖、变卖并行使优先受偿权，该院不予支持。

根据《特许经营权质押担保协议》第三条第二款关于“根据特许协议的有关规定，为确保项目运营期届满前长乐亚新公司能够清偿借款合同项下的债务，长乐市建设局和福州市政公司同意将特许协议项下长乐市建设局支付给福州市政公司的污水处理服务费优先清偿借款合同项下的债务”的约定，原告海峡银行五一支行有权直接向长乐市建设局收取污水处理服务费，并对所收取的污水处理服务费行使优先受偿权。由于被告仍应依约对污水处理厂进行正常运营和维护，若无法正常运营，则将影响到长乐市城区污水的处理，亦将影响原告对污水处理费的收取，故原告在向长乐市建设局收取污水处理服务费时，应当合理行使权利，向被告预留经营污水处理厂的必要合理之费用。至于福州市政公司和长乐亚新公司已收取的污水处理服务费，已无法特定，故其已转化为福州市政公司和长乐亚新公司的一般财产，原告已不具备对被告已收取部分污水处理服务费行使优先受偿权之条件。

综上，依照《合同法》第六十条第一款、第一百零七条、第二百零七条，《担保法》第十八条、第七十五条的规定，判决如下：原告海峡银行五一支行于本判决生效之日起有权直接向长乐市建设局收取应由长乐市建设局支付给被告长乐亚新公司、福州市政公司的污水处理服务费，并对该污水处理服务费就本判决第一、二项所确定的债务行使优先受偿权；驳回原告海峡银行五一支行的其他诉讼请求。

规范指引

《中华人民共和国担保法》

第七十五条 下列权利可以质押：

（一）汇票、支票、本票、债券、存款单、仓单、提单；

（二）依法可以转让的股份、股票；

（三）依法可以转让的商标专用权，专利权、著作权中的财产权；

（四）依法可以质押的其他权利。

《最高人民法院关于适用〈中华人民共和国担保法〉若干问题的解释》

第九十七条 以公路桥梁、公路隧道或者公路渡口等不动产收益权出质的，按照担保法第七十五条第（四）项的规定处理。

《中华人民共和国物权法》

第二百二十三条 债务人或者第三人有权处分的下列权利可以出质：

（一）汇票、支票、本票；

（二）债券、存款单；

（三）仓单、提单；

（四）可以转让的基金份额、股权；

（五）可以转让的注册商标专用权、专利权、著作权等知识产权中的财产权；

（六）应收账款；

（七）法律、行政法规规定可以出质的其他财产权利。

第二百二十八条 以应收账款出质的，当事人应当订立书面合同。质权自信贷征信机构办理出质登记时设立。

应收账款出质后，不得转让，但经出质人与质权人协商同意的除外。出质人转让应收账款所得的价款，应当向质权人提前清偿债务或者提存。

《应收账款质押登记办法》

第四条 本办法所称的应收账款是指权利人因提供一定的货物、服务或设施而获得的要求义务人付款的权利，包括现有的和未来的金钱债权及其产生的收益，但不包括因票据或其他有价证券而产生的付款请求权。

本办法所称的应收账款包括下列权利：

（一）销售产生的债权，包括销售货物，供应水、电、气、暖，知识产权的许可使用等；

（二）出租产生的债权，包括出租动产或不动产；

（三）提供服务产生的债权；

（四）公路、桥梁、隧道、渡口等不动产收费权；

（五）提供贷款或其他信用产生的债权。

专题六：一般债权质押的范围、效力及实现路径

【核心提示】债权质押中，出质人无法履行债务时，质权人要实现其质权依赖于出质债权的债务人之给付，出质债权的债务人对债务的清偿也是质权变现的方式之一，债权质押的质权人依法享有直接收取权，因此，质权人

得向出质人、出质债权的债务人行使质权，出质人、出质债权的债务人拒绝的，质权人可以起诉出质人和出质债权的债务人，甚至单独起诉出质债权的债务人。

实务争点

动产质押中，一般仅存在出质人与质权人两方当事人，质权人实现质权时只需向出质人主张或者直接将质物变现即可，而债权质押中则至少涉及了出质人、质权人、出质债权债务人三方当事人，法律关系相对复杂，质权的实现也不像动产质权的实现那样简单、直接。对于如何处理债权质押中质权人质权实现的问题，有两种观点：第一种观点认为，根据债的相对性原理和禁止流质条款的法律规定；出质债权的债务人只能向出质人履行债务，而与质权人没有直接的法律关系；不仅如此，若质权人享有直接收取权，还将违反禁止流质条款的规定。所以质权人只能要求出质人将出质债权清偿所得交付给质权人，无权要求出质债权债务人向其清偿。第二种观点认为，债权虽是相对权，应遵守债的相对性，但债权质押的质权具有物权的属性，因此质权的实现不应受合同相对性的束缚，而禁止流质条款的规定基于体系解释和目的性解释，不应适用于债权质权，质权人可径直向出质债权的债务人主张质权。对此问题，《担保法解释》第一百零二条规定："以载明兑现或者提货日期的汇票、支票、本票、债券、存款单、仓单、提单出质的，其兑现或者提货日期后于债务履行期的，质权人只能在兑现或者提货日期届满时兑现款项或者提取货物。"第一百零六条规定："质权人向出质人、出质债权的债务人行使质权时，出质人、出质债权的债务人拒绝的，质权人可以起诉出质人和出质债权的债务人，也可以单独起诉出质债权的债务人。"

理解适用

对《担保法解释》第一百零二条、第一百零六条的理解与适用

债权质押的问题由于客体具有特殊性，其产生的实务问题较为复杂，加上法律的规定也不十分明确，需要借助体系解释的方法，结合多个相关条文进行分析。

（一）债权质押权的范围及效力

债权质权，是以债权为质押客体的担保形式，性质上属于权利质权。债权质权可以分为证券化债权质权与非证券化债权质权，证券化债权质权主要包括票据质权、债券质权、存款单质权等，非证券化债权质权则是证券化债权质权以外的债权质权，亦称一般债权质权。《担保法》仅明确规定了证券化债权质权，而未明确规定一般债权质权，《物权法》颁布后，该法第二百二十三条第（六）项规定了应收账款质押，性质上可归为一般债权质权。不过，并非所有的一般债权质权都可以出质，不具有可让与性的债权不能够出质，根据《合同法》第七十九条之规定，以下三类债权不可出质：根据合同性质不得转让的债权，如退休金请求权、赡养费请求权、抚养费请求权，以及雇佣合同、委托合同产生的债权（基于这两类合同产生的金钱债权除外）等；按照当事人约定不得转让的债权；依照法律规定不得转让的债权，如养老保险金请求权、医疗保险金请求权等。此外，还需注意的是，应收账款质押以外的一般债权能否出质的问题，有学者认为可以归入《担保法》第七十五条第（四）项、《物权法》第二百二十三条第（七）项规定的依法可以质押的其他权利，但也有学者指出“从字面来理解，应解释为其他法律中有明确规定可以质押的权利才属于《担保法》第七十五条第（四）项中的其他权利”①，根据《物权法》第五条的物权法定原则，应收账款以外的一般债权，不得进行质押，除非法律、行政法规另有规定。因此，就现行法而言，我国一般债权质权主要是应收账款质权。

债权质权在效力上大部分与动产质权效力类似，但由于债权质权必然涉及第三人即出质债权债务人，因此在效力上相较于动产质权又有特别之处，这主要表现为质权人的直接收取权。所谓直接收取权，是指在主债务履行期间届满后，质权人直接请求出质债权债务人向自己履行债务的权利。就证券化债权质权而言，根据《担保法》第七十七条、《担保法解释》第一百零

① 杨珊：《一般债权质押研究》，载《西南民族大学学报（人文社科版）》2006 年第 5 期。

二条，质权人享有对出质债权的直接收取权，质权人可以直接要求债务人兑现价款。但对于一般债权质权的质权人是否享有直接收取权这一问题，则存在争议。持反对意见的人认为，《担保法》和《物权法》没有明确规定一般债权质权中质权人有直接收取权，且《担保法》第六十六条、《物权法》第二百一十一条均规定质权人在债务履行期届满前，不得与出质人约定债务人不履行到期债务时质押财产归债权人所有，若赋予质权人直接请求出质债权债务人向其履行债务的权利，无异于允许债务人不履行到期债务时质押财产归债权人所有，具有违法性。这一观点值得商榷，理由有三：第一，禁止流质条款的规定设置在动产质权一节，又基于长期以来在实务中禁止流质条款带来的问题和理论上对禁止流质条款规定的批判①，应对禁止流质条款的规定进行限制适用，仅适用于动产质押，不适用于权利质押；第二，在质押标的为金钱之债（尤其是应收账款质押）时，赋予质权人直接请求出质债权债务人向其履行债务的权利与禁止流质条款的规定并不矛盾，“因为禁止流质的目的在于防止债权人利用优势地位获得超额经济利益，而在实行应收账款质权后，如质权人收取的款项超过了主债权额，其需要将剩余部分返还给出质人，这并无显失公平之处”，② 从这一角度而言，应对禁止流质条款进行目的性限缩，在这一情况下不予适用；第三，在质押标的为非金钱之债时，一般债权质押与仓单质押具有极强的相似性，可以参照《担保法》第七十七条、《担保法解释》第一百零二条以及《物权法》第二百二十五条关于仓单质权实现的规定，允许质权人直接向债务人提取货物。

（二）实务中应当注意的问题

1. 债权质押的实现

债权质押的实现，在现行法上没有详细的实现程序和实现方式，相比于动产质权的实现也更为复杂。在债权质押实现的操作中，应当注意出质债权

---

① 孙鹏、王勤劳：《流质条款效力论》，载《法学》2008 年第 1 期；郭嗣彦：《合同债权质押研究》，武汉大学 2012 年博士学位论文。

② 刘保玉主编：《担保法原理精要与实务指南》，人民法院出版社 2008 年版，第 652 页。

期限与主债权期限的问题：第一，出质债权与主债权期间均届满时，基于直接收取权，质权人可以直接要求债务人向质权人履行债务，若质权人受领了超过主债权额度的部分，应当返还质权人；第二，出质债权先于主债权到期的，质权人可以兑现或者提货，并与出质人协议将兑现的价款或者提取的货物提前清偿债权或者提存；第三，出质债权后于主债权到期的，根据《担保法解释》第一百零二条，质权人只能在兑现或者提货日期届满时兑现款项或者提取货物。

还必须强调的问题是当第三债务人不履约时，质权人该如何通过诉讼实现自己的权利。此时质权人拥有两个债权：一个是对主债的债务人所享有的债权，另一个是基于质权人的身份对第三债务人所享有的债权。对此有学者认为："在司法实务中，可以将出质人和第三债务人作为质权人的连带债务人看待。出质人以其享有的债权担保质权人债权的清偿，在出质人对第三债务人享有的债权数额范围内，第三债务人对质权人的债权清偿负连带责任。这种连带是一种物上连带，而非人的连带。因此质权人提起诉讼时，可以将二者作为共同被告。"[①]《担保法解释》第一百零六条也遵循了这一观点的逻辑，规定"质权人向出质人、出质债权的债务人行使质权时，出质人、出质债权的债务人拒绝的，质权人可以起诉出质人和出质债权的债务人，也可以单独起诉出质债权的债务人"，赋予了质权人选择权，这也与质权人的直接收取权合理衔接。

2. 不能登记或未登记的一般债权质权的处理

一般债权质押，质权的成立也必须以公示为成立要件，但我国法律并非为所有的债权质权都提供了公示途径，如应收账款质权以外的金钱债权质权以及非金钱债权质权。不能登记的一般债权质权，由于没有法律的明确规定，也缺乏公示手段，基于物权法定原则和质权成立要件，这类一般债权质权不成立。此外，能够登记但未登记的一般债权质权（如未登记的应收账款质权），若登记为生效要件，该一般债权质权亦不成立。但是，一般债权质权

---

① 陈本寒、黄年：《一般债权质押问题之探讨——兼评我国〈物权法〉（草案）相关条款之规定》，载《法学评论》2006 年第 4 期（总第 138 期）。

不成立不等于一般债权质押的约定无效，此时一般债权质押可转化为附条件的债权让与，即若债务人未依约履行债务，在主债权期间届满后，债务人有义务将其对第三人的债权让与给债权人，此时适用《合同法》关于债权让与的规则。成立债权让与和成立债权质押时的区别至少有以下两点：第一，债权质押成立后具有公示对抗力，在质权消灭前，出质人不能将该债权再次出质（无法再次登记），而成立附条件的债权让与时，主债权的债务人在事实层面可以将债权让与给主债权人以外的第三人；第二，债权质押成立后，质权人对出质债权享有优先受偿权，而成立附条件的债权让与时，主债权人对该被让与的债权不享有优先受偿权。

值得注意的是，能够登记而未登记的一般债权质权的质权人，还可以依据债权质押合同请求出质人配合办理质权登记，进而成立质权。

案例指导

中国农业银行股份有限公司上海市分行与上海金源国际经贸发展有限公司、佳宝控股集团有限公司等质权纠纷案[①]

原告中国农业银行股份有限公司上海市分行诉称：2008 年 8 月 14 日至 9 月 11 日，原告与被告上海金源国际经贸发展有限公司（以下简称金源公司）签订借款合同六份，由原告向金源公司发放贷款人民币 292866000 元。金源公司于 2009 年 9 月 8 日向原告出具确认书确认了该债权。截至原告起诉之日，金源公司尚拖欠原告债权本金人民币 170496251.86 元及相应利息。

2009 年 10 月 9 日，原告与被告金源公司签订权利质押合同一份，约定金源公司以权利质押清单所列合同项下对被告纵横集团、浙江佳宝聚酯有限公司、浙江佳宝高仿真化纤有限公司所享有的购销合同项下应收账款（共计人民币 366086898 元）作为对前述债权的质押担保。并依法办理了应收账款质押登记，以书面形式通知了纵横集团、浙江佳宝聚酯有限公司、浙江佳宝

---

① 案例来源：浙江省绍兴市中级人民法院（2011）浙绍商初字第 5 号、浙江省绍兴市中级人民法院（2011）浙商终字第 25 号。

高仿真化纤有限公司（以下统称被告 2–4）。

2009 年 6 月 12 日，浙江省绍兴市中级人民法院裁定被告 2–4 破产重整。同年 9 月 23 日，该三公司与另外三公司（以下简称纵横集团等合并重整六公司）合并重整。因纵横集团为金源公司对原告所负债务提供连带责任保证，原告依法向管理人申报债权。2009 年 11 月 30 日，由该院裁定确认原告债权为人民币 502647107.25 元。金源公司就其对被告 2–4 享有的应收账款向管理人申报债权，管理人仅于 2009 年 12 月 11 日向金源公司出具债权核查联系单，确认了人民币 420088279.05 元债权，并承诺将在 3 个工作日内完成其余部分债权核对工作，但至今未出具书面审核意见。

就金源公司将其对被告 2–4 的应收账款质押给原告的相关事宜，原告分别于 2009 年 11 月 25 日、12 月 3 日、12 月 8 日、12 月 9 日书面通知管理人，并要求管理人将对应的应向金源公司清偿的款项直接划付给原告。同年 12 月 10 日，管理人复函原告，表示已收到原告所发的函，同时明确指示重整后的企业按重整计划内容将对被告金源公司实际可清偿部分金额划付原告。

2009 年 12 月 11 日，纵横集团等合并重整六公司债权人会议表决通过了重整计划草案，该院于 2009 年 12 月 16 日裁定批准该重整计划草案，同时裁定终止重整程序。按照重整计划，普通债权按确认债权额的 28% 比例进行清偿。至原告起诉之日，原告已受领清偿款，但被告金源公司的债权未受清偿。

2010 年 2 月 5 日，纵横集团实际承担保证责任后，向该院提起担保追偿权纠纷，要求被告金源公司立即向其支付款项人民币 161384601.44 元。原告认为，原告对金源公司享有的质权优先于纵横集团对金源公司的担保追偿权，被告 2–4 应履行承诺，将被告金源公司可清偿的款项直接划付给原告，被告金源公司有协助义务，请求判令被告金源公司协助原告实现质押权利。

被告金源公司在庭审中称：（1）对原告诉称的事实和理由都予以认可。（2）到目前为止，金源公司与被告 2–4 之间的债权债务确认还未最终完成，2009 年 12 月 10 日管理人确认的人民币 4.2 亿余元债权以及 2010 年 9 月 28

日确认的人民币 6.14 亿余元债权均包括内贸的人民币 366086898 元应收款。

被告 2–4 在庭审中共同答辩称：原告诉请没有事实和法律依据，违反《企业破产法》和《物权法》的相关规定。（1）被告 2–4 为金源公司对原告所负的债务已经承担了担保责任，原告没有理由要求就同一笔债权重复清偿。（2）原告主张其系质权人，根据有关法律规定，原告只能享有优先受偿权，无权直接要求被告 2–4 付款。（3）因被告 2–4 对金源公司具有可抵销事项，按照法院批准的重整计划应当予以抵销。被告 2–4 对金源公司享有的担保追偿权应当优先于原告与金源公司之间的质押权利。（4）原告与金源公司签订的质押合同，系在被告 2–4 已被裁定进入破产重整的情况下所作，是以合法形式掩盖非法目的，应当认定无效。（5）原告基于质权要求被告 2–4 付款，其请求不符合企业破产法中关于破产债权的规定，其主张为无效请求。综上，请求驳回原告对被告 2–4 的诉讼请求。

综合各方当事人陈述及各方提交证据，该院确认如下法律事实：

1. 原告对被告金源公司享有债权的事实。原告与被告金源公司之间原有贷款、海外代付融资等业务关系。2009 年 9 月 8 日，被告金源公司向原告出具确认书一份，确认原告对其享有债权。上述确认书出具前后，被告金源公司通过各种方式陆续归还原告部分款项。

2. 被告 2–4 破产重整的相关事实。

3. 被告金源公司在破产重整程序中申报及确定债权的相关事实。

4. 原告与被告金源公司设立应收账款质押关系的相关事实。2009 年 10 月 9 日，原告与被告金源公司签订权利质押合同一份，约定：原告为质权人，金源公司为出质人；为确保质权人与金源公司签订的不同编号的六份借款合同的履行，出质人愿为因六份借款合同所形成的债权提供质押担保；被担保的主债权种类为借款，本金为 262671280.14 元；质押担保的范围包括主债权本金、利息、罚息等一切费用；出质人同意以其所有应收账款出质，质押权利详见权利质押清单（应收账款），出质权利暂作价人民币 366086898 元；质权人同意在处理出质权所得价款中给予出质人日常经营所需的费用，但出质人上述质押的应收账款应首先全部汇入质权人指定的账户；出质人承诺对出质的权利拥有合法所有权或依法享有处分权，在本合同签订时不存在被申请撤销或申请宣告无效、异议、查封、冻结、诉讼等情形；需要办理出质登记的，出质人应于本合同签订之日 10 个工作日内到有关登记机构办理登记手续。双方还就其他权利义务、质权实现方法、违约责任等事项作了约定。在双方另行签署的权利质押清单（应收账款）中载明，金源公司对被告 2–4 在多份购销合同项下拥有应收账款人民币 366086898 元。同日，双方还签订应收账款质押登记协议一份，对具体办理质押登记的有关事项进行了约定。同年 10 月 10 日，上述质押合同项下的应收账款在中国人民银行征信中心办理了应收账款质押登记手续。

2009 年 12 月 9 日，原告以“中国农业银行上海市陆家嘴分行”的名义发函给管理人，对希望管理人协调办理的事项进行了告知，其中提出希望管理人书面确认并同意将金源公司已质押给原告的清偿债权直接划付至原告指定账户。管理人收函后，于次日回函，称：在同时符合两个条件的情况下，管理人将依法指示重整后的企业按重整计划内容对金源公司实际可清偿部分金额划付原告指定账户。两个条件为：一是重整计划草案获债权人会议表决通过并经法院批准，二是金源公司可受偿债权未经司法机关冻结、查封，并取得金源公司同意转变支付方式的书面指示。

5. 纵横集团行使追偿权的相关事实及重整计划草案就担保债权的有关安排。

绍兴市中级人民法院认为，本案系应收账款质权纠纷，各方当事人的争议包括原告是否重复主张权利、原告直接向出质人的债务人主张权利是否符合法律规定、原告与被告金源公司签订的质押合同效力及原告主张的质权是否成立等几个方面，该院综合评判如下：

1. 关于原告是否重复主张权利的问题。被告 2–4 提出，原告在已经受领担保债权的情况下，再主张应收账款质权，系重复主张权利。对此，该院认为，原告在纵横集团等合并重整六公司的破产重整程序中受偿的是因纵横集团等为金源公司的债务提供担保而形成的担保债权，本案中原告主张的是金源公司对被告 2–4 所享有的应收货款债权的质权，两者并不重复。

2. 原告作为质权人有无直接要求出质人的债务人承担清偿责任的权利。被告 2–4 提出，作为质权人，原告只能向出质人主张优先权，而不能向出质人的债务人直接主张权利。对此，绍兴市中级人民法院认为，《担保法解释》第一百零六条规定，质权人向出质人、出质债权的债务人行使质权时，出质人、出质债权的债务人拒绝的，质权人可以起诉出质人和出质债权的债务人，也可以单独起诉出质债权的债务人。根据此规定，原告作为质权人，可以选择出质人和债务人共同主张权利，故本案相关诉讼主体符合法律规定。

3. 原告与被告金源公司签订的质押合同效力及原告主张的质权是否成立。从形式上看，原告与被告金源公司签订的质押合同，系双方当事人真实意思表示，内容也未违反效力性强制规范，应当确认有效，对合同双方具有约束力。合同签订后，质权人又依照《物权法》第二百二十八条第一款及《应收账款质押登记办法》第八条等规定，在中国人民银行征信中心办理了出质登记，质权自登记时设立。但质押合同及债权人据此享有的质权能否约束或对抗出质人的债务人，还需以出质人对其债务人确有真实存在的债权为前提。原告主张，纵横集团等合并重整六公司的管理人在破产程序中已对应收账款予以认可，但根据本案查明的事实，管理人在出具的相关函件和文书中只是表明，若被告金源公司在纵横集团等合并重整六公司处有可受偿款项，将配合划付给原告，未认可金源公司有确定可受偿的具体款项，尚需结合相关证据进行判断。

综上，原告的诉讼请求因其主张的应收账款事实证据不足而不能成立，该院不予支持。依照《物权法》第二百二十八条第一款、《担保法解释》第一百零六条、《最高人民法院关于民事诉讼证据的若干规定》第二条之规定，判决如下：驳回原告中国农业银行股份有限公司上海市分行的诉讼请求。

规范指引

《中华人民共和国合同法》

第八十条 债权人转让权利的，应当通知债务人。未经通知，该转让对债务人不发生效力。

债权人转让权利的通知不得撤销，但经受让人同意的除外。

《中华人民共和国担保法》

第七十七条 以载明兑现或者提货日期的汇票、支票、本票、债券、存款单、仓单、提单出质的，汇票、支票、本票、债券、存款单、仓单、提单兑现或者提货日期先于债务履行期的，质权人可以在债务履行期届满前兑现或者提货，并与出质人协议将兑现的价款或者提取的货物用于提前清偿所担保的债权或者向与出质人约定的第三人提存。

《最高人民法院关于适用〈中华人民共和国担保法〉若干问题的解释》

第一百零二条 以载明兑现或者提货日期的汇票、支票、本票、债券、存款单、仓单、提单出质的，其兑现或者提货日期后于债务履行期的，质权人只能在兑现或者提货日期届满时兑现款项或者提取货物。

第一百零六条 质权人向出质人、出质债权的债务人行使质权时，出质人、出质债权的债务人拒绝的，质权人可以起诉出质人和出质债权的债务人，也可以单独起诉出质债权的债务人。

《中华人民共和国物权法》

第二百二十三条 债务人或者第三人有权处分的下列权利可以出质：

（一）汇票、支票、本票；

（二）债券、存款单；

（三）仓单、提单；

（四）可以转让的基金份额、股权；

（五）可以转让的注册商标专用权、专利权、著作权等知识产权中的财产权；

（六）应收账款；

（七）法律、行政法规规定可以出质的其他财产权利。

第二百二十五条 汇票、支票、本票、债券、存款单、仓单、提单的兑现日期或者提货日期先于主债权到期的，质权人可以兑现或者提货，并与出质人协议将兑现的价款或者提取的货物提前清偿债务或者提存。

专题七：出质人以合法占有的他人动产出质的效力

【核心提示】出质人出质其合法占有的动产但未经所有权人同意，若质权人知道该事实，则质押合同不生效，质权不成立，且可能与出质人共同向该动产所有权人承担侵权责任；若质权人不知道该事实，则可能构成《物权法》第一百零六条规定的善意取得，从而获得质权。

实务争点

表征动产权利的公示方法一般是占有，这一方法不如不动产的一般公示方法——登记一样与本权相符的程度那样高，在市场交易的许多情况下，质权人即便对出质人的处分权产生疑问，也难以核实，而又基于动产占有的权利推定效力，催生了出质人以不具有所有权但合法占有的动产进行出质的诸多案件。对于这类案件的处理，在《担保法解释》出台前，有不同的意见：一种意见认为，出质人虽然合法占有动产，但对该动产不具有处分权，因此第三人无法取得质权，因无权处分造成的所有权人的损失和第三人的损失，均由无权处分人承担。另一种意见认为，在这类案件中，应以第三人是否善意为核心考察点，若第三人为善意，所有权人可根据《担保法解释》第八十四条的规定要求出质人承担赔偿责任，而第三人则依《物权法》第一百零六条之规定取得质权；反之，则质权不成立，并且第三人可能与出质人共同向所有权人承担侵权责任。对此问题，《担保法解释》第八十四条规定：“出质人以其不具有所有权但合法占有的动产出质的，不知出质人无处分权的质权人行使质权后，因此给动产所有人造成损失的，由出质人承担赔偿责任。”

理解适用

对《担保法解释》第八十四条的理解与适用

动产质权的善意取得与所有权的善意取得具有相似性，但其在构成要件方面也存在特殊之处，下面予以具体分析。

（一）动产质权的善意取得

对于动产质权的善意取得，早期在司法实务中存在不同意见，有学者认为，根据《民法通则意见》第一百一十三条的规定，“以自己不享有所有权或者经营管理权的财产作抵押物的，应当认定抵押无效”，且“由于民法通则中所称的抵押包括不动产的抵押和动产的质押，因此出质人以自己不享有所有权或者经营管理权的财产出质的，即使已经移转了占有，也应认定该质押无效，质押不应适用善意取得”①，而《民法通则意见》第一百一十四条、第一百一十五条的规定也佐证了这一观点。但如果质权不适用善意取得的立法，不能解决实际交易中出质人将他人财产出质，而质权人善意接受产生的法律问题。《担保法》颁布后，根据该法第六十三条之规定，仍不能解决这一问题。直至《担保法解释》出台，根据该解释第八十四条，“出质人以其不具有所有权但合法占有的动产出质的，不知出质人无处分权的质权人行使质权后，因此给动产所有人造成损失的，由出质人承担赔偿责任”，可以看出，即便出质人对质物没有所有权，质权人仍得行使质权，学界和实务界也以此为由认定该条文首次明确了动产质权的善意取得。表面上，动产质权的善意取得对质权的善意受让人进行了倾斜性的保护，是就善意受让人对出质人（无权处分人）权利外观的信赖在个体维度上的保护，再进一步分析可知，“虽然各国承认动产质权的善意取得乃基于出质人的‘占有’这一权利外形，但透过其表面，受让人善意受让质权的真正的合理性乃为交易安全与便利，此为法律建立动产质权善意取得的真实基础”②。《物权法》第一百零六条正式

① 王利明:《物权法论》，中国政法大学出版社1998年版，第753页。

② 孙鹏、肖厚国:《担保法理制度研究》，法律出版社1998年版，第241页。

确立了善意取得制度，其第三款规定“当事人善意取得其他物权的，参照前两款规定”，将质权善意取得亦纳入善意取得范围。

结合《物权法》第一百零六条、《担保法解释》第八十四条，动产质权善意取得的条件为：第一，质押标的物为动产，此处的动产主要是指普通动产，船舶、航空器、机动车等特殊动产的物权变动根据《物权法》第二十四条，采登记对抗主义，因此，合法占有他人特殊动产的占有人未经所有权人同意将该特殊动产出质与第三人时，没有适用善意取得制度的空间。但并非所有的普通动产都适用善意取得，“从近代以来，在善意取得适用的范围上，是区分‘占有委托物’和‘占有脱离物’的”[①]。占有委托物是权利人基于自己的意思而丧失占有的物（如因租赁、保管、借用关系而交付的普通动产），占有脱离物是非基于权利人自己的意思而丧失占有的物（如遗失物）。依据《物权法》第一百零七条和第一百一十四条之规定，遗失物、漂流物、埋藏物、隐藏物原则上不适用善意取得制度，但原所有权人自其知道或应当知道受让人有偿受让该物时起二年内未请求返还的，受让人有权拒绝返还，有学者据此总结为“占有委托物原则上发生善意取得，而占有脱离物则有条件地发生”[②]。第二，出质人为对标的物无处分权的合法占有人。第三，质物已被质权人占有，亦即质物已由出质人交付给质权人，这里的交付包括现实交付和简易交付，但对占有改定是否包括在内则存在争议，学界倾向于在占有改定场合不发生善意取得[③]。第四，质权人取得质物的占有时为善意，善意是指不知情，即不知或不应知道出质人交付质物时没有相应的处分权。对于不知情，质权人是否须无重大过失，根据对《担保法解释》第八十四条的立法解释，“动产质权的善意取得在于兼顾质权人与所有人的利益和交易安全，应当使质权人承担一定程度的注意义务。因重大过失而不知出质人为无权处分

① 崔建远：《物权规范与学说——以中国物权法的解释论为中心》（上册），清华大学出版社2011年版，第232页。

② 梁慧星、陈华彬：《物权法》，法律出版社2007年版，第208页。

③ 参见谢在全：《民法物权论》（上册），台湾三民书局2003年修订版；崔建远：《物权规范与学说——以中国物权法的解释论为中心》（上册），清华大学出版社2011年版，第234页。

人的，应认定为非善意”[①]。

（二）实务中应当注意的问题

《担保法解释》第八十四条规定，“出质人以其不具有所有权但合法占有的动产出质的，不知出质人无处分权的质权人行使质权后，因此给动产所有人造成损失的，由出质人承担赔偿责任”，由此可知在质权人基于善意取得质权时，对动产所有人造成的损失应由出质人承担。但是，《担保法》《担保法解释》以及《物权法》均未明确规定质权人明知或因重大过失不知出质人无处分权而接受质物并行使质权的法律后果，对于这一问题，根据对现行法的分析和理解，应产生如下法律后果：（1）质权人无法善意取得质权。因为此时质权人取得质物并非善意，不符合质权善意取得的主观要件。（2）买受人可善意取得动产所有权，因为质权人没有善意取得质权，则质权人行使质权的行为构成无权处分，买受人符合《物权法》第一百零六条之规定的，可善意取得动产所有权。（3）质押合同在损害质物所有权人利益时无效。质权人明知出质人为无权处分人，仍与出质人签订质权合同的，构成恶意串通，若又对质物所有权人利益造成损害，则依据《合同法》第五十二条第（二）项，质押合同因当事人恶意串通损害第三人利益而归于无效。（4）质权人与买受人之间的买卖合同有效。根据第三条之规定，“当事人一方以出卖人在缔约时对标的物没有所有权或者处分权为由主张合同无效的，人民法院不予支持。出卖人因未取得所有权或者处分权致使标的物所有权不能转移，买受人要求出卖人承担违约责任或者要求解除合同并主张损害赔偿的，人民法院应予支持”，可认定虽然质权人出卖质物的行为属于无权处分，但质权人与买受人签订的买卖合同效力仍为有效。（5）质权人与出质人构成共同侵权，承担连带赔偿责任。当买受人善意取得动产所有权后，原权利人丧失所有权，对这一损失，是由质权人与出质人恶意串通造成的，根据《侵权责任法》第八条“二人以上共同实施侵权行为，

---

① 李国光等：《〈最高人民法院关于适用中华人民共和国担保法若干问题的解释〉理解与适用》，吉林人民出版社 2000 年版，第 312 页。

造成他人损害的，应当承担连带责任”之规定，此等情形下原动产所有权人有权请求出质人与质权人对其所有权的丧失承担连带赔偿责任，也有权单独请求出质人承担违约损害赔偿责任。

案例指导

中国工商银行股份有限公司泰兴支行诉江苏港华船业有限公司等合同纠纷案[①]

案外人江苏苏豪国际集团股份有限公司（以下简称苏豪公司）称，我公司与被执行人江苏港华船业有限公司（以下简称港华公司）在2011年12月21日作为共同卖方与荷兰船东签订8份船舶建造合同，2011年12月27日，我公司与港华公司签订《8艘荷兰船舶建造项目代理协议》，约定：我公司向船东开具保函；交船前的船舶所有权归我公司所有，包括但不限于建造船舶而采购的所有材料、设备等。此后，我公司向船东出具了银行保函，并为建造船舶与镇江市某金属材料有限公司签订《钢材采购合同》，向其采购了英国劳氏船级社标准的船用钢材3825.545吨，指定港华公司码头为交货地点，我公司共支付钢板价款2028.31万元。2012年5月22日，港华公司签署入库单确认收到上述船用钢板，现上述钢板仍在港华公司厂区内存放。泰州市中级人民法院2013年7月17日以（2013）泰中执字第0134号民事裁定书查封的位于港华公司厂区内的LR-A钢板以及废钢属我公司所有。另，我公司已于2013年10月25日向武汉海事法院申请对上述钢号为LR-A的船用钢板进行诉前财产保全，该院于2013年10月27日作出（2013）武海法保字第000543号民事裁定，对上述钢板进行了查封。我公司已在该院以被执行人港华公司、李年华为被告提起了确认上述船用钢板的所有权之诉，该院于2013年11月6日对上述钢板进行了查封。请求泰州市中级人民法院终止对上述钢板的执行。

申请执行人中国工商银行股份有限公司泰兴支行（以下简称工行泰兴支

① 案例来源：江苏省泰州市中级人民法院（2013）泰中执异字第0019号。

行）辩称，上述钢板由港华公司委托苏豪公司代购，货款在苏豪公司应支付给港华公司的购船款中已扣除，苏豪公司向港华公司开具了上述钢板的销售发票。港华公司用存于自己仓库及场地上的钢板及废钢向我行出质贷款2000万元，在质押时向我行提供了相关权利证明，我行有充分理由相信港华公司为出质钢板、废钢的所有权人。我行对苏豪公司与港华公司保留钢板所有权的协议并不知情，该协议并不能对抗我行质权。即便港华公司对质物无所有权，我行也属善意取得质权，质权合法有效。

港华公司述称，我公司向工行泰兴支行贷款2000万元用于购买钢板履行造船合同，以库存钢板及废钢质押，其中3825.545吨LR-A钢板系我公司委托苏豪公司向镇江市某金属材料有限公司代购，该批钢板的货款已被苏豪公司从船款中扣除，苏豪公司向我公司开具了发票。苏豪公司为监督造船合同的履行，向我公司派驻了工作人员，我公司用该批钢板出质，苏豪公司是知道的。我公司向工行泰兴支行贷款，向该行提供了与本案标的物有关的全部证据，并无任何隐瞒证据的行为。

工行泰兴支行及港华公司对苏豪公司陈述的事实和所提证据不持异议。苏豪公司对证据的真实性不持异议，但其认为，苏豪公司为本案所涉3825.545吨LR-A船用钢板的所有权人，工行泰兴支行未实际占有质物且非善意取得质权。

泰州市中级人民法院查明，2012年12月28日和2013年1月9日，港华公司以其库存船用钢板及废钢为质物，向工行泰兴支行融资贷款，并分别于2012年12月31日和2013年1月10日与工行泰兴支行签订《商品融资合同》两份，从该行各获得1000万元贷款，贷款期限均为6个月。合同约定质物交由中国某集团公司某公司（以下简称某外运公司）进行监管并由其出具相关保管凭证。港华公司提交的质物权利凭证包括：港华公司表明对质物享有所有权和处置权的《权属证明》；港华公司全体股东同意以现有库存钢板及废钢质押的《股东会决议》；港华公司表示在质押未解除前不得对外进行质押的《承诺书》；等等。

另查明，2012年12月28日和2013年1月9日，工行泰兴支行、港华公司及某外运公司三方签订《商品融资质押监管协议》两份，28日的协议质物为 1680 吨船用钢板、3420 吨废钢，最低价值为 1667 万元；9 日的协议质物为 2915 吨 LR–A 船用钢板、2520 吨废钢，最低价值为 1667 万元。港华公司向监管公司出具了两份出质通知书和质物清单（代质押确认回执），监管公司保证在其监管期间，两份质押监管协议项下质物的最低价值均不得低于 1667 万元。协议履行期间，监管公司派员驻港华公司对质物进行监管，并安装了监控设施，建立了台账并实施月报制度。

2013 年 3 月 11 日，工行泰兴支行就上述两份商品融资合同向泰州市中级人民法院提起诉讼，案经调解，当事人达成协议，该院于 2013 年 5 月 9 日作出（2013）泰中商初字第 0038 号民事调解书，载明：港华公司、李年华、曹兴洪保证按照商品融资合同履行；工行泰兴支行对港华公司质押的钢板废钢在该财产折价或拍卖、变卖的价款中享有优先受偿权。由于港华公司逾期未履行上述还款义务，工行泰兴支行向该院申请执行。该院于 2013 年 7 月 17 日以（2013）泰中执字第 0134 号民事裁定书查封了港华公司厂区内全部钢板及废钢。

还查明，港华公司为荷兰船东建造的船舶共 14 艘，其中 6 艘由港华公司与船东直接签订合同，已交付。8 艘由苏豪公司代理，已交付 2 艘，6 艘至今未开工建造。

该院认为，根据苏豪公司提供的证据，苏豪公司为保证造船合同的履行，向船东出具了银行保函，在港华公司未按合同全部交付船舶前，苏豪公司根据《8 艘荷兰船舶建造项目代理协议》，对为建造 8 艘船舶所购材料享有所有权。但由于钢板及废钢被港华公司合法占有，且港华公司拥有质物的合法凭证，质权人有理由相信港华公司对质物享有所有权，其在接受质物的过程中对质物权利的审查已尽到了注意义务。港华公司虽称在融资贷款时向银行提供了全部证据，但《8 艘荷兰船舶建造项目代理协议》中关于船舶及材料所有权的约定足以推翻港华公司向银行提供的其他全部证据，一家处于经营困境亟待融资的造船企业，在已提供证据证明其对质物拥有所有权的同时，再提供一份相反证据，这种做法显然无法令人相信。该院对质权人善意取得质权的意见予以采信。

上述质物虽存于港华公司厂区并处于流动质押，但出质人向质权人及监管公司出具了出质通知，质权人委托监管公司对质物进行监管，监管公司对质物建立了台账和月报制度，实施了有效的监管，应当视为质物实际交付并处于质权人占有之下，符合动产质押的法律特征。《担保法解释》第八十四条规定："出质人以其不具有所有权但合法占有的动产出质的，不知出质人无处分权的质权人行使质权后，因此给动产所有人造成损失的，由出质人承担赔偿责任。"这表明，法律对类似本案之质权予以承认和保护。出质人与第三人对质物所有权的约定，不能对抗善意质权人。

综上所述，该院对苏豪公司所提异议请求及理由不予支持。根据《民事诉讼法》第二百二十七条之规定，裁定如下：驳回案外人苏豪公司所提执行异议。

规范指引

《中华人民共和国合同法》

第五十一条 无处分权的人处分他人财产，经权利人追认或者无处分权的人订立合同后取得处分权的，该合同有效。

《最高人民法院关于适用〈中华人民共和国担保法〉若干问题的解释》

第八十四条 出质人以其不具有所有权但合法占有的动产出质的，不知出质人无处分权的质权人行使质权后，因此给动产所有人造成损失的，由出质人承担赔偿责任。

《中华人民共和国物权法》

第一百零六条 无处分权人将不动产或者动产转让给受让人的，所有权人有权追回；除法律另有规定外，符合下列情形的，受让人取得该不动产或者动产的所有权：

（一）受让人受让该不动产或者动产时是善意的；

（二）以合理的价格转让；

（三）转让的不动产或者动产依照法律规定应当登记的已经登记，不需要登记的已经交付给受让人。

受让人依照前款规定取得不动产或者动产的所有权的，原所有权人有权向无处分权人请求赔偿损失。

当事人善意取得其他物权的，参照前两款规定。

《最高人民法院关于审理买卖合同纠纷案件适用法律问题的解释》

第三条　当事人一方以出卖人在缔约时对标的物没有所有权或者处分权为由主张合同无效的，人民法院不予支持。

出卖人因未取得所有权或者处分权致使标的物所有权不能转移，买受人要求出卖人承担违约责任或者要求解除合同并主张损害赔偿的，人民法院应予支持。

专题八：动产动态质押的效力及其实现

【核心提示】动产静态质押牺牲了质物流动性，动产浮动抵押则弱化了抵押物的担保力，二者均非拥有大量存货动产的生产经营型企业理想的融资担保方式，于是动产动态质押应运而生。动态质押下质物可补新、出旧，循环流动，数量、质量、型号、规格等均处于动态变化中，仅需将质物价值维持在最低价值控制线之上，出质人因此保留了利用质物从事生产经营的自主权，质权人借助监管人之监管行为实现对质物之有效控制。质言之，动产动态质押恰如其分地融聚了静态质押和浮动抵押的制度优势，兼顾了质物的流动性与质权担保力，其在未来融资担保中必将处于优越地位。

实务争点

银行、物流公司与生产经营型中小企业（以下简称中小企业）共同开发、创新的动产“动态质押＋第三人监管”（以下简称动产动态质押）融资模式主要借助商品融资质押监管协议具体运行，其关键在于监管人物流公司要妥善履行与质权人银行、出质人（债务人）中小企业签订的质押监管协议项下义务，确保质权设立并维持质物价值，以便银行届时能顺利实现债权。一方面，该融资担保模式理论上满足了质权人、出质人和监管人三方利益需求，于近年来迅速崛起成为动产质押担保的主流；另一方面，该融资担保模式又因日益频发的质押监管纠纷陷入生存困境。2013 年之前，法院受理的动产动态质押监管纠纷仅为零星几十例，但自 2013 年至 2018 年，相关案件已猛增千余起。[①] 理论与实务对如下问题存在巨大争议：一是在流动的动产上设立质权，如何满足质物特定化要件？二是在出质人库监管和第四方企业库监管之情形，质权人与监管人并不能当然排除出质人对质物之占有和控制状态，质权又何能设立？三是如何界定商品融资质押监管协议之性质？四是如何认定监管人损害赔偿责任的性质与范围？等等。[②]

理解适用

对《担保法解释》第八十七条的理解与适用

《担保法解释》第八十七条规定出质人代质权人占有质物的，质押合同不生效；质权人将质物返还于出质人后，以其质权对抗第三人的，人民法院不予支持。此规定存在谬误，目前学术界一致认为，出质人代质权人占有质物的，质押合同有效，仅质权不设立，理由在于：一方面，只要出质人与质权人设立质权的意思表示真实且成立程序和内容均不违反法律、行政法规的强制性规定，质押合同便合法有效；另一方面，出质人代质权人占有质物之行为本质上构成占有改定，无法公示动产质权之存在、表彰动产质权之效力，动产质权不能设立。

（一）动产动态质押的制度优势

普通动产流动性高，权利变动频繁，价值通常偏小，不便登记公示且易被消耗，故其不适合设立以登记为公示手段的抵押权而仅宜成立以占有为公

① 邓达江：《论动产动态质押监管人的损害赔偿责任——从最高人民法院一起公报案例谈起》，载麻昌华主编：《私法研究》（第 23 卷），法律出版社 2018 年版，第 53~54 页。

② 有关动产动态质押的相关问题，详见邓达江：《动产动态质押论》，西南政法大学 2019 年博士学位论文。

示方法的静态质押权（质物不流动，故为静态）。静态质押一方面要求质物特定、不允许随意更换质物；另一方面质权人直接占有质物以设立和存续质权。仅就担保力而言，静态质押实乃最大限度保障担保权人利益的最强手段。然而，在融资担保实践中，静态质押存在两大缺陷：一是质权人虽占有、控制质物，但其亦负担妥善保管质物之义务，付出保管成本且承受质物毁损、灭失之风险；二是出质人对质物的使用、收益、处分权能被剥夺，质物流动性被阻塞，无法兼顾经营与融资之双重需求。[①] 在投资性融资占主导的时代，动产静态质押逐步走向没落。有鉴于此，2007 年《物权法》第一百八十一条、第一百八十九条创造性地吸收了英国法上的浮动抵押制度，明确规定“经当事人书面协议，企业、个体工商户、农业生产经营者可以将现有的以及将有的生产设备、原材料、半成品、产品抵押”。浮动抵押彻底克服了动产静态质押需交付质物的缺陷，且抵押人能为生产经营自由处分抵押物，最大限度保障了企业、个体工商户和农业生产经营者正常的生产经营活动。然而，问题在于，在浮动抵押中，抵押合同生效抵押权便宣告成立，登记仅具有对抗效力，且抵押人拥有自由处分抵押物的权利，抵押权人不能对抗正常经营活动中已支付合理对价并取得抵押财产的买受人，其对抵押物的控制力微乎其微。换言之，浮动抵押虽最大限度保障了抵押人的自主经营权，但弱化了抵押权的担保力。与动产静态质押相比，动产浮动抵押走向了另外一个极端，二者实非拥有大量存货动产的生产经营型企业理想的融资担保模式。

从世界担保物权制度的历史演进来看，经济社会发展是担保物权制度不断成长、完善的内在动力。近年来，为了活化存货动产的融资担保功能，克服动产静态质押、动产浮动抵押在融资担保中的规则缺陷，银行、物流公司、生产经营型企业共同发展了一种存货动产担保信贷融资的创新模式——动产动态质押。在动态质押中，银行、物流公司、生产经营型企业需签订商品融资质押监管协议，监管人物流公司接受质权人银行委托派员入场监督出质人行为、监管质物进出库，核心是确保被监管质物的价值始终处于最低价值控

---

① 邓达江：《论动产动态质押监管人的损害赔偿责任——从最高人民法院一起公报案例谈起》，载麻昌华主编：《私法研究》（第 23 卷），法律出版社 2018 年版，第 54~57 页。

制线之上，一旦发现异常情况立即向质权人报告，以保障债权顺利受偿。就监管方式而言，存在三种情形：物流企业库监管、出质人库监管、第四方企业库监管，而为了克服占有改定带来的法律障碍，在出质人库监管和第四方企业库监管情形下，监管人物流公司通常与出质人生产经营型企业签订《仓库租赁协议》，由监管人租赁已存放质物的仓库以从观念上稀释出质人或第四方企业对质物的占有与控制状态。在动态质押下，一方面，质物可以补新、出旧，循环流动，仅需将质物价值保持在最低价值控制线之上，出质人因此保留了利用质物从事生产经营的自主权，质物流动的周期越短，资金回笼的速度就越快，被监管质物的贬损率就越低，担保力度就越大；另一方面，质权人以质押监管协议为媒介并借助监管人之审查行为、监管行为确保对质物的支配与控制，强化了动态质押的担保力。质言之，动产动态质押融合了动产静态质押和动产浮动抵押的制度优势，克服了二者的规则缺陷，在维护债权安全的同时又不妨碍出质人的生产经营，最大限度实现了质权人与出质人的利益平衡，其在融资担保中处于优越地位，并于近年来迅速崛起。

（二）动产动态质押的设立要件

最高人民法院在2017年第7期公报案例（有关动产动态质押监管合同纠纷案）的裁判摘要中指出："在审理动产质押监管合同纠纷案件时，应当查明质物是否真实移交监管或是否足额移交监管的基本事实，据此对相应质权是否已经设立作出准确认定。"如前所述，在融资担保实践中，动产动态质押监管存在三种情形：监管人库监管、出质人库监管、第四方企业库（通常为货物仓储方、保管方）监管，最普遍者乃出质人库监管。理论与实务对动产动态质押能否契合质权设立要件有两大质疑：一是在流动之动产上设立质权，如何满足质物特定化要件？[①] 二是在出质人库监管和第四方企业库监管之情形，质权人与监管人并不能当然排除出质人对质物之占有、控制状态，

① 观点分歧详见上海市第二中级人民法院（2013）沪二中民六（商）终字第247号民事判决书、浙江省湖州市中级人民法院（2016）浙05民终486号民事判决书、河南省高级人民法院（2015）豫法民一终字第11号民事判决书等。

出质人对质物仍可有超强支配力，质权又何能设立？[①] 我们认为，第一，无论是静态质押抑或动态质押，真正关键者实非质物之具体形态而是质物之经济价值，现代融资担保中以担保物价值特定取代担保物形态固定的理念已成共识，最低价值控制线确能特定质物价值，流动之动产上亦能设立质权。在动态质押中，最低价值控制线亦可随具体情形适时调整，例如质押监管期间若经质权人同意，出质人追加保证金或清偿部分借款本息，则质权人向监管人签发《质押财产最低价值通知书》，按约下调最低价值控制线；若经质权人同意，出质人增加借款金额，监管人便按质权人指示上调最低价值控制线。第二，在监管人库监管情形下，出质人将质物交付到监管人仓库，质权人通过监管人行为实现对质物之排他性占有、控制，设立质权当无疑问；而在出质人库监管和第四方企业库监管情形下，动态质权能否设立与存续取决于监管人是否按约履行质物审查义务和监管义务。[②]

具体而言，第一，监管人履行的监管义务关涉动态质权设立。审判实践中，法院应结合借款合同、质押合同、质押监管协议、质押物清单、质押监管方案、代出质通知书（接货通知书）、收到质物通知书等文件材料重点审查监管人是否妥善履行质物审查义务，以此确定质物是否真实或足额移交，最终对质权是否设立作出确切判断。至于如何确定监管人的审查义务，我们认为，首先，若质押监管协议对监管人的实质审查义务抑或表面审查义务有约定，依其约定；其次，若质押监管协议对监管人审查义务没有约定，则鉴于监管人乃专业监管机构且通常收取不菲监管费，其仍应当按照监管行业基本要求妥善履行外观审查义务或表面审查义务。第二，监管人的监管义务决定动态质权存续。监管人按约履行质物审查义务辅助质权人设立动态质权仅为起点，其妥善履行监管义务以维持质物价值才是动产动态质押融资模式之关键。动态质权设立后，尤其在出质人库监管、第四方企业库监管情形下，监管人主要负担监督、建议出质人、第四方企业行为和管控质物进出库的义

---

① 观点分歧详见安徽省马鞍山市中级人民法院（2013）马民二初字第 00015 号民事判决书、安徽省高级人民法院（2013）皖民二终字第 00217 号民事判决书等。

② 邓达江：《论动产动态质押监管人的损害赔偿责任——从最高人民法院一起公报案例谈起》，载麻昌华主编：《私法研究》（第 23 卷），法律出版社 2018 年版，第 56~57 页。

务，根据实际监管情况适时履行建议义务、监控义务、保管义务、通知义务、报告义务、阻止义务等监管义务，目的在于彻底稀释出质人对质物的占有与控制状态，排除出质人对质物之绝对支配，全程监督出质人处分质物之行为，随时掌控进出仓库质物的数量、质量、价值量等，确保被监管质物价值不低于最低价值控制线以实现动态质权之存续。公报案例中，因大连谷物公司未交付质物致质权未能设立，辽宁储运公司的监管义务就无从谈起。①

（三）监管人赔偿责任的承担路径

最高人民法院在 2017 年第 7 期公报案例（有关动产动态质押监管合同纠纷案）的裁判摘要中指出："第一，在动产质押监管合同纠纷中，如果债权人、作为出质人的债务人、质物监管人三方对质物没有真实移交监管或没有足额移交监管均存在过错，则三方对相应质权没有设立给债权人造成的损失均应承担责任。由于债务人负有移交质物的法定义务，且质物是否移交直接决定质权设立，所以其对质物没有真实移交监管或没有足额移交监管而致质权没有设立给债权人造成的损失，存在的是主要过错，应当承担主要责任。监管人虽然存在误以为质物真实移交的过错行为，但因这种过错行为不是导致质权没有设立的主要原因，所以其应对债权人损失承担次要责任。监管人的这种责任因违反约定义务而产生，性质上应认定为违约责任。第二，在动产质押监管合同纠纷中，债权人的直接义务人是债务人和担保人，监管人仅是帮助债权人实现债权的辅助人，除因自身原因造成监管质物灭失外，其责任需依附于债务人与担保人的直接责任。如果直接责任因清偿而消灭，债权人因获得清偿而不存在损失，则监管人的监管责任也相应消灭。因此，监管人只是前述直接义务人的补充义务人，其对质物没有真实移交监管或没有足额移交监管而致质权没有设立给债权人造成的损失，应承担补充赔偿责任。"

我们认为，第一，监管人未尽监管义务致使质物毁损、灭失，应承担违约责任，鉴于质押监管协议性质上为委托合同（监管人接受质权人委托辅助

---

① 邓达江：《论动产动态质押监管人的损害赔偿责任——从最高人民法院一起公报案例谈起》，载麻昌华主编：《私法研究》（第 23 卷），法律出版社 2018 年版，第 56~57 页。

设立与存续质权)，有过错的监管人应承担赔偿责任。而只要监管人能够证明其已履行审查义务、监督义务、管理义务、通知义务、报告义务、阻止义务等，便可认定其不存在过错，即便质物毁损、灭失，亦无须担责。第二，不应将出质人过错纳入监管人赔偿责任的考量范畴，仅应将质权人过错作为确定监管人赔偿范围的考量因素，公报案例有关此问题的裁判见解存在谬误，其结果是不当缩小了监管人的责任范围，变相加重了质权人的责任负担(监管人的过错明显比质权人大得多，而最高人民法院在终审判决中却让监管人承担不超过30%的责任，相应地质权人就得自担70%的责任)。第三，有过错的监管人承担相应的有限、补充赔偿责任。在动态质押模式下，质权人的真正损失并非被监管的质物遭遇毁损、灭失，而是在债务人不清偿到期债务且质权人无法通过其他途径完满实现债权时，因监管人过错致使质权未设立或质物遭遇毁损、灭失，导致质权人贷款不能顺利收回所遭受的实际损失。换句话说，若债务人清偿了债务或质权人通过其他方式收回了贷款，即便因监管人过错致质物毁损、灭失，质权人也不存在任何损失，监管人对质权人的赔偿责任更不成立，此时可能仅涉及出质人向监管人主张质物赔偿的问题。[①] 因此，监管人的赔偿责任具有补充性、有限性。

(四)实务中应当注意的问题

第一，严格而言，动产动态质押仍属于质押，其软化了传统质押的成立与存续要件：一是现代担保物权中担保物价值特定取代担保物形态固定已成为共识，只要质物价值特定，流动的质物上亦可设立质权；二是融资实践中，出质人库监管是最普遍、最有效益的监管模式，只要质权人能借助监管人之监管行为实现对质物的绝对、排他占有与控制状态，质权便可设立与存续，出质人占有、使用、收益甚至处分质物之行为并不构成占有改定。故审判实践中，应牢牢把握住监管人的审查义务与监管义务这两个核心点，根据案件情况审慎判断动态质权的设立与存续。

---

① 邓达江：《论动产动态质押监管人的损害赔偿责任——从最高人民法院一起公报案例谈起》，载麻昌华主编：《私法研究》(第23卷)，法律出版社2018年版，第58~60页。

第二，在动态质押监管纠纷案件中，大致存在两种诉讼模式：一是以质押监管协议单独起诉监管赔偿损失；二是以借款合同、质押合同等起诉债务人（出质人）承担清偿责任、确认优先受偿权，且以质押监管协议一并起诉监管人赔偿损失，后者存在是否并案的问题。审判实践中，赞同分案审理和并案审理的裁判意见各占一半。我们认为，除非当事人同意并案审理，否则质押监管纠纷与借款及担保纠纷宜分案处理。

第三，审判实践中，存在出质人虚假出质、监管人侵占质押物的情形，进而涉及合同诈骗罪、侵占罪等民刑交叉问题，出质人、监管人常以涉及刑事犯罪为由，认为法院对质押监管纠纷无管辖权，应移送公安、检察机关。我们认为，相关出质人、监管人承担刑事责任并不影响民事责任的承担，且民事责任处于比刑事责任更为优先的位置，出质人、监管人的相关抗辩主张并不能获得支持。

案例指导

大连俸旗投资管理有限公司与中国外运辽宁储运公司等借款合同纠纷案[①]

上诉人中国外运辽宁储运公司（以下简称辽宁储运公司）与被上诉人大连俸旗投资管理有限公司（以下简称俸旗公司）、原审被告大连港湾谷物有限公司（以下简称大连谷物公司）、原审第三人大连港股份有限公司（以下简称大连港公司）借款合同纠纷一案，俸旗公司向辽宁省高级人民法院（以下简称辽宁高院）提起诉讼，辽宁高院经审理于2014年11月12日作出了（2014）辽民二初字第00043号民事判决。辽宁储运公司不服，向最高人民法院提起上诉，最高人民法院经审理于2015年11月12日作出（2015）民二终字第155号民事裁定，撤销原判，发回重审。辽宁高院经重审审理于2016年6月21日作出了（2016）辽民初1号民事判决。辽宁储运公司仍不服，

① 案例来源：最高人民法院（2016）最高法民终650号，载《最高人民法院公报》2017年第7期（总第245期）。

再次向最高人民法院提起上诉。

俸旗公司一审诉称：2014 年 6 月 4 日，俸旗公司与大连谷物公司签署的《最高额动产质押合同》约定，大连谷物公司以其自有的玉米对 26320 万元借款本息提供质押担保，最高额担保金额为人民币 3 亿元。质押物为 145400 吨玉米，暂作价 3 亿元。同日，俸旗公司与大连谷物公司、辽宁储运公司签署的编号为质押 FQ001 号《动产质押监管协议》约定，辽宁储运公司接收大连谷物公司交付的质物并向俸旗公司签发《收到质物通知书（代质物清单）》，质物完成转移占有，实际转移交付占有的质物以《收到质物通知书》列明的为准。监管期间自辽宁储运公司收到质物开始起算，在监管期间非俸旗公司书面确认，质物不得出仓、出库，辽宁储运公司违反上述规定的，应承担相应的赔偿责任。俸旗公司行使质权时应签发以俸旗公司为提货人的放货通知书给辽宁储运公司，辽宁储运公司应当及时办理质押物的放货事宜。在监管期间，由于辽宁储运公司未尽到监管责任导致质物变质、短少、灭失等应由辽宁储运公司向俸旗公司承担赔偿责任。《动产质押监管协议》签署后，辽宁储运公司向俸旗公司出具了《收到质物通知书》，明确告知其已经收到质押物 145400 吨玉米，且质押物已经在其占有、监管之下。2014 年 6 月 9 日，辽宁储运公司收取了 150 万元监管费。在《动产质押监管协议》签署后，因大连谷物公司资金紧张，无法于约定日期偿还上述债务，其申请对上述债务延期还款，并于 2014 年 7 月向俸旗公司提交了《延期还款申请》。大连谷物公司承诺其将于 2014 年 7 月 15 日向俸旗公司履行全部还款义务，如届时违约，俸旗公司可直接行使质权。

2014 年 7 月，因大连谷物公司未能履行还款义务，俸旗公司多次去辽宁储运公司处确认质押物情况，辽宁储运公司确认质押物在其监管下并出具签字确认的动产质押工作记录，质押物现场监管员出具了现场核查笔录证明质押物存在完好无损，并承诺只要俸旗公司出具提货通知，即将质物交付俸旗公司。俸旗公司按照《动产质押监管协议》的约定行使质权并向辽宁储运公司出具了《放货通知书》，要求辽宁储运公司办理对质押物 145400 吨玉米的提货手续，但辽宁储运公司以没有跟大连谷物公司联系上为由没有向俸旗公司提供质押物。基于此，俸旗公司认为：大连谷物公司未按照借款协议的约定履行还款义务，其行为已经构成违约，辽宁储运公司未按照《动产质押监管协议》的约定履行监管及向倖旗公司交付质押物的义务已经构成违约，大连谷物公司和辽宁储运公司的行为已经严重侵犯了倖旗公司的合法权益，应当承担相应的责任，故倖旗公司诉至法院，请求判令：（1）大连谷物公司向倖旗公司清偿欠款26320万元及逾期利息（谷物公司应偿还借款人民币26320万元及逾期利息。逾期付款利息按照月息2%计算，从2014年6月5日计算至实际偿还之日止。截至第一次起诉日2014年7月逾期利息为人民币789.6万元，其后的逾期利息仍在主张范围内）；（2）处置质押物所得价款倖旗公司优先受偿；（3）辽宁储运公司就大连谷物公司所欠债务在3亿元范围内承担连带赔偿责任；（4）大连谷物公司、辽宁储运公司共同承担本案全部诉讼费用及保全费用。

辽宁储运公司一审答辩称：不同意倖旗公司针对辽宁储运公司提出的第二、三、四项诉讼请求。主要理由为：

1. 倖旗公司请求处置质押物的前提未必存在，其第二项诉讼请求恐难以成立，出质时辽宁储运公司非责任方，不应承担法律责任。

2. 辽宁储运公司作为倖旗公司的受托人，在接受委托监管业务当中履行了自己的职责，不应承担赔偿责任。辽宁储运公司在本案中的责任是依据三方监管协议的约定履行义务，承担法律责任。按照监管协议约定，辽宁储运公司是接受倖旗公司的委托进行监管，其职责仅仅是在监管期间妥善保管货物的权属凭证，对货物数量进行监视、对货主行为进行监督，一旦发现出质人即大连谷物公司或者是仓储方新港物流公司违反本协议约定擅自提货放货的行为，有责任及时制止并向倖旗公司报告。辽宁储运公司并非货物的保管方和直接控制人。辽宁储运公司对倖旗公司和货主均已经确认在库的货物行使监管责任，如果在此期间未发生私自放货、无单放货、与他人串通放货等过失或者故意行为，则不应承担合同责任。

3. 倖旗公司、辽宁储运公司和大连谷物公司之间签订的《动产质押监管协议》无效，辽宁储运公司不应承担法律责任。根据现有证据，质物根本没有存放在大连港散粮码头公司的仓内，则倖旗公司与大连谷物公司之间的质押担保合同约定的质押不生效。质押监管协议是在质押有效力前提下成立并生效的，在质押担保合同无效的情况下，质押监管协议合同目的无法实现，应予解除，在辽宁储运公司遭受欺诈的情况下，质押监管协议应予以撤销。

4. 本案俸旗公司与大连谷物公司之间的质押合同属于权利质押，而非动产质押。辽宁储运公司对资料的保管存放均尽到责任，没有违约行为。根据《担保法》的规定，动产质押的最基本特征是动产的转移占有，转移占有也是动产质押合同生效的要件。本案中大连谷物公司应当将 145400 吨玉米交付给俸旗公司占有。但从客观事实看，本案所涉全部货物均存放于大连港散粮码头公司、新港物流公司，并由大连港散粮码头公司直接占有，由新港物流公司间接占有，俸旗公司从未占有过该货物。因此，虽然相关合同所表述的是动产质押，但由于缺乏动产质押生效的必要要件，动产质押合同并未生效。

5. 俸旗公司未能按时收回贷款的损失与辽宁储运公司无因果关系。根据俸旗公司提供的证据显示，俸旗公司向大连谷物公司出借款项发生在本案所涉监管业务之前，俸旗公司根本不顾商业风险，在没有任何担保的情况下，自愿将巨额款项借给大连谷物公司，并形成坏账风险。该风险以及最终的损失与辽宁储运公司的监管行为没有直接因果联系。

6. 俸旗公司请求辽宁储运公司承担 3 亿元范围内的连带赔偿责任缺乏法律依据。辽宁储运公司在本案中的法律责任仅限于监管协议约定的责任，该法律责任是合同责任，承担合同责任的前提应当是违约行为导致合同相对方遭受损失，承担责任的方式是向守约的相对方赔偿损失，其法律依据是合同法有关违约的规定。

7. 本案是合同诈骗案件，应交由公安机关处理。大连谷物公司已经因贷款诈骗被立案侦查，其利用虚假出质骗取贷款人的信任获得资金的行为与本案利用虚假出质骗取债权人的信任豁免其履行债务的行为如出一辙，性质一样。另外，最高人民法院（2015）民二初字第 155 号民事裁定书中要求查明谷物公司是否按照合同约定提供了质物，是按合同约定提供了全部质物还是仅提供了部分质物等基本事实，而该事实需公安机关运用侦查手段，找到大连谷物公司、新港物流公司、大连港散粮码头公司、大连港铁路公司的相关人员调查核实，单靠民事审判庭无法确切查清。

8. 俸旗公司起诉状中陈述提及监管期间由于辽宁储运公司未尽到监管责任导致质物变质、毁损等应由辽宁储运公司向俸旗公司承担赔偿责任，但在履行中没有发生在监管期间质物毁损的情况，俸旗公司的起诉没有依据。

大连港公司一审辩称：大连港公司与本案没有利害关系，请求撤销大连港公司在本案中第三人身份。理由如下：

1. 俸旗公司起诉状中起诉的是两个被告，诉因是借款合同纠纷，大连港公司不是被告也不是本案当事人，与俸旗公司没有借款等合同关系及法律上的利害关系，对涉案内容，大连港公司一概不知，不具有第三人的法律特征。

2. 俸旗公司起诉状中所称的玉米与大连港公司没有任何关系，更没有涉案所称的任何存粮。对此，最高人民法院（2015）民二初字第 155 号民事裁定书认定的涉案证据载明，辽宁储运公司工作人员孙某在接受公安机关询问时称，其经手过俸旗公司的 14 万至 15 万吨玉米质物的监管，模式和涉嫌诈骗的刑事案件相同，即根据领导的授意，在没有粮食的情况下编造监管日志和明细分类账，证明粮食存在并处于监管之中。显然该案涉嫌犯罪，但与大连港公司无关。

3. 大连港公司注意到俸旗公司证据中的货物仓位图发生在 2014 年 6 月，上面大连港散粮码头公司的印章完全是假的，因为该印章早在 2010 年 9 月 1 日就因磨损严重作废并于同日由公安部门收缴销毁。俸旗公司提供货物仓位图上的载重吨在 8700—8900 多吨，而大连港散粮码头公司相应仓位最大装载重量是 840 吨和 3500 吨，比大连港散粮码头公司高出 5000 多吨，显然俸旗公司提供的仓位图是伪造的。大连港公司与本案没有任何利害关系，不是第三人，请求法院撤销大连港公司在本案中第三人的地位，维护大连港公司的合法权益。

一审法院查明事实后认为，针对俸旗公司的诉讼主张及辽宁储运公司的抗辩意见，本案争议焦点问题是：第一，大连谷物公司是否应向俸旗公司偿还欠款 26320 万元及按月利率 2% 支付逾期利息；第二，《最高额动产质押合同》的效力及俸旗公司是否享有处置质押物所得价款优先受偿的权利；第三，

《动产质押监管协议》的效力及辽宁储运公司是否应就大连谷物公司所欠债务在3亿元范围内承担连带赔偿责任。

1. 关于大连谷物公司是否应向俸旗公司偿还欠款26320万元及按月利率2%支付逾期利息问题。

关于本案应偿还的本金，俸旗公司主张26320万元，系依据各债权人与债务人光德公司、大连谷物公司签订的《欠款确认及债权转让协议书》《协议书》确认受让的债权金额，该金额中包括借款本金20800万元及截止到2014年5月31日止的利息、费用，各方对此均无异议，故该院对俸旗公司主张的26320万元中的本金部分20800万元予以支持。

关于20800万元本金的利息。因本案在2015年9月1日前已受理，故应依据当时有效的《最高人民法院关于人民法院审理借贷案件的若干意见》第六条，民间借贷的利率可以适当高于银行的利率，各地人民法院可根据本地区的实际情况具体掌握，但最高不得超过银行同类贷款利率的四倍（包含利率本数）。超出此限度的，超出部分的利息不予保护的规定来确定。20800万元系四笔借款即10000万元、6000万元、4500万元及300万元组成，在该四笔借款合同中对借款期限内的利息均没有约定。依据《合同法》第二百一十一条，自然人之间的借款合同对支付利息没有约定或者约定不明确的，视为不支付利息，该院对四笔借款期限内的利息不予支持。对于四笔借款的逾期利息，四笔借款合同分别约定：（1）关于10000万元借款，双方约定借款期限自2013年5月18日至2013年5月27日，逾期按日4‰（折算成年利率为144%）支付逾期利息。而该借款发生时，2013年中国人民银行短期（六个月以下）贷款利率为年利率5.6%（四倍利率即年利率22.4%），可见，日4‰的利率约定已超过中国人民银行同期同类贷款利率的四倍。现俸旗公司主张逾期利息按月息2%（年利率为24%）计算，亦已超过四倍利率的限定，故该笔借款的逾期利息从2013年5月28日起至实际给付之日止应按中国人民银行同期同类贷款利率的四倍计付，对超出部分，不予支持。（2）关于6000万元借款，双方约定借款期限从2013年12月27日起到2013年12月30日止，逾期按日5‰（折算成年利率为180%）支付逾期利息。而该借款发生时，2013年中国人民银行短期（六个月以下）贷款利率为年利率5.6%（四倍利率即年利率22.4%），可见，日5‰的利率约定已超过了中国人民银行同期同类贷款利率的四倍。现俸旗公司主张逾期利息按月息2%（年利率为24%）计算，亦已超过四倍利率的限定，故该笔借款的逾期利息从2013年12月31日起至实际给付之日止应按中国人民银行同期同类贷款利率四倍计付，对超出部分，不予支持。（3）关于4500万元借款，双方约定借款期限从2013年9月27日起到2013年10月18日止，逾期按日4‰（折算成年利率为144%）支付逾期利息。而该借款发生时，2013年中国人民银行短期（六个月以下）贷款利率为年利率5.6%（四倍利率即年利率22.4%），可见，日4‰的利率约定已超过了中国人民银行同期同类贷款利率的四倍。现俸旗公司主张逾期利息按月息2%（年利率为24%）计算，亦已超过四倍利率的限定，故该笔借款的逾期利息从2013年10月19日起至实际给付之日止应按中国人民银行同期同类贷款利率四倍计付，对超出部分，不予支持。（4）关于300万元借款，双方约定借款期限从2014年5月12日起到2014年5月31日止，逾期按日0.6‰（折算成年利率为21.6%）支付逾期利息。而该借款发生时，2014年中国人民银行短期（六个月以下）贷款利率为年利率5.6%（四倍利率即年利率22.4%），可见，日0.6‰的利率约定未超过中国人民银行同期同类贷款利率的四倍，符合法律规定，故该笔借款的逾期利息从2014年6月1日起至6月4日止按日0.6‰计付，俸旗公司受让该笔债权后，约定逾期利息按月2%计息（折算成年利率为24%），因该约定已超过中国人民银行同期同类贷款利率的四倍，故该笔借款从2014年6月5日起至实际给付之日止应按中国人民银行同期同类贷款利率的四倍计付，对超出部分，该院不予支持。

2. 关于《最高额动产质押合同》的效力及俸旗公司是否享有处置质押物所得价款优先受偿的权利问题。

俸旗公司与大连谷物公司签订的《最高额动产质押合同》，系双方当事人的真实意思表示，不违反法律、行政法规的强制性规定，合法有效。双方当事人理应依约履行合同义务。从现有证据看，刘有文在该院委托长春市中级人民法院（以下简称长春中院）调查时，已自认与俸旗公司签订《最高额动产质押合同》之时和其后未提供质押物145400吨玉米，辽宁储运公司负责监管的孙家国亦证实包括俸旗公司14万至15万吨玉米质押物在内根本不存在。俸旗公司多次要求核验质物，均被辽宁储运公司以有台账、货位图等证据搪塞。虽然辽宁储运公司在庭审时一直称该质物玉米存在于大连港公司散粮码头，但大连港公司被追加为本案第三人后证实辽宁储运公司根本未有该批玉米存放在散粮码头。该院在原一审期间，依俸旗公司、辽宁储运公司提供线索对该质物进行查封保全时，亦未查封到该质物。据此，现有证据无法证明大连谷物公司已经交付质押物145400吨玉米。依据《物权法》第二百一十二条的规定，质权自出质人交付质押财产时设立，涉案质权未依法设立，俸旗公司无法享有处置质押物所得价款优先受偿的权利，故对俸旗公司主张处置质押物所得价款优先受偿的权利的诉求，该院无法支持。

因大连谷物公司未按《最高额动产质押合同》的约定提供质物145400吨玉米，已构成违约，依据《合同法》第一百零七条的规定，当事人一方不履行合同义务或者履行合同义务不符合约定的，应当承担继续履行、采取补救措施或者赔偿损失等违约责任，大连谷物公司应赔偿俸旗公司所受到的损失。依现有证据，俸旗公司所受到的损失即借款本金及相应利息的损失，而大连谷物公司违反还款义务所应承担的违约责任与其应承担的该赔偿责任相竞合，故不再对大连谷物公司的赔偿责任予以判决。

3. 关于《动产质押监管协议》的效力及辽宁储运公司是否应就谷物公司所欠债务在3亿元范围内承担连带赔偿责任问题。

俸旗公司与大连谷物公司、辽宁储运公司签订的《动产质押监管协议》系三方的真实意思表示，并不违反法律、行政法规的强制性规定，故应为有效。辽宁储运公司抗辩认为协议无效、未生效的理由，缺乏法律依据，该院不予采纳。依据该《动产质押监管协议》的约定，辽宁储运公司的义务包括对出质人进行监督、对质物进行监控，对出质人对质物的入库、提货等过程进行监督，一旦发现违反本协议约定之行为，辽宁储运公司应及时制止并向俸旗公司报告。质物监控是指对质物的品名、数量等进行查验、核对，及时向俸旗公司报告质物状况。如大连谷物公司交予的货物及实际库存与《代出质通知书》记载不一致，辽宁储运公司不得接收货物并签发《收到货物通知书》，并应立即书面通知俸旗公司、大连谷物公司。辽宁储运公司派驻监管员在监管场地查验、核对、清点质物，获取和记录质物状况数据，对质物进行监控，发现质物不足或其他异常情况及时报告倖旗公司和谷物公司，并采取适当合理的措施制止、纠正。监管期间，因各种原因质物发生短少、损毁、变质、灭失等可能影响倖旗公司权益的，辽宁储运公司应当在24小时内通知倖旗公司，并采取适当的应急措施；监管期间，辽宁储运公司应接受倖旗公司对质物及相关单证的查询，接受倖旗公司对质物的检查，并给予必要的协助。可见，辽宁储运公司接受倖旗公司委托作为质物的监管人首先应对质物进行核对和查验，而辽宁储运公司在明知大连谷物公司根本未提供质押物145400吨玉米，更没有转移占有该质押物的情况下，未将该情况及时报告、通知倖旗公司，而仍出具《收到质物通知书》，并在倖旗公司查验质物时，向倖旗公司出具所谓的台账、仓位图等证明该质物存在，明显违反了《动产质押监管协议》约定的义务，故辽宁储运公司应承担相应的违约责任。

辽宁储运公司在《动产质押监管协议》第十二条第一款承诺，辽宁储运公司因以下情形给倖旗公司造成损失的，承担倖旗公司实际损失的赔偿责任，倖旗公司就其实际损失的赔偿款享有优先受偿权，其中：因辽宁储运公司违反本协议第四条第四款（监管期间，因各种原因质物发生短少、损毁、变质、灭失等可能影响甲方权益的情形，丙方应当在24小时内通知甲方，并采取适当的应急措施）的规定，未及时通知倖旗公司和谷物公司或未采取适当的应急措施的；因辽宁储运公司违反本协议给倖旗公司造成的损失的其他情况。现辽宁储运公司作为监管人明知145400吨玉米根本不存在，亦未及时通知倖旗公司，还出具质物存在的相关证据对倖旗公司的查验进行搪塞，辽宁储运公司对此应承担给倖旗公司所造成损失的赔偿责任。但因大连谷物公司系主债务人，辽宁储运公司为监管人，依据公平原则，辽宁储运公司应在大连谷物公司不能偿还倖旗公司债务的范围内承担赔偿责任即应承担的是补充赔偿责任。又因辽宁储运公司所监管的质押物145400吨玉米当时作价3亿元提供质押担保，所以，辽宁储运公司应在3亿元范围内对大连谷物公司不能偿还倖旗公司债务造成的损失承担赔偿责任。对于倖旗公司主张辽宁储运公司承担连带赔偿责任，因缺乏事实及法律依据，故对其主张辽宁储运公司承担连带赔偿责任的诉求不予支持。

对于辽宁储运公司关于本案倖旗公司与大连谷物公司之间的质押合同属于权利质押即为仓单质押而非动产质押，其对资料的保管存放均尽到责任，没有违约行为的抗辩。依据倖旗公司与谷物公司签订的《最高额动产质押合同》约定，大连谷物公司系以其自有的玉米对借款本息提供质押担保。本案所涉质物是145400吨玉米本身，而并非对玉米仓单的质押。故辽宁储运公司关于其对资料保管已尽到责任，没有违约行为的抗辩，缺乏事实及法律依据，不予支持。

综上，依照《合同法》第八条、第五十二条、第六十条第一款、第七十九条、第八十条、第八十一条、第一百零七条、第一百九十六条、第二百零五条、第二百零六条、第二百零七条、第二百一十一条，《物权法》第二百一十二条，《担保法》第六十三条、第六十七条，《最高人民法院关于人民法院审理借贷案件的若干意见》第六条，《民事诉讼法》第一百四十二条、第一百四十四条之规定，判决：一、大连谷物公司于本判决生效后十日内偿还倖旗公司借款本金20800万元及逾期利息（逾期利息计算：第一笔10000万元从2013年5月28日起，第二笔6000万元从2013年12月31日起，第三笔4500万元从2013年10月19日起至实际付清之日止，均按中国人民银行同期同类贷款利率的四倍计付，第四笔300万元从2014年6月1日至6月4日按日利率0.6‰计付，从2014年6月5日起至实际付清之日止，按中国人民银行同期同类贷款利率的四倍计付）；上述义务人如未按本判决指定的期间履行给付金钱义务，应当依照《民事诉讼法》第二百五十三条之规定，加倍支付迟延履行期间的债务利息。二、辽宁储运公司对大连谷物公司本判决第一项还款义务在3亿元范围内承担补充赔偿责任；三、驳回倖旗公司的其他诉讼请求。本案一审受理费139.728万元，财产保全费5000元，共计140.228万元，由大连谷物公司、辽宁储运公司共同承担。

辽宁储运公司不服原审判决，向最高人民法院提起上诉称：

1. 原审判决认定事实错误。其一，涉案债权认定错误。崔杨的300万元和黄建的6000万元债权转让给倖旗公司，仅有倖旗公司提供的付款凭证，即上海浦东发展银行的业务凭证/回单予以证明，但该回单不足以证明大连谷物公司已收到该两笔借款，俸旗公司对大连谷物公司的该6300万元债权不能成立。其二，俸旗公司知道涉案质物自始不存在。刘有文的讯问笔录足以影响案件的定性和各方当事人责任的承担，该讯问笔录证实，俸旗公司自始就知道涉案质物不存在，其应当自行承担责任。涉案运单、计量单、质检报告、入库单、仓位图等证据证明辽宁储运公司已尽到了合同约定的单据审核义务，原审判决未予采信并得出辽宁储运公司一开始就知道没有质物的结论是错误的。

2. 原审判决辽宁储运公司承担赔偿责任错误。质权自出质人交付质押财产时设立，大连谷物公司虚假出质，涉案质权未设立。在质物不存在的情况下，以该质物为监管标的的监管协议因不能实现合同目的而自始不能履行。辽宁储运公司在监管时，已经履行了表面审查、外观检查和单据核对的义务。同时，按照监管协议第二条第二项、第三项的约定，俸旗公司知晓货物和单据的真实性由大连谷物公司负责，并且知晓合同条款明确约定辽宁储运公司不对质物的品质、权属和价值的真实性提供保证和承担责任。因此，辽宁储运公司不应承担赔偿责任，原审判决适用法律错误。

3. 原审判决将本案作为民事案件处理错误，本案应当移送公安机关处理。大连谷物公司虚假出质事实清晰，已经构成犯罪，无论俸旗公司对质物自始不存在的事实是否明知，本案都应当依法移送公安机关处理。

被上诉人俸旗公司辩称：

1. 原审判决认定事实正确。其一，涉案20800万元债权的认定事实清楚，证据充分。《欠款确认及债权转让协议书》《协议书》是经过一审庭审质证并为各方当事人认可的证据，一审法院依此确认俸旗公司对谷物公司享有20800万元本金及利息的债权有事实和法律依据。其二，俸旗公司不知道质物自始不存在。涉案《动产质押监管协议》签署当天，辽宁储运公司拒绝了俸旗公司的验货要求，在辽宁储运公司监管期间，俸旗公司曾四次到辽宁储运公司查询质物情况，辽宁储运公司向俸旗公司出示了质物的台账、仓位图、总账、明细账等材料，证明质物完好，俸旗公司依据辽宁储运公司提供的证据认为质物是存在的。

2. 原审判决辽宁储运公司承担赔偿责任并无不当。涉案《动产质押监管协议》第二、三、四、五条约定了辽宁储运公司的质物核实监控义务、通知义务等。辽宁储运公司作为监管人，有对质物进行查验的义务，在明知大连谷物公司未提供质物，更没有转移占有该质物的情况下，未将该情况及时报告、通知倖旗公司，且仍出具《收到质物通知书》，并在倖旗公司要求查验货物时，向倖旗公司出具台账、仓位图等材料证明质物存在，违反了《动产质押监管协议》约定的义务，原审判决其承担赔偿责任正确。

3. 本案应当作为民事案件继续审理。根据《最高人民法院关于在审理经济纠纷案件中涉及经济犯罪嫌疑若干问题的规定》第十条的规定，本案应当继续审理。大连谷物公司及辽宁储运公司工作人员犯罪与否不影响大连谷物公司与辽宁储运公司作为民事主体承担相应的民事责任。

原审第三人大连港公司辩称：大连港公司与本案无关。

最高人民法院经审理查明的事实与原审法院查明事实一致。

最高人民法院认为，根据各方当事人的上诉和答辩意见及查明事实，本案争议焦点问题是：第一，倖旗公司的涉案债权是多少；第二，辽宁储运公司对倖旗公司涉案质权不能设立所造成的损失应否承担赔偿责任，责任性质是什么，应如何承担责任；第三，本案是否应当移送公安机关处理。

1. 涉案倖旗公司的债权本金应认定为 20800 万元。

关于倖旗公司受让的崔杨的 300 万元及黄建的 6000 万元债权问题。首先，崔杨、黄建与大连谷物公司的《借款合同》已实际履行。2013 年 12 月 26 日，黄建与大连谷物公司签订了《借款合同》，约定借款金额为 6000 万元，并于 2013 年 12 月 27 日通过上海浦东发展银行将款汇入大连谷物公司指定账户。2014 年 5 月 12 日，崔杨与大连谷物公司签订了《借款合同》，约定借款金额为 300 万元，合同签订当日，崔杨通过上海浦东发展银行将款汇入大连谷物公司指定账户。上述两笔借款的银行业务凭证 / 回单上标明的日期、汇款人、收款人、汇款数额均与相应的《借款合同》相符，均盖有银行的业务核算章，足以证明黄建和崔杨在合同签订后履行了出借义务。

其次，崔杨、黄建对大连谷物公司的债权经确认后转让给了倖旗公司。2014 年 5 月 31 日，杨一、黄建为甲方，光德公司、大连谷物公司为乙方，倖旗公司为丙方共同签订了《欠款确认及债权转让协议书》，其中确认了黄建于 2013 年 12 月 27 日借款给大连谷物公司 6000 万元，并同意将该笔债权转让给俸旗公司。2014年6月1日，崔杨为甲方，大连谷物公司为乙方，俸旗公司为丙方签订了一份《协议书》，确认了大连谷物公司于2014年5月12日向崔杨借款300万元，崔杨同意将该笔债权转让给俸旗公司。《欠款确认及债权转让协议书》《协议书》是各方的真实意思表示，内容不违反法律、行政法规的强制性规定，为有效合同。合同中，债权人黄建、崔杨与债务人大连谷物公司对借款数额进行了确认，并同意将债权转让给俸旗公司。因此，俸旗公司依法享有对大连谷物公司6300万元债权。辽宁储运公司关于该两笔债权不成立的上诉请求没有事实和法律依据，原审判决认定涉案债权本金为20800万元具有证据支持。

2. 大连谷物公司、俸旗公司与辽宁储运公司对涉案质权不能设立所造成的损失均有过错，均应承担责任。

根据《物权法》第二百一十二条的规定，质权自出质人交付质押财产时设立。本案中，大连谷物公司与俸旗公司签订《最高额动产质押合同》，合同成立并生效，但是大连谷物公司自始没有交付质物145400吨玉米，质权未设立。对因质权未设立给俸旗公司造成的损失，应当根据大连谷物公司、俸旗公司和辽宁储运公司的过错程度，分别承担相应责任。

第一，对大连谷物公司而言。根据《担保法》第六十三条的规定，大连谷物公司应依法将涉案质押玉米交付俸旗公司。俸旗公司与大连谷物公司签订的《最高额动产质押合同》约定，大连谷物公司自愿以其自有145400吨玉米为涉案债权提供质押担保，大连谷物公司应当按照合同约定于合同签订之日交付质物（包括从物）、相关权利证明及保管所需资料等。俸旗公司、大连谷物公司及辽宁储运公司签订的《动产质押监管协议》第二条第一款条约定，质物即为质押标的，是俸旗公司和大连谷物公司所签质押合同中约定的由大连谷物公司向俸旗公司提供质押担保并交由辽宁储运公司存储监管的货物。第二条第二款约定，大连谷物公司保证质物的品名、规格型号、生产厂家（产地）、数量、质量、包装、件数和标记等与其和俸旗公司的约定以及向辽宁储运公司申报和交付的一致，并对上述全部事实的真实性承担法律责任。根据上述约定，大连谷物公司应交付俸旗公司、辽宁储运公司质押玉米145400吨。大连谷物公司法定代表人刘有文因涉嫌合同诈骗罪被羁押，因其刑事案件于一审期间正在长春中院审理，故一审法院委托长春中院提讯刘有文。其在被讯问中自认了大连谷物公司在与俸旗公司签订合同后没有依约提供质押玉米，涉案质物自始不存在的事实。由此，涉案质物实际并未交付，负有交付质物义务的一方大连谷物公司必然对质物自始不存在的事实是明知的。根据《担保法解释》第八十六条的规定，债务人或者第三人未按质押合同约定的时间移交质物的，因此给质权人造成损失的，出质人应当根据其过错承担赔偿责任。本案中，大连谷物公司在明知质押玉米没有交付的情况下，依然与俸旗公司一起向辽宁储运公司出具《代出质通知书》，对质押玉米的重量、库存等情况进行确认，主观过错明显。因是否交付质物直接决定质权的设立，没有质物质权一定不能设立，而其实际上并没有交付质物，故其对质物自始不存在而致俸旗公司因质权不能设立所造成的损失，应当承担主要责任。虽然大连谷物公司是涉案质押玉米的出质人，但同时其也是债务人，理应对涉案全部债务承担还款责任，故其作为《最高额动产质押合同》的当事人及《动产质押监管合同》的关联一方所应承担的违约责任与其作为债务人应承担的责任竞合，在此不再赘述。

第二，对俸旗公司而言。首先，涉案《最高额动产质押合同》第六条第一款约定，合同项下质押物由大连谷物公司占管，大连谷物公司应于合同签订之日将质物、相关权利证明及保管所需资料交付质权人俸旗公司保管。《动产质押监管协议》开篇约定，俸旗公司与大连谷物公司均同意将质物交由辽宁储运公司监管，辽宁储运公司同意接受俸旗公司的委托并按照俸旗公司的指示监管质物。根据上述合同约定可知，涉案质物应当首先由大连谷物公司交付俸旗公司，然后由俸旗公司交由辽宁储运公司监管。在交付辽宁储运公司前，大连谷物公司应按照质押合同的约定将质押监管物交付俸旗公司，由俸旗公司保管。因此，俸旗公司在将质押监管物交付辽宁储运公司监管之前是知道或应当知道涉案质物是否存在的。

其次，根据《物权法》第二百一十五条规定可知，质权人负有妥善保管质押财产的义务。本案俸旗公司作为质权人，具有审查保管质押财产的义务，应当对债务人大连谷物公司交付的质押财产进行严格审查。但俸旗公司未履行相应义务，而是将该义务通过《动产质押监管合同》全部委托给辽宁储运公司履行。俸旗公司既未对质物实际库存情况进行审查，也不督促辽宁储运公司按照监管合同约定进行审查，即在签订《最高额动产质押合同》当天，向辽宁储运公司出具了盖有其公章及法定代表人名章的《代出质通知书》，该通知书不仅记载了质物名称、产地、重量，而且记载了货物库存情况。该行为一方面表明俸旗公司对质物是否在库是知道或者应当知道的，另一方面也表明其不仅怠于履行其法定质物审查义务，而且对自己债权的实现疏于管理并听任债权不能实现的风险放大。对质物自始不存在致使质权不能设立所造成的损失，俸旗公司本身存在明显过错，也应当承担相应责任。

第三，对辽宁储运公司而言。首先，辽宁储运公司对因质权未设立而给俸旗公司造成损失存在过错。一方面，俸旗公司与大连谷物公司签订《最高额动产质押合同》的时间是 2014 年 6 月 4 日，同日，辽宁储运公司与俸旗公司、大连谷物公司签订《动产质押监管协议》，俸旗公司与大连谷物公司也在当日给辽宁储运公司出具了《代出质通知书》，辽宁储运公司同样在 2014 年 6 月 4 日出具了《收到质物通知书》。涉案质物是玉米 145400 吨，质物数量巨大，实际查验、核对、清点需耗费大量人力、物力和时间。然而，辽宁储运公司在签订监管协议当天就出具了《收到质物通知书》，确认涉案质物已在其占有和监管之下，时间如此之短，显然没有对质物进行清点审核。另一方面，辽宁储运公司的监管员孙家国在被讯问中自认，其经手过俸旗公司的 14 万至 15 万吨玉米质物的监管，监管期间，根据领导授意，在明知仓内没有粮食并且不知储粮仓位具体位置的情况下编造了监管日志和明细分类账目，以证明粮食存在并处于监管之中。对于该证言，辽宁储运公司予以认可。大连谷物公司法定代表人刘有文在被讯问中也陈述，辽宁储运公司对质物 145400 吨玉米自始不存在是知道的。孙家国、刘有文分属于不同的单位，且孙家国是辽宁储运公司的员工，他们的证言均证明辽宁储运公司知道涉案质物自始不存在的事实。综上，辽宁储运公司对质物 145400 吨玉米不存在是知道或应当知道的，在此情况下仍提供所谓的监管，其对质权未设立给俸旗公司造成的损失存在明显过错。

其次，辽宁储运公司违反了《动产质押监管协议》中的合同义务。根据《合同法》第三百六十九条的规定，保管人应当妥善保管保管物。第三百九十九条规定，受托人应当按照委托人的指示处理委托事务。第四百零一条规定，受托人应当按照委托人的要求，报告委托事务的处理情况。涉案《动产质押监管协议》第一条约定，辽宁储运公司对出质人进行监督、对质物进行监控、对出质人对质物的入库、提货等过程进行监督，一旦发现违反本协议约定之行为，辽宁储运公司应及时制止并向俸旗公司报告。质物监控是指对质物的品名、数量等进行查验、核对，及时向俸旗公司报告质物状况。第二条第八款约定，如大连谷物公司交予的货物及实际库存与《代出质通知书》记载不一致，辽宁储运公司不得接收货物并签发《收到货物通知书》，并应立即书面通知俸旗公司、大连谷物公司。第四条第一款约定，辽宁储运公司派驻监管员在监管场地查验、核对、清点质物，获取和记录质物状况数据；对质物进行监控，发现质物不足或其他异常情况及时报告俸旗公司和大连谷物公司，并要求大连谷物公司采取措施制止、纠正。第四条第四款约定，监管期间，因各种原因质物发生短少、毁损、变质、灭失等可能影响俸旗公司权益的情形，辽宁储运公司应当在24小时内通知俸旗公司，并采取适当的应急措施。第四条第六款约定，监管期间，辽宁储运公司应接受俸旗公司对质物及相关单证的查询，接受俸旗公司对质物的检查，并给予必要的协助。本案辽宁储运公司作为专业监管人，首先应对涉案质物进行核对和查验，但其无视《动产质押监管协议》的约定，在未经实际审查质物交付情况及实际库存的情况下，于签订监管协议的当日即随意出具《收到质物通知书》，并且未将该情况及时报告、通知俸旗公司。在俸旗公司查验质物时，向俸旗公司出具所谓的台账、仓位图等证明质物存在。辽宁储运公司上述行为明显违反了《动产质押监管协议》约定的义务。由于辽宁储运公司对俸旗公司因质权不能设立所造成的损失存在过错，且这种过错行为违反了《动产质押监管协议》的约定，其对该损失也应当承担相应责任。

综上，由于质押人大连谷物公司、质权人俸旗公司、质物监管人辽宁储运公司对涉案质权不能设立均存在过错，三方均应承担相应的责任，且作为质物交付主体的大连谷物公司为主要责任，最高人民法院认为质物监管人辽宁储运公司对涉案质权不能设立给倖旗公司造成的损失应承担的责任份额以不超过30%为宜。

3.辽宁储运公司承担本案责任的性质及方式。

第一，辽宁储运公司承担责任的性质应为违约责任。所谓违约责任，是指合同当事人一方不履行合同义务或履行合同义务不符合约定所应承担的民事责任。《合同法》第一百零七条规定，当事人一方不履行合同义务或者履行合同义务不符合约定的，应当承担继续履行、采取补救措施或者赔偿损失等违约责任。本案中，《动产质押监管协议》约定，辽宁储运公司应按照倖旗公司要求核对质物权属和品质证明文件，按照《代出质通知书》列明的内容核查大连谷物公司交付的货物及现有的库存，监管期间，因各种原因质物发生短少、毁损、变质、灭失等可能影响倖旗公司权益的情形，应在24小时内通知倖旗公司，并采取适当的应急措施。但是，辽宁储运公司未按合同约定履行查验、核对、清点质物的义务及报告义务，造成倖旗公司的质权因质物自始不存在而未能设立，对于因质权未设立而给倖旗公司造成的债权不能实现的损失，应当承担相应责任。这种责任因违反合同约定义务而来，性质上属于违约责任。

第二，辽宁储运公司承担责任的方式应为补充赔偿责任。在债权债务及担保法律关系中，债务人是终局性义务人，担保人在替代债务人清偿债权后可以向债务人追偿，属于从义务人，二者依法或依约定而产生，都是债权人的直接义务人。相对于债务人与担保人而言，担保物监管人仅是帮助债权人实现债权的辅助人，而不是债权实现的直接义务人，其责任虽具有一定的独立性，但除因自身原因造成监管担保物灭失外，其责任需依附于债务人与担保人的直接责任，如果直接责任因清偿而消灭，由于债权人因获得清偿而不存在损失，则其监管责任也相应消灭。所以其只可能是前述直接义务人后的辅助性补充性义务人。实践中，在以下两种情况中更应如此。一是债权产生在先并已陷入不能清偿风险。由于这种情况中债权不能清偿风险已在先产生，而担保物监管在后出现，债权并不是因信任担保权的保障及担保物监管人的监管而产生，债权不能实现的首要原因是债务人不能清偿债权，与担保物监管人的后续进入并不存在直接因果关系。二是债权人、担保人对质权不能设立存在过错且过错在先。由于这种情况中债权不能实现的首要原因除债务人不能清偿债权外，主要是债权人、担保人的在先过错导致质权没有设立，所以担保物监管人的后续进入对质权实质上已无法设立并不能产生根本性影响。上述两种情况中，担保物监管人的责任都只应是辅助性和补充性的。

本案中，一方面，涉案原始债权早在2013年5月、9月、12月及2014年5月已形成，且均已超过约定还款期限而未清偿。即使对受让上述原始债权的俸旗公司而言，其相当一部分债权的受让也发生在涉案《动产质押监管协议》签订时的2014年6月4日之前。涉案债权不能清偿风险发生在《动产质押监管协议》签订前，辽宁储运公司对涉案质物的监管在后出现，涉案债权并不是因信任大连谷物公司提供的质权保障及辽宁储运公司对质物的监管而产生，其不能实现的首要原因是债务人大连谷物公司不能清偿债权，与辽宁储运公司作为质物监管人的后续进入并不存在直接因果关系。另一方面，涉案俸旗公司质权因质物自始不存在而不能设立，首要原因在于在先的债务人大连谷物公司的虚假出质以及债权人俸旗公司对债务人虚假出质的审查存在过错，辽宁储运公司作为质物监管人的后续加入只是将这种虚假出质状态延续下去，而不是因为辽宁储运公司的监管行为直接造成了虚假出质。因此，辽宁储运公司的责任应当排位在债务人大连谷物公司及相关担保人的直接责任之后，责任方式应认定为补充赔偿责任。俸旗公司债权损失的具体数额在人民法院强制执行债务人大连谷物公司及其他担保人之后方可确定，辽宁储运公司应对人民法院对大连谷物公司及其他担保人强制执行并穷尽一切执行措施后仍不能清偿部分，承担补充赔偿责任。

4. 本案不应移送公安机关处理。

《最高人民法院关于在审理经济纠纷案件中涉及经济犯罪嫌疑若干问题的规定》第一条规定，同一公民、法人或其他经济组织因不同的法律事实，分别涉及经济纠纷和经济犯罪嫌疑的，经济纠纷案件和经济犯罪嫌疑案件应当分开审理。本案存在两个法律关系：一个是债权债务及担保法律关系，其中债权债务法律关系是依据案外人李旗、杨一、黄建、崔杨与大连谷物公司、光德公司签订的《借款协议书》《借款合同》及该四人分别与光德公司、大连谷物公司、俸旗公司签订的《欠款确认及债权转让协议书》《协议书》通过债权转让而形成；担保法律关系是通过签订《最高额动产质押合同》形成，债权债务及担保法律关系的主体为债权人、质权人俸旗公司及债务人、出质人大连谷物公司。另一个是动产质押监管法律关系，合同依据是《动产质押监管协议》，合同主体为委托人俸旗公司及受托人辽宁储运公司。本案审理的主要法律关系是俸旗公司与辽宁储运公司基于《动产质押监管协议》而形成的合同关系。俸旗公司作为委托方，辽宁储运公司作为受托方，双方之间的动产监管法律关系与俸旗公司和大连谷物公司双方之间的债权债务及担保法律关系，不仅主体不同，权利义务关系不同，而且并非基于同一法律事实。因此，大连谷物公司及其法定代表人是否基于借款及担保事实涉嫌经济犯罪与本案审理的动产质押监管合同关系并无同一性，本案作为民事案件应当继续审理。辽宁储运公司关于本案因大连谷物公司及其法定代表人涉嫌经济犯罪应当移送公安机关处理的上诉请求没有事实和法律依据，不应支持。

综上，本案辽宁储运公司关于其已经依约履行合同义务不应承担赔偿责任及本案不应作为民事案件处理的上诉理由，没有事实和法律依据，最高人民法院不予支持。原审判决辽宁储运公司对大连谷物公司所应承担的赔偿责任在 3 亿元范围内承担补充赔偿责任不当，最高人民法院依法予以纠正。依照《民事诉讼法》第一百七十条第一款第（一）、（二）项，第一百七十五条之规定，判决如下：一、维持辽宁省高级人民法院（2016）辽民初 1 号民事判决第一、三项；二、变更辽宁省高级人民法院（2016）辽民初 1 号民事判决第二项为：辽宁储运公司在人民法院对债务人大连谷物公司及其他担保人强制执行后俸旗公司债权仍不能清偿部分，承担不超过 30% 的补充赔偿责任。本案一审受理费 139.728 万元，财产保全费 5000 元，由大连谷物公司承担 98.1596 万元，由辽宁储运公司承担 42.0684 万元；二审受理费 139.728 万元，由大连谷物公司承担 97.8096 万元，由辽宁储运公司承担 41.9184 万元。

规范指引

《最高人民法院关于适用〈中华人民共和国担保法〉若干问题的解释》

第八十七条 出质人代质权人占有质物的，质押合同不生效；质权人将质物返还于出质人后，以其质权对抗第三人的，人民法院不予支持。因不可归责于质权人的事由而丧失对质物的占有，质权人可以向不当占有人请求停止侵害、恢复原状、返还质物。

《中华人民共和国物权法》

第二十三条 动产物权的设立和转让，自交付时发生效力，但法律另有规定的除外。

第二十七条 动产物权转让时，双方又约定由出让人继续占有该动产的，物权自该约定生效时发生效力。

第一百八十一条 经当事人书面协议，企业、个体工商户、农业生产经营者可以将现有的以及将有的生产设备、原材料、半成品、产品抵押，债务人不履行到期债务或者发生当事人约定的实现抵押权的情形，债权人有权就实现抵押权时的动产优先受偿。

第一百八十九条 企业、个体工商户、农业生产经营者以本法第一百八十一条规定的动产抵押的，应当向抵押人住所地的工商行政管理部门办理登记。抵押权自抵押合同生效时设立；未经登记，不得对抗善意第三人。

依照本法第一百八十一条规定抵押的，不得对抗正常经营活动中已支付合理价款并取得抵押财产的买受人。

第二百零八条 为担保债务的履行，债务人或者第三人将其动产出质给债权人占有的，债务人不履行到期债务或者发生当事人约定的实现质权的情形，债权人有权就该动产优先受偿。

前款规定的债务人或者第三人为出质人，债权人为质权人，交付的动产为质押财产。

第二百一十二条 质权自出质人交付质押财产时设立。

第五部分
留置权

留置权与抵押权、质权虽同属担保物权，但抵押权与质权皆可基于当事人的设立行为而取得，留置权则需基于法律的直接规定或基于继承等取得。《物权法》第十八章（第二百三十条至第二百四十条）大幅修改了《担保法》第五章（第八十二条至第八十八条）和《担保法解释》第一百零七条至第一百一十四条有关留置的规定，如扩大了留置权的适用范围，用同一法律关系取代牵连关系，不区分民事留置权与商事留置权，颠倒使用积极要件与消极要件（要求合法占有）等，导致留置权在司法适用中已暴露出不少问题。时值民法典物权编编纂之际，应对留置权的基本范畴与争议事项进行认真而深入的讨论。

专题一：留置财产为第三人所有时债权人能否取得留置权

【核心提示】留置权的成立必须由债权人占有债务人的财产，此处“债务人的财产”是否包括债务人占有的他人的财产存在争议，但无论这一争议的答案如何，均可通过解释论的方法，使留置财产为第三人所有时债权人在一定条件下能够取得留置权。

实务争点

在实践中，债权人对其占有的非债务人动产主张留置权的现象并不罕见，因此出现了动产真正所有权人向债权人主张返还该动产，或者债务人直接主张动产非其本人所有，故债权人无法就留置动产取得留置权的大量案件。对于此类案件如何处理，实务界和理论界均有较大争论：第一种意见认为，留置财产的概念应取狭义，即债务人享有所有权的财产，基于此，有实务界人士提出留置权的成立必须由债权人占有属于债务人的财产，对于不属于债务人所有的财产，不能取得留置权；也有学者指出，这一争论本质上是留置权能否善意取得的问题，而出于价值考量，留置权善意取得会损害物的真正所有人的利益，或出于技术判断，善意取得适用于依法律行为的物权变动，以无权处分行为为前提，而留置权是法定物权，无须相应的处分行为，从而导致善意取得与留置权之间无对接的通道，所以债权人不能取得留置权。第二种意见认为，留置财产的概念应取广义，即包括狭义的留置财产以及债务人占有的财产，所以留置财产为第三人所有不影响留置权的成立，且通过对《物权法》第一百零六条和第二百三十条、《担保法解释》第一百零八条“债权人合法占有债务人交付的动产时，不知债务人无处分该动产的权利，债权人可以按照担保法第八十二条的规定行使留置权”等相关法律条文的文义解释、目的解释和体系解释，我国的法律规范使留置权能够被善意取得。

理解适用

对《担保法解释》第一百零八条的理解与适用

本专题内容讨论的留置权善意取得是指标的物为普通动产的一般留置权的善意取得，船舶留置权等特别留置权不在讨论之列。

（一）关于留置权适用善意取得的法律解释

1. 留置权适用善意取得的法律困境

当债权人基于特定法律关系合法占有债务人交付给债权人的动产，债务人怠于履行债务时，债权人有权留置该动产，但若有第三人对该动产主张所有权并要求债权人返还时，应如何处理？根据《担保法》第八十二条的规定，留置是指债权人按照合同约定占有债务人的动产，但法律并未明确此处“债务人的动产”是债务人享有所有权的动产还是仅债务人占有的动产即可。有人将“债务人的动产”是指债务人享有所有权的动产的观点称为狭义说，将“债务人的动产”是指债务人占有的动产的观点称为广义说。在狭义说下，留置动产为第三人所有时债权人不能取得留置权，因为不符合留置的定义，此时作为司法解释的《担保法解释》第一百零八条似乎突破了《担保法》第八十二条，缺乏正当性基础；在广义说下，留置动产可以是债务人以外的人所有的动产，对该动产可以依法留置，再依据《担保法解释》第一百零八条，债权人可以善意取得留置权，但问题在于，根据《担保法解释》的上位法和新法的《物权法》第一百零六条之规定，物权的善意取得前提是无权处分，而被留置的动产在交付时并没有处分该动产的行为，成立留置权也基于法律规定而非基于债务人的意思，因此善意取得制度似乎并不适用于留置权。

综上，无论采广义说还是狭义说，留置权似乎都不能善意取得，但现实生活中确实存在大量的留置动产为第三人所有的案件，若认定债权人不能取得留置权，对债权人实为不公，《担保法解释》起草者也持这样的观点：“在复杂交易关系中，债权人往往无法确定债务人是否为真正的权利主体。我们认为，留置权的产生不仅在于维护债权人与债务人之间的公平，也应当维护交易安全。只要留置权人确信所留置的动产属于债务人，至于是否为债务人所有，则无必要、也不可能审查，此时不可否认债务人动产占有的公信力的存在。”① 那么，为了回应现实的需要，就应当调和上述与留置权善意取得相关条文间的冲突。

2. 留置权善意取得解释论

（1）留置权善意取得肯定论

①以狭义说为核心的解释

物权的设立、变更、转让、消灭称为物权变动。物权变动可分为基于有权处分的物权变动和非基于有权处分的物权变动。《物权法》关于物权变动的规定，以基于有权处分的物权变动为常态，以非基于有权处分的物权变动为例外，后一类物权变动须依法律明文规定产生物权变动的效力。非基于有权处分的物权变动，如《物权法》第二十八条、第三十条、第一百零六条以及第二十九条中的法定继承导致的物权变动等，这些条文的共同特征是都针对公示权利与真实权利不一致的情形。根据《物权法》第一百八十条关于抵押财产范围的规定和第二百零八条关于动产质权定义的规定可知，关于抵押权、质押权的规定也指向基于有权处分的物权变动，因此，具有与这两个条文相似地位的第二百三十条关于留置权定义的规定也应属于基于有权处分的物权变动，由此观之，第二百三十条中“债务人的动产”应采狭义，是指债务人享有所有权的动产。当债权人将第三人所有的动产留置时，适用的处理规则应当是非基于有权处分的物权变动规则，具体到条文即为《物权法》第一百零六条。

但是，以上体系解释并未破解第一百零六条以无权处分为前提这一障碍，因为交付留置动产时债务人没有处分的意思，也就无所谓无权处分。对此可进行目的性解释：第一，善意取得制度旨在于公示权利与真

---

① 李国光等：《〈最高人民法院关于适用中华人民共和国担保法若干问题的解释〉理解与适用》，吉林人民出版社2000年版，第45页。

实权利不一致时对交易安全进行保护，允许留置权善意取得符合这一立法目的；第二，作为法定担保物权，为担保债权之目的，留置权的制度体系在基础上就没有考虑债务人是否有设立担保的意思，留置权的善意取得也不应考虑这一因素；第三，从另一角度讲，可以说在留置权的成立上，法律拟制了债务人在交付动产时为债务履行而设立留置权的意思，亦即拟制了债务人处分的意思，也就符合了善意取得制度中处分人无权处分的条件。

②以广义说为核心的解释

从字面上看，“债务人的动产”显然不是“债务人自己的动产”，也不是“债权人所有的动产”，因此把债务人交付的归第三人所有的动产涵盖进来，从体系解释角度看并非不可能[①]。在广义说的基础上，再结合《担保法解释》第一百零八条，债权人可以善意取得第三人所有的动产的留置权。值得注意的是，有学者提出“《物权法》上的留置权规范并未对债权人的主观状态提出要求，即便归第三人所有的动产由恶意债权人占有，仍会因符合规范中的成立要件而有留置权的成立。该结论显然与善意取得背道而驰，因为根据《物权法》第一百零六条和《担保法解释》第一百零八条，恶意债权人无论如何都不能取得留置权，这就表明《物权法》上的留置权规范在留置权成立要件上根本不考虑债权人善意与否，若把留置财产理解为广义的留置财产，那么仅凭留置权规范本身就足以给留置第三人所有的动产提供充分依据，再借助善意取得规范反而多此一举”[②]。这一观点值得赞同，却并不能以此认定这种解释方法是错误的，该观点至多是架空了《担保法解释》第一百零八条和《物权法》第一百零六条对留置权的适用，进而与善意取得制度绝缘。不过，当债权人为恶意时可依目的解释不适用《物权法》第二百三十条，进而援用《担保法解释》第一百零八条和《物权法》第一百零六条对恶意债权人行使留置权的主张进行否定。

综上，在现行法律框架下，对留置财产为第三人所有时债权人能否取得

---

① 常鹏翱：《留置权善意取得解释论》，载《法商研究》2014年第6期（总第164期）。

② 常鹏翱：《留置权善意取得解释论》，载《法商研究》2014年第6期（总第164期）。

留置权的问题，采狭义说债权人可以善意取得留置权，采广义说时债权人既可依据《担保法解释》第一百零八条和《物权法》第一百零六条善意取得留置权，也可直接依据《物权法》第二百三十条获取留置权（基于目的解释，主观上仍需善意，但此时并非善意取得）。无论哪一种途径，都能够保障债权人利益，进而维护市场交易安全。

上述通过制度解释论在现行的法律框架上为留置财产为第三人所有时，债权人善意取得留置权扫清了制度障碍，除此之外，仍有法律价值等因素为其正当性补强。第一，债权人因债权与占有动产之间具有“同一法律关系”而有必要适用善意取得制度。基于留置权“同一法律关系”这一具有牵连性的制度性要件，债权一般基于致害或恢复、提高动产之价值而生，债权人对动产的价值有劳动力或智识注入，故为了保护留置债权人的劳动价值及交易安全，应赋予其善意取得留置权的权利。第二，一如前述，交付留置动产时债务人没有处分的意思，但其出于自愿意志交付该动产，相较于债权人而言，其对“债务人将来因其动产引发不能清偿的债权”的事实具有更强的控制力和预见力[①]。此方面的考量也与善意取得制度“向无权处分人追偿的负担和追偿不能的风险”如何分配的立法理念一致[②]。

（2）留置权善意取得之否定

随着学理讨论的不断深入，对于“债权人留置第三人动产是否适用善意取得制度”又有了新的理论发展。目前存在三种观点：其一，作通常性文义解释，将“债务人的动产”解释为“属于债务人所有的动产”，反对包括第三人动产的扩张性路径[③]。其二，作广义文义解释，认为“债务人交付债权人占有的财产”均为“债务人动产”，而不过问权属问题[④]。其三，在解释论上将“债务人动产”解释为“属于债务人所有的动产”，同时将《担保法》第八十二条、《物权法》第二百三十条理解为设立留置权之“常态”和一般规范，在该一般规范外，作为留置权之“变种”设立方式，解释论和立法论上均承

① 熊丙万：《论善意取得制度正当性的运用》，载《判解研究》2009年第2辑。

② 熊丙万：《论商事留置权》，载《法学家》2011年第4期。

③ 参见［日］関胡武志：《留置权研究》，信山社2001年版，第387页。

④ 胡康生：《中华人民共和国物权法释义》，人民法院出版社2007年版，第509页。

认债权人对第三人之动产善意取得留置权[①]。即除了前述“狭义说”与“广义说”之外，新增了第三种“折中说”。

第三种观点为当下理论通说，亦为实务界所适用。但留置权之善意取得实难实现法律技术逻辑及价值判断层面的逻辑自洽[②]。第一，善意取得之立法价值乃交易安全之保护，在因无因管理、拾得遗失物等情形产生留置权时，其并未从事交易行为，何来交易安全保护之必要？第二，在因承揽等交易行为产生留置权之时，债权人在缔结交易关系时并未有设立留置权的意思，与善意取得制度中善意第三人与无权处分人从事交易行为时有取得标的物之物权的预期有所不同。第三，针对有学者认为作为法定担保物权的留置权实质包含当事人之间设立担保物权的合意[③]，未免有“主观主义”之嫌。留置权作为效力置于抵押权、质押权之上的法定担保物权，债务人在交付动产时又怎会有“债权人实现不了债权时留置该物并可优先受偿”的意愿呢？双方之合意实为债权人单方之意愿。故综上，认为留置权适用善意取得制度的观点无非在削足适履，而忽略了留置权制度与善意取得法律价值和具体制度安排的不可兼容性。

（二）实务中应当注意的问题

但在债权人利益的保护层面，其留置第三人动产不能因为善意取得制度的不适恰而消解其权利的正当性，我们需要为债权人留置第三人动产寻找合法权源。此时，应基于不同情状适用不同规则[④]。第一，当债务人为履行对第三人的义务而将其占有的动产交付债权人时，无论债权人是否知悉该动产的真实权属状态，均可直接对该物行使留置权。因为在此种情形下，债务人将该物交由债权人之目的是履行对第三人的义务，债权人对该物的维修、恢复及增值均不会违反第三人的意愿，且第三人事实上因债权人的行为而获益。在债权人留置该物时，第三人可通过向债权人清偿债务人之

---

① 常鹏翱：《留置权善意取得的解释论》，载《法商研究》2014年第6期。
② 孙鹏：《完善我国留置权制度的建议》，载《现代法学》2017年第6期。
③ 常鹏翱：《留置权善意取得的解释论》，载《法商研究》2014年第6期。
④ 孙鹏：《完善我国留置权制度的建议》，载《现代法学》2017年第6期。

债务从而消灭留置权取回该物，而后向债务人追偿。此时，无论债务人是否将该物交由第三人，结果都并无不同，第三人均应向债务人主张相应权利。第二，在债务人非因为履行对第三人的义务而将动产交由债权人时，因为此时并不能推知该行为符合第三人的意愿，亦有可能会损害第三人的权益，可类推善意取得的法理成立留置权。

关于商事留置能否善意取得的问题，介于民事留置权和商事留置权的本质区别，不宜善意取得。商事留置权的制度功能在于平衡“具有多次业务往来的两个商人”之间的利益关系，而非民事留置权针对一次特定交易的利益关系。如前所述，善意取得制度中的善意第三人在取得动产时具有获得该动产物权的主观预期，而在商事交往中，难以说明商人在交易中有以此动产清偿其他债务的预期，此为其一。其二，有学者主张商事留置权若是不能善意取得会造成“债务人谎称动产系第三人所有逃避债务”的道德风险，但实为杞人忧天。物权法主张权利推定举证规则，若债务人妄图通过主张“第三人为所有权人”来推翻自己基于占有所享有的所有权，需进行充分且足够的举证。其三，从比较法上看，《德国商法典》第三百六十九条第一款要求留置物必须是“债务人的物或有价证券”，学理通说和司法判决都认为债权人不能善意取得商事留置权①。再如，《日本民法典》第二百九十五条承认民事留置权的善意取得，而《日本商法典》第五百二十一条则不承认商事留置权的善意取得，因为民事留置权旨在“保护由‘物’而产生的债权”②，其善意取得以留置物与债权的牵连性为前提，而商事留置权中的牵连性并不存在，也就没有民事留置权预设的特殊保护基础了。

① Vgl.C.W.Canaris，Handelsrecht，23 Auflage，C.H.Beck Mǔnchen 2000，S.521；RGZ 69，13，17.

② ［日］近江幸治：《担保物权法》，祝娅等译，法律出版社2000年版，第23页。

案例指导

某科技有限公司诉重庆某技术开发有限公司返还财产纠纷案[①]

原告某科技有限公司（以下简称A公司）诉称：2009年6月17日，原告与被告重庆某技术开发有限公司（以下简称B公司）签订《技术服务合同》，约定由被告向原告提供服务器托管技术服务，期限一年，合同签订后，我公司将4台服务器和1台交换机交于被告。在合同履行过程中，由于被告与第三人中国某股份有限公司重庆分公司（以下简称C公司）的纠纷，导致技术服务中断3个月，原告的4台服务器和1台交换机被第三人C公司扣押，给原告造成了损失。在被告按照合同约定补偿原告的服务期内，被告自2010年8月2日停止向原告提供技术服务，至今未返还原告交由被告托管的4台服务器和1台交换机。现该4台服务器和1台交换机在第三人C公司处，第三人C公司以被告拖欠其托管费为由留置了原告的服务器和交换机，第三人C公司明知被告向其托管的服务器和交换机系被告客户所有，仍然留置，构成恶意留置，应退还原告，故原告向法院起诉，请求判令被告立即返还原告的4台服务器和1台交换机，同时判令第三人C公司协助被告返还；本案诉讼费由被告负担。

被告B公司辩称：我公司与A公司签订了《技术服务合同》属实，但根据《重庆某IDC业务代理合同》，我公司作为第三人C公司的代理商，责任是争取客户，需要提供技术服务的服务器和交换机是由客户直接运送给第三人C公司的，并不通过我公司。现在原告的4台服务器和1台交换机也在第三人C公司处，应由第三人C公司负责返还，与我公司无关。第三人C公司因为我公司拖欠其托管费而留置服务器和交换机的说法不实，我公司已缴足了托管费，是C公司单方面涨价，对涨价的部分我公司不应该缴纳。

第三人C公司辩称：本案中，原、被告之间是服务合同关系，根据合同

---

① 案例来源：重庆市渝北区人民法院民事判决书（2010）渝北法民初字第12110号。

的相对性，原告应向被告主张权利，与我方无关。我方与被告之间不是代理关系，被告所说的代理合同已于2007年11月30日到期，我方与被告是托管关系，由于托管，被告会交给我们服务器和交换机，但我们并不知道交给我们的服务器和交换机是否属于被告，现在也无法证实原告所说的4台服务器和1台交换机在我方处存放，故原告要求返还其服务器及交换机的责任应由被告承担，我方无任何返还及协助义务。

法院经审理查明：2009年6月17日，A公司作为甲方与作为乙方的B公司签订《机柜租用服务器托管技术服务合同书》，约定由乙方向甲方提供服务器托管技术服务，期限一年，至2010年6月16日终止。B公司于2009年1月1日至2010年6月30日在第三人C公司托管服务器。另查明，2007年2月12日，第三人C公司与B公司签订《重庆某IDC业务代理合同》，B公司授权C公司为重庆某IDC业务中服务器托管（租用）业务的金牌代理商，合同有效期为2006年12月1日至2007年11月30日。现原告认为，原、被告合同已到期，其交由被告托管的4台服务器和1台交换机应当返还原告，故起诉来院，要求被告立即返还原告的4台服务器和1台交换机，又由于原、被告声称这4台服务器和1台交换机在第三人C公司处，故原告还同时要求第三人C公司协助被告返还。

重庆市渝北区人民法院认为：合同具有相对性，依法成立的合同，对当事人具有法律约束力。本案中，根据原、被告之间签订的合同，双方系托管服务关系，应各自按照合同约定享有权利、履行义务，原、被告之间的合同期限已届满，被告有义务返还依合同约定占有的属于原告所有的财产；被告辩称与第三人C公司系代理关系，依据的是在2007年2月12日与第三人C公司签订的《重庆某IDC业务代理合同》，但该合同有效期为2006年12月1日至2007年11月30日，被告与第三人C公司的代理关系已于2007年终止，根据现有证据，只能证明被告与第三人C公司之间为托管关系，系与原、被告合同关系无关的另一合同关系，故对原告要求被告立即返还其所有的服务器和交换机的请求，该院予以支持。留置是按照合同约定债权人占有债务人的财产，当债务人逾期不履行债务时，债权人留置该财产的行为。留置物并非限于债务人所有之物，还应包括依合同约定债务人占有的物，该物可能归债务人所有，也可能是属于第三人之动产，当债务人将占有第三人所有的财产成立留置时，亦能产生相同的留置后果，且法律保护善意债权人的利益，承认债权人对其善意占有的非债务人所有的财产有留置权。本案中存在两个合同关系，现无证据能够证明原告与第三人C公司直接发生过合同关系，原告也声称是将服务器等直接交于被告，而并不是第三人C公司，有理由相信，第三人C公司在留置被告交付的服务器时是善意的，且第三人C公司对原告的4台服务器和1台交换机在C公司处的说法予以否认，原、被告也均未提供相关证据证明原告交给被告的4台服务器和1台交换机，已由被告交与了第三人C公司。根据"谁主张、谁举证"的原则，原告应当承担举证不能的不利后果，故对原告要求第三人C公司协助被告返还服务器等的请求，法院不予支持。据此，依照《民法通则》第七十一条、第七十五条、第八十九条第（四）项，《担保法》第八十二条，《物权法》第二百三十条，《合同法》第八条，《担保法解释》第一百零八条，《最高人民法院关于民事诉讼证据的若干规定》第二条之规定，判决如下：一、被告B公司在本判决生效后十日内返还原告A公司所有的4台服务器和1台交换机；二、驳回原告A公司的其他诉讼请求。

规范指引

《中华人民共和国担保法》

第八十二条 本法所称留置，是指依照本法第八十四条的规定，债权人按照合同约定占有债务人的动产，债务人不按照合同约定的期限履行债务的，债权人有权依照本法规定留置该财产，以该财产折价或者以拍卖、变卖该财产的价款优先受偿。

第八十四条 因保管合同、运输合同、加工承揽合同发生的债权，债务人不履行债务的，债权人有留置权。

法律规定可以留置的其他合同，适用前款规定。

……

《最高人民法院关于适用〈中华人民共和国担保法〉若干问题的解释》

第一百零八条 债权人合法占有债务人交付的动产时，不知债务人无处分该动产的权利，债权人可以按照担保法第八十二条的规定行使留置权。

《中华人民共和国物权法》

第一百零六条 无处分权人将不动产或者动产转让给受让人的，所有权人有权追回；除法律另有规定外，符合下列情形的，受让人取得该不动产或者动产的所有权：

（一）受让人受让该不动产或者动产时是善意的；

（二）以合理的价格转让；

（三）转让的不动产或者动产依照法律规定应当登记的已经登记，不需要登记的已经交付给受让人。

受让人依照前款规定取得不动产或者动产的所有权的，原所有权人有权向无处分权人请求赔偿损失。

当事人善意取得其他物权的，参照前两款规定。

第一百八十条 债务人或者第三人有权处分的下列财产可以抵押：

（一）建筑物和其他土地附着物；

（二）建设用地使用权；

（三）以招标、拍卖、公开协商等方式取得的荒地等土地承包经营权；

（四）生产设备、原材料、半成品、产品；

（五）正在建造的建筑物、船舶、航空器；

（六）交通运输工具；

（七）法律、行政法规未禁止抵押的其他财产。

抵押人可以将前款所列财产一并抵押。

第二百零八条 为担保债务的履行，债务人或者第三人将其动产出质给债权人占有的，债务人不履行到期债务或者发生当事人约定的实现质权的情形，债权人有权就该动产优先受偿。

前款规定的债务人或者第三人为出质人，债权人为质权人，交付的动产为质押财产。

第二百三十条 债务人不履行到期债务，债权人可以留置已经合法占有的债务人的动产，并有权就该动产优先受偿。

前款规定的债权人为留置权人，占有的动产为留置财产。

专题二：留置权中“牵连关系”的理解与认定

【核心提示】在留置权的成立方面，《物权法》第二百三十一条规定的“同一法律关系”比《担保法解释》第一百零九条规定的“牵连关系”在债权与留置物的关系上更为严格，但在留置权适用范围的规定上又比之更为宽泛，可见《物权法》作为新法和上位法，其第二百三十一条对《担保法解释》第一百零九条作了改进。

实务争点

在留置权上，对于“牵连关系”与“同一法律关系”的区别，学界和实务界存在不同见解：一种见解认为，同一法律关系既包括同一合同关系，又包括同一事实关系，还包括依不当得利、无因管理、侵权行为等发生的债的关系，所以留置权关系双方不须有特定的主体资格或者特定的债权债务关系，而我国法律上的牵连关系仅指同一合同关系。另一种见解认为，《担保法解释》第一百零九条规定的牵连关系与《物权法》第二百三十一条规定的同一法律关系具有相同的内涵，均指同一债权债务关系，只是二者的适用范围有所不同，根据《物权法》第二百三十一条规定的“企业之间留置的除外”可知，同一法律关系是指至少一方为非企业民事主体的民事主体之间的同一债权债务关系，而牵连关系无此范围限制。还有一种见解认为，同一法律关系在判断留置物与债权的关系上比牵连关系更为严格，但对留置权适用的范围比之又更加宽泛。对此问题，《担保法解释》第一百零九条规定：“债权人的债权已届清偿期，债权人对动产的占有与其债权的发生有牵连关系，债权人可以留置其所占有的动产。”

理解适用

对《担保法解释》第一百零九条的理解与适用

牵连关系这一法律概念并不明确，我们需要为这一概念划定内涵与外延，并在此前提下展开研究和实务工作，牵连关系与同一法律关系是一对类似的概念，二者分别出现在《担保法解释》和《物权法》中，条文关系密切，但似乎也存在冲突，如何厘清二者关系是一个重要问题。

（一）关于留置权中牵连关系的理解与适用

1. 牵连关系的理解

《担保法解释》第一百零九条首次使用了“牵连关系”一词，但理论上“牵连关系”的内涵究竟如何却有诸多不同的观点，总体而言可分为“债权与债权牵连说”和“债权与物牵连说”两种意见。“债权与债权牵连说”是指当债权人的债权请求权与债务人对标的物的返还请求权产生于同一法律关系时即存在牵连关系。“债权与物牵连说”又分为一元论和二元论。一元论认为债权与物的关联有统一的标准进行判断。二元论认为债权与物的关联包含直接关联与间接关联，直接关联是指标的物是债权发生的直接原因，而间接关联，又分多种观点，学界多采“债权与标的物返还请求权因同一法律关系而发生，即可认定有牵连关系”的观点①。我国目前以二元论为通说，根据二元论，牵连关系主要包括以下三种情况：（1）债权因占有的动产本身产生，如保管合同关系中，保管人因托管人寄存的标的物存在瑕疵而遭受财产或人身损害时，在托管人支付相应损害赔偿金之前，保管人可以留置该标的物；又如在无因管理关系中，无因管理人在其无因管理费用请求权得到满足之前，得留置被管理的标的物。（2）债权与该动产的返还义务基于同一法律关系而生，如运输合同中托运人未依约支付运费，承运人有权就运输合同的

---

① 刘保玉主编：《担保法原理精要与实务指南》，人民法院出版社2008年版，第687页。

标的物留置。（3）债权与动产的返还义务基于同一事实关系而生[①]，如甲乙二人彼此误拿了对方的手机，此时一方在另一方返还自己的手机前得留置对方的手机。《担保法解释》第一百零九条的用语是“债权人对动产的占有与其债权的发生有牵连关系”，再结合《担保法》第八十四条，可以确定《担保法解释》中的牵连关系属于上述第（2）种情况，且仅限于合同关系（保管、运输、加工承揽）。

2.《物权法》第二百三十一条对《担保法解释》第一百零九条的改造

《物权法》第二百三十一条规定，“债权人留置的动产，应当与债权属于同一法律关系，但企业之间留置的除外”，所以，就非企业之间的留置而言，债权与动产的占有之间的关系必须属于“同一法律关系”。对于同一法律关系到底是“同一个法律关系”还是“同一类法律关系”，多数学者认为这里的“同一法律关系”系指“同一个法律关系”，虽属同类但不属于同一个法律关系的，不能发生留置权。[②]但是，从《担保法解释》规定的牵连关系上看，同一类的法律关系也被包括其中，比如连续发生多次交易的运输合同，前次交易发生的运费未结清的，债权人（承运人）得对因本次交易而占有的动产留置。因此，“对于留置物与债权的关系问题，我国《物权法》在立法精神上是进行了比‘牵连关系’更为严格的限定，而绝非相反”[③]。

此外，还需解决的问题是，“同一法律关系”是否是指“同一合同法律关系”？我国《民法通则》第八十九条、《担保法》第八十二条都将牵连关系表述为“按照合同约定占有”债务人（对方）的动产（财产），再加上《担保法》第八十四条、《合同法》第四百二十二条规定的留置权适用范围都仅限于运输合同、加工承揽合同、保管合同、行纪合同等，可以看出，在《物权法》颁布前，留置权仅发生于合同关系中，如此规定下的留置权适用范围，其狭窄程度高于传统民法上任何一种狭义的立法与学说，极不利于留置

---

① 梁慧星、陈华彬：《物权法》，法律出版社2007年版，第373页。

② 刘保玉：《留置权成立要件中的三个争议问题解析》，载《法学》2009年第5期。

③ 刘保玉：《留置权成立要件中的三个争议问题解析》，载《法学》2009年第5期。

权担保社会功能的发挥，也极不利于我国民商法与世界民商法的融合。[①]所以，从目的解释出发，《物权法》第二百三十一条旨在扩大留置权的适用范围，"同一法律关系"也就不局限于合同关系，该条"企业之间留置的除外"的规定也印证了立法者的前述意图。在合同关系之外，可能产生留置权的法律关系包括但不限于：无因管理、不当得利、物之偶然互换、善意占有等。

综上所述，在留置权的成立方面，《物权法》第二百三十一条规定的留置物与债权的关系比《担保法解释》第一百零九条的规定更为严格，但对留置权适用的范围的规定比之又更加宽泛。

必须明确指出的是，无论是"一元论"抑或"二元论"甚至是《物权法》上"同一法律关系"的表达，皆与留置权的制度本质不符，均不当扩大了留置权的适用范围。债权与动产返还义务因同一法律关系产生外延过宽，留置权的实质因素为动产本身因债权人之给付而获益，而非债权人占有动产这一形式要件。与此相反，并未使动产保值增值的债权人优先受偿的正当性先天不足。试想，在租赁合同无效而使双方互负返还义务之时，承租人要求出租人退还租金的债权与占有租赁物之承租人返还租赁物属于因租赁合同而生之"同一法律关系"，若是出租人未返还租金，承租人便可取得留置权相较于抵押权人及出租人的其他债权人优先受偿，该种立法正当性难谓自洽[②]。留置权适用的泛化究其根本在于学理与实务对留置抗辩权与留置权之区别理解混沌。留置抗辩权基于维系当事人双方权利义务之均衡的立法目的，在功能上仅能拒绝返还而并不具有优先受偿的效力，因此对其"牵连性"要求并不严苛，且适用范围可及于不动产。《法国民法典》第两千二百八十六条、《德国民法典》第二百七十三条即作此规定。

（二）实务中应当注意的问题

1. 企业之间留置权成立的特殊性

《物权法》第二百三十一条但书规定了企业间成立留置权的例外，但没

---

① 孙鹏、王勤劳、范雪飞：《担保物权法原理》，中国人民大学出版社 2009 年版，第 357 页。

② 孙鹏：《完善我国留置权制度的建议》，载《现代法学》2017 年第 6 期。

有言明企业间成立留置权的要件到底与普通留置权有何不同，这就产生了企业间留置权成立要件的争议。没有争议的是，企业间的留置权的成立并不意味着“对于债权的发生和动产的留置就不作任何的限制，否则，如果债权人在任何时间任何地点合法占有的债务人的一切动产，都允许债权人可以任意进行留置，则未免对债权人保护过于周全而有害于债务人利益的保护”[①]。在这一认识的基础上对企业间留置权成立要件进行分析可知，与普通留置权相比，企业间留置权成立要件除主体外至少还有如下特殊性：（1）债权发生于营业关系之中，企业的逐利性决定企业的主要活动是以营利为目的的营业，故能够受到留置权制度保护的债权也仅应成立于企业间的营业活动中。企业间留置权当事人双方存在持续经营关系，并在持续经营过程中分别形成了一个债权集合体和返还请求权集合体，这两个集合体因产生于同一持续经营关系而相互牵连。但债权人从第三人处受让之债权，不应纳入债权集合体中。[②]（2）动产的占有发生于营业关系之中，一方面，企业不是自然人，不可能产生自然人之间因生活关系导致的动产占有；另一方面，企业间虽可能发生某项与营业关系无关的事实导致的动产占有，但这样的占有不在企业间留置权“保护企业间交易安全与效率”的制度目的向度内，所以这些情形也不能被盲目纳入企业间留置权的范围。（3）不受同一法律关系限制，企业间的留置权与普通留置权没有本质差别，可以说企业间的留置权不受同一法律关系的限制是一种特例，具体到债权人方面就是一种特权，据此有学者认为“商事留置权不受同一法律关系限制的意义在于：扩大留置权的适用范围，从而有助于保障企业之间债权的实现；促进资金的快速流转，有利于债务的及时清结，因为企业之间的相互交易非常频繁且常常维持相当长的一段时间，债权人其实难以逐一证明留置物与债权之间的法律关系；加强商业交易中的信用，确保交易的安全”[③]，殊值赞同。

而在商事留置权的成立上，并没有“牵连关系”要件的要求，那该如何

---

① 孟强：《论我国〈物权法〉上的商事留置权》，载《政治与法律》2008 年第 10 期。

② 孙鹏：《完善我国留置权制度的建议》，载《现代法学》2017 年第 6 期。

③ 曾大鹏：《商事留置权的法律构造》，载《法学》2010 年第 2 期。

理解关于商事留置权“牵连关系”豁免的正当性呢？其与民事留置权仅因主体身份为自然人或企业而有所不同？商事留置权并不要求占有依据与债权具有直接的勾连，但仍有内在关联性要求[①]，需要商人在持续的多项交往中互有债的请求权。但这种请求权并不针对某一项具体的债，而是商人之间在一段时间之内的连续商业交往而形成的多项债的集合体。不同于民事留置权所平衡的商人单项交往中的利益，商事留置权所要平衡的是商人在上述持续的商事交往中的整体利益关系。这需要商人主体资格的正常存续；商人之间由于专司经营活动而在多项商事交往中形成复杂的债权债务关系所维系[②]。因此，商事留置权中的“债权”与“留置物”具有交互适用效力，债权人可就其债权集合体中的任一债权，在其占有的债务人动产集合体中任何一宗动产上设立商事留置权[③]。与此相反，若某项债权设立留置权仅针对特定动产，即便其主体为商人，亦不属于商事留置权。

因此可见，我国目前对商事留置权的表述并不规范，并由此引发了商事留置权滥用的风险。在实践中，不乏存在因债权人无法收回债务而故意向债务人借用设备等从而行使商事留置权的事例，在此情形下，仅因为债权人的企业身份就赋予其优先于其他债权人受偿的权利，难谓具有正当性。综观大陆法系国家或地区的商事留置权的规定，一般是放宽对牵连性的认定，而并非完全弃绝牵连性的适用。故就“企业之间留置除外”的规定，应限缩解释为债权人基于正常经营行为享有债权、占有动产，未来立法应改消极要件为积极要件[④]。

2. 侵权之债与留置权的关系

由于《物权法》第二百三十一条将我国留置权的适用范围扩大到了非合同关系领域，因此侵权法律关系也被囊括其中，但对于侵权之债与留置权的关系，学界、实务界存在争议。总体而言，留置权能够适用侵权之债是主流

---

① 孙鹏：《完善我国留置权制度的建议》，载《现代法学》2017 年第 6 期。

② 熊丙万：《论商事留置权》，载《法学家》2011 年第 4 期。

③ 费安玲主编：《比较担保法》，中国政法大学出版社 2004 年版，第 447 页。

④ 徐银波：《〈物权法〉留置权规则的解释适用与立法反思》，载《法律科学》（西北政法大学学报）2017 年第 2 期。

观点，但也有学者提出质疑，认为“侵权之债不具有适用留置权的理由，此时仅仅可以产生对标的物暂时留置的权利，而不是留置权”[①]。后一种观点本质上是将侵权之债中的对动产的留置归入私力救济的范畴，以此为由排除作为公力救济手段的留置权的适用。事实上，私力救济与公力救济并不必然相互排斥，就留置权而言，“仅将救济行为本身合法化是不够的，因为下一步必然面临着占有物如何处置的问题，如果不认可变价受偿权，民事关系将长期处于不确定状态，并且债权人因此反而背上了妥善保管留置物的负担”[②]。允许侵权场合下留置权的存在，就能将作为私力救济的留置行为转化为公力救济，对债权人的保护更为有力。所以，留置权适用于侵权领域具有正当性和合理性。

案例指导

南京华海船务有限公司等诉本溪北台钢铁集团供销有限责任公司等航次租船合同纠纷案[③]

原告南京华海船务有限公司（以下简称华海公司）、南京豪盛船务有限公司（以下简称豪盛公司）共同诉称，2000年11月16日，原告豪盛公司与被告营口市全通实业公司（以下简称全通公司）签订《航次租船合同》，约定：被告全通公司包船租用原告船舶“新华海101”轮运送螺纹钢及铸管，从营口鲅鱼圈到汕头；航次包干总运费为45万元，平舱后预付总运费60%，船开舱卸货前付清剩余运费；卸率为装港2天，卸港3天；滞期费率为8000元/天。11月29日，全通公司书面确认“2000年11月末之前，平舱后预付款没有付给船方，船方可以对与运费价格的60%相等的货物进行扣留。卸货前全部货物运费没有付清，船方可以扣留与运费相同价格

① 刘保玉主编：《担保法原理精要与实务指南》，人民法院出版社2009年版，第687页。

② 梅夏英、方春晖：《对留置权概念的立法比较及对其实质的思考》，载《法学评论》2004年第2期。

③ 案例来源：广州海事法院民事判决书（2001）广海法汕字第3号。

的货物作为所差 40% 的运费”。原告如期将货物运到汕头后，被告本溪北台钢铁集团供销有限责任公司（以下简称本溪钢铁公司）作为收货人及全通公司作为承租人，二者尚欠运费 72000 元和滞期费 40000 元未支付。为维护原告合法权益，原告在汕头港留置了船载货物 100 吨螺纹钢。本溪钢铁公司为解除货物的留置向法院提供了 25 万元的现金担保，提取了货物。原告作为承运人已完成了货物运输，理应收到运费及滞期费。《担保法解释》第一百零九条规定，只要债权人对动产的占有与其债权的发生有牵连关系，债权人就可以留置其所占有的动产，故原告对船载货物具有法定留置权。被告本溪钢铁公司通过现金担保提取货物的行为并不改变原告通过留置船载货物主张运费及滞期费的性质。请求法院判令两被告连带支付原告运费 72000 元、滞期费 40000 元和滞纳金 53200 元，并承担本案诉讼费及原告的律师费。

被告本溪钢铁公司辩称：根据《海商法》《担保法》《合同法》的有关规定，债权人留置动产必须是与债务人有债权债务关系，且留置的应是债务人所有的动产。本溪钢铁公司与原告之间没有任何债权债务关系，也没有支付运费的义务，无须对原告的债权负连带清偿责任，不应成为被告。原告留置的也不是债务人（全通公司）的动产。在货物所有权已明确属于本溪钢铁公司的情况下，全通公司无权授权豪盛公司留置本溪钢铁公司的货物，豪盛公司也无权留置本溪钢铁公司的货物以向其主张运费。故原告留置被告本溪钢铁公司的货物没有法律依据。请求驳回原告的诉讼请求。

经庭前会议和庭审质证，当事人共同确认以下事实：2000 年 5 月 18 日，原告华海公司书面委托原告豪盛公司全权处理华海公司所有的“新华海 101”轮本年度运营事宜（包括对外订立运输合同），期限为 2000 年 6 月 1 日至 2001 年 6 月 1 日。11 月 16 日，原告豪盛公司与被告全通公司签订《航次租船合同》，约定：豪盛公司为出租人，全通公司为承租人。11 月 16 日，被告全通公司向原告豪盛公司出具函件，称“船舶抵锚地 12 小时后按合同规定承担滞期费用”。根据两原告提供的《航海日志》及被告全通公司提供的营口港务股份有限公司出具的《关于“新华海 101”轮装货情况的说明》记载，“新华海 101”轮于 11 月 23 日 20：35 抵营口港锚地，11 月 24 日开始装货。

11月28日，在装载了以被告本溪钢铁公司为收货人的螺纹钢1049件、孙丽文代理的钢材714吨和以鞍山铸管厂为托运人的铸管940根及其配件33件后，“新华海101”轮达到满载吃水线而离港，鞍山铸管厂的铸管尚有610根未装上船。11月29日，被告全通公司向原告豪盛公司出具《确认书》，确认“平舱后预付款没有付给船方，船方可以以运费60%相同的货物扣留抵押作为运费。卸货前全部货物运费没有付清，船方也可以扣留与运费相同价格的货物作为所差40%的运费”。12月4日，原告豪盛公司给被告全通公司发函，要求其按合同付清该航次余下运费才给予开舱卸货。12月5日，被告全通公司向原告豪盛公司出具函件，称已支付给原告运费216960元、劳务费3000元、加油费64500元，并确认尚欠原告劳务费2000元、运费168540元。原告豪盛公司收到该函件后，根据陆续又收到运费的情况，确认被告全通公司最终所欠运费数额为71988元。

12月7日，“新华海101”轮抵达汕头并开始卸货。12月8日，被告全通公司向原告豪盛公司出具函件，称“我公司认为2032吨钢材实际数量要超过货物交接清单数量，要求船方滞留100吨螺纹钢，待上岸物品过磅后另行处理”。据此，原告华海公司留置了被告本溪钢铁公司的螺纹钢55件。12月9日，“新华海101”轮离开汕头到揭阳港卸孙丽文代理的714吨螺纹钢。12月12日，“新华海101”轮返回汕头卸下留置的53件螺纹钢，由原告华海公司委托汕头港货运公司保管。12月10日，被告本溪钢铁公司向该批货物的托运人富伸公司发函要求其向船方交涉放货。12月12日，富伸公司向被告全通公司交涉要求放货。12月13日、26日，被告全通公司两次向原告豪盛公司发函，要求豪盛公司将被告本溪钢铁公司的螺纹钢全部在汕头卸下以过磅，确定责任归属后交给被告本溪钢铁公司。原告豪盛公司回函认为其要求不合理，并要求全通公司到汕头把所留置的货物拍卖。2001年1月4日，被告本溪钢铁公司向本院提出强制放货申请，并提供了25万元的现金担保。同日，广州海事法院作出（2001）广海法汕字第1–2号民事裁定，并发出海事强制令，将53件螺纹钢放给被告本溪钢铁公司。在此期间，各方当事人均未对被告本溪钢铁公司的货物进行过磅。

对上述事实，合议庭予以确认。

本案事实方面的争议是如何确定船载货物的重量及滞期费。

1. 关于船载货物的重量。本航次共3票货物，其中被告本溪钢铁公司的螺纹钢1049件、鞍山铸管厂的铸管940根的重量存在争议。原告提供了“新华海101”轮《船舶规范》、湖北省船舶检验局出具的《“新华海101”轮吃水——载货量情况表》、“新华海101”轮《船舶载重线证书》，对该三份证据被告全通公司均无异议。根据该三份证据，“新华海101”轮载重吨为4200吨。两原告认为，根据原告豪盛公司与全通公司签订的《航次租船合同》的约定，本航次是包船运输，只要原告提供的船舶规范是正确的，无论被告全通公司装载多少货物均应按约定支付包船运费。即使要确定船载货物重量，也应以船舶吃水尺数为准，船载货物达到满载吃水线就证明船载货物重量已达到4200吨。被告全通公司提供了第0000102号运单、第0000103号运单及营口港务股份有限公司的《货物交接清单》。根据0000102号运单记载，鞍山铸管厂的铸管重792吨，加上配件重13吨，合计805吨；根据0000103号运单记载，被告本溪钢铁公司的螺纹钢重2030吨；根据营口港务股份有限公司的《货物交接清单》记载，鞍山铸管厂铸管重805吨，被告本溪钢铁公司的螺纹钢重2030吨。被告全通公司认为，船载货物的重量应以装货港的《货物交接清单》记载的货物重量为准。根据该《货物交接清单》，“新华海101”轮装载了被告本溪钢铁公司的螺纹钢2030吨，鞍山铸管厂的铸管及其配件805吨，加上孙丽文代理的714吨钢材，合计共装载3594吨就达到满载吃水线，因此，原告提供的船舶规范称载货吨为4200吨是错误的。

2. 关于滞期费的计算。合议庭成员一致认为：原告豪盛公司与被告全通公司签订的《航次租船合同》合法有效，双方均应依约履行。货物运抵目的港后，被告全通公司应当支付约定的运费和滞期费。原告请求的运费、滞期费数额合理，应予支持。承租人逾期付款的滞纳金标准应按《最高人民法院关于修改〈最高人民法院关于逾期付款违约金应当按何种标准计算问题的批复〉的批复》规定的金融机构计收逾期贷款利息的标准计算。《合同法》第三百一十五条规定，“托运人或者收货人不支付运费、保管费以及其他运输费用的，承运人对相应的运输货物享有留置权”。《担保法解释》第一百零九条规定："债权人的债权已届清偿期，债权人对动产的占有与其债权的发生有牵连关系，债权人可以留置其所占有的动产。"因此，承运人行使留置权不以占有债务人所有的动产为必要条件，也不以承运人与动产所有人有债权债务关系为必要条件，只要承运人的债权与占有的动产有牵连关系就可以行使留置权。对被告本溪钢铁公司认为其与原告没有债权债务关系，因而原告无权留置其货物的主张不予支持。原告未收到运费时对相应的运输货物享有留置权，被告本溪钢铁公司提取被留置的货物损害了原告的留置权，应负相应的法律责任。本案属沿海货物运输航次租船合同纠纷，原告华海公司不是合同的当事人，无权向被告主张权利。

依照《合同法》第二百九十二条、第三百一十五条的规定，判决如下：一、被告全通公司向原告豪盛公司支付运费；二、被告本溪钢铁公司对被告全通公司的清偿义务负连带责任；三、驳回原告华海公司的诉讼请求。

规范指引

《中华人民共和国担保法》

第八十二条 本法所称留置，是指依照本法第八十四条的规定，债权人按照合同约定占有债务人的动产，债务人不按照合同约定的期限履行债务的，债权人有权依照本法规定留置该财产，以该财产折价或者以拍卖、变卖该财产的价款优先受偿。

《最高人民法院关于适用〈中华人民共和国担保法〉若干问题的解释》

第一百零八条 债权人合法占有债务人交付的动产时，不知债务人无处分该动产的权利，债权人可以按照担保法第八十二条的规定行使留置权。

第一百零九条 债权人的债权已届清偿期，债权人对动产的占有与其债权的发生有牵连关系，债权人可以留置其所占有的动产。

《中华人民共和国物权法》

第二百三十一条 债权人留置的动产，应当与债权属于同一法律关系，但企业之间留置的除外。

专题三：留置权成立的消极要件

【核心提示】留置权成立的消极要件包括：债权债务关系双方没有约定排除留置权的适用，动产的留置不得违反法律规定和公序良俗，亦不得与债权人所承担的义务相抵触，留置物不得为依法不得转让的动产等。

实务争点

市场交易活动中，常常存在需要一方将其动产非以移转所有权的意思交付与对方的合同关系（如保管合同、加工承揽合同等），这些合同关系中一般都约定在一定条件下或一定期限内动产占有人须将该动产返还给所有权人，这样一来，若动产占有人（债权人）欲行使留置权，就与该返还义务相冲突，而如何处理这二者的关系，存在两种不同的意见：一种意见认为，根据《担保法解释》第一百一十一条的规定，"债权人行使留置权与其承担的义务或者合同的特殊约定相抵触的，人民法院不予支持"，已经明确了债权人行使留置权与返还义务相冲突时应以履行返还义务优先；另一种意见认为，《担保法解释》第一百一十一条的规定旨在限制债权人的留置权，以免留置权的成立和行使违反债务履行本旨，并非针对返还义务进行的规定，且返还义务从逻辑上并无在该条文下发挥的空间，因此返还义务与留置权的行使不存在冲突。

理解适用

对《担保法解释》第一百零七条和第一百一十一条的理解与适用

留置权的成立要件可分为积极要件和消极要件，其中积极要件包括留置物为动产、债权人合法占有该动产、债权人留置的动产与债权属于同一法律关系以及债权已届清偿期，但即便积极要件全部成立，若出现某些特定情形，也会阻却留置权的成立，这些情形称为留置权成立的消极要件，下文予以详述。

（一）留置权成立的消极要件

1. 当事人事先约定不能留置

留置权作为法定担保物权，由法律规定产生，但法律规定成立留置权不等同于法律强制成立留置权，作为债权人享有的权利，应准许债权人事先放弃。《担保法》第八十四条第三款规定，“当事人可以在合同中约定不得留置的物”，明确允许当事人可以约定排除合同标的物作为留置财产；《担保法解释》第一百零七条规定，“当事人在合同中约定排除留置权，债务履行期届满，债权人行使留置权的，人民法院不予支持”，这一条文比《担保法》第八十四条更为进步，直接从权利而非物的角度肯定当事人可以预先排除留置权的适用。需要提出的是，如果当事人未在合同中明确约定排除留置权，但交付财产前或交付财产时，明确要求债权人履行债务后应返还标的物，则债权人不得行使留置权。具体而言，债权人在债务人明确表示不应留置该物时而接受财产且未表示反对，即表明债权人对债务人这一意思表示的认可，其接受财产并履行义务的行为构成了对债务人默示的承诺，双方之间便达成了不得留置的合意。不过，如果债务人是在财产交付后向债权人作出不得留置的表示，若无债权人明确承诺，则不当然排除留置权的适用。此外，《合同法》第二百六十四条、第三百一十五条、第三百八十条、第四百二十二条亦分别对承揽合同、运输合同、保管合同、行纪合同中当事人约定预先排除留置权的规定，但这些规定仅是指示性的规定，并非否定了其他合同类型中预先排除留置权约定的效力。

2. 留置行为不得与债权人承担的义务相抵触

若对动产进行留置与债权人承担的义务相抵触，则留置行为也与债务履行的本旨相违背，此时法律如果支持债权人对该动产的留置，将对债务人明显不公，有鉴于此，《担保法解释》第一百一十一条规定，“债权人行使留置权与其承担的义务或者合同的特殊约定相抵触的，人民法院不予支持”。值得探讨的是，这里的与债权人承担的义务相抵触的义务是哪些义务？此处应不包括标的物的返还义务，“因为，债权人仅在三种情况下须将占有物返还给债务人：其一，债权未届清偿期，返还义务已届期；其二，债权虽已届期，但当事人间事先有排除留置权的约定；其三，债务人已经履行债务。第一种情形，留置权因债权尚未届期而不能成立；第二种情形，留置权因当事人预先排除而不能成立；第三种情形，留置权因债权不存在（或消灭）而不成立（或消灭）”，[①] 这三种情形均非债权人行使留置权与其承担的义务相抵触的情形，故返还义务在这一场域没有发挥的空间。换言之，债权人只有在履行了除返还义务以外的义务时，才得向债务人主张留置权，如加工承揽合同中承揽人只能在对材料进行加工形成工作成果后留置该成果，而不能因未付加工费而直接在加工前对材料进行留置。

此消极要件在民事留置权中不可或缺，但对商事留置权而言却并非如此。债权人基于在一段时间内持续性的多次交易享有债权，对后续占有的债务人的动产进行留置并变价清偿也不会导致债权债务人之间的利益关系畸形化，反而每次需对待给付方能留置，会害及商事留置权促进经济流通的制度功能的实现，未获清偿之债务越垒越高，债权不能实现的风险亦随之膨胀。

3. 留置行为的合法性

《民法通则》第七条规定，“民事活动应当尊重社会公德，不得损害社会公共利益”；《物权法》第七条规定，“物权的取得和形式，应当遵守法律，尊重社会公德，不得损害公共利益和他人合法权益”；《合同法》第七条规定，“当事人订立、履行合同，应当遵守法律、行政法规，尊重社会公德，不得扰乱社会经济秩序，损害社会公共利益”。这是我国现行法有关公序良俗的规定。可见，公序良俗主要表现为社会公共利益和社会公德，成立留置权导致损害社会公共利益的典型情形表现为抗灾救险中对救灾物资的留置、对国家为维护社会公共秩序或利益的财产的留置等。成立留置权导致损害社会公德（善良风俗）的典型表现为对棺木和尸体等与祭奠有关的物的留置、对债务人工作生活必需品的留置（如毕业证、身份证、残疾人辅助用具等）。

---

① 孙鹏、王勤劳、范雪飞：《担保物权法原理》，中国人民大学出版社2009年版，第361页。

在对债权人占有动产的合法性进行规定时，《物权法》第二百三十条从积极方面进行约制："债务人不履行到期债务，债权人可以留置已经合法占有的债务人的动产，并有权就该动产优先受偿。前款规定的债权人为留置权人，占有的动产为留置财产。"在债权人依承揽、运输、保管等合同占有动产时，合法性不难证明；但在债权人拾得遗失物、无因管理的场合，债权人之占有本就缺乏正当权源。此时若依然强使其从积极方面证明，会不当限缩留置权的适用情形。因此，应采消极角度规定为宜，由留置物的所有人证明债权人故意实施不法行为取得占有，从而消解其占有的正当性，若其不能完成上述举证，则债权人可留置占有之动产[①]。

4. 留置物不得为依法不得转让的动产

留置权能够具有担保功能，最重要的基础是留置物具有的交换价值，若留置物为依法不得转让的动产，留置物也就无法变现，甚至因其交换价值的丧失而根本不能成立留置权。

（二）实务中应当注意的问题

在实务中适用《担保法解释》第一百一十一条时，尤其需要注意债权人的义务与抗辩权、留置权的关系问题：首先，通常而言，第一百一十一条主要指向的都不是即时清结的合同义务，因为在即时清结的合同中双方当事人同时履行义务，"一手交钱，一手交货"，债权人在时间上没有留置动产的可能；其次，在双方当事人约定债务人先履行义务的情形下，债权人尚未履行对待给付义务，此时不能主张留置权，但债权人可援用先履行抗辩权，拒绝向债务人履行相应的义务；再次，双方当事人约定债权人先履行义务的情形下，若债务人可能丧失或已经丧失履行能力，则债权人在已经履行对待给付义务的前提下可行使留置权，如果债权人尚未履行对待给付义务，则可以主张不安抗辩权，拒绝履行相应的义务，并且可以根据《合同法》第六十九条要求对方提供相应的担保；最后，在双务合同中，若债务人没有履行其债务，却要求对方返还合法占有而归自己所有的合同标的物，则可能产生同时履行

---

① 孙鹏：《完善我国留置权制度的建议》，载《现代法学》2017年第6期。

抗辩权与留置权的竞合，在债务人基于合同关系要求返还留置物时，债权人以同时履行抗辩权或留置权均可对抗其请求，在债务人基于所有权要求返还留置物时，债权人则只能以留置权对抗其请求。

案例指导

陈某诉江门市五洲船运有限公司船舶修理合同案[①]

原告陈某诉称：2004 年 9 月 7 日，原告经江门市工商行政管理局江海分局批准，领取了字号为江门市江海区五邑船厂的《个体工商户营业执照》。2005 年 2 月 18 日，原告以江门市江海区五邑船厂的名义与被告江门市五洲船运有限公司签订修船合同，约定由原告修理被告的“五洲油 5”轮，修理费共计 247802.24 元。同日，被告安排该轮进原告的船厂接受修理。之后，双方一致同意增加工程项目，增加工程的费用共计 12027.7 元。至 3 月 20 日止，总修船费用达 259830 元。按照合同约定，船舶修理完工后，被告应分两期向原告支付修船费；如果被告不按期履约，应按修船费 10% 的月息向原告支付违约金。原告已严格履行了合同约定的修船义务，被告却没有依约向原告支付修船费，已违约。在此期间，“五洲油 5”轮因其他债务纠纷被广州海事法院依法在原告的船厂扣押，原告依法行使了船舶留置权。经原告多次催付，被告一直不支付修船费。故请求法院判令被告支付原告修船费用 259830 元及其利息，以全部修理费 259830 元为本金按 10% 的月利率从 2005 年 3 月 20 日起计算至被告实际付清之日止的违约金，并确认原告基于上述债权对被告的“五洲油 5”轮享有船舶留置权，有权从船舶拍卖所得价款中优先受偿，同时判令被告负担本案诉讼费用。

被告江门市五洲船运有限公司没有答辩，也没有提供任何证据。

广州海事法院经公开审理查明：2005 年 2 月 18 日，原告以江门市江海区五邑船厂的名义与被告签订修船合同，约定：被告委托原告修理“五洲油 5”轮，修理工程项目与费用包括：(1) 双方确认的修理工程项目价格表所列

① 案例来源：广州海事法院（2005）广海法终字第 187 号。

工程，该部分工程的修理费用为247802.24元；（2）在修理过程中出现的隐蔽工程、被告或船检部门提出增加或减免的修理工程，由此相应产生的增加或减少的工程费用在原告交船之前应由双方签字确认。修理周期为从船进厂后第二天起计算30天，但如果增加工程的修理费用超过上述第（1）项工程修理费247802.24元的15%，双方应协商延长工期；原告修理的项目由原告向船检部门报验；被告提供的设备、零件的质量由被告保证，原告仅保证安装质量。被告分两次向原告支付修理费用，先在该轮全部修理项目完工后试航前支付上述第（1）项工程修理费247802.24元的70%，后在该轮出厂后3个月（即包修期满）付清上述第（1）项工程修理费的余款及增加工程款；如果被告违约未能按期支付第一期款项，原告有权在被告付清款项后再交船；如果被告违约未能按期支付第二期款项，原告有权按余款10%的月息逐月加收等。同日，被告安排"五洲油5"轮进江门市江海区五邑船厂接受修理，双方确认了该轮修理工程项目价格表，该表所列工程包括专用工程、船体工程、轮机工程、电气工程、油漆工程等，含100个具体修理项目，修理费用共计247802.24元。3月20日，双方确认增加22个具体修理项目，增加工程的修理费用共计12027.7元。被告一直未向原告支付修理费用。

原告没有直接提供证据证明其是否妥善完成了其与被告确认的所有修理项目以及何时完工，但其申请广州海事法院调取了广州鸿业海事咨询顾问有限公司于2005年10月9日出具的《"五洲油5"轮状况勘验报告》，该报告载明：该轮经修理后完全具备继续维持使用的条件。

"五洲油5"轮为843总吨的沿海油轮，被告于2004年1月1日取得该轮所有权。2005年8月18日，吴光胜等9名在"五洲油5"轮工作的船员因与被告船员劳务报酬纠纷向广州海事法院申请海事请求保全，该院经审查于同日作出（2005）广海法保字第71号民事裁定书，裁定准许吴光胜等9名船员的申请，将该轮扣押于江门港，并责令被告在该裁定书送达之日起30日内向本院提供10万元担保。8月19日，该院对停泊在江门市江海区五邑船厂的"五洲油5"轮实施了扣押，并要求该船厂继续看管该轮，同日向被告送达了上述裁定书。被告在船舶扣押期间一直未提供担保。经吴光胜等9名船员申请，该院于9月5日裁定强制拍卖"五洲油5"轮，于9月9日至

12日通过《南方日报》等新闻媒体发布公告，限定相关债权人在公告发布之日起30日内就与该轮有关的债权申请登记。原告于9月29日向该院申请登记本案所涉债权，该院经审查于10月14日裁定准许了原告的债权登记申请。该院于10月14日公开拍卖了“五洲油5”轮，以最高竞价135万元将该轮卖给竞买人林德仁，于10月21日在江门市江海区五邑船厂将该轮移交给买方林德仁。

广州海事法院根据上述事实和证据认为：原告在该院拍卖船舶的公告期内申请登记债权，并在该院受理其债权登记申请后提起本案诉讼，本案属《海事诉讼特别程序法》第一百一十六条所规定的确权诉讼。

原告与被告自愿签订了修船合同，该合同合法有效。按照《合同法》第六十条第一款的规定，双方当事人应当按照约定全面履行自己的义务。被告委托原告修理“五洲油5”轮。双方当事人虽然在修船合同中约定了30天修理周期，但这本身不能说明原告在该30天内修理完工。原告没有直接的证据证明在此之前完成了双方约定的全部修理项目，因此仅能根据“五洲油5”轮于2005年9月23日经检验状况良好的事实，推定原告于2005年9月23日修理完工。按照修船合同的约定，被告应分两次向原告支付修理费用，先在该轮全部修理项目完工后试航前支付第一期船舶修理费173461.57元，后在该轮出厂后3个月付第二期修理费86368.37元。在该院于8月18日扣押该轮后，上述“试航”与“出厂”的条件暂时受阻，至10月14日拍卖该轮后，该条件已客观不能。该合同约定的被告分两次支付修船费的条件先后暂时受阻与在客观上不能成就的原因在于，被告没有在船舶扣押期间及时提供担保使船舶获释，被告对此有过错。因条件成就而受不利益的当事人，如以不当行为阻碍其条件成就时，视为条件成就。但鉴于法院认定原告修理船舶完工的时间9月23日在法院向被告送达裁定书责令其提供担保之后，应认定自9月23日起被告应支付修船费的“试航”与“出厂”条件均已成就。双方对上述第二期款项的支付除约定附有“出厂”条件外，还附有3个月期限。但被告首先不按期支付占全部修理费大部分的第一期修理费，且在该院扣押船舶后不提供担保，阻碍原告请求修理费条件的成就，被告的行为已表明其不履行合同义务。

根据《合同法》第一百零八条的规定，当事人一方明确表示或者以自己的行为表明不履行合同义务的，对方可以在履行期限届满之前要求其承担违约责任。由此，原告有权自9月23日起请求被告支付全部船舶修理费259829.94元。

原告可以基于被告应在交船前支付第一期修理费173461.57元的约定，依法留置船舶。按照合同约定，被告应在船舶出厂后3个月付清第二期修理费86368.37元，原告为该修理费行使留置权原本与其交船出厂的合同义务相抵触，修理费债权未届清偿期，而交付船舶的义务已届履行期，原告本无权为该修理费债权而留置船舶。但是，被告不履行支付修理费的合同义务，在本院裁定扣押"五洲油5"轮后不按裁定提供担保，以致该轮被该院强制拍卖，这表明被告对原告无支付能力，原告依法有权就两期修理费173461.57元与86368.37元（共计259829.94元）及其上述利息，行使船舶留置权，有权按照法律规定的船舶留置权的受偿序位，从该院拍卖"五洲油5"轮所得价款中优先受偿。

广州海事法院依据《合同法》第六十条第一款、第一百零八条、第一百零九条、第一百一十二条、第一百一十四条以及《海商法》第二十五条、《担保法》第八十三条、《担保法解释》第一百一十一条与第一百一十二条的规定，判决如下：原告陈某有权按照法律规定的船舶留置权的受偿序位从本院拍卖"五洲油5"轮所得价款中优先受偿上述修船费用259829.94元及利息、违约金；驳回原告陈某的其他诉讼请求。

案例评析：本案中法官明确原告因该修理费行使留置权原本与其交船出厂的合同义务相抵触，该修理费债权未届清偿期，而交付船舶的义务已届履行期，本符合留置权的消极要件而不能留置该船舶。但在本案之前，因其他债务纠纷，法院已扣押该船舶，并裁定被告提供相应的担保，而被告未能提供担保，此时被告在可预见的时间内不愿履行或不能履行支付原告修理费的义务，因此，若在这一场合认定原告不能留置船舶，对原告极为不公，故法院认可了原告的留置权，这一认定可以理解为原告的不安抗辩权之延伸。

规范指引

《中华人民共和国合同法》

第七条 当事人订立、履行合同，应当遵守法律、行政法规，尊重社会公德，不得扰乱社会经济秩序，损害社会公共利益。

第六十六条 当事人互负债务，没有先后履行顺序的，应当同时履行。一方在对方履行之前有权拒绝其履行要求。一方在对方履行债务不符合约定时，有权拒绝其相应的履行要求。

第六十七条 当事人互负债务，有先后履行顺序，先履行一方未履行的，后履行一方有权拒绝其履行要求。先履行一方履行债务不符合约定的，后履行一方有权拒绝其相应的履行要求。

第六十八条 应当先履行债务的当事人，有确切证据证明对方有下列情形之一的，可以中止履行：

（一）经营状况严重恶化；

（二）转移财产、抽逃资金，以逃避债务；

（三）丧失商业信誉；

（四）有丧失或者可能丧失履行债务能力的其他情形。

当事人没有确切证据中止履行的，应当承担违约责任。

第六十九条 当事人依照本法第六十八条的规定中止履行的，应当及时通知对方。对方提供适当担保时，应当恢复履行。中止履行后，对方在合理期限内未恢复履行能力并且未提供适当担保的，中止履行的一方可以解除合同。

《最高人民法院关于适用〈中华人民共和国担保法〉若干问题的解释》

第一百一十一条 债权人行使留置权与其承担的义务或者合同的特殊约定相抵触的，人民法院不予支持。

第一百一十二条 债权人的债权未届清偿期，其交付占有标的物的义务已届履行期的，不能行使留置权。但是，债权人能够证明债务人无支付能力的除外。

《中华人民共和国物权法》

第七条 物权的取得和行使，应当遵守法律，尊重社会公德，不得损害公共利益和他人合法权益。

第二百三十二条 法律规定或者当事人约定不得留置的动产，不得留置。

第六部分

定　金

《担保法》第六章第八十九条到第九十一条对定金作出了规定，涉及定金及其法律效力、定金的成立、定金的数额等内容。《担保法解释》第一百一十五条到第一百二十二条针对现实生活与司法实务中的热难点问题如立约定金、成约定金、解约定金、定金合同的变更与生效、定金罚则与损害赔偿责任的并用、定金的数额、定金罚则的除外情形等具体问题进行了解释。前述相关条文明确了若当事人对定金的性质未作特别约定，应将定金认定为违约定金。同时，定金罚则与损害赔偿责任是可以并用的。此外，《合同法》第一百一十六条规定定金与违约金不可并用，当事人既约定违约金又约定定金的，一方违约时，对方只能择一行使。定金罚则与损害赔偿责任并用时，二者的数额总和有明确的限制标准，即定金和损失赔偿的数额总和不应高于因违约造成的损失，《买卖合同司法解释》第二十八条对此已具明文。

专题一：解约定金的认定与适用

【核心提示】我国现行法相关条文中的定金通常应解释为违约定金，而非解约定金等定金类型。《担保法解释》第一百一十七条在一定程度上支持了这种解释方法，其明确规定给付定金或收受定金的一方只能按合同的事先约定通过丧失或双倍返还定金的方式来解除主合同，此规定具有科学性和合理性。质言之，解约定金等定金类型必须由当事人预先约定，否则当事人交付的定金应认定为违约定金。若当事人未预先约定解约定金或约定不明，则给付定金或收受定金的一方即便抛弃或双倍返还定金，亦不能取得和行使解除主合同的权利，在主合同之履行仍属可能时，其仍应履行主合同。

实务争点

对于我国现行法相关条文所规定的定金之性质，理论界与实务界均存在较大争议，争议的焦点在于：当事人一方能否以丧失或双倍返还定金为代价解除主合同。第一种意见认为，《民法通则》第八十九条、《担保法》第八十九条、《合同法》第一百一十五条等条文中的定金应作解约定金解释[①]，即当事人一方有权以丧失定金或双倍返还定金为代价解除主合同，因为主合同签订后，当事人有权根据经济情势的变化来决定是否履行主合同，这不仅有利于资源的优化配置，而且契合市场经济的内在精神。第二种意见认为，前述条文中的定金应作违约定金解释[②]，即定金罚则是不履行合同一方所应承

---

① 郭明瑞：《论定金的性质及其适用》，载《中央政法干部管理学院学报》1996年第2期。

② 江平：《民法学》，中国政法大学出版社2000年版，第516页。

担的违约责任，而不是违约方解除合同的条件，合同是否解除一般应由非违约方选择，若由违约方选择解除合同则有违实际履行原则和诚实信用原则。第三种意见认为，前述条文中的定金应根据具体案情作多元化解释，在不同的案件中具有不同的性质，一般包括违约定金、证约定金、立约定金、解约定金等类型。对此问题，《担保法解释》第一百一十七条规定："定金交付后，交付定金的一方可以按照合同的约定以丧失定金为代价而解除主合同，收受定金的一方可以双倍返还定金为代价而解除主合同。对解除主合同后责任的处理，适用《中华人民共和国合同法》的规定。"

理解适用

对《担保法解释》第一百一十七条的理解与适用

《担保法解释》第一百一十七条规定解约定金可由当事人在合同中事先约定，此规定不仅明确了解约定金的认定与适用规则，而且暗含了若当事人对定金性质无约定则应将定金的基本性质认定为违约定金的解释结论。

（一）现行法所规定的定金之基本性质

对于我国现行法相关条文中的定金之基本性质，理论界历来众说纷纭，如有违约定金兼证约定金说①、违约定金说②、违约定金兼解约定金和证约定金说③、解约定金说④等。我们认为，《民法通则》第八十九条、《担保法》第八十九条至第九十一条、《合同法》第一百一十五条及《担保法解释》第一百一十九条至第一百二十二条等条文中的定金应作违约定金解释，即现行法中的定金之基本性质为违约定金，法律另有规定的除外，理由在于：（1）根据《担保法》第八十九条"给付定金的一方不履行约定的债务的，无权要求返还定金；收受定金的一方不履行约定的债务的，应当双倍返还定金"

---

① 崔建远：《合同法》，法律出版社2007年版，第341页。

② 邹海林、常敏：《债权担保的方式和应用》，法律出版社1998年版，第389页。

③ 郭明瑞、杨立新：《担保法新论》，吉林人民出版社1996年版，第283页。

④ 付元吉、徐红新：《解约定金制度研究》，载《河北科技大学学报》2008年第9期。

之规定(《民法通则》第八十九条、《合同法》第一百一十五条亦作类似表述),当事人一方丧失定金或双倍返还定金仅仅是对其不履行约定债务之行为的制裁,但这并不意味着该方当事人在丧失定金或双倍返还定金后就可以不履行主合同甚至解除主合同,相反,此时主合同之效力不受影响,若无其他解除事由则当事人不能解除合同;(2)在一般情况下,若无法律的特别规定或当事人的特别约定,合同是否解除应由非违约方选择,因为若由违约方选择会变相助长不诚信行为,引发道德风险,扰乱经济秩序并极大地损害非违约方的利益;(3)在司法实践中,具体案件情况必定错综复杂,此时若根据不同的案情对定金作多元化解释则必将使法律解释标准极不统一,导致当事人理解与认识上的偏差,给法律条文增添适用上的纷扰。因此,将现行法中的定金之基本性质只认定为违约定金,不仅有利于厘清定金罚则与合同解除之边界,而且有利于简化法律条文之适用。诚然,定金作为对债权的一种担保形式,不排除其亦有解约、证约、立约等功能,当事人可以根据意思自治原则对定金的性质加以约定。若当事人对定金性质有特别约定,从其约定(如《担保法解释》第一百一十五条、第一百一十七条有关立约定金和解约定金之规定);若无特别约定或约定不明,一律按违约定金处理。

(二)解约定金的认定与适用

《担保法解释》第一百一十七条规定:“定金交付后,交付定金的一方可以按照合同的约定以丧失定金为代价而解除主合同,收受定金的一方可以双倍返还定金为代价而解除主合同。对解除主合同后责任的处理,适用《中华人民共和国合同法》的规定。”本条文在一定程度上支持了将现行法相关条文中的定金之基本性质认定为违约定金的解释结论,殊值赞赏。因此,在司法实务中,若当事人对解约定金有特别约定,应从其约定;若当事人对解约定金无特别约定但又主张适用解约定金,不予支持。

至于解约定金的效力问题,我们认为:第一,基于定金合同的实践性,当事人一方按约定交付解约定金时,解约定金合同生效,双方当事人因此取得解除主合同的权利;第二,当事人一方以抛弃或双倍返还定金为代价解除主合同时,若对方当事人无损害或虽有损害但损害数额小于定金数额时,均可保留全部或剩余部分的定金而无须返还，此点应无疑义。现需探讨的问题是，若收受定金的一方所遭受的不利益与损害之数额超过定金数额，其是否仅能保有定金而无权请求损害赔偿？对此，有两种不同的意见。第一种意见认为，解约定金兼具惩罚性或单纯损害赔偿的预定性，若定金收受人所受损害与不利益之总额超过定金数额，定金收受人也仅能保有该定金，不得另外请求损害赔偿。如果允许定金收受人仍得另外请求损害赔偿，将使得定金给付人抛弃解约定金以避免履约不利益的目的无法达成，解约定金的规范功能于焉尽失[①]。第二种意见认为，主合同解除，并不排除遭受损失的一方要求对方赔偿损失的权利，在非解约方所获得的定金收益低于所遭受的损失时，解约方虽然遭受定金处罚，但仍应承担损害赔偿责任。[②]合同解除后对损害赔偿的确定，适用《合同法》第九十七条的规定。[③]我们同意第二种意见，理由在于，解约定金仅使当事人拥有解除主合同的权利，进而不必继续履行主合同，但其并不当然具有损害赔偿预定的功能，解约定金与损害赔偿金不可混为一谈，且在解约方解除主合同时，合同一般正处于履行状态，解除行为必定会给非解约方造成损失。因此，当事人解除主合同后，非解约方所受之损失与不利益超过定金数额时的赔偿责任处理，应适用《合同法》的相关规定。

（三）实务中应当注意的问题

基于解约定金性质之特殊性，在适用相关法律条文时应注意以下问题：

第一，解约定金是由当事人事先约定的，其适用前提是当事人一方按照约定解除主合同，而非解除主合同的当事人存在违约行为。质言之，即便当事人一方存在违约行为，只要其未解除主合同，对方当事人也不能主张适用解约定金，而只能请求违约方承担违约责任。违约定金是为制裁债务不履行而交付的，既包括拒绝履行和不能履行，也包括不完全履行、迟延履行致使合同目的落空的情形，合同一方若有违约行为，应对其适用违约定金罚则，

---

① 高圣平：《担保法论》，法律出版社 2009 年版，第 615 页。

② 钟青：《权利质权研究》，法律出版社 2004 年版，第 264 页。

③ 许多奇：《债权融资法律问题研究》，法律出版社 2005 年版，第 295 页。

适用违约定金罚则后，不一定发生解除主合同的后果。

第二，当事人协商一致而解除主合同或者当事人一方行使法定或约定（此约定与解约定金无关）解除权而解除主合同也不适用解约定金。[①]

第三，当事人一方按约定以丧失或双倍返还定金为代价解除主合同的，不需要征得对方的同意。[②]

第四，适用解约定金后，解约方虽不负继续履行主合同的义务，但并不排除其应承担的损害赔偿责任（当非解约方所受损害与不利益之总额超过定金数额时，其仍可向解约方主张损害赔偿）。

第五，解约定金是当事人一方按约定为取得解除主合同的权利而交付的定金，若当事人最终未按约定以丧失定金或双倍返还定金为代价解除主合同，则解约定金应当抵作价款或者收回。

案例指导

北京美铭文化发展有限公司诉北京中博世纪影视传媒有限公司返还保证金案[③]

原告北京美铭文化发展有限公司（以下简称美铭文化公司）诉称：2006年3月28日，原告与被告北京中博世纪影视传媒有限公司（以下简称中博世纪影视公司）签订《流媒体电影短片广告经营合作框架备忘录》，共同开发流媒体电影短片市场。双方在合同中明确约定双方合作期限为2006年3月1日至同年12月31日，原告向被告交纳保证金，该保证金应于合作备忘录约定期满后15日内返还给原告。合同签订后，原告向被告交纳保证金15万元。但截至2006年12月31日合同终止后，原告多次向被告催要保证金未果。故诉至法院，要求被告返还保证金15万元。

被告中博世纪影视公司辩称：原告所述双方签订《流媒体电影短片广

① 张忠野：《论私法自治下定金罚则的有限适用》，载《政治与法律》2012年第9期。

② 张忠野：《论私法自治下定金罚则的有限适用》，载《政治与法律》2012年第9期。

③ 案例来源：北京市第二中级人民法院（2007）二中民终字第12498号。

告经营合作框架备忘录》的事实属实，原告依约应向被告交纳 30 万元保证金，但原告在延迟 3 天后仅于 2006 年 4 月 18 日向被告交纳了 15 万元保证金，之后未再交纳；原告未支付第二期保证金的行为构成先期违约，被告可行使不安抗辩权；双方在《流媒体电影短片广告经营合作框架备忘录》中约定“在本合作框架备忘录期限内乙方单独终止合同，该保证金不退还。在本合作框架备忘录期限内甲方单独终止合同，按该保证金双倍退还给乙方”，因此，本案所涉保证金应属于定金性质；被告拍摄并在新浪网上播出了电影短片，刊登了原告的两个广告，并建成新浪网吧院线播出平台，同时根据客户要求创作了广告电影方案，因资金问题未能拍摄，因此，被告完全依约履行了己方义务。综上，被告履行了自己的合同义务，而原告的行为已构成先期违约，15 万元的定金依约不应退回，故不同意原告的诉讼请求。

北京市怀柔区人民法院经审理查明：2006 年 3 月 28 日，被告中博世纪影视公司（甲方）与原告美铭文化公司（乙方）签订《流媒体电影短片广告经营合作框架备忘录》，主要约定如下内容：双方合作的主体是甲方出品的流媒体电影短片，并以之作为广告载体开展贴片广告、植入式广告、广告电影、联合促销等商业开发和经营活动；双方形成战略合作伙伴关系，共同进行流媒体电影短片的商业开发运营，甲方负责流媒体电影短片的产品制作和传播平台的拓展，乙方负责流媒体电影短片的广告经营和商业开发；双方合作期限为 2006 年 3 月 1 日至同年 12 月 31 日，其中 2006 年 3 月 1 日至 2006 年 4 月 30 日为试运行期；乙方向甲方缴纳 30 万元保证金，作为双方结成长期战略合作伙伴、共同进行流媒体电影短片商业开发运营之保证，该保证金在合作备忘录约定期满后（2006 年 12 月 31 日）15 日内返还给乙方；在双方签署本合作备忘录后，乙方分两期向甲方支付上述保证金，在 4 月 15 日前支付 15 万元，在 4 月 30 日支付剩余的 15 万元；在合作框架备忘录期限内乙方单独终止合同，该保证金不退还；在合作框架备忘录期限内甲方单独终止合同，按该保证金双倍退还乙方；合作期间甲方将保证乙方享有总代理权益，合作期间甲方的所有影片乙方均享有在乙方自主网站上的非排他性播出权益；合作期满甲方须保证返还乙方保证金。

上述备忘录签订后，2006 年 4 月 18 日，原告通过广东美铭文化公司向被告支付保证金 15 万元。原告美铭文化公司于 2007 年 4 月 26 日持所诉理由诉至北京市怀柔区人民法院，要求被告中博世纪影视公司返还保证金 15 万元。

上述事实，有原、被告双方当事人当庭陈述，原告提供的《流媒体电影短片广告经营合作框架备忘录》、银行电汇凭证、发票及情况说明在案佐证。

北京市怀柔区人民法院根据上述事实和证据认为：原告美铭文化公司与被告中博世纪影视公司签订的《流媒体电影短片广告经营合作框架备忘录》系双方当事人的真实意思表示，且不违反法律法规的强制性规定，故合法有效，双方当事人均应遵循诚实信用原则审慎履行合同义务。

双方当事人在庭审中的争议焦点之一即为保证金的性质问题。一方面，双方在备忘录中明确约定了“乙方向甲方缴纳 30 万元保证金，以其作为双方结成长期战略合作伙伴，共同进行流媒体电影短片商业开发运营之保证，该保证金在合作备忘录约定期满后（2006 年 12 月 31 日）15 日内返还给乙方”，“合作期满甲方须保证返还乙方保证金”及“在合作框架备忘录期限内乙方单独终止合同，该保证金不退还；在合作框架备忘录期限内甲方单独终止合同，按该保证金双倍退还乙方”等内容，由此可见，双方在备忘录中记载的保证金实际约定为定金性质，应具有解约定金之效力，定金交付后，交付定金的一方可以按照合同的约定以丧失定金为代价而解除合同。另一方面，定金合同为实践合同，不仅要有当事人的合意，还要以交付为要件，故定金合同应从定金给付方实际支付定金之日起生效；定金合同签订后，如果应当交付定金的一方实际交付的定金数额多于或者少于约定数额，则视为变更定金合同，被告已收受原告交付的 15 万元定金，可认定原、被告双方之间的定金数额已变更为 15 万元，定金从合同于 2006 年 4 月 18 日生效。

关于定金应否予以退还一节，质言之，解约定金是当事人为保留解除主合同的权利而交付的定金，定金合同生效后任何一方不得擅自变更或解除合同，除非双方协商一致并达成书面协议，亦即原告在未擅自解除合同的情况下，有权要求定金抵作价款或收回。双方约定合同期限为 2006 年 3 月 1 日至同年 12 月 31 日，被告又未能提供证据对原告在合同履行过程中存有擅自解除合同的情形予以证实。据此，被告自当在合同期满后向原告返还定金。

北京市怀柔区人民法院依照《担保法》第八十九条、第九十条及《担保法解释》第一百一十七条、第一百一十九条之规定，判决如下：被告中博世纪影视公司于本判决生效后 10 日内返还原告美铭文化公司人民币 15 万元。

一审宣判后，被告中博世纪影视公司向北京市第二中级人民法院提起上诉称：原审法院在我方履约对方违约的情况下，判令我方返还保证金有违公平原则，请求二审法院撤销原审判决，驳回美铭文化公司的诉讼请求。

美铭文化公司辩称：根据双方合同的约定，该保证金是解约定金，不是履约定金，即使美铭文化公司存在违约，也不影响保证金的退还。定金合同是实践合同，对方接受了 15 万元定金，所以定金的数额就是 15 万元。中博世纪影视公司未依约履行合同，没有为美铭文化公司提供短片作为广告的载体，现拒绝退还保证金没有依据。原审判决查明事实清楚，适用法律准确，应予维持。

二审法院经审理查明的事实与一审法院查明事实一致。

另查明：中博世纪影视公司未举证证明美铭文化公司在合作备忘录期限内单独终止了合作备忘录。

北京市第二中级人民法院认为：美铭文化公司与中博世纪影视公司签订的合作备忘录系双方当事人的真实意思表示，且不违反法律法规的强制性规定，应认定合法有效。该合作备忘录中约定的保证金条款符合定金条款的性质和内容，所以其实质是定金条款。定金合同签订后，如果应当交付定金的一方实际交付的定金数额多于或者少于约定数额，则视为变更定金合同。本案中，中博世纪影视公司已接受美铭文化公司交付的 15 万元定金，可认定双方之间的定金数额已变更为 15 万元，定金合同于 2006 年 4 月 18 日生效。现中博世纪影视公司未能举证证明美铭文化公司在合作备忘录期限内单独终止合同，所以中博世纪影视公司应在合同期满后向美铭文化公司返还定金 15 万元。综上，中博世纪影视公司的上诉请求缺乏事实和法律依据，该院不予支持。原审判决认定事实清楚，结果正确，应予维持。

北京市第二中级人民法院依据《民事诉讼法》第一百五十三条第一款第（一）项规定，作出如下判决：驳回上诉，维持原判。

规范指引

《中华人民共和国民法通则》

第八十九条 依照法律的规定或者按照当事人的约定，可以采用下列方式担保债务的履行：

（一）保证人向债权人保证债务人履行债务，债务人不履行债务的，按照约定由保证人履行或者承担连带责任；保证人履行债务后，有权向债务人追偿。

（二）债务人或者第三人可以提供一定的财产作为抵押物。债务人不履行债务的，债权人有权依照法律的规定以抵押物折价或者以变卖抵押物的价款优先得到偿还。

（三）当事人一方在法律规定的范围内可以向对方给付定金。债务人履行债务后，定金应当抵作价款或者收回。给付定金的一方不履行债务的，无权要求返还定金；接受定金的一方不履行债务的，应当双倍返还定金。

（四）按照合同约定一方占有对方的财产，对方不按照合同给付应付款项超过约定期限的，占有人有权留置该财产，依照法律的规定以留置财产折价或者以变卖该财产的价款优先得到偿还。

《中华人民共和国担保法》

第八十九条 当事人可以约定一方向对方给付定金作为债权的担保。债务人履行债务后，定金应当抵作价款或者收回。给付定金的一方不履行约定的债务的，无权要求返还定金；收受定金的一方不履行约定的债务的，应当双倍返还定金。

《中华人民共和国合同法》

第一百一十五条 当事人可以依照《中华人民共和国担保法》约定一方向对方给付定金作为债权的担保。债务人履行债务后，定金应当抵作价款或者收回。给付定金的一方不履行约定的债务的，无权要求返还定金；收受定金的一方不履行约定的债务的，应当双倍返还定金。

《最高人民法院关于适用〈中华人民共和国担保法〉若干问题的解释》

第一百一十五条 当事人约定以交付定金作为订立主合同担保的，给付定金的一方拒绝订立主合同的，无权要求返还定金；收受定金的一方拒绝订立合同的，应当双倍返还定金。

第一百一十六条 当事人约定以交付定金作为主合同成立或者生效要件的，给付定金的一方未支付定金，但主合同已经履行或者已经履行主要部分的，不影响主合同的成立或者生效。

第一百一十七条 定金交付后，交付定金的一方可以按照合同的约定以丧失定金为代价而解除主合同，收受定金的一方可以双倍返还定金为代价而解除主合同。对解除主合同后责任的处理，适用《中华人民共和国合同法》的规定。

专题二：定金罚则与损害赔偿责任能否并用

【核心提示】给付定金[①]的一方不履行约定的债务的，无权要求返还定金，收受定金的一方不履行约定的债务的，应当双倍返还定金，此为定金罚则。需注意，定金罚则的适用不以当事人实际违约造成的损害为前提，质言之，无论违约方的违约行为是否造成实际损害都有可能导致定金罚则的适用。与此不同的是，损害赔偿责任着眼于对实际损害的填补，有违约行为但无实际损害，就不能适用损害赔偿责任。因此，定金罚则与损害赔偿责任属于不同的责任形式，在定金数额低于因违约造成的损失额时，二者可以并用，《担保法解释》第一百二十条即暗含了此种解释路径。在并用时，应先适用定金罚则，再适用损害赔偿责任，并且定金与损失赔偿的数额总和不应高于因违约方的违约行为给守约方造成的损失。

① 若无特别说明，本专题中涉及的定金一般指违约定金。

实务争点

对于违约方不履行合同致使守约方受到损害的，守约方除主张适用定金罚则外，是否可以继续请求损害赔偿，理论界存在四种不同的意见[①]。第一种意见认为，定金具有非补偿性，其适用不以违约方的行为给相对方造成经济损失为前提，只要发生不履行合同的违约事实，即可适用定金罚则，定金罚则与损害赔偿责任相互独立。[②]第二种意见认为，违约方应当赔偿守约方的损失，但守约方因为违约而取得之定金担保利益，若合同没有相反的规定，应当在损失额中予以扣除。[③]第三种意见认为，在合同履行期届满时，若当事人不履行合同而解除合同的，另一方则取得定金或者要求双倍返还定金，定金利益成为解除合同的解约赔偿金；若当事人一方仍然履行合同，仅发生履行合同迟延或者其他情形的不适当履行，违约方应当承担违约责任，但不因此丧失定金或者应当双倍返还定金；若当事人预先约定有违约金或者损害赔偿的计算方法，合同当事人应当依照其约定办理。[④]第四种意见认为，定金和损害赔偿是不同的责任形式，定金罚则的适用不以当事人违约实际造成损害为前提，定金罚则独立于损害赔偿责任予以适用；但是定金罚则与损害赔偿责任具有一定的联系，定金罚则和损害赔偿责任的并用，若其总值超过合同价金总和的，法院应当酌情减少定金的数额。[⑤]

我们认为，定金罚则的适用不以当事人实际违约造成损害为前提，定金罚则与损害赔偿责任相互独立。当定金不足以弥补违约造成的损失时，守约方可以请求赔偿超过定金部分的损失，但定金和损失赔偿的数额总和不应高于因违约造成的损失。对此问题，《担保法解释》第一百二十条规定："因当事人一方迟延履行或者其他违约行为，致使合同目的不能实现，可以适用定金罚则。但法律另有规定或者当事人另有约定的除外。当事人一方不完全履

---

① 高圣平:《担保法论》，法律出版社 2009 年版，第 617 页。
② 牟瑞瑾:《定金性质新探》，载《福建论坛》1993 年第 7 期。
③ 史文清:《有关定金的几个问题》，载《政治与法律》1986 年第 2 期。
④ 王利明:《民法新论（下）》，中国政法大学出版社 1988 年版，第 327 页。
⑤ 车辉:《对适用定金罚则的几点思考》，载《河北法学》2000 年第 5 期。

行合同的，应当按照未履行部分所占合同约定内容的比例，适用定金罚则。”同时，《买卖合同司法解释》第二十八条规定：“买卖合同约定的定金不足以弥补一方违约造成的损失，对方请求赔偿超过定金部分的损失的，人民法院可以并处，但定金和损失赔偿的数额总和不应高于因违约造成的损失。”

理解适用

对《担保法解释》第一百二十条的理解与适用

《担保法解释》第一百二十条规定，当事人一方存在违约行为致使合同目的不能实现的，可适用定金罚则，至于违约行为是否给守约方造成损害则在所不问。同时，若违约方的违约行为给守约方造成了损害，则应赋予守约方请求损害赔偿的权利。易言之，定金罚则与损害赔偿责任可以并用。实务中，若欲妥善适用前述解释方法，则必先识别定金罚则与损害赔偿责任的性质差异，明晰二者并用时的规则。

（一）定金罚则与损害赔偿责任性质之辨识

如前所述，我国现行法所规定的定金一般属违约定金，在违约定金中，当事人的意思是一旦违约则丧失定金利益，而且定金利益的丧失不以有损失发生为前提。质言之，定金作为对债权的担保，其着眼于制裁不履行债务的行为，而并不关注当事人一方不履行债务的行为是否给对方造成了损害以及造成了多大的损害，即只要存在不履行约定债务的行为，就应适用定金罚则。损害赔偿乃指当事人一方不履行合同义务或者履行合同义务不符合约定时赔偿债权人所受损失的责任[①]，其着眼于对违约行为所造成之损害的填补，而并不太关注违约行为本身。《担保法解释》第一百二十条第一款规定：“因当事人一方迟延履行或者其他违约行为，致使合同目的不能实现的，可以适用定金罚则。但法律另有规定或当事人另有约定的除外。”我们认为，本条文所蕴含的规范意图应作如下解释：当当事人一方迟延履行或者有其他违约行为，致使合同目的不能实现时，必定会给守约方造成损失，此时违约方一般

---

① 韩世远：《合同法总论》，法律出版社2011年版，第613页。

应承担损害赔偿责任。然而，若当事人一方的迟延履行或者其他违约行为符合定金罚则的适用条件，亦可同时适用定金罚则。事实上，《合同法》在一定程度上延续了此种解释方法，因为综观《合同法》及相关司法解释的规定，其仅仅禁止定金与违约金的并用（《合同法》第一百一十六条）而并未禁止定金与损害赔偿的并用。同时，《买卖合同司法解释》第二十八条更是旗帜鲜明地支持定金罚则与损害赔偿责任的并用。毋庸置疑，前述规定认识到了定金罚则与损害赔偿责任的不同性质，明确了二者各自的适用情形，符合法理。而且根据《担保法解释》第一百二十条第二款“当事人一方不完全履行合同的，应当按照未履行部分所占合同约定内容的比例，适用定金罚则”之规定，在违约方不完全履行合同时，守约方按照未履行部分所占合同约定内容的比例适用定金罚则后，如果守约方还有超过其已获得之定金利益的损失未受补偿时，其仍可请求赔偿。[①] 由此可见，定金罚则针对的是不履行约定债务的行为，而损害赔偿责任针对的是违约行为所造成之损害，定金罚则与损害赔偿责任属于不同的责任形式，具有不同的适用对象，可以并用。

（二）定金罚则与损害赔偿责任之并用规则

如前所述，定金罚则与损害赔偿责任属于不同的责任形式，二者完全可以并用，但这并不意味着二者在并用时无任何限制。当损失小于定金时，若守约方再主张损害赔偿，原则上不予支持（反过来，剩余的定金亦不必返还，因为定金的功能是担保，并非损害赔偿的预定），此点应无疑义，理由在于：此时若允许守约方再请求损害赔偿，则必将加重违约方的经济负担，让守约方过多获益，有违民法的公平原则；而当损失大于定金时，单纯的定金利益已不能救济守约方所受之损失，若不允许守约方请求损害赔偿，则对守约方难谓公平，此时并用定金罚则与损害赔偿责任才显必要和迫切。质言之，当守约方所受之损失大于其获得的定金利益时，才允许并用定金罚则与损害赔偿责任。

现需探讨的问题是，定金与损害赔偿的请求顺序为何？《合同法》第

---

① 高圣平：《担保法论》，法律出版社 2009 年版，第 618 页。

一百一十二条规定："当事人一方不履行合同义务或者履行合同义务不符合约定的，在履行义务或者采取补救措施后，对方还有其他损失的，应当赔偿损失。"我们认为，此规定也可用于决定定金罚则与损害赔偿责任的请求顺序，即如果一方不履行约定的债务给对方造成了损失，在承担了定金罚则后，对方还有损失的，违约方应承担损害赔偿责任，这符合民法中责任承担顺序的内在逻辑。实际上，《买卖合同司法解释》第二十八条进一步确认了这一顺序，该条的前半段规定，定金不足以弥补违约造成的损失，对方请求赔偿超过定金部分的损失的，人民法院可以并处。由此可知，当定金罚则与损害赔偿责任并用时，应首先按照当事人的约定适用定金罚则；当定金数额不足以救济守约方所受之损失时，则应允许其请求违约方承担损害赔偿责任。

更进一步的问题是，定金和损害赔偿的数额总和为何？根据《买卖合同司法解释》第二十八条后半段"但定金和损失赔偿的数额总和不应高于因违约造成的损失"之规定，适用定金罚则后的损失赔偿数额并非没有限制，其有确定的标准，即定金和损失赔偿的数额总和不应高于因违约造成的损失。对此，我们表示赞同，理由在于：（1）当守约方所受之损失高于定金数额时，若适用定金罚则后再允许守约方全额请求违约方赔偿其所受之损失，则必定会反过来对违约方造成新的损失，使违约方在经济形势中处于"万劫不复"之地位（在定金数额和损失数额都很高的情况下更是如此）；（2）在现代市场经济中，理性的经济人有权根据经济情势的变化来决定是否按照约定或法律规定履行合同，即存在违约行为是很正常的，我们不应对违约行为作太多的道德评价；（3）在适用定金罚则后，若不加限制地适用损害赔偿责任必定会使守约方过多获利甚至是不当得利，这不符合民法的公平原则。因此，我们认为，并用定金罚则与损害赔偿责任时，定金与损失赔偿的数额总和不应高于因违约方的违约行为给守约方所造成的损失。

（三）实务中应当注意的问题

如前所述，并用定金罚则与损害赔偿责任有诸多限制条件，在适用相关法律条文时，应注意以下问题：

第一，定金的目的在于担保债权的实现和敦促合同双方积极履行约定的债务，一旦合同双方都存在违约行为，则定金目的落空，此时不应再适用定金罚则，应让合同当事人各自承担相应的责任。

第二，因当事人一方不履行约定义务而适用定金罚则后，若主合同能够继续履行，违约方应继续履行合同，并且若违约行为给守约方造成了损害，有并用损害赔偿责任的可能。

第三，诚然，如何适当限制定金的惩罚性，防止利用定金制度引诱对方违约，仅仅通过限制定金数额与损失赔偿额是不够的，应参照《合同法》第一百一十四条规定，赋予当事人请求权，赋予法院或者仲裁机构以裁量权来具体斟酌定金与损害赔偿数额的总和，以实现合同的公正与效率。[①]

案例指导

沈阳天益同禄房地产开发有限公司与郄某商品房预约合同纠纷上诉案[②]

一审原告郄某诉称：自己与被告沈阳天益同禄房地产开发有限公司于2012年6月21日签订《订购单》，约定原告购买由被告开发的尚书城A座1–2层2号门市，建筑面积186.6平方米，单价为14000元/平方米，总价款2612400元。原告已向被告交纳购房款145万元，但被告当时未取得《商品房预售许可证书》等手续且以所售房屋面积发生变化为由，要求原告以高于《订购单》约定的单价购买该房屋，否则将不向原告交付房屋。《订购单》系双方真实意思表示，现被告单方面以面积发生变化为由要求原告以高于约定价格购买该房屋没有法律依据。且被告至今仍未向原告交付房屋，时间长达两年之久，合同目的已无法实现，给原告带来经济损失。（1）请求判令解除原、被告双方签订的《订购单》；（2）请求判令被告向原告返还购房款135万元及利息（从交纳之日起按中国人民银行同期贷款利率计算

---

① 张忠野：《论私法自治下定金罚则的有限适用》，载《政治与法律》2012年第9期。

② 案例来源：辽宁省沈阳市中级人民法院（2014）沈中民二终字第2860号。

至实际给付之日止）；（3）请求判令被告返还双倍定金 20 万元；（4）本案诉讼费由被告承担。

一审被告沈阳天益同禄房地产开发有限公司辩称：原告要求解除《订购单》没有事实和法律依据。《订购单》约定原告的付款义务，因原告没有按协议约定付款，违约在先，造成了被告巨大的经济损失。通知原告购买的房屋面积发生变化，尽快补足购房款时，原告迟迟不予交纳，造成合同不能履行的责任在于原告，被告没有违约。原告既要求双倍返还定金又要求违约利息，要求被告承担双重违约责任，违反法律规定。因原告长期不付款，给被告造成巨大损失，被告同意协商解除，但是不支付双倍定金及利息。如原告不同意协商与被告解除协议，被告提出反诉要求与原告解除协议，并且要求原告承担违约责任，要求原告承担逾期不付款的利息，按中国人民银行同期贷款利率暂计算至反诉之日。

一审法院沈阳市于洪区人民法院认为：原、被告于 2012 年 6 月 21 日签订的《订购单》系双方真实意思表示，不违反法律、法规的强制性规定，亦未损害他人的合法权益，合法有效。《订购单》约定双方于认购之日起 7 日内签订《认购协议书》,《订购单》应属预约合同。《订购单》签订后，原、被告未按约定签订书面协议。现原告要求解除《订购单》，被告亦表示不同意将涉诉房屋出售给原告，双方的《订购单》应予以解除，被告应返还给原告购房款 145 万元。

原、被告于 2012 年 6 月 21 日签订的《订购单》约定认购之日起 7 日内签订《认购协议书》，而被告于 2013 年 5 月 31 日取得商品房预售许可证。根据《最高人民法院关于审理商品房买卖合同纠纷案件适用法律若干问题的解释》第二条规定，出卖人未取得商品房预售许可证明，与买受人订立的商品房预售合同，应当认定无效。被告主张原告未按约定付款，但被告接受了原告的后续付款且未对原告的付款行为提出异议，亦未要求解除合同，应视为对原告履行预约协议的认可。在《订购单》约定的 7 日期限，被告不具备订立本约的条件，且被告庭审中亦表明不同意将房屋出售原告，故被告系预约合同的违约方。《买卖合同司法解释》第二条规定："当事人签订认购书、订购书、预订书、意向书、备忘录等预约合同，约定在将来一定期限内订立买卖合同，一方不履行订立买卖合同的义务，对方请求其承担预约合同违约责任或者要求解除预约合同并主张损害赔偿的，人民法院应予支持。”故被告应承担相应的违约责任。

关于原告主张双倍返还定金和赔偿利息损失的问题。《担保法》第八十九条规定：“当事人可以约定一方向对方给付定金作为债权的担保。债务人履行债务后，定金应当抵作价款或者收回。给付定金的一方不履行约定的债务的，无权要求返还定金；收受定金的一方不履行约定的债务的，应当双倍返还定金。”同时，《合同法》第一百零七条规定，违约方因不履行或不完全履行合同义务而给对方造成损害，依法应承担损害赔偿责任。定金与损害赔偿金是否可以并用以及如何并用，《合同法》和《担保法》并没有明确规定，但民事活动应当遵循公平、诚信原则，这是《民法通则》中明确规定的基本原则。若定金与损害赔偿金的并用导致受害方因此获益，这可能使部分人铤而走险追求其中的利益，如此势必影响正常的社会经济秩序。《买卖合同司法解释》第二十八规定：“买卖合同约定的定金不足以弥补一方违约造成的损失，对方请求赔偿超过定金部分的损失的，人民法院可以并处，但定金和损失赔偿的数额总和不应高于因违约造成的损失。”原告主张的利息损失高于定金，经该院释明，原告表示主张利息损失，该院对原告主张的利息损失予以支持。

综上所述，依据《合同法》第八条、第六十条、第九十四条、第九十七条、第一百零七条，《担保法》第八十九条，《最高人民法院关于审理商品房买卖合同纠纷案件适用法律若干问题的解释》第二条，《买卖合同司法解释》第二条、第二十八条之规定，一审法院判决如下：一、解除原告郄某与被告沈阳天益同禄房地产开发有限公司于2012年6月21日签订的《订购单》；二、被告沈阳天益同禄房地产开发有限公司于本判决发生法律效力之日起10日内返还原告郄某购房款145万元；三、被告沈阳天益同禄房地产开发有限公司于本判决发生法律效力之日起10日内支付原告郄某利息：以10万元为本金，从2012年6月21日起按中国人民银行同期贷款利率计算至本判决确定的给付之日止；以15万元为本金，从2012年7月13日起按中国人民银行同期贷款利率计算至本判决确定的给付之日止；以75万元为本金，从2012年7月27日起按中国人民银行同期贷款利率计算至本判决确定的给付之日止；以 45 万元为本金，从 2012 年 8 月 22 日起按中国人民银行同期贷款利率计算至本判决确定的给付之日止；如果被告沈阳天益同禄房地产开发有限公司未按本判决指定的期间履行给付金钱义务，应当依照《民事诉讼法》第二百五十三条之规定，加倍支付迟延履行期间的债务利息。案件受理费 17950 元，由被告沈阳天益同禄房地产开发有限公司承担。

宣判后，沈阳天益同禄房地产开发有限公司不服原审法院判决，沈阳市中级人民法院提出上诉。上诉请求：（1）请求撤销原审法院民事判决书，将本案发回重审或依法改判；（2）本案一、二审诉讼费用由被上诉人承担。主要上诉理由：

1. 一审法院拒绝接受上诉人在开庭审理时提出的反诉请求，要求上诉人另行起诉，违反法律规定，应当予以纠正。一审法院没有向上诉人送达《合议庭组成人员通知书》和《举证通知书》，上诉人于法庭多次提出反诉请求，一审法院却以本案适用普通程序审理，上诉人提出的反诉申请已经超过举证期间为由拒绝接受，要求上诉人就反诉请求另行起诉，上诉人认为，一审法院未在确定合议庭组成人员后及时通知上诉人并在未指定举证期间的情况下拒绝上诉人在庭审法庭辩论结束前提出的反诉申请，违反我国《民事诉讼法》第一百二十八条、第一百四十条及《最高人民法院关于适用〈中华人民共和国民事诉讼法〉若干问题的意见》[①] 第一百五十六条的规定，应当予以纠正。上诉人目前已就反诉请求向一审法院另行提起诉讼。所以从程序上将本案发回重审，与上诉人另行起诉的与被上诉人解除《订购单》并赔偿上诉人经济损失一案合并审理，更有利于节约诉讼资源，方便当事人诉讼。

2. 一审法院认定事实和适用法律错误，应当予以纠正。一审法院一方面不接受上诉人的反诉请求，另一方面却将上诉人提出的反诉部分的理由“被上诉人逾期付款给上诉人造成严重损失，上诉人的合同目的不能实现，故申请反诉，不同意继续出售房屋，要求解除与被上诉人之间的《订购单》”错误认定为上诉人在本诉部分的答辩意见为“不同意继续出售房屋”，属认定事实错误。上诉人一审中关于本诉部分的答辩意见是：被上诉人可与上诉人

---

① 现已废止。

通过协商解除《订购单》，不同意本案被上诉人的诉讼请求，被上诉人违约在先，其不符合我国《合同法》规定的法定解除合同条件，要求驳回被上诉人的诉讼请求。本案中被上诉人违约在先，迟迟不支付购房款，上诉人通知被上诉人支付增加面积款并要求赔偿上诉人逾期付款的违约损失，但遭到被上诉人拒绝，双方未就支付增加面积款及赔偿损失事项达成协议。在此情况下被上诉人起诉要求解除双方签署的《订购单》并要求上诉人赔偿其利息损失毫无事实和法律依据。

被上诉人郄某答辩称：原审法院案件程序合法，认定事实清楚，适用法律正确，请求二审法院依法维持原审判决。

沈阳市中级人民法院经审理查明的事实与原审法院查明的事实基本一致。

在原审庭审中，上诉人沈阳天益同禄房地产开发有限公司自述案涉房屋增加面积后，其与对方协商要求被上诉人增加房屋面积款。

上述事实，有订购单、收据、商品房预售许可证等证据材料及当事人的陈述，经原审法院庭审质证及沈阳市中级人民法院审查，予以确认。

沈阳市中级人民法院认为，上诉人沈阳天益同禄房地产开发有限公司与被上诉人郄某于 2012 年 6 月 21 日签订的《订购单》系双方当事人真实意思表示，不违反法律、法规的强制性规定，该定购单合法有效。现双方实际上未按约定于签订《订购单》认购之日起签订书面协议。现案涉房屋的房屋面积已经增加，但上诉人亦不同意被上诉人按照订购单约定的价格补交购房款，双方所签订的《订购单》无法继续履行，所以原审法院判令解除双方所签订的《订购单》是正确的，该院予以确认，现定购单已经解除，故上诉人理应退还给被上诉人向其支付的 145 万元购房款。

关于上诉人是否应当向被上诉人支付 145 万元购房款的利息损失的问题，该院认为，上诉人与被上诉人在 2012 年 6 月 21 日签订《订购单》时及在《订购单》约定的 7 日内双方签订《认购协议书》之时，案涉房屋并未取得商品房预售许可证，案涉房屋并不具备法定的订立合同规定条件，且在案涉房屋于 2013 年 5 月 31 日取得预售许可证后，案涉房屋的面积发生增加的情况下，上诉人并不同意被上诉人按照双方所签订的《订购单》约定的

14000元/平方米价格向上诉人交纳增加面积款，故上诉人的行为构成违约，因此原审法院判令上诉人按照同期贷款利率标准向被上诉人支付已付购房款的利息损失并无不当，该院予以确认。

综上，二审法院依照《民事诉讼法》第一百七十条第一款第（一）项之规定，判决如下：驳回上诉，维持原判。

规范指引

《最高人民法院关于适用〈中华人民共和国担保法〉若干问题的解释》

第一百二十条 因当事人一方迟延履行或者其他违约行为，致使合同目的不能实现，可以适用定金罚则。但法律另有规定或者当事人另有约定的除外。

当事人一方不完全履行合同的，应当按照未履行部分所占合同约定内容的比例，适用定金罚则。

第一百二十一条 当事人约定的定金数额超过主合同标的额百分之二十的，超过的部分，人民法院不予支持。

第一百二十二条 因不可抗力、意外事件致使主合同不能履行的，不适用定金罚则。因合同关系以外第三人的过错，致使主合同不能履行的，适用定金罚则。受定金处罚的一方当事人，可以依法向第三人追偿。

《中华人民共和国合同法》

第一百一十二条 当事人一方不履行合同义务或者履行合同义务不符合约定的，在履行义务或者采取补救措施后，对方还有其他损失的，应当赔偿损失。

第一百一十四条 当事人可以约定一方违约时应当根据违约情况向对方支付一定数额的违约金，也可以约定因违约产生的损失赔偿额的计算方法。

约定的违约金低于造成的损失的，当事人可以请求人民法院或者仲裁机构予以增加；约定的违约金过分高于造成的损失的，当事人可以请求人民法院或者仲裁机构予以适当减少。

当事人就迟延履行约定违约金的，违约方支付违约金后，还应当履行债务。

第一百一十六条 当事人既约定违约金，又约定定金的，一方违约时，对方可以选择适用违约金或者定金条款。

第一百一十七条 因不可抗力不能履行合同的，根据不可抗力的影响，部分或者全部免除责任，但法律另有规定的除外。当事人迟延履行后发生不可抗力的，不能免除责任。

本法所称不可抗力，是指不能预见、不能避免并不能克服的客观情况。

第一百二十条 当事人双方都违反合同的，应当各自承担相应的责任。

《最高人民法院关于审理买卖合同纠纷案件适用法律问题的解释》

第二十八条 买卖合同约定的定金不足以弥补一方违约造成的损失，对方请求赔偿超过定金部分的损失的，人民法院可以并处，但定金和损失赔偿的数额总和不应高于因违约造成的损失。

图书在版编目（CIP）数据

最高人民法院担保法司法解释精释精解 / 孙鹏主编. —2版
（增订本）. —北京：中国法制出版社，2019.7
（民商事司法解释精释精解丛书 / 何志主编）
ISBN 978-7-5216-0401-6

Ⅰ. ①最…　Ⅱ. ①孙…　Ⅲ. ①担保法—法律解释—中国
Ⅳ. ①D923.25

中国版本图书馆CIP数据核字（2019）第154835号

策划编辑：戴　蕊（dora6322@sina.com）
责任编辑：王佩琳（wangpeilin@zgfzs.com）　　封面设计：李　宁

最高人民法院担保法司法解释精释精解
ZUIGAO RENMIN FAYUAN DANBAOFA SIFA JIESHI JINGSHI JINGJIE

主编 / 孙　鹏
经销 / 新华书店
印刷 / 三河市国英印务有限公司
开本/ 710毫米 × 1000毫米　16开　　印张/ 33.5　字数/ 525千
版次/ 2019年8月第2版　　2019年8月第1次印刷

中国法制出版社出版
书号ISBN 978-7-5216-0401-6　　定价：108.00元

北京西单横二条2号　邮政编码100031　　传真：010-66031119
网址：http://www.zgfzs.com　　**编辑部电话：010-66038139**
市场营销部电话：010-66033393　　**邮购部电话：010-66033288**
（如有印装质量问题，请与本社印务部联系调换。电话：010-66032926）